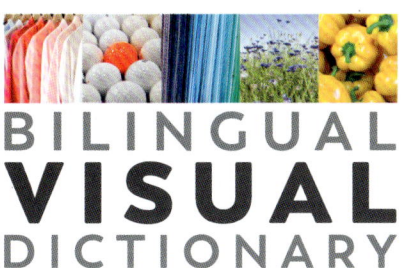

BILINGUAL VISUAL DICTIONARY

TOP-FLITE
XL
Titleist

BILINGUAL VISUAL DICTIONARY

DK

Penguin Random House

FIRST EDITION
Senior Editor Angela Wilkes
Project Manager Christine Stroyan
Language content for Dorling Kindersley by First Edition Translations Ltd, Cambridge, UK

REVISED EDITION
DK LONDON
Senior Editors Christine Stroyan, Ankita Awasthi Tröger
Designer Thomas Keenes
Managing Editor Carine Tracanelli
Managing Art Editor Anna Hall
Production Controller Rebecca Parton
Senior Jacket Designer Surabhi Wadhwa Gandhi
Publisher, DK Learning Sarah Forbes
Managing Director, DK Learning Hilary Fine

Translations by Planet Languages Ltd

DK INDIA
Editor Alka Thakur-Hazarika
Desk Editors Pankhoori Sinha, Joicy John
DTP Designers Anurag Trivedi, Rakesh Kumar
Assistant Picture Researchers Geetam Biswas, Shubhdeep Kaur
Senior Art Editor Vikas Chauhan
Senior Jacket Designer Suhita Dharamjit
Managing Editor Saloni Singh
Managing Art Editor Govind Mittal
DTP Coordinator Tarun Sharma
Preproduction Manager Balwant Singh
Senior Jacket Coordinator Priyanka Sharma Saddi

This American Edition, 2025
First American Edition, 2008
Published in the United States by DK Publishing,
a division of Penguin Random House LLC
1745 Broadway, 20th Floor, New York, NY 10019

Copyright © 2008, 2015, 2018, 2025 Dorling Kindersley Limited
A Penguin Random House Company
25 24 23 22 21 20 10 9 8 7 6 5 4 3 2 1
001–340364–Apr/2025

All rights reserved. Without limiting the rights under the copyright reserved above, no part of this publication may be reproduced, stored in or introduced into a retrieval system, or transmitted, in any form, or by any means (electronic, mechanical, photocopying, recording, or otherwise), without the prior written permission of the copyright owner.
Published in Great Britain by Dorling Kindersley Limited

A catalog record for this book is available from the Library of Congress.
ISBN 978-0-5939-6344-9

DK books are available at special discounts when purchased in bulk for sales promotions, premiums, fund-raising, or educational use.
For details, contact: DK Publishing Special Markets,
1745 Broadway, 20th Floor, New York, NY 10019
SpecialSales@dk.com

The corresponding free audio is available for a period of at least 5 years from publication of this edition.

Printed and bound in China
www.dk.com

MIX
Paper | Supporting responsible forestry
FSC™ C018179
FSC www.fsc.org

This book was made with Forest Stewardship Council™ certified paper – one small step in DK's commitment to a sustainable future.
Learn more at
www.dk.com/uk/information/sustainability

spis treści
contents

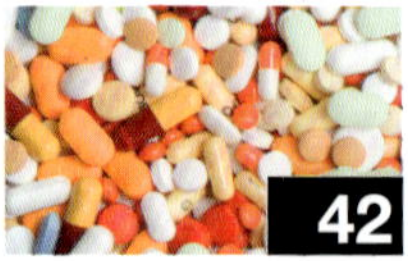

42
zdrowie
health

146
jadanie poza domem
eating out

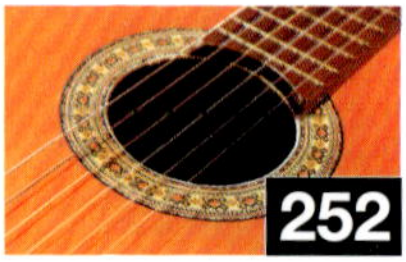

252
czas wolny
leisure

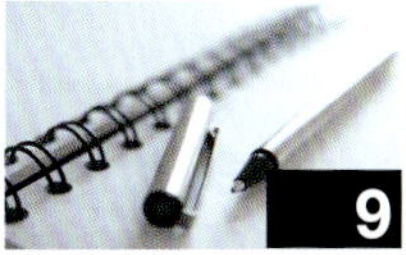
9
o słowniku
about the dictionary

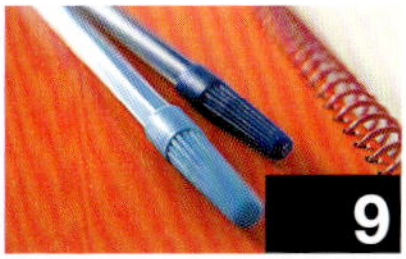
9
jak korzystać z tej książki
how to use this book

10
ludzie
people

28
wygląd
appearance

56
dom
home

92
usługi
services

102
zakupy
shopping

116
żywność
food

160
nauka
study

170
praca
work

192
transport
transportation

218
sport
sports

278
środowisko
environment

302
informacje
reference

324
indeks
indexes

360
podziękowania
acknowledgments

ludzie • people

ciało | body 12
twarz | face 14
ręka | hand 15
stopa | foot 15
mięśnie | muscles 16
szkielet | skeleton 17
narządy wewnętrzne internal organs 18
narządy rozrodcze reproductive organs 20
rodzina | family 22
związki | relationships 24
uczucia | emotions 25
przełomowe wydarzenia life events 26

wygląd • appearance

odzież dziecięca children's clothing 30
ubrania | clothing 32
dodatki | accessories 36
włosy | hair 38
uroda | beauty 40

zdrowie • health

choroba | illness 44
lekarz / lekarka | doctor 45
urazy | injury 46
pierwsza pomoc | first aid 47
szpital | hospital 48
dentysta / dentystka | dentist 50
optyk | optician 51
ciąża | pregnancy 52
poród | childbirth 53
uzupełniające metody leczenia complementary therapies 54

dom • home

dom | house 58
instalacje wewnętrzne internal systems 60
instalacja wodno-kanalizacyjna plumbing 61
salon | living room 62
jadalnia | dining room 64
kuchnia | kitchen 66
sprzęt kuchenny kitchenware 68
sypialnia | bedroom 70
łazienka | bathroom 72
pokój dziecinny | nursery 74
pomieszczenie gospodarcze | utility room 76
warsztat | workshop 78
skrzynka z narzędziami toolbox 80
odnawianie wnętrz decorating 82
ogród | garden 84
rośliny ogrodowe garden plants 86
narzędzia ogrodnicze garden tools 88
praca w ogrodzie | gardening 90

usługi • services

pomoc w nagłych wypadkach emergency services 94
bank | bank 96
łączność communications 98
hotel | hotel 100

zakupy • shopping

centrum handlowe shopping center 104
dom towarowy department store 105
supermarket supermarket 106
apteka | chemist's 108
kwiaciarnia | florist's 110
kiosk z gazetami newsagent's 112
sklep ze słodyczami sweet shop 113
inne sklepy | other shops 114

żywność • food

mięso | meat 118
ryby | fish 120
warzywa | vegetables 122
owoce | fruit 126
rośliny zbożowe i strączkowe | grains and pulses 130
zioła i przyprawy herbs and spices 132
żywność w butelkach i słoikach bottled foods 134
produkty mleczne dairy produce 136
pieczywo i mąka breads and flours 138
ciasta i desery cakes and desserts 140
delikatesy | delicatessen 142
napoje | drinks 144

jadanie poza domem eating out

kawiarnia | café 148
bar | bar 150
restauracja | restaurant 152
fast food | fast food 154
śniadanie | breakfast 156
obiad | dinner 158

nauka • study

szkoła | school 162
matematyka | maths 164
przedmioty ścisłe | science 166
uczelnia wyższa | college 168

praca • work

biuro | office 172

komputer | computer 176

media | media 178

prawo | law 180

gospodarstwo rolne | farm 182

budowa | construction 186

zawody | professions 188

transport • transport

drogi | roads 194

autobus | bus 196

samochód | car 198

motocykl | motorbike 204

rower | bicycle 206

pociąg | train 208

samolot | aircraft 210

lotnisko | airport 212

statek | ship 214

port | port 216

sport • sports

futbol amerykański American football 220

rugby | rugby 221

piłka nożna | soccer 222

hokej | hockey 224

krykiet | cricket 225

koszykówka | basketball 226

baseball | baseball 228

tenis | tennis 230

golf | golf 232

lekkoatletyka | track and field 234

sporty walki | combat sports 236

pływanie | swimming 238

żeglarstwo | sailing 240

jazda konna | horse riding 242

wędkarstwo | fishing 244

narciarstwo | skiing 246

inne sporty | other sports 248

fitness | fitness 250

czas wolny • leisure

teatr | theater 254

orkiestra | orchestra 256

koncert | concert 258

zwiedzanie | sightseeing 260

zajęcia na świeżym powietrzu outdoor activities 262

plaża | beach 264

kemping | camping 266

rozrywka domowa home entertainment 268

fotografika | photography 270

gry | games 272

rzemiosło artystyczne arts and crafts 274

środowisko environment

przestrzeń kosmiczna space 280

Ziemia | Earth 282

krajobraz | landscape 284

pogoda | weather 286

skały | rocks 288

minerały | minerals 289

zwierzęta | animals 290

rośliny | plants 296

miasto | city 298

architektura | architecture 300

informacje reference

czas | time 304

kalendarz | calendar 306

liczby | numbers 308

wagi i miary weights and measures 310

mapa świata | world map 312

partykuły antonimy particles and antonyms 320

przydatne zwroty useful phrases 322

o słowniku

Ilustracje bez wątpienia pomagają w zrozumieniu i zapamiętywaniu informacji. Opierając się na tej zasadzie, nasz bogato ilustrowany dwujęzyczny słownik prezentuje szeroki wybór użytecznego, aktualnego słownictwa w dwóch językach europejskich.

Słownik jest podzielony tematycznie i szczegółowo przedstawia większość aspektów życia codziennego. Zawiera również dodatkowe słowa i zwroty przydatne w rozmowie i rozszerzające zasób słownictwa.

Jest to niezbędna publikacja encyklopedyczna dla każdego, kto interesuje się językami: praktyczna, ciekawa i łatwa w użyciu.

Kilka uwag

Języki prezentowane są zawsze w tej samej kolejności: polski i angielski.

Polskie przymiotniki i rzeczowniki odnoszące się do osób oraz nazwy zawodów oznaczane są odpowiednio: *m* – rodzaj męski, *f* – rodzaj żeński i *n* – rodzaj nijaki, na przykład:

nauczyciel *m* **/ nauczycielka** *f*
teacher

Tam, gdzie używane są wszystkie trzy formy, podaje się je w postaci skróconej, na przykład:
szczęśliwy *m*
szczęśliwa *f*
szczęśliwe *n*
(happy)

przedstawia się jako:
szczęśliwy *m*, **-wa** *f*, **-we** *n*

Czasowniki oznaczone są symbolem (v) po wyrazie angielskim, na przykład:

zbierać plony l harvest (v)

Na końcu książki znajduje się także indeks – dla każdego z języków oddzielny. Można tam wyszukać słowo w jednym lub drugim języku i sprawdzić, na której stronie (stronach) występuje. Rodzaj gramatyczny oznaczony jest odpowiednio jako *m*, *f* lub *n*.

jak korzystać z tej książki

Słownik przeznaczony jest dla wszystkich uczących się nowego języka – czy to dla celów służbowych, czy też dla przyjemności lub w ramach przygotowań do urlopu za granicą, jak też dla osób, które chcą rozszerzyć zakres słownictwa w znanym już sobie języku. Jest to wartościowa pomoc dydaktyczna, z której można korzystać na różne sposoby.

Ucząc się nowego języka warto zwracać uwagę na wyrazy pokrewne (słowa podobne w różnych językach) oraz na tzw. fałszywych przyjaciół (słowa, które wyglądają podobnie, ale mają różne znaczenia). Można również zaobserwować, jak języki na siebie wzajemnie wpływają. Na przykład język angielski zapożyczył z innych języków europejskich wiele wyrażeń związanych z żywnością, natomiast inne języki przejęły z angielskiego słownictwo dotyczące technologii i kultury masowej.

Propozycje ćwiczeń

- Przebywając w domu, w miejscu pracy lub w szkole przeglądaj strony dotyczące danego otoczenia. Następnie możesz zamknąć książkę, rozejrzeć się wokół i postarać się nazwać jak najwięcej przedmiotów i elementów otoczenia.
- Spróbuj napisać opowiadanie, list lub dialog wykorzystując jak największą liczbę słówek z danej strony. Pomaga to przyswoić słownictwo i zapamiętać pisownię. Jeśli chcesz stopniowo przygotować się do napisania dłuższego tekstu, zacznij od zdań zawierających 2 lub 3 wyrazy.
- Jeśli masz dobrą pamięć wzrokową, spróbuj narysować lub przekalkować ilustracje z książki na kartkę papieru, a następnie zamknąć książkę i uzupełnić słówka pod obrazkami.
- Gdy nabierzesz większej pewności siebie, możesz wybierać słówka z indeksu obcojęzycznego i podawać ich znaczenie, a później zaglądać na właściwą stronę dla sprawdzenia swojej odpowiedzi.

darmowa aplikacja audio

Mówiona językiem ojczystym polskim i angielskim, aplikacja audio „DK Visual Dictionary" zawiera wszystkie słowa i frazy znajdujące się w książce. Ułatwia uczenie się ważnego słownictwa oraz ulepsza wymowę.
Nagrania audio są dostępne również dla wszystkich pozostałych książek z serii.

jak używać aplikacji audio

- W wybranym sklepie wyszukaj „DK Visual Dictionary". Pobierz bezpłatną aplikację na swój smartfon lub tablet.
- Otwórz aplikację i wybierz wydanie książki.
- Wybierz swoją książkę z menu „Choose your book".
- Wybierz rozdział ze spisu treści lub wpisz numer strony w pasku wyszukiwania.
- Wyszukaj polskie lub angielskie słowa alfabetycznie.
- Aby odnaleźć słowo lub frazę, przewiń w górę lub w dół listę słów.
- Stuknij słowo, aby je usłyszeć.

about the dictionary

The use of pictures is proven to aid understanding and the retention of information. Working on this principle, this highly illustrated bilingual dictionary presents a large range of useful current vocabulary in two European languages.

The dictionary is divided thematically and covers most aspects of the everyday world in detail. You will also find additional words and phrases for conversational use and for extending your vocabulary.

This is an essential reference tool for anyone interested in languages—practical, stimulating, and easy-to-use.

A few things to note

The two languages are always presented in the same order—Polish and English.

Adjectives and words for people and professions are indicated with *m* for masculine, *f* for feminine, and *n* for neuter (adjectives):

nauczyciel *m* **/ nauczycielka** *f*
teacher

Where all three forms are used, they are given in an abbreviated form, so:

szczęśliwy *m*
szczęśliwa *f*
szczęśliwe *n*
(happy)

is shown as:

szczęśliwy *m*, **-wa** *f*, **-we** *n*

Verbs are indicated by a (v) after the English, for example:

zbierać plony I harvest (v)

Each language also has its own index at the back of the book. Here you can look up a word in either of the two languages and be referred to the page number(s) where it appears. The gender is indicated with *m*, *f*, or *n*.

how to use this book

Whether you are learning a new language for business, pleasure, or in preparation for a holiday abroad, or are hoping to extend your vocabulary in an already familiar language, this dictionary is a valuable learning tool which you can use in a number of different ways.

When learning a new language, look out for cognates (words that are alike in different languages) and false friends (words that look alike but carry significantly different meanings). You can also see where the languages have influenced each other. For example, English has imported many terms for food from other European languages but, in turn, exported terms used in technology and popular culture.

Practical learning activities

- As you move about your home, workplace, or college, try looking at the pages which cover that setting. You could then close the book, look around you and see how many of the objects and features you can name.
- Challenge yourself to write a story, letter, or dialogue using as many of the terms on a particular page as possible. This will help you retain the vocabulary and remember the spelling. If you want to build up to writing a longer text, start with sentences incorporating 2–3 words.
- If you have a very visual memory, try drawing or tracing items from the book onto a piece of paper, then close the book and fill in the words below the picture.
- Once you are more confident, pick out words in the Polish index at the back of the book and see if you know what they mean before turning to the relevant page to check if you were right.

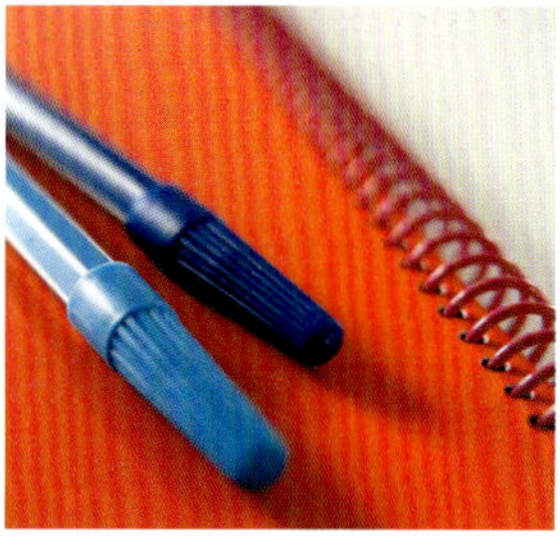

free audio app

The DK Visual Dictionary app contains all the words and phrases in the book, spoken by native speakers in both Polish and English, making it easier to learn important vocabulary and improve your pronunciation. Audio is also available for all other books in the series.

how to use the audio app

- Search for "DK Visual Dictionary" in your chosen app store and download the free app on your smartphone or tablet.
- Open the app and select your edition of the book.
- Select your book from the "Choose your book" menu.
- Select a chapter from the contents list or enter a page number in the search bar.
- Sort the words A–Z in Polish or English.
- Scroll up or down through the list to find a word or phrase.
- Tap a word to hear it.

ludzie
people

ciało • body

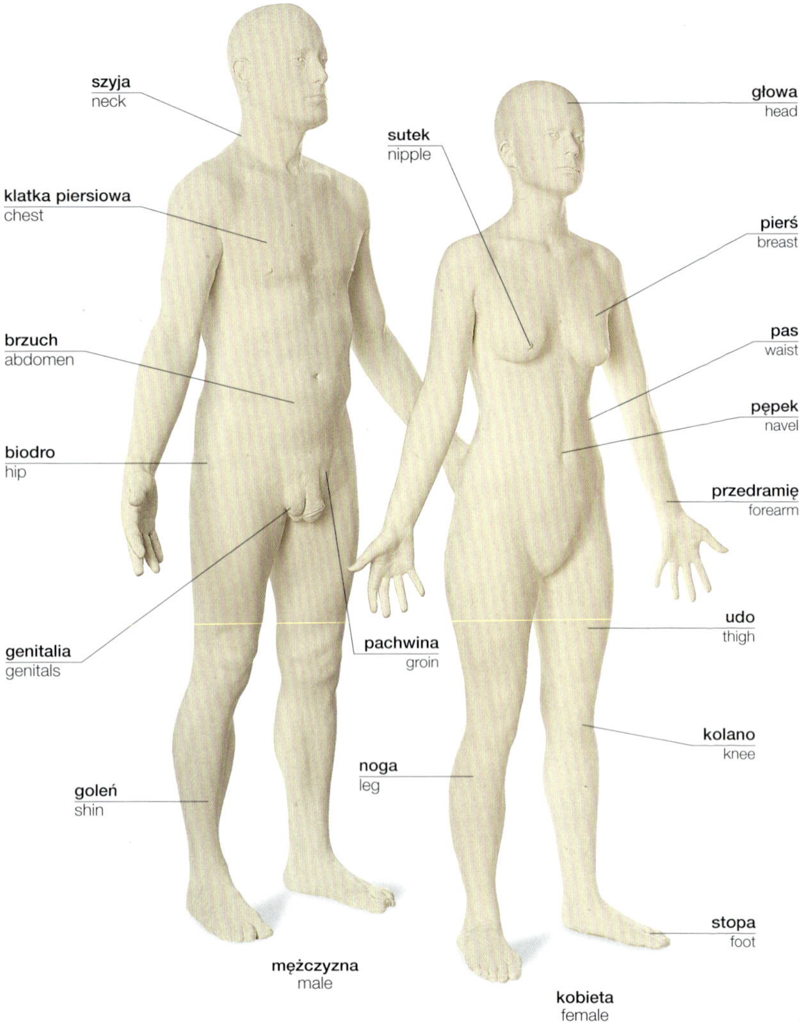
szyja
neck
klatka piersiowa
chest
brzuch
abdomen
biodro
hip
genitalia
genitals
goleń
shin
sutek
nipple
pachwina
groin
noga
leg
głowa
head
pierś
breast
pas
waist
pępek
navel
przedramię
forearm
udo
thigh
kolano
knee
stopa
foot
mężczyzna
male
kobieta
female

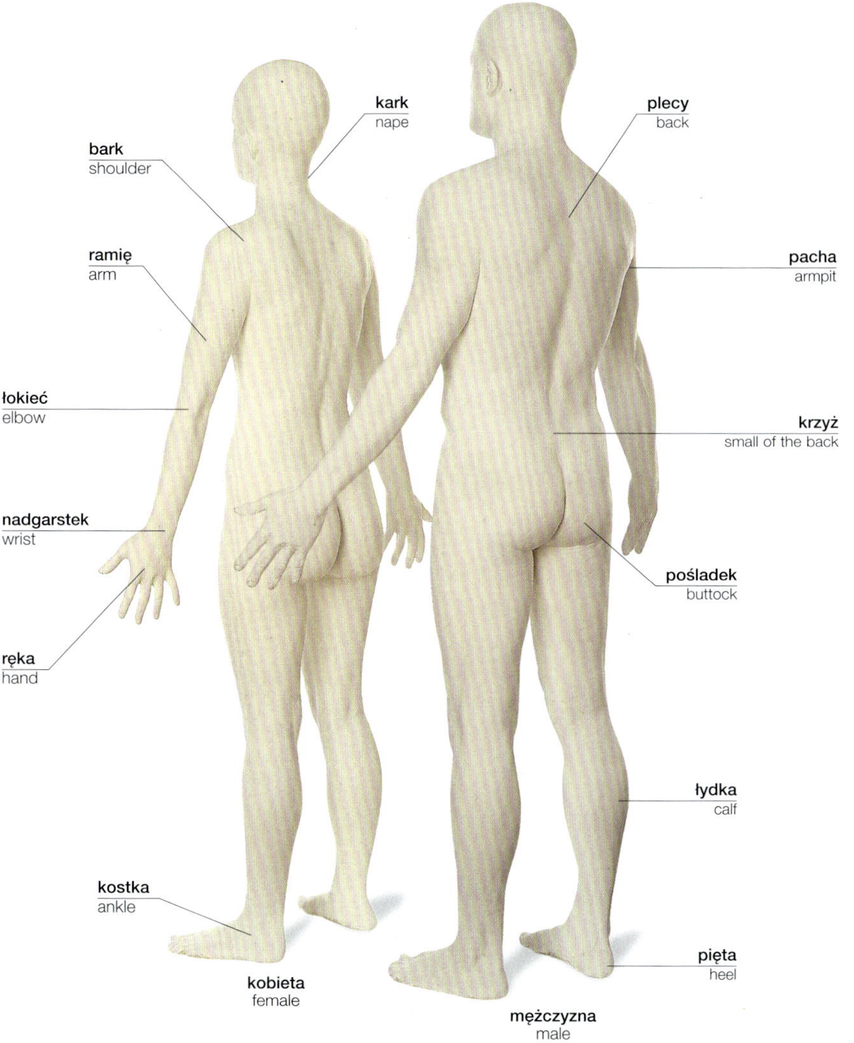
kark
nape
plecy
back
bark
shoulder
ramię
arm
pacha
armpit
łokieć
elbow
krzyż
small of the back
nadgarstek
wrist
pośladek
buttock
ręka
hand
łydka
calf
kostka
ankle
pięta
heel
kobieta
female
mężczyzna
male

twarz • face

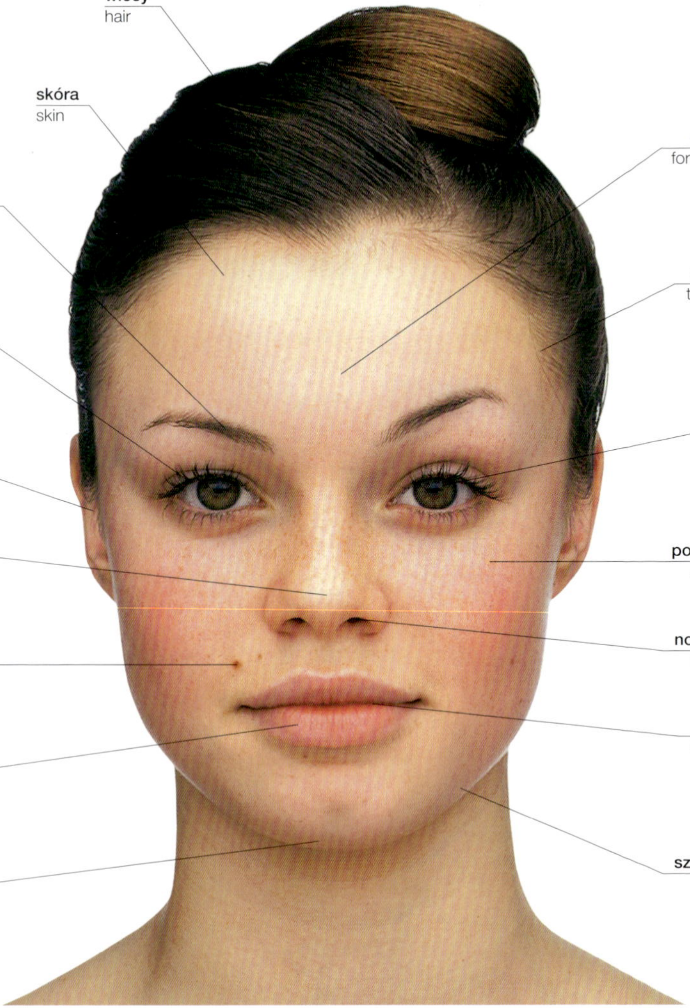
włosy
hair
skóra
skin
brew
eyebrow
rzęsa
eyelash
ucho
ear
nos
nose
pieprzyk
mole
warga
lip
broda
chin
czoło
forehead
skroń
temple
oko
eye
policzek
cheek
nozdrze
nostril
usta
mouth
szczęka
jaw

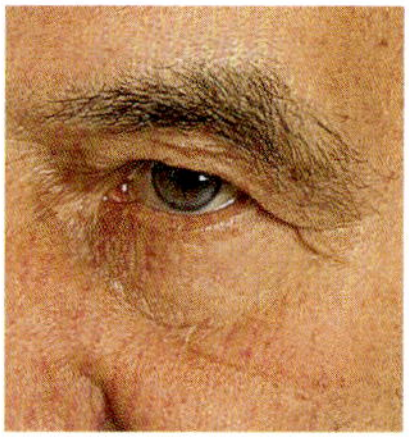

zmarszczka
wrinkle

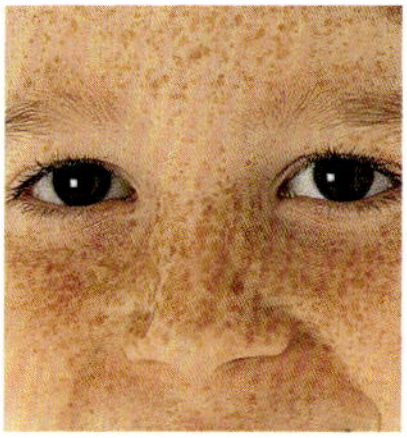

pieg
freckle

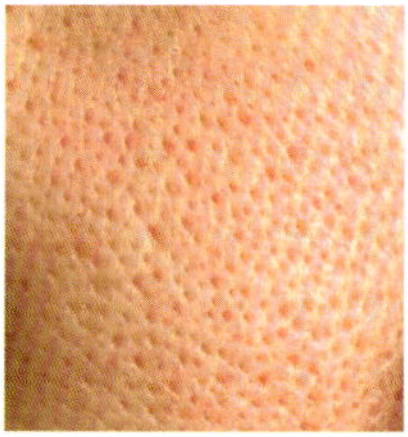

por
pore

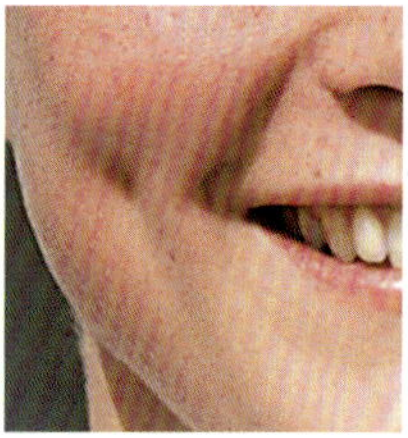

dołek
dimple

ręka • hand

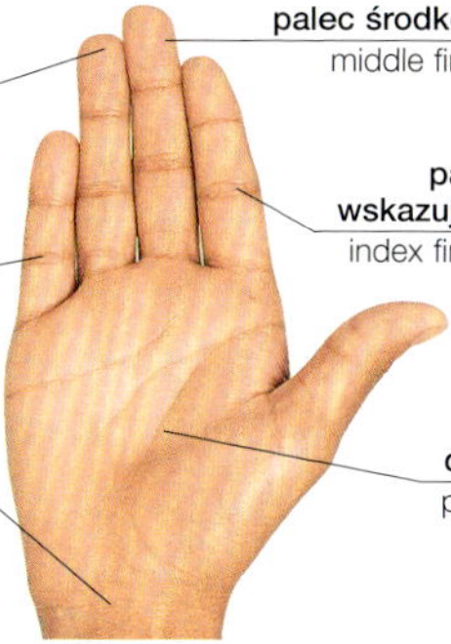

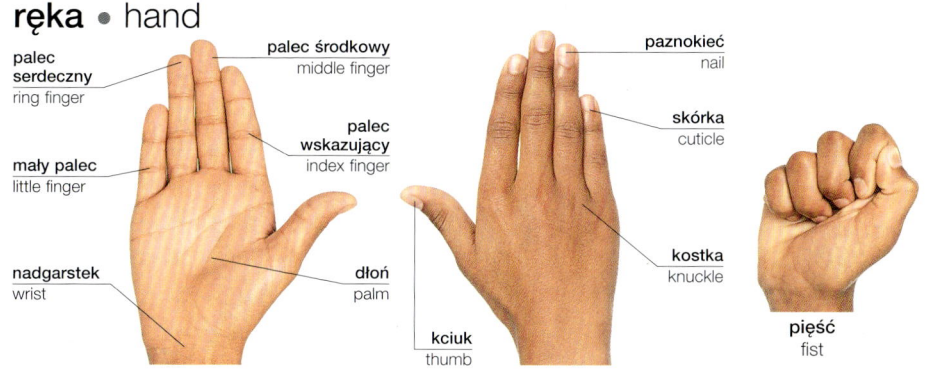

palec serdeczny
ring finger

palec środkowy
middle finger

palec wskazujący
index finger

mały palec
little finger

nadgarstek
wrist

dłoń
palm

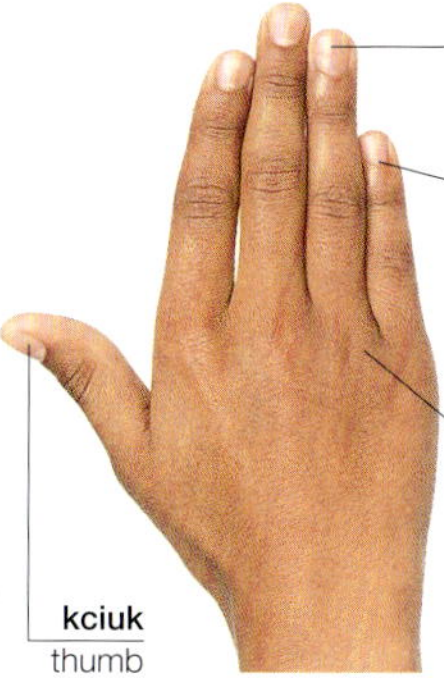

paznokieć
nail

skórka
cuticle

kostka
knuckle

kciuk
thumb

pięść
fist

stopa • foot

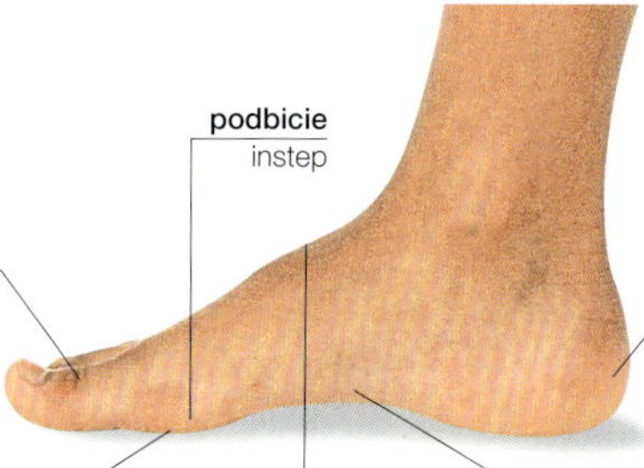

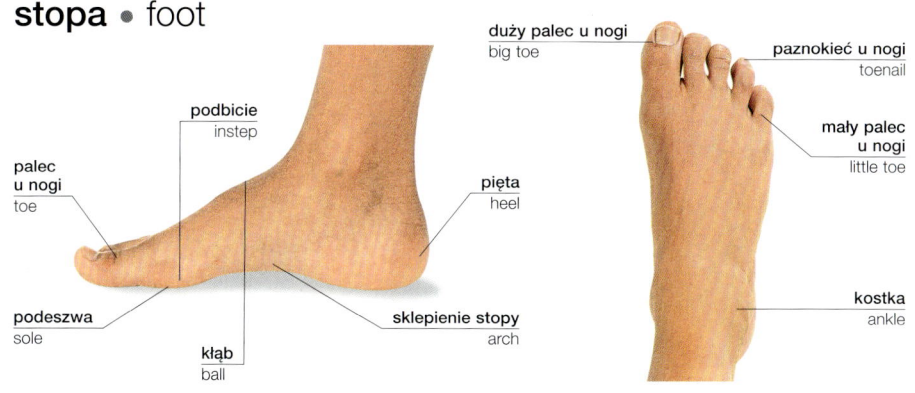

podbicie
instep

palec u nogi
toe

pięta
heel

podeszwa
sole

sklepienie stopy
arch

kłąb
ball

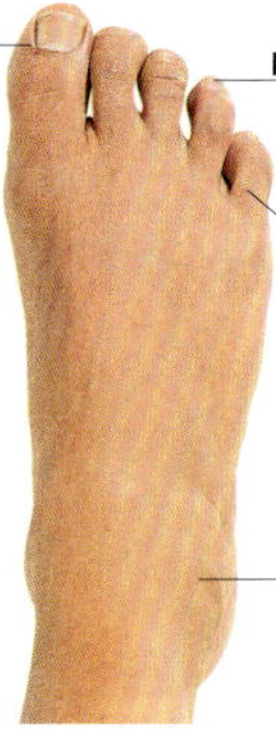

duży palec u nogi
big toe

paznokieć u nogi
toenail

mały palec u nogi
little toe

kostka
ankle

mięśnie • muscles

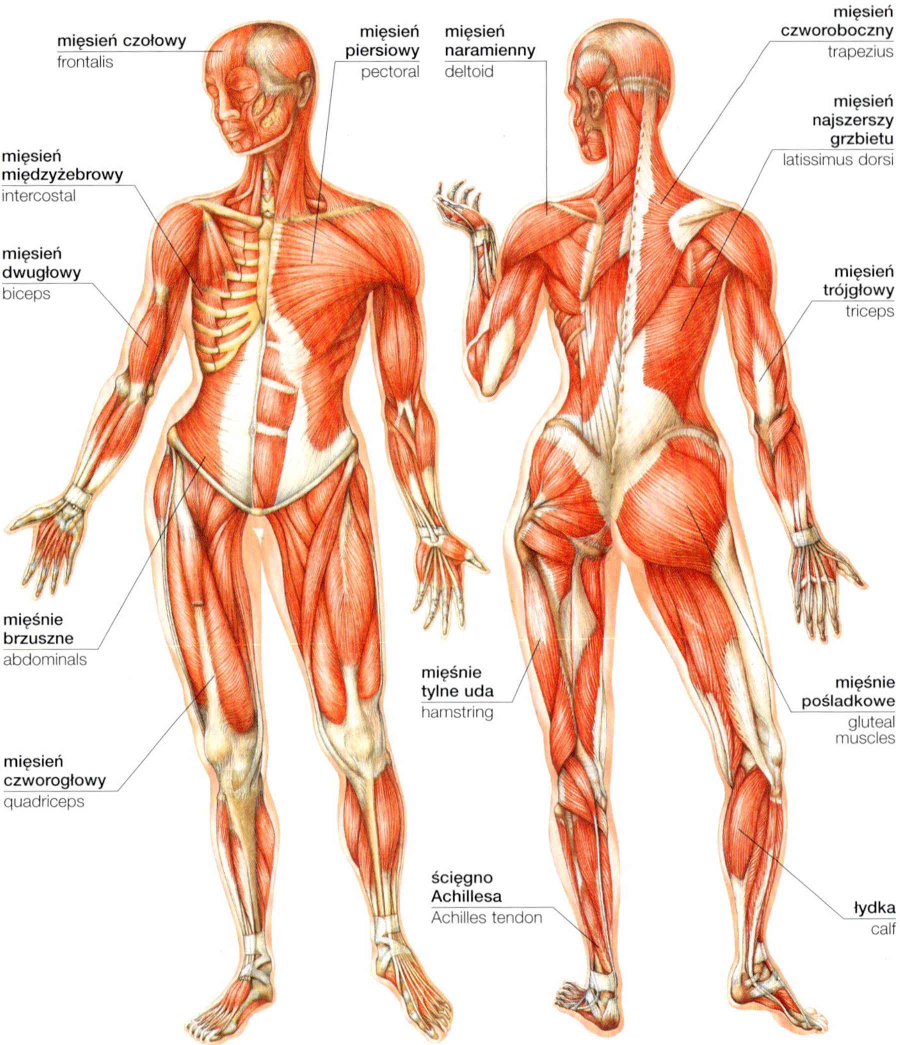

szkielet • skeleton

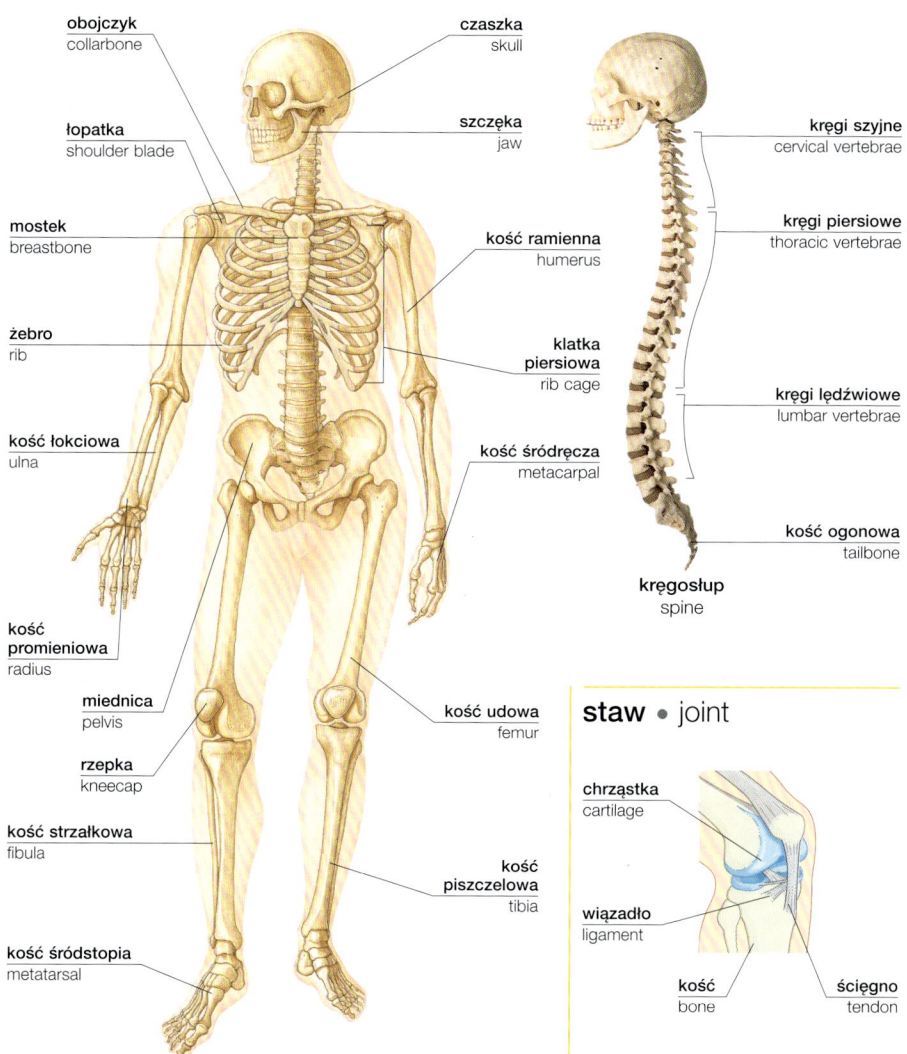

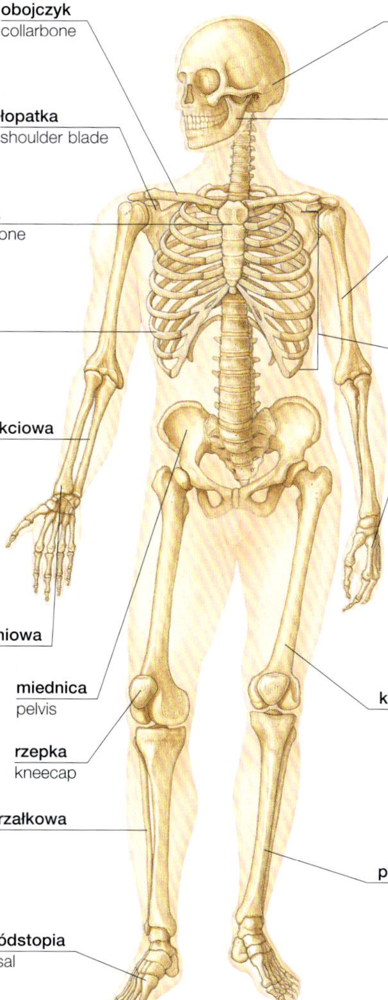
obojczyk
collarbone
czaszka
skull
łopatka
shoulder blade
szczęka
jaw
mostek
breastbone
kość ramienna
humerus
żebro
rib
klatka piersiowa
rib cage
kość łokciowa
ulna
kość śródręcza
metacarpal
kość promieniowa
radius
miednica
pelvis
kość udowa
femur
rzepka
kneecap
kość strzałkowa
fibula
kość piszczelowa
tibia
kość śródstopia
metatarsal

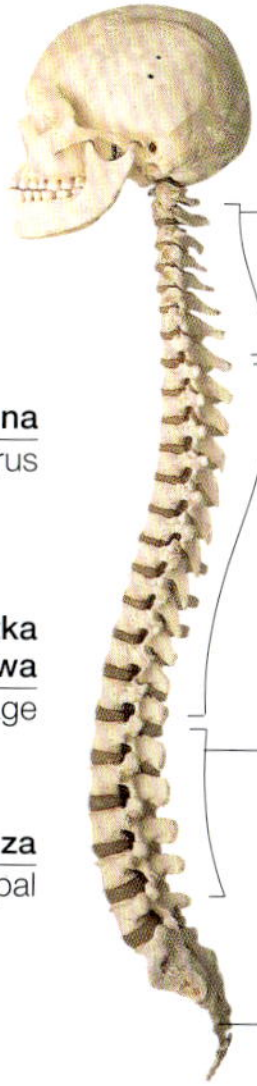
kręgi szyjne
cervical vertebrae
kręgi piersiowe
thoracic vertebrae
kręgi lędźwiowe
lumbar vertebrae
kość ogonowa
tailbone
kręgosłup
spine

staw • joint

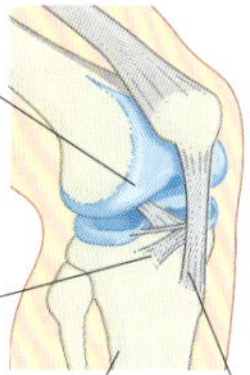
chrząstka
cartilage
wiązadło
ligament
kość
bone
ścięgno
tendon

narządy wewnętrzne • internal organs

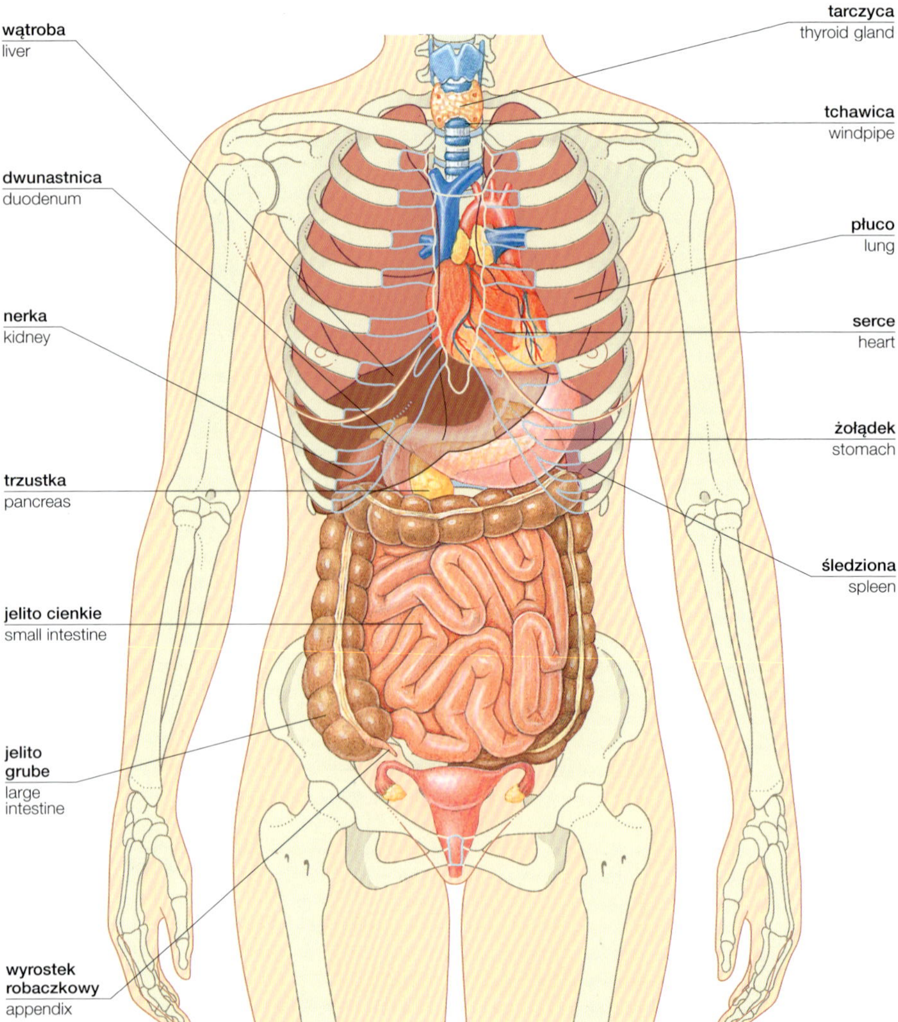
wątroba
liver
dwunastnica
duodenum
nerka
kidney
trzustka
pancreas
jelito cienkie
small intestine
jelito grube
large intestine
wyrostek robaczkowy
appendix
tarczyca
thyroid gland
tchawica
windpipe
płuco
lung
serce
heart
żołądek
stomach
śledziona
spleen

głowa • head

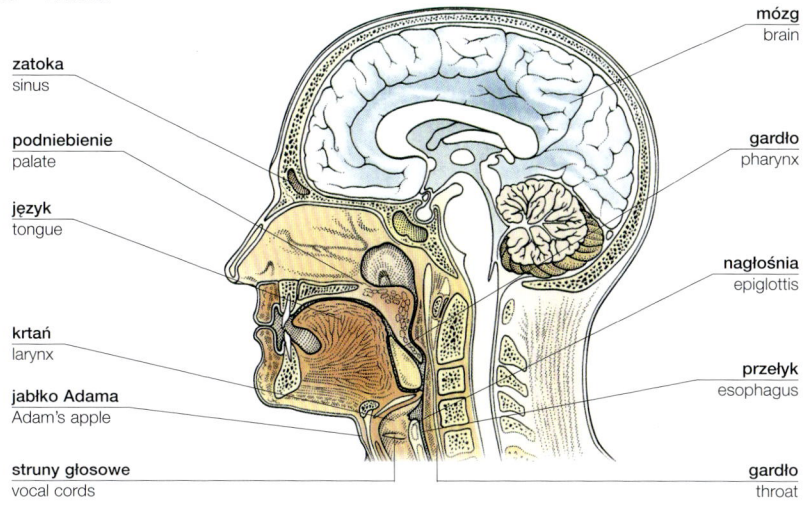

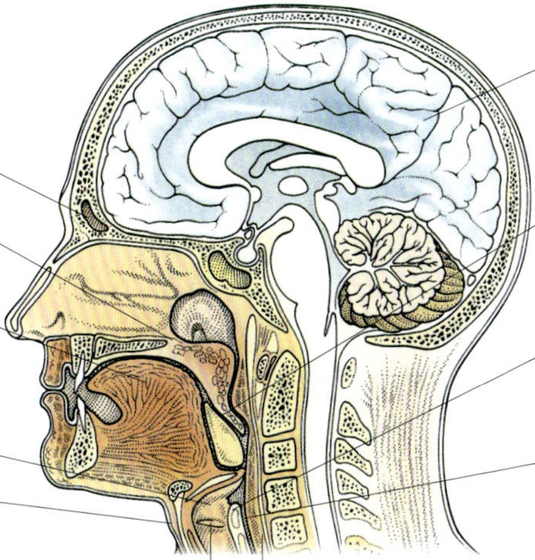
zatoka
sinus
podniebienie
palate
język
tongue
krtań
larynx
jabłko Adama
Adam's apple
struny głosowe
vocal cords
mózg
brain
gardło
pharynx
nagłośnia
epiglottis
przełyk
esophagus
gardło
throat

układy narządów • body systems

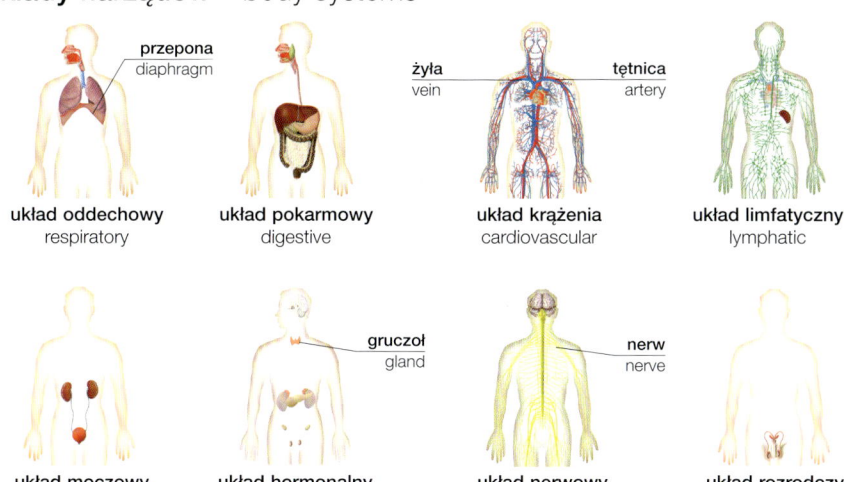

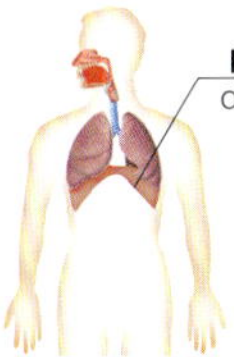
przepona
diaphragm

układ oddechowy
respiratory

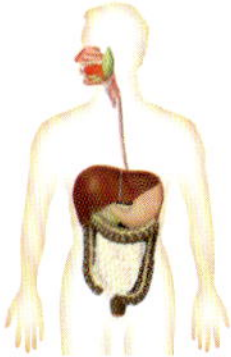

układ pokarmowy
digestive

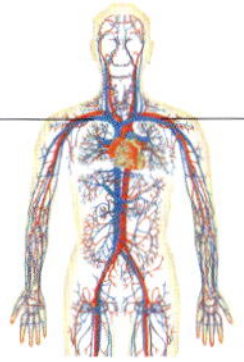
żyła
vein
tętnica
artery

układ krążenia
cardiovascular

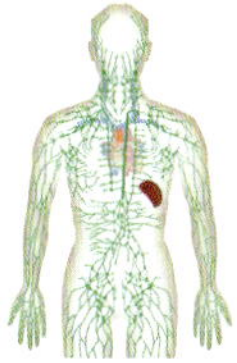

układ limfatyczny
lymphatic

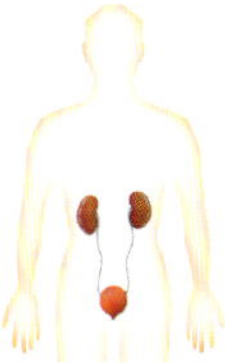

układ moczowy
urinary

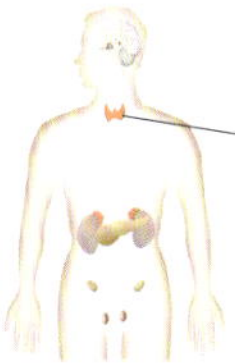
gruczoł
gland

układ hormonalny
endocrine

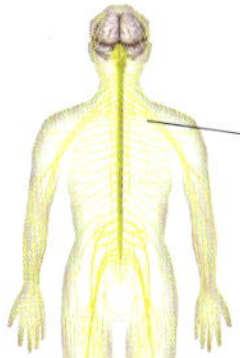
nerw
nerve

układ nerwowy
nervous

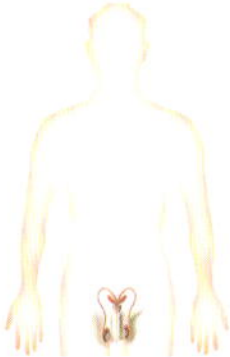

układ rozrodczy
reproductive

narządy rozrodcze • reproductive organs

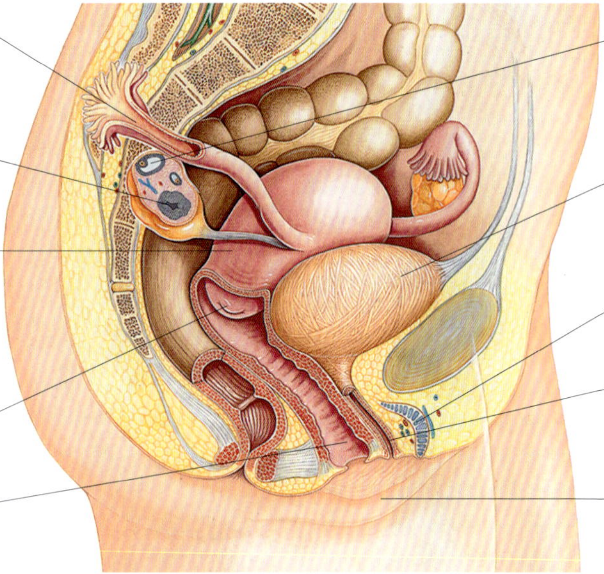
jajowód
fallopian tube
jajnik
ovary
macica
uterus
szyjka macicy
cervix
pochwa
vagina
pęcherzyk jajnikowy
follicle
pęcherz
bladder
łechtaczka
clitoris
cewka moczowa
urethra
wargi sromowe
labia

kobieta | female

rozmnażanie • reproduction

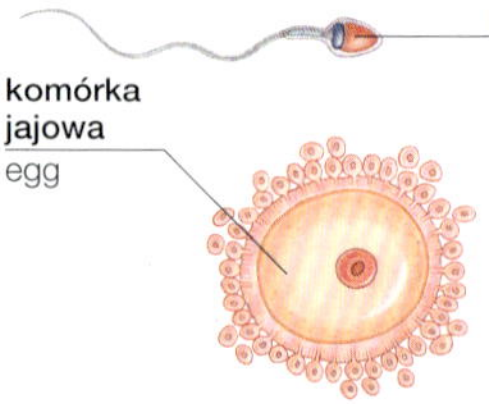
plemnik
sperm
komórka jajowa
egg

zapłodnienie | fertilization

słowniczek • vocabulary

płodny *m* / **-na** *f* / **-ne** *n*
fertile

bezpłodny *m* / **-na** *f* / **-ne** *n*
infertile

począć
conceive (v)

miesiączka
menstruation

owulacja
ovulation

stosunek płciowy
intercourse

hormon
hormone

impotent
impotent

infekcja przenoszona drogą płciową
sexually transmitted infection

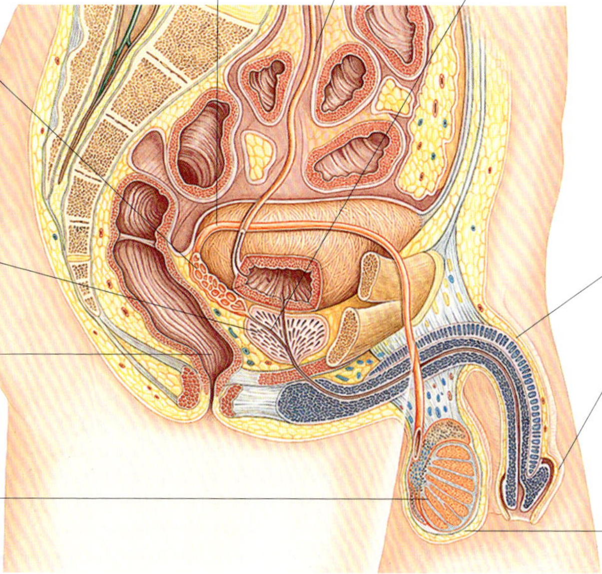
nasieniowód
vas deferens
moczowód
ureter
przewód wytryskowy
ejaculatory duct
pęcherzyk nasienny
seminal vesicle
prostata
prostate
penis
penis
odbytnica
rectum
napletek
foreskin
jądro
testicle
moszna
scrotum

mężczyzna | male

antykoncepcja • contraception

kapturek maciczny
cervical cap

krążek maciczny
diaphragm

prezerwatywa
condom

wkładka domaciczna
IUD

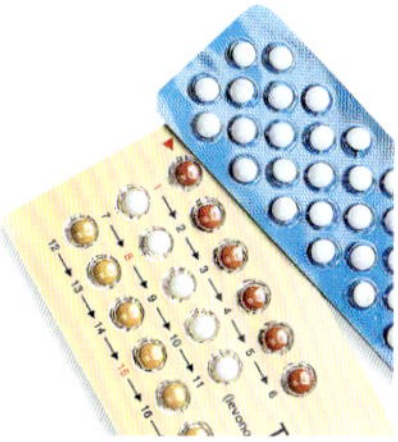

pigułka antykoncepcyjna
pill

rodzina • family

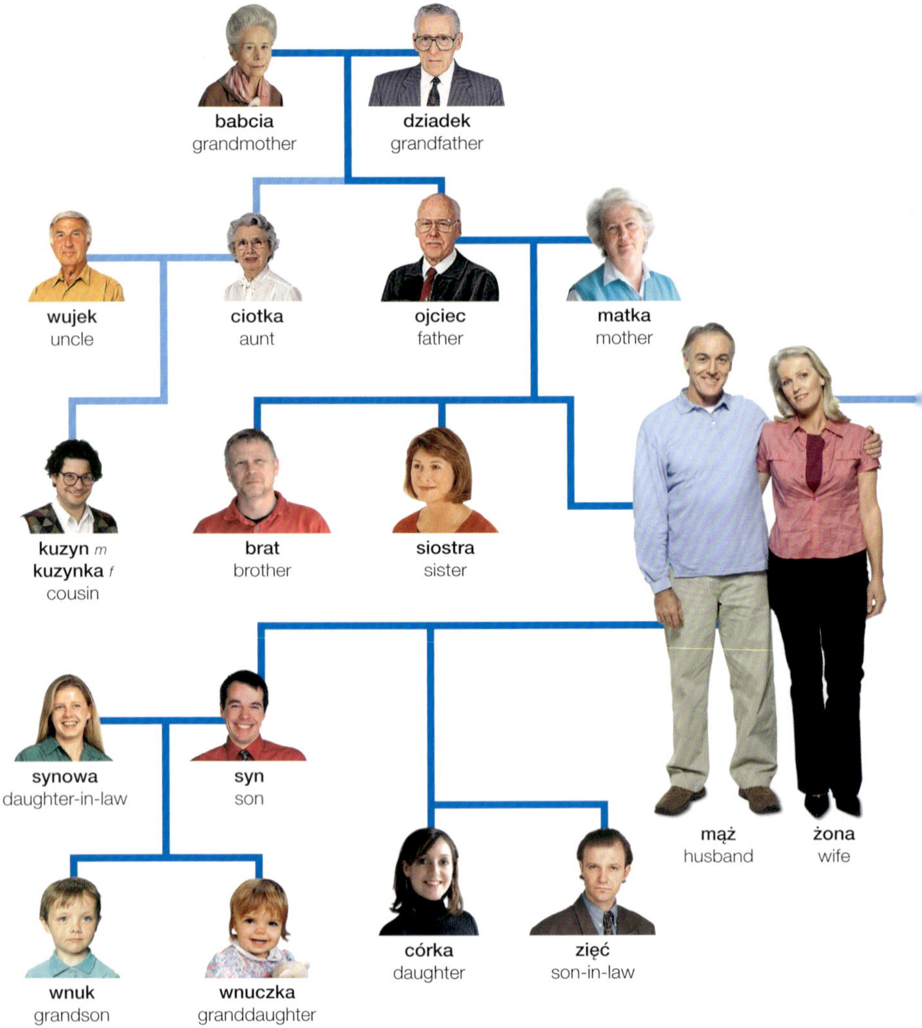

słowniczek • vocabulary

krewni relatives	**rodzice** parents	**dziadkowie** grandparents	**macocha** stepmother	**pasierb** stepson	**dzieci** children
pokolenie generation	**partner** *m* **partnerka** *f* partner	**wnuki** *m* **wnuczki** *f* grandchildren	**ojczym** stepfather	**pasierbica** stepdaughter	**bliźniaki** *m* **bliźniaczki** *f* **bliźnięta** *n* twins

teściowa
mother-in-law

teść
father-in-law

szwagier
brother-in-law

szwagierka
sister-in-law

siostrzenica
niece

siostrzeniec
nephew

tytuły grzecznościowe titles

pan
Mr.

panna
Miss

pani
Mrs. / Ms.

etapy rozwoju • stages

niemowlę
baby

dziecko
child

chłopiec
boy

dziewczynka
girl

nastolatek *m*
nastolatka *f*
teenager

dorosły *m* **/ dorosła** *f* **/ dorosłe** *n*
adult

mężczyzna
man

kobieta
woman

związki • relationships

kierownik *m* **kierowniczka** *f*
manager

asystent *m* **asystentka** *f*
assistant

partner biznesowy *m* **partnerka biznesowa** *f*
business partner

pracownik *m* **pracownica** *f*
employee

pracodawca *m* **pracodawczyni** *f*
employer

współpracownik *m* **współpracownica** *f*
colleague

biuro / office

sąsiad *m* / **sąsiadka** *f*
neighbor

przyjaciel *m*
przyjaciółka *f*
friend

znajomy *m* / **znajoma** *f*
acquaintance

przyjaciel korespondencyjny *m*
przyjaciółka korespondencyjna *f*
pen pal

chłopak
boyfriend

dziewczyna
girlfriend

para | couple

narzeczony
fiancé

narzeczona
fiancée

narzeczeni | engaged couple

uczucia • emotions

uśmiech
smile

szczęśliwy *m* **/ -wa** *f* **/ -we** *n*
happy

smutny *m* **/ -na** *f* **/ -ne** *n*
sad

podekscytowany *m* **/ -na** *f* **/ -ne** *n*
excited

znudzony *m* **/ -na** *f* **/ -ne** *n*
bored

zaskoczony *m* **/ -na** *f* **/ -ne** *n*
surprised

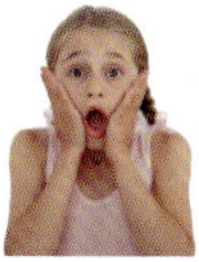

przestraszony *m* **/ -na** *f* **/ -ne** *n*
scared

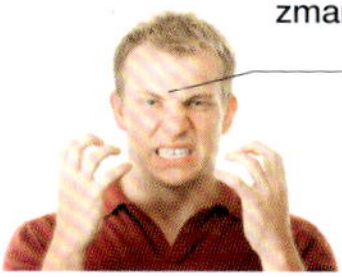
zmarszczenie brwi
frown

zły *m* **/ zła** *f* **/ złe** *n*
angry

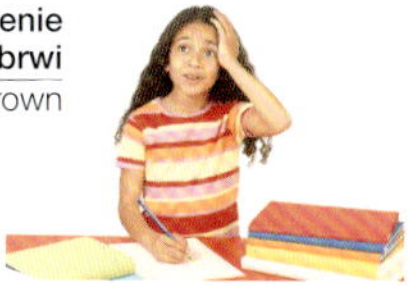

zdezorientowany *m* **/ -na** *f* **/ -ne** *n*
confused

zmartwiony *m* **/ -na** *f* **/ -ne** *n*
worried

zdenerwowany *m* **/ -na** *f* **/ -ne** *n*
nervous

dumny *m* **/ -na** *f* **/ -ne** *n*
proud

pewny *m* **/ -na** *f* **/ -ne** *n* **siebie**
confident

zakłopotany *m* **/ -na** *f* **/ -ne** *n*
embarrassed

nieśmiały *m* **/ -ła** *f* **/ -łe** *n*
shy

słowniczek • vocabulary

zmartwiony *m* **/ -na** *f* **/ -ne** *n*
upset

wstrząśnięty *m* **/ -ta** *f* **/ -te** *n*
shocked

śmiać się
laugh (v)

płakać
cry (v)

krzyczeć
shout (v)

westchnąć
sigh (v)

zemdleć
faint (v)

ziewnąć
yawn (v)

przełomowe wydarzenia • life events

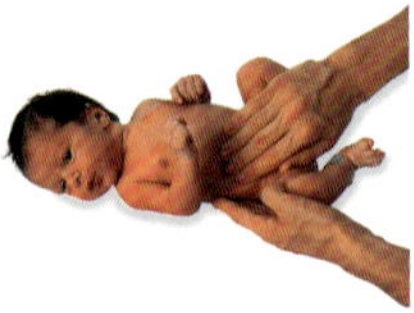

urodzić się
be born (v)

pójść do szkoły
start school (v)

zaprzyjaźnić się
make friends (v)

skończyć studia
graduate (v)

dostać pracę
get a job (v)

zakochać się
fall in love (v)

wziąć ślub
get married (v)

mieć dziecko
have a baby (v)

ślub | wedding

rozwód
divorce

pogrzeb
funeral

słowniczek • vocabulary

metryka urodzenia
birth certificate

chrzest
christening

bar micwa
bar mitzvah

wesele
wedding reception

miesiąc miodowy
honeymoon

rocznica
anniversary

wyemigrować
emigrate (v)

przejść na emeryturę
retire (v)

spisać testament
make a will (v)

umrzeć
die (v)

uroczystości • celebrations

przyjęcie urodzinowe
birthday party

kartka
card

urodziny
birthday

prezent
present

Boże Narodzenie
Christmas

Nowy Rok
New Year

karnawał
carnival

parada
procession

wstążka
ribbon

Święto Dziękczynienia
Thanksgiving

Wielkanoc
Easter

Halloween
Halloween

święta
festivals

Pascha
Passover

Id al-Fitr
Eid

Diwali
Diwali

wygląd
appearance

odzież dziecięca • children's clothing

niemowlę • baby

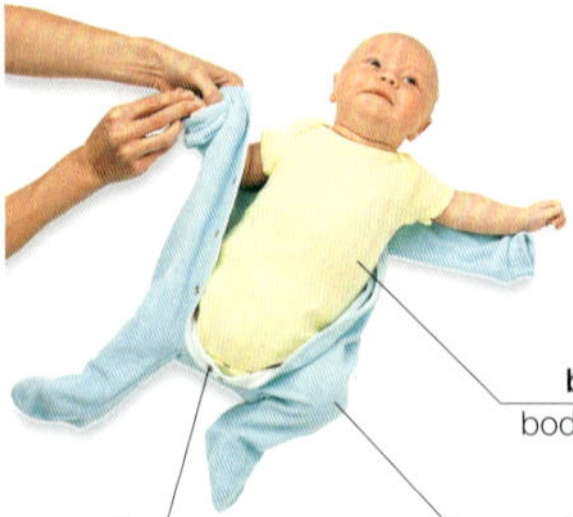

body
bodysuit

zatrzask
snap

pajacyk
onesie

śpioszki
sleeper

kombinezon zimowy
snowsuit

rampers
romper

śliniaczek
bib

rękawiczki
mittens

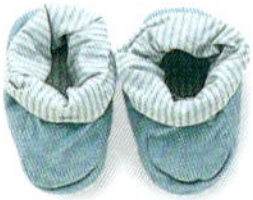

buciki
booties

pielucha frotte
cloth diaper

pielucha jednorazowa
disposable diaper

majtki ceratowe
plastic pants

małe dziecko • toddler

kapelusz od słońca
sun hat

fartuszek
apron

szorty
shorts

ogrodniczki
overalls

koszulka
T-shirt

spódnica
skirt

dziecko • child

sukienka
dress

sandały
sandals

lato
summer

kaptur
hood

płaszcz przeciwdeszczowy
raincoat

dżinsy
jeans

plecak
backpack

jesień
fall

kołeczek
toggle

budrysówka
duffel coat

szalik
scarf

anorak
parka

kalosze
rain boots

zima
winter

szlafrok
robe

koszula nocna
nightgown

kapcie
slippers

bielizna nocna
nightwear

logo
logo

buty sportowe
athletic shoes

strój piłkarski
soccer uniform

dres
tracksuit

leggingsy
leggings

słowniczek • vocabulary

włókno naturalne
natural fiber

syntetyczny *m* **/ -na** *f* **/ -ne** *n*
synthetic

Czy można to prać w pralce?
Is it machine washable?

Czy to będzie dobre na dwulatka?
Will this fit a two-year-old?

ubrania • clothes (1)

kołnierzyk
collar
krawat
tie
mankiet
cuff
marynarka
jacket
guzik
button
spodnie
pants
buty skórzane
leather shoes

garnitur
business suit

pasek
belt
klapa
lapel
dziurka od guzika
buttonhole
kieszeń
pocket
podszewka
lining

płaszcz przeciwdeszczowy
raincoat

słowniczek • vocabulary

krótki *m* **/ -ka** *f* **/ -kie** *n*
short

bielizna
underwear

płaszcz
coat

dres
tracksuit

długi *m* **/ -ga** *f* **/ -gie** *n*
long

szlafrok
dressing gown

sweter rozpinany
cardigan

Czy jest większy / mniejszy rozmiar?
Do you have this in a larger / smaller size?

Czy mogę to przymierzyć?
May I try this on?

marynarka
blazer

marynarka sportowa
sport coat

kamizelka
vest

anorak
parka

bluza sportowa
sweatshirt

koszula
shirt

sweter
sweater

pidżama
pajamas

podkoszulek
undershirt

dekolt w szpic
V-neck
dekolt okrągły
crew neck
koszulka
T-shirt
dżinsy
jeans

strój swobodny
casual wear

szorty
shorts

slipy
briefs

bokserki
boxer shorts

skarpetki
socks

ubrania • clothes (2)

żakiet
jacket

bluzka
blouse

rękaw
sleeve

rąbek
hem

buty
shoes

szew
seam

spódnica
skirt

do kolan
knee-length

formalny *m* / **-na** *f* / **-ne** *n*
formal

bez ramiączek
strapless

do kostek
ankle-length

suknia wieczorowa
evening dress

bez rękawów
sleeveless

sukienka
dress

sweter
sweater

spodnie
trousers

swobodny *m* / **-na** *f* / **-ne** *n*
casual

bielizna • lingerie

szlafrok
robe

halka
slip

ramiączko
strap

koszulka na ramiączkach
camisole

podwiązki
garter straps

baskinka
bustier

pończocha
stocking

rajstopy
panty hose

biustonosz
bra

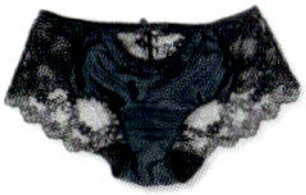

figi
panties

koszula nocna
nightgown

ślub • wedding

bukiet
bouquet

suknia ślubna
wedding dress

słowniczek • vocabulary

gorset corset	**podwiązka** garter
koronka lace	**welon** veil
z fiszbinami underwire	**dekolt halter** halter neck
biustonosz sportowy sports bra	**pas (w spodniach, spódnicy)** waistband
dopasowany *m* **/ -na** *f* **/ -ne** *n* tailored	**poduszka *(na ramieniu)*** shoulder pad

dodatki • accessories

czapka
cap

kapelusz
hat

chustka
scarf

klamerka
buckle

pasek
belt

rączka
handle
szpic
tip

parasol
umbrella

chusteczka do nosa
handkerchief

muszka
bow tie

szpilka do krawata
tiepin

rękawiczki
gloves

biżuteria • jewelry

wisiorek
pendant

broszka
brooch

spinki do mankietu
cuff links

ogniwo
link

bransoletka
bracelet

zapięcie
clasp
kamień
stone

naszyjnik
necklace

sznur pereł
strand of pearls
kolczyki
earrings
pierścionek
ring
łańcuszek
chain
zegarek
watch

szkatułka na biżuterię | jewelry box

torby i torebki • bags

portfel
wallet

portmonetka
change purse

zapięcie
clasp

torebka na ramię
shoulder bag

torba podróżna
duffel bag

teczka
briefcase

uchwyty
handles

torebka
handbag

pasek
shoulder strap

plecak
backpack

buty • shoes

sznurówka
lace

język
tongue

dziurka
eyelet

podeszwa
sole

but sznurowany
lace-up

obcas
heel

kozak
boot

but turystyczny
hiking boot

but sportowy
sneaker

klapek
flip-flop

but skórzany
dress shoe

but na wysokim obcasie
high-heeled shoe

koturn
wedge

sandał
sandal

mokasyn
slip-on

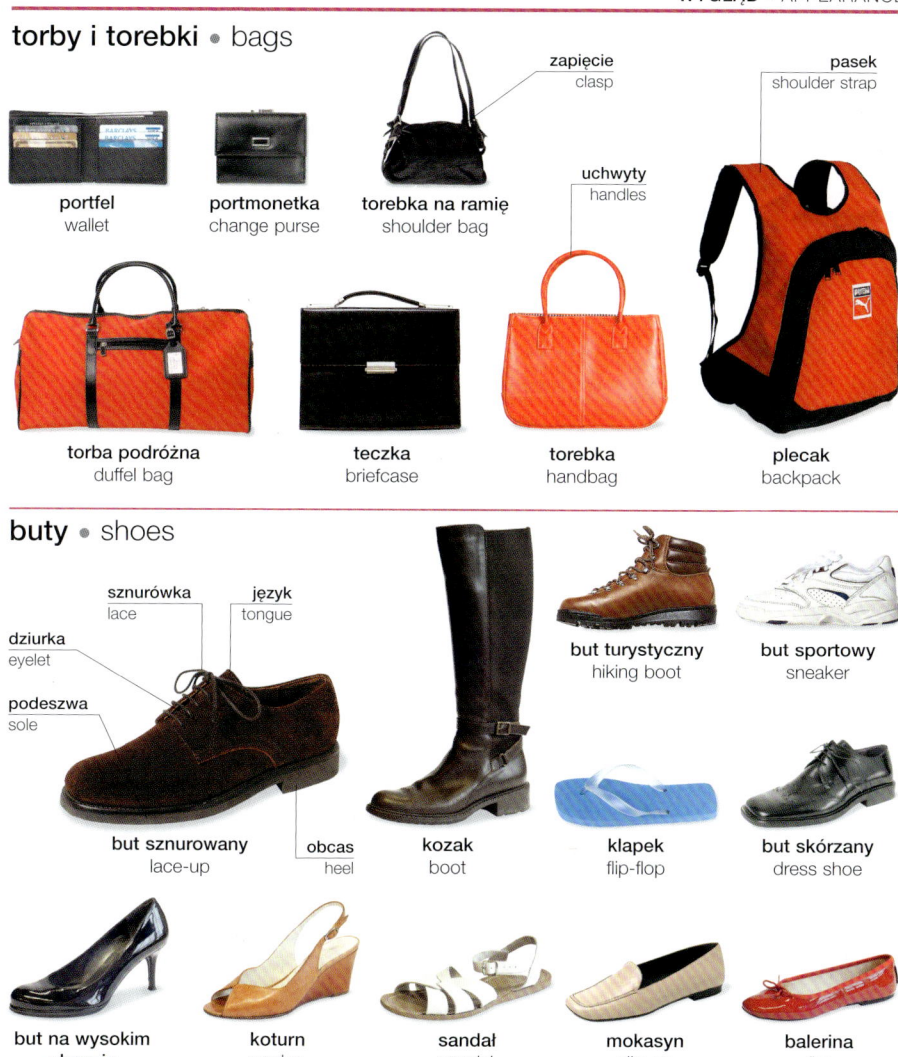

balerina
flat

włosy • hair

grzebień
comb

czesać *(grzebieniem)*
comb (v)

szczotka
brush

czesać *(szczotką)*
brush (v)

fryzjer *m*
fryzjerka *f*
hairdresser

umywalka
sink

klient *m*
klientka *f*
client

umyć | wash (v)

spłukać
rinse (v)

peleryna fryzjerska
robe

ściąć
cut (v)

wysuszyć suszarką
blow-dry (v)

ułożyć
set (v)

przybory • accessories

suszarka do włosów
blow-dryer

szampon
shampoo

odżywka
conditioner

żel
gel

lakier do włosów
hairspray

lokówka
curling iron

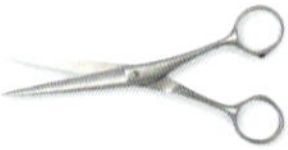

nożyczki
scissors

opaska na włosy
headband

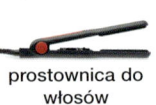

prostownica do włosów
hair straightener

szpilka do włosów
bobby pins

fryzury • styles

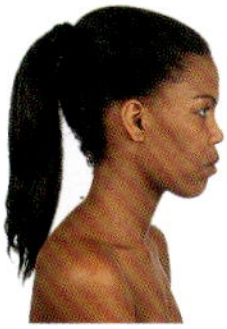
koński ogon
ponytail

warkocz
braid

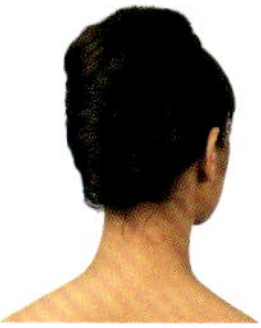
banan
French twist

kok
bun

kucyki
pigtails

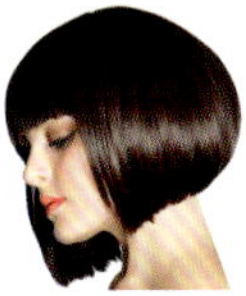
paź
bob

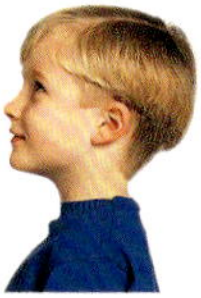
krótka fryzura
short haircut

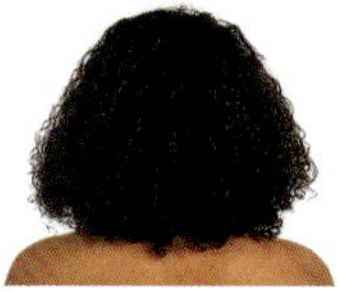
kręcone *(włosy)*
curly

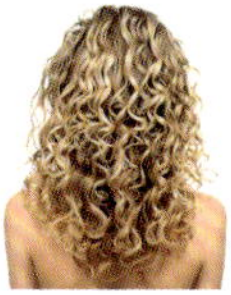
trwała
perm

proste *(włosy)*
straight

odrosty
roots
pasemka
highlights

łysy *m* **/ -sa** *f* **/ -se** *n*
bald

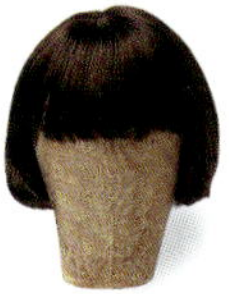
peruka
wig

kolory • colors

blond *m* **/ blond** *f*
blond / blonde

ciemnobrązowy *m* **/ -wa** *f* **/ -we** *n*
brunette

kasztanowy *m* **/ -wa** *f* **/ -we** *n*
auburn

rudy *m* **/ -da** *f* **/ -de** *n*
red

czarny *m* **/ -na** *f* **/ -ne** *n*
black

siwy *m* **/ -wa** *f* **/ -we** *n*
gray

biały *m* **/ -la** *f* **/ -le** *n*
white

farbowany *m* **/ -na** *f* **/ -ne** *n*
dyed

słowniczek • vocabulary

skóra głowy
scalp

tłusty *m* **/ -ta** *f* **/ -te** *n*
greasy

suchy *m* **/ -cha** *f* **/ -che** *n*
dry

normalny *m* **/ -na** *f* **/ -ne** *n*
normal

łupież
dandruff

wąsy
mustache

prostować
straighten (v)

fryzjer męski *m* **fryzjerka męska** *f*
barber

gumka do włosów
hairband

rozdwojone końce
split ends

przyciąć
trim (v)

broda
beard

uroda • beauty

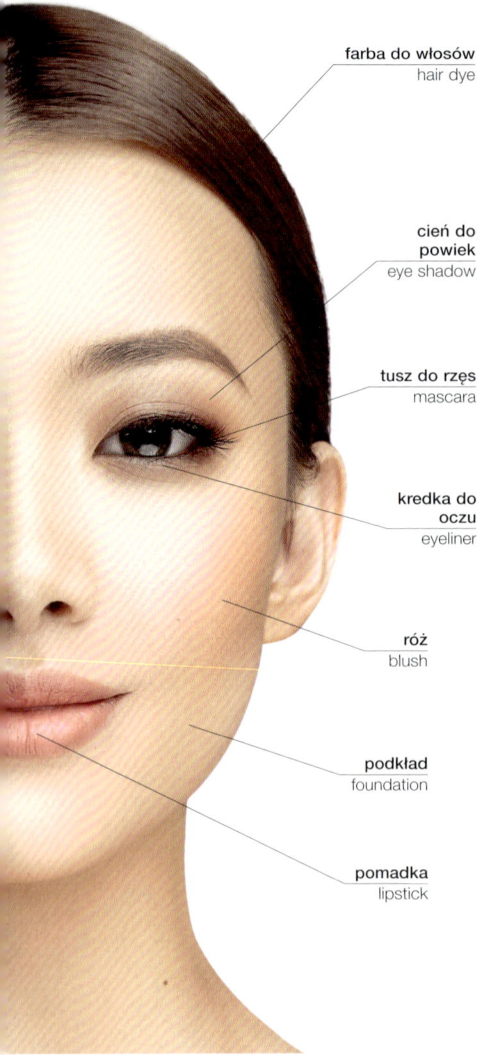
farba do włosów
hair dye
cień do powiek
eye shadow
tusz do rzęs
mascara
kredka do oczu
eyeliner
róż
blush
podkład
foundation
pomadka
lipstick

makijaż • makeup

kredka do brwi
eyebrow pencil
szczoteczka do brwi
eyebrow brush
pinceta
tweezers
błyszczyk do ust
lip gloss
pędzelek do ust
lip brush
konturówka do ust
lip liner
pędzel
brush
korektor
concealer
lusterko
mirror
puder
face powder
puszek do pudru
powder puff
puderniczka | compact

zabiegi kosmetyczne
beauty treatments

maseczka
face mask

zabieg kosmetyczny twarzy
facial

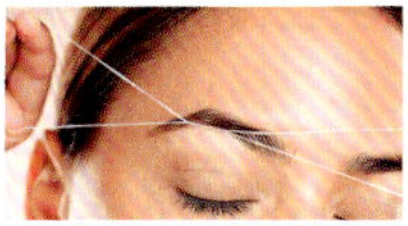

nitkowanie
threading

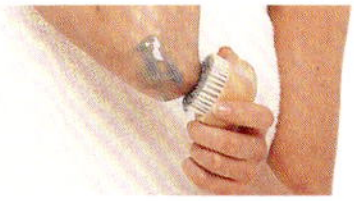

robić peeling
exfoliate (v)

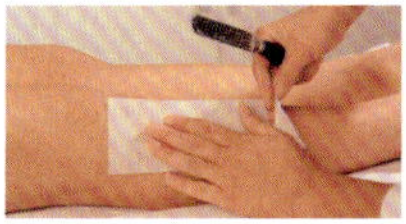

wosk
wax

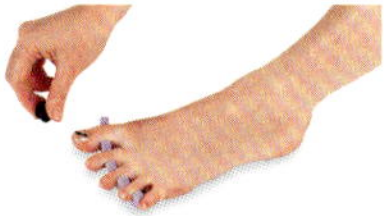

pedikiur
pedicure

manikiur • manicure

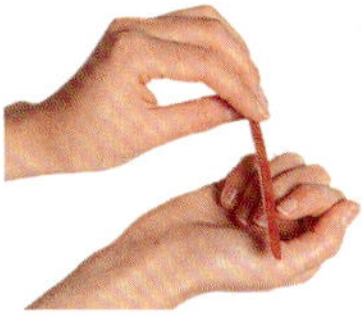

pilnik do paznokci
nail file

zmywacz do paznokci
nail polish remover

lakier do paznokci
nail polish

nożyczki do paznokci
nail scissors

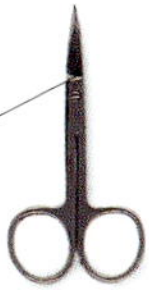

cążki do paznokci
nail clippers

kosmetyki • toiletries

preparat do demakijażu
cleanser

tonik
toner

krem nawilżający
moisturizer

samoopalacz
self-tanning lotion

perfumy
perfume

woda toaletowa
eau de toilette

słowniczek • vocabulary

jasny *m* **/ -na** *f* **/ -ne** *n*
fair

ciemny *m* **/ -na** *f* **/ -ne** *n*
dark

suchy *m* **/ -cha** *f* **/ -che** *n*
dry

tłusty *m* **/ -ta** *f* **/ -te** *n*
oily

wrażliwy *m* **/ -wa** *f* **/ -we** *n*
sensitive

cera
complexion

masło kakaowe
cocoa butter

hipoalergiczny *m* **/ -na** *f* **/ -ne** *n*
hypoallergenic

przeciwzmarszczkowy *m* **/ -wa** *f* **/ -we** *n*
antiwrinkle

opalenizna
tan

odcień
shade

tatuaż
tattoo

waciki
cotton balls

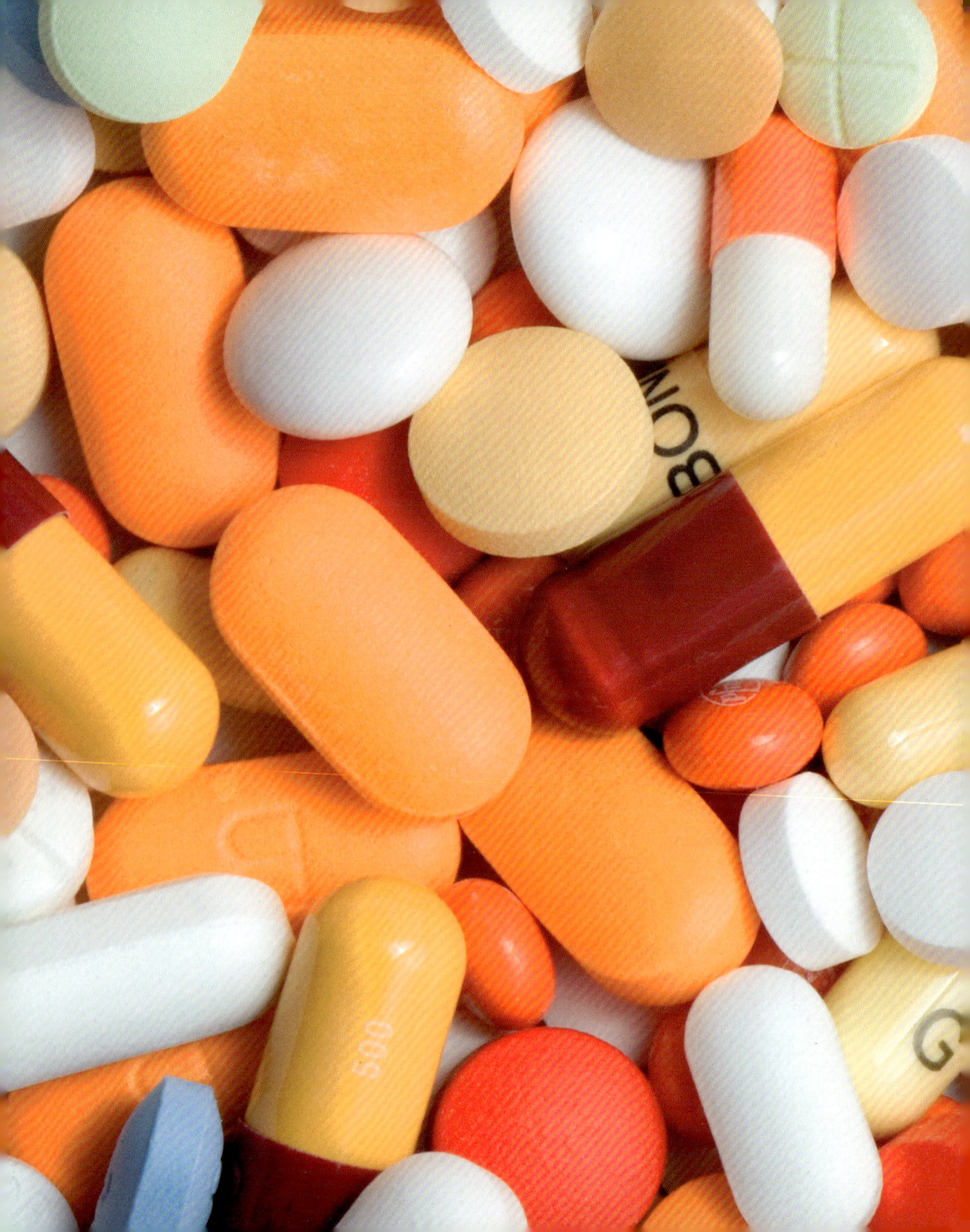
BON
500

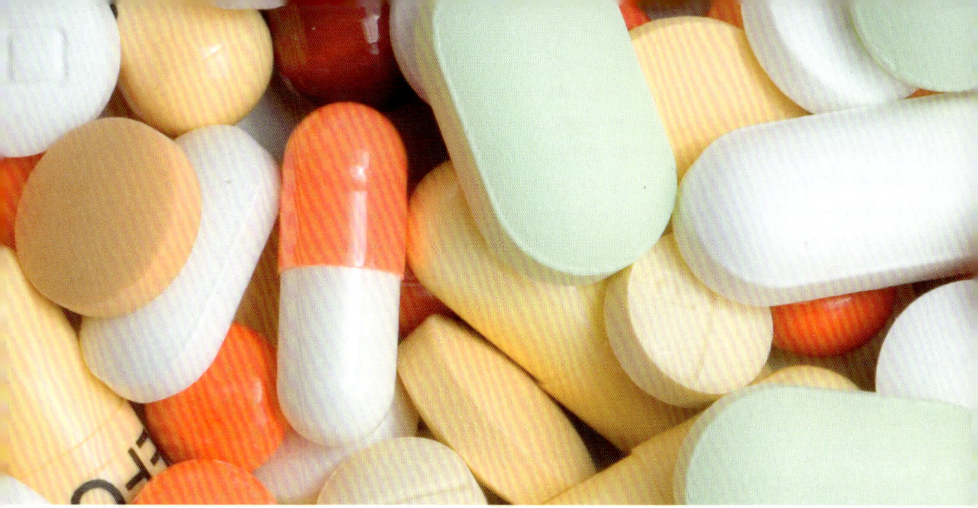

zdrowie
health

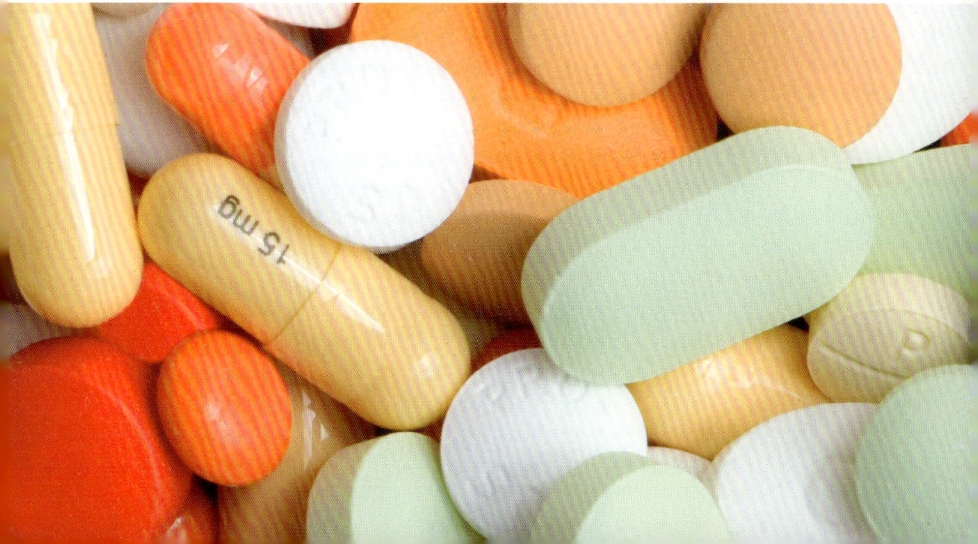

choroba • illness

gorączka | fever

ból głowy
headache

krwawienie z nosa
nosebleed

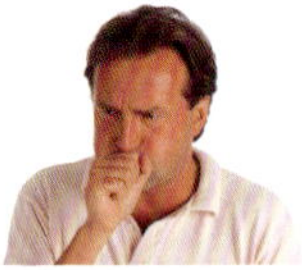

kaszel
cough

kichnięcie
sneeze

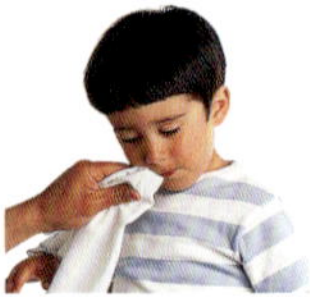

przeziębienie
cold

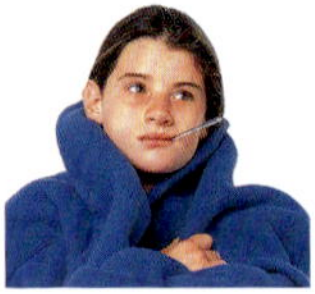

grypa
flu

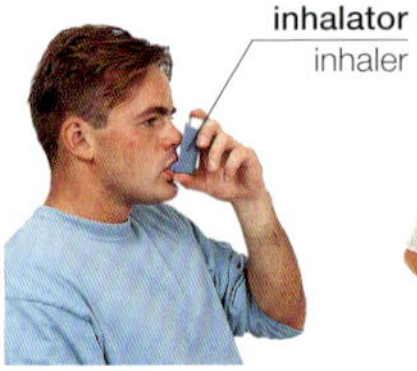
inhalator
inhaler

astma
asthma

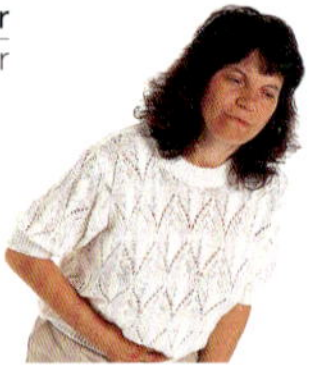

skurcze
cramps

mdłości
nausea

ospa wietrzna
chicken pox

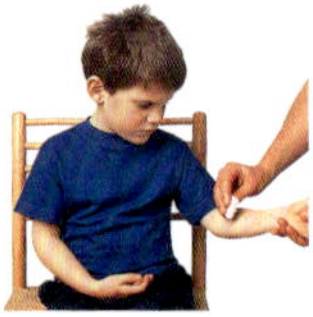

wysypka
rash

słowniczek • vocabulary

przeziębienie chill	**odra** measles	**migrena** migraine	**alergia** allergy	**atak serca** heart attack	**ciśnienie krwi** blood pressure
wirus virus	**świnka** mumps	**ból żołądka** stomachache	**katar sienny** hay fever	**udar** stroke	**zasłabnąć** faint (v)
infekcja infection	**egzema** eczema	**biegunka** diarrhea	**cukrzyca** diabetes	**padaczka** epilepsy	**wymiotować** vomit (v)

lekarz *m* / lekarka *f* • doctor

wizyta • consultation

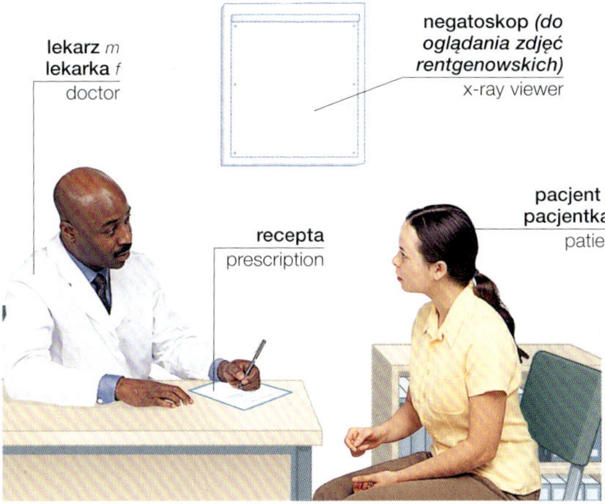
lekarz *m*
lekarka *f*
doctor
negatoskop *(do oglądania zdjęć rentgenowskich)*
x-ray viewer
recepta
prescription
pacjent *m*
pacjentka *f*
patient

pielęgniarz *m*
pielęgniarka *f*
nurse
waga
scale

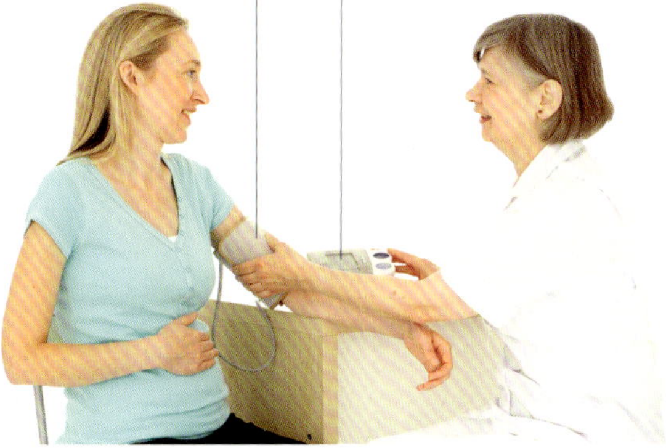
rękaw
cuff
elektryczny aparat do mierzenia ciśnienia
electric blood pressure monitor

słowniczek • vocabulary

gabinet
doctor's office

poczekalnia
waiting room

***(umówiona)* wizyta**
appointment

badanie lekarskie
medical examination

termometr
thermometer

aparat słuchowy
hearing aid

szczepienie
vaccination

Muszę pójść do lekarza.
I need to see a doctor.

Tutaj mnie boli.
It hurts here.

urazy • injury

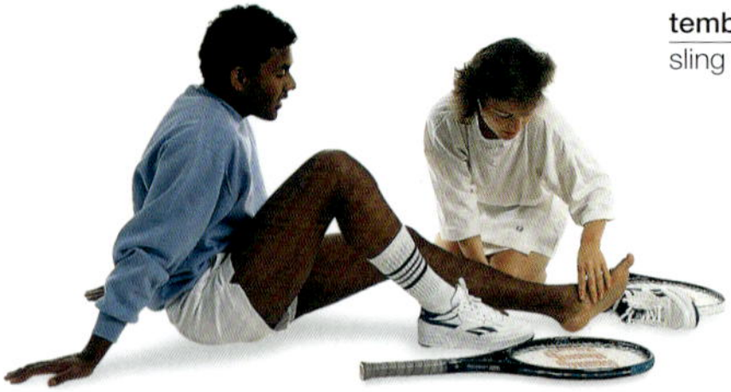
skręcenie | sprain

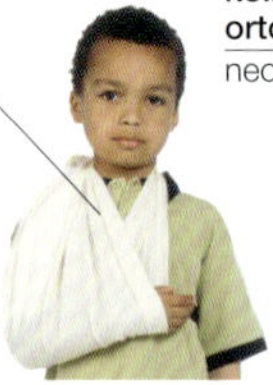
temblak
sling
złamanie
fracture

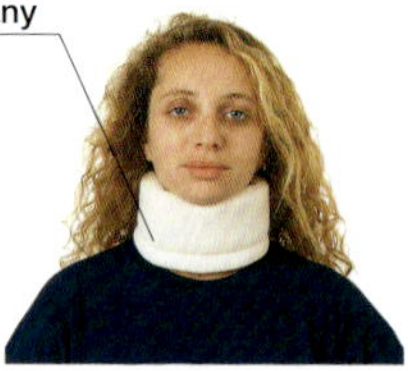
kołnierz ortopedyczny
neck brace
uraz kręgosłupa szyjnego spowodowany szarpnięciem
whiplash

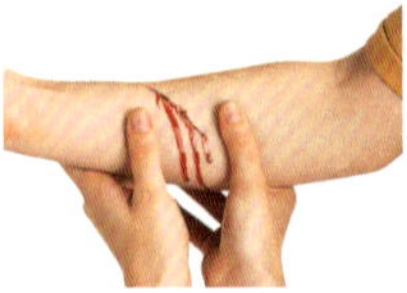
skaleczenie
cut

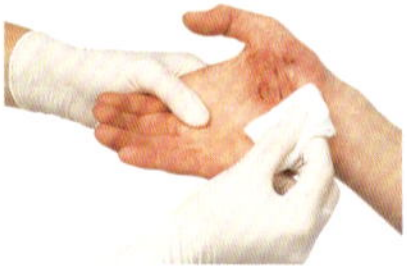
zadrapanie
graze

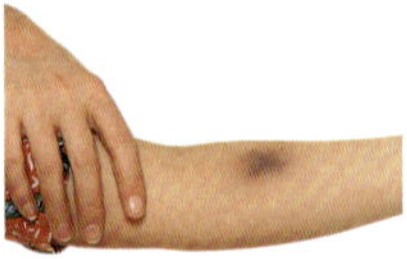
siniak
bruise

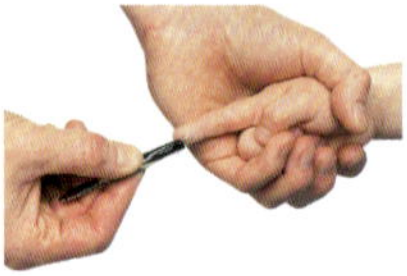
drzazga
splinter

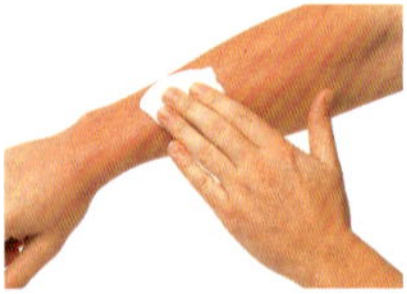
oparzenie słoneczne
sunburn

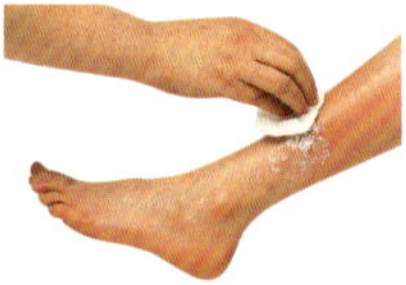
oparzenie
burn

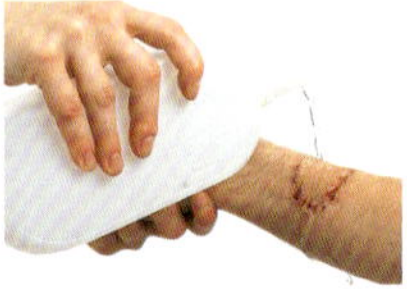
ugryzienie
bite

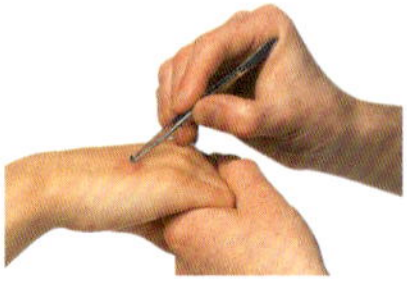
użądlenie
sting

słowniczek • vocabulary

wypadek
accident

nagły wypadek
emergency

krwotok
hemorrhage

pęcherz
blister

rana
wound

zatrucie
poisoning

uraz głowy
head injury

wstrząs mózgu
concussion

porażenie prądem
electric shock

Czy on / ona wróci do zdrowia?
Will he / she be all right?

Gdzie boli?
Where does it hurt?

Proszę wezwać karetkę pogotowia.
Please call an ambulance.

pierwsza pomoc • first aid

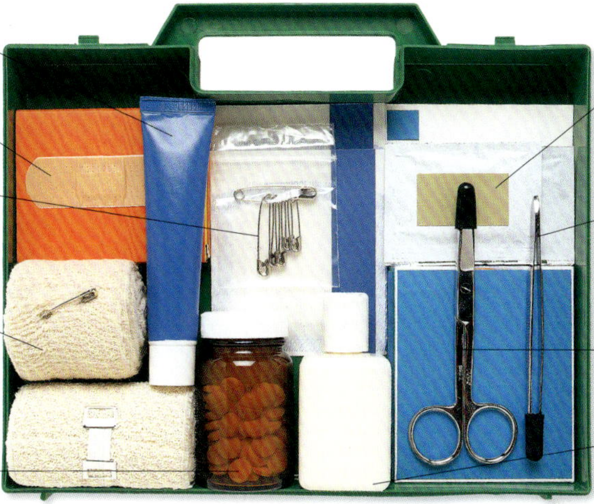
maść
ointment
plaster
adhesive bandage
agrafka
safety pin
bandaż
bandage
środki przeciwbólowe
painkillers
chusteczka antyseptyczna
antiseptic wipe
pinceta
tweezers
nożyczki
scissors
środek antyseptyczny
antiseptic

apteczka | first-aid kit

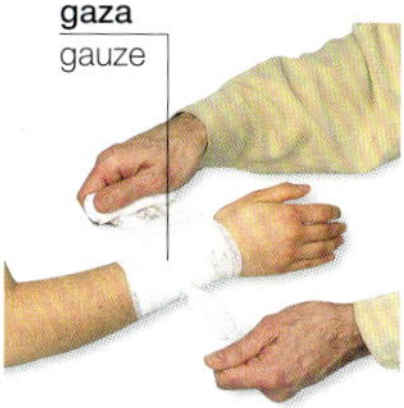
gaza
gauze

opatrunek
dressing

szyna | splint

taśma klejąca
adhesive tape

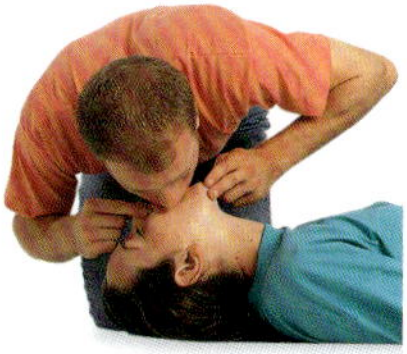

reanimacja
resuscitation

słowniczek • vocabulary

wstrząs shock	**tętno** pulse	**dusić się** choke (v)	**Czy możesz mi pomóc?** Can you help me?
nieprzytomny unconscious	**oddychanie** breathing	**sterylny** sterile	**Czy umiesz udzielić pierwszej pomocy?** Do you know first aid?

szpital • hospital

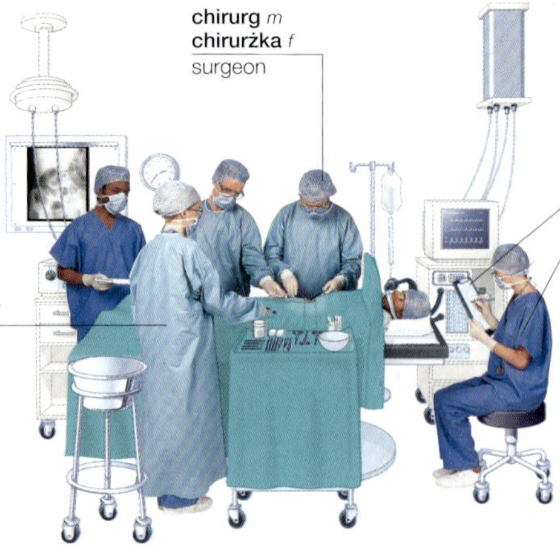
chirurg *m*
chirurżka *f*
surgeon
karta
chart
anestezjolog *m*
anestezjolożka *f*
anesthesiologist
pielęgniarz *m*
pielęgniarka *f*
nurse

sala operacyjna
operating room

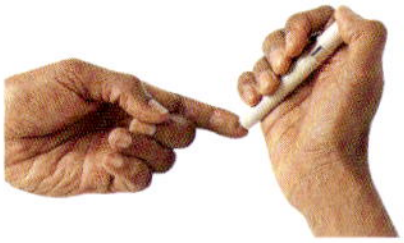

badanie krwi
blood test

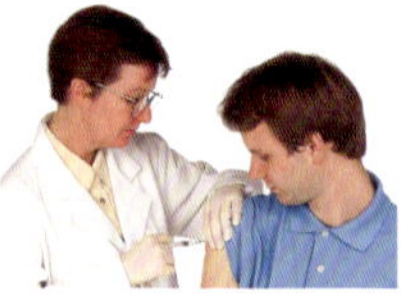

zastrzyk
injection

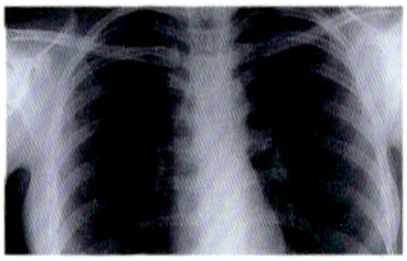

zdjęcie rentgenowskie
x-ray

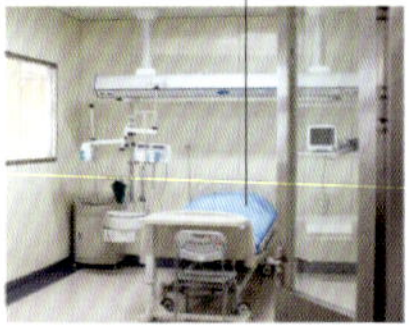
wózek
gurney

oddział pomocy w nagłych wypadkach
emergency room

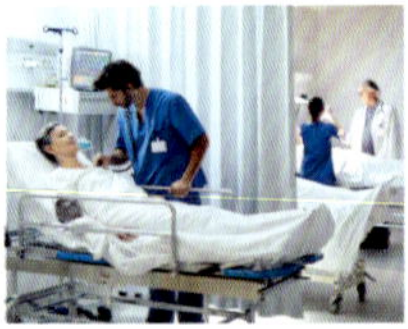

sala
ward

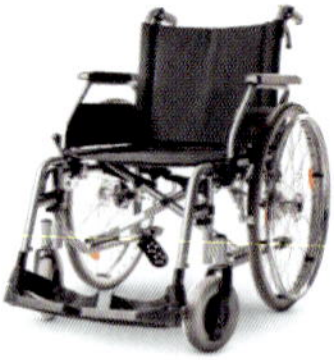

wózek inwalidzki
wheelchair

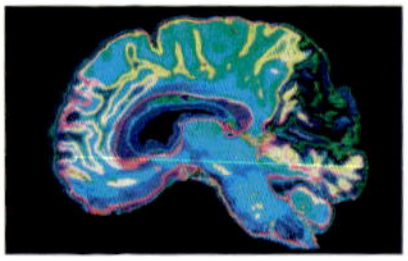

skan
scan

słowniczek • vocabulary

operacja
operation

oddział intensywnej opieki medycznej
intensive care unit

przyjęty *m* **/ -ta** *f* **/ -te** *n*
admitted

wypisany *m* **/ -na** *f* **/ -ne** *n*
discharged

poradnia
clinic

godziny odwiedzin
visiting hours

oddział dziecięcy
children's ward

oddział położniczy
maternity ward

oddzielny pokój
private room

pacjent leczony ambulatoryjnie *m*
pacjentka leczona ambulatoryjnie *f*
outpatient

oddziały • departments

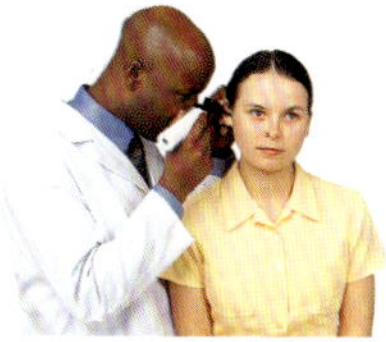

otolaryngologia
ENT

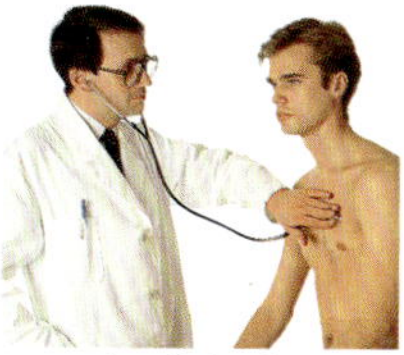

kardiologia
cardiology

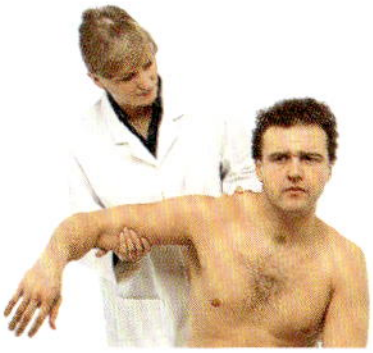

ortopedia
orthopedics

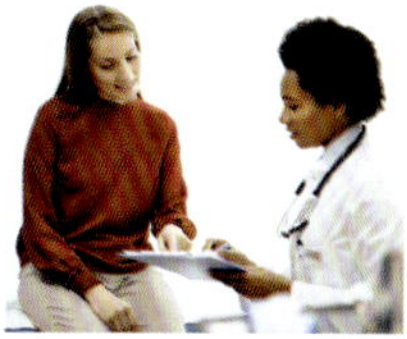

ginekologia
gynecology

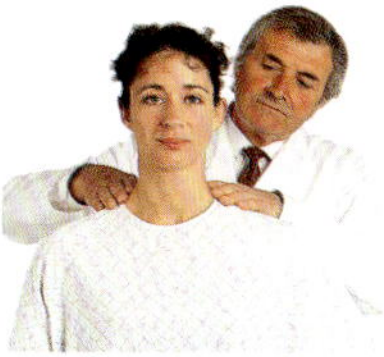

fizjoterapia
physiotherapy

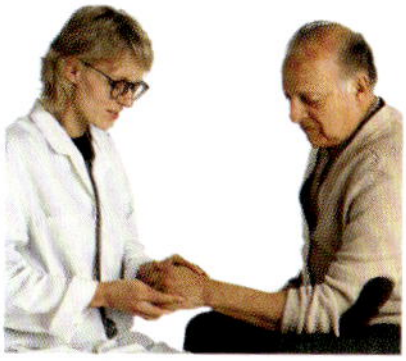

dermatologia
dermatology

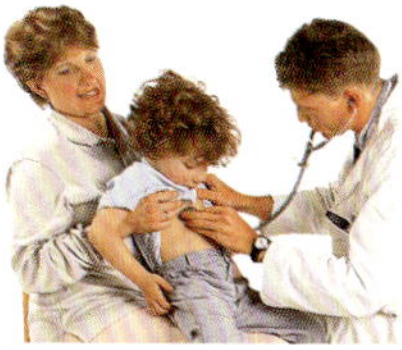

pediatria
pediatrics

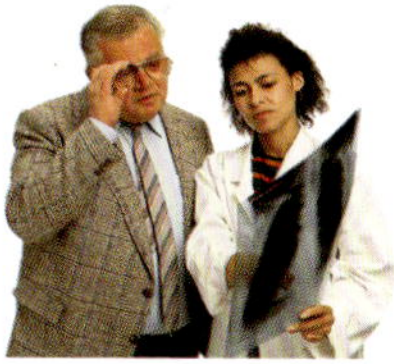

radiologia
radiology

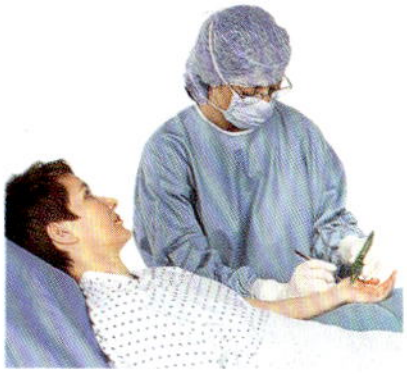

chirurgia
surgery

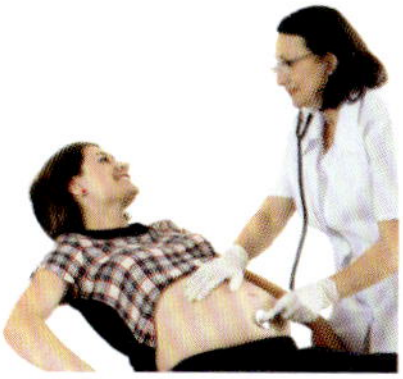

oddział położniczy
maternity

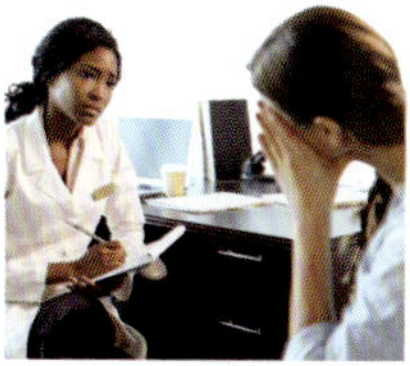

psychiatria
psychiatry

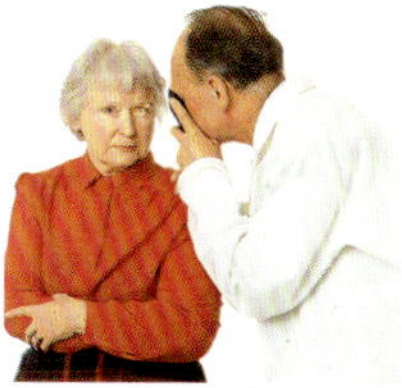

okulistyka
ophthalmology

słowniczek • vocabulary

neurologia neurology	**urologia** urology	**patologia** pathology	**badanie** test	**skierowanie** referral
onkologia oncology	**endokrynologia** endocrinology	**chirurgia plastyczna** plastic surgery	**wynik** result	**lekarz specjalista** *m* **lekarka specjalistka** *f* specialist

dentysta *m* / dentystka *f* • dentist

ząb • tooth

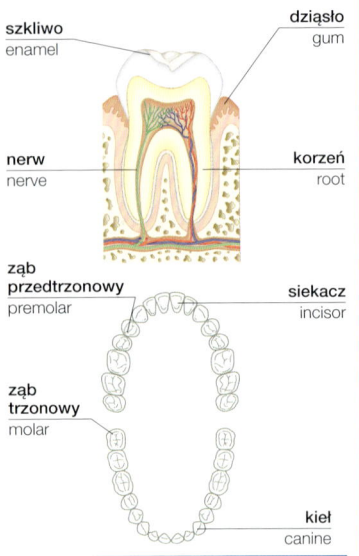

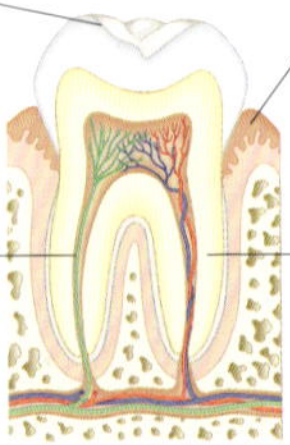
szkliwo
enamel
dziąsło
gum
nerw
nerve
korzeń
root

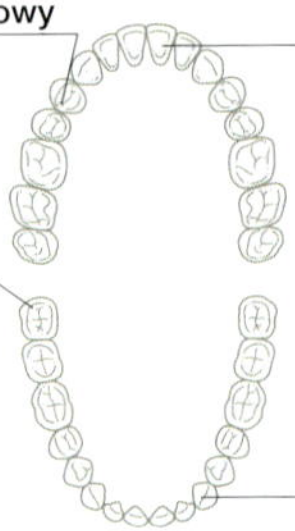
ząb przedtrzonowy
premolar
siekacz
incisor
ząb trzonowy
molar
kieł
canine

słowniczek • vocabulary

ból zęba
toothache

płytka nazębna
plaque

próchnica
decay

wypełnienie
filling

szczoteczka międzyzębowa
interdental brush

licówka
veneer

korona
crown

wiertło
drill

usunięcie
extraction

nić dentystyczna
dental floss

przegląd • checkup

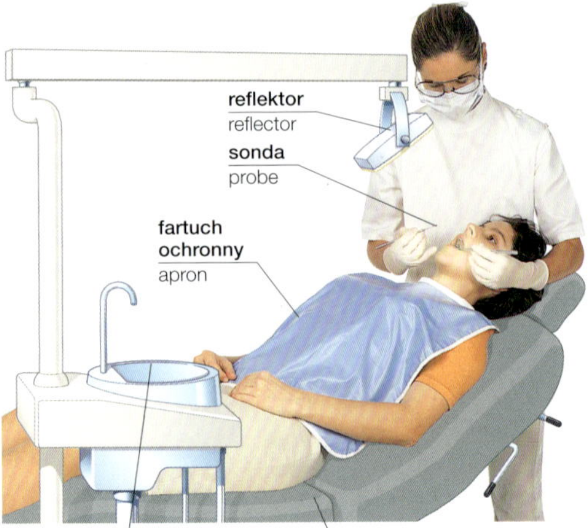
reflektor
reflector
sonda
probe
fartuch ochronny
apron
umywalka
sink
fotel dentystyczny
dentist's chair

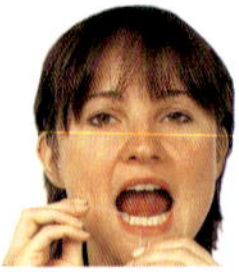

wyczyścić zęby nicią dentystyczną
floss (v)

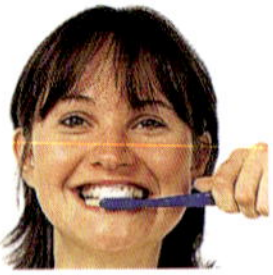

szczotkować
brush (v)

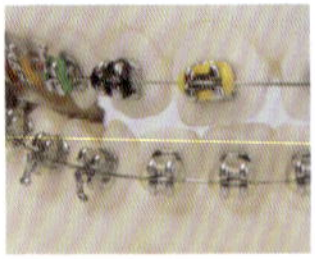

aparat korekcyjny
braces

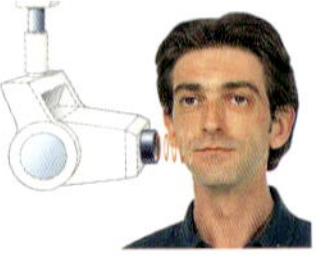

prześwietlenie zęba
dental x-ray

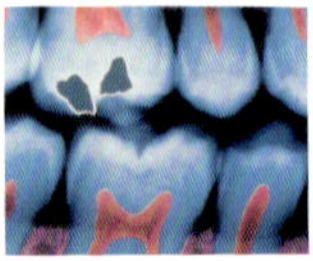

zdjęcie rentgenowskie
x-ray film

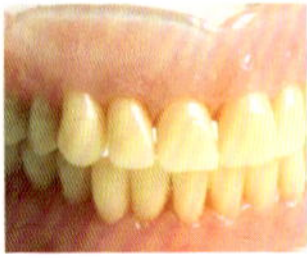

proteza
dentures

optyk *m* / optyczka *f* • optometrist

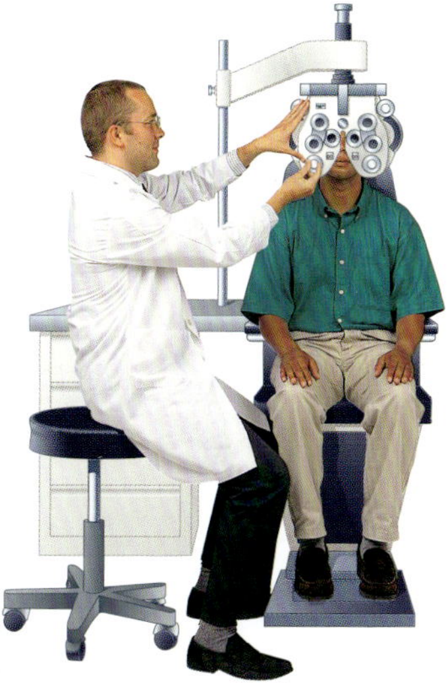

badanie wzroku | eye test

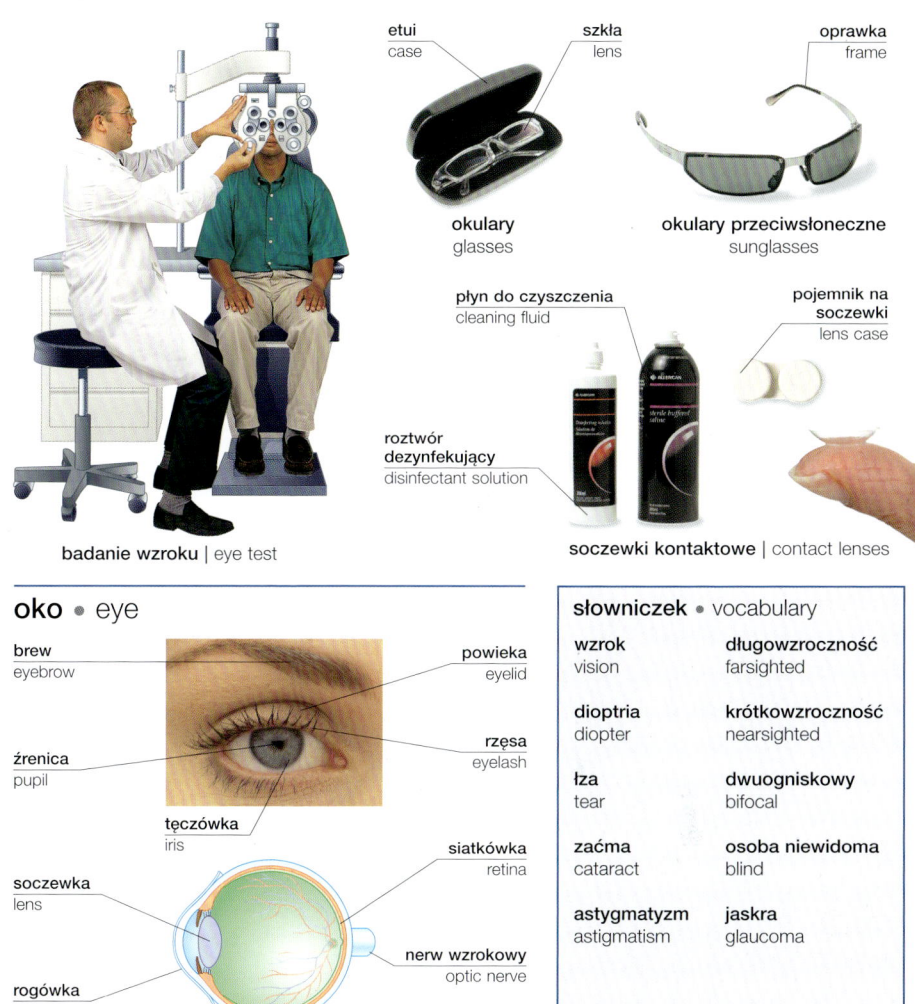

etui
case
szkła
lens

okulary
glasses

oprawka
frame

okulary przeciwsłoneczne
sunglasses

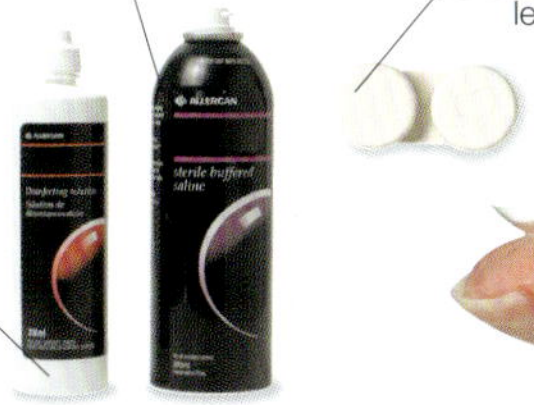
płyn do czyszczenia
cleaning fluid
pojemnik na soczewki
lens case
roztwór dezynfekujący
disinfectant solution

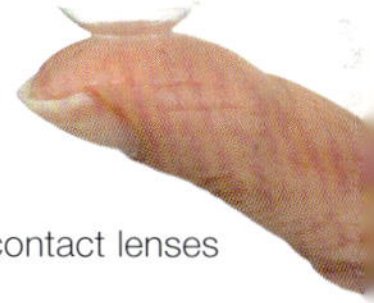

soczewki kontaktowe | contact lenses

oko • eye

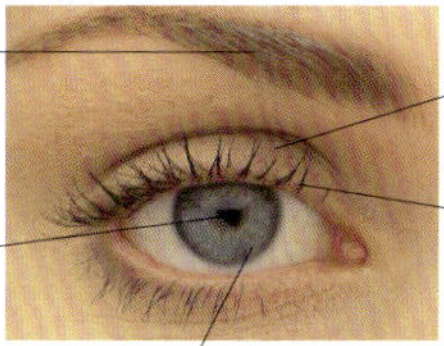
brew
eyebrow
powieka
eyelid
źrenica
pupil
rzęsa
eyelash
tęczówka
iris

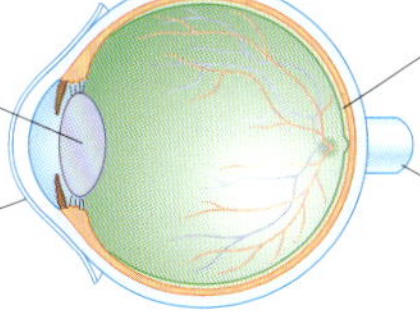
siatkówka
retina
soczewka
lens
nerw wzrokowy
optic nerve
rogówka
cornea

słowniczek • vocabulary

wzrok
vision

dioptria
diopter

łza
tear

zaćma
cataract

astygmatyzm
astigmatism

długowzroczność
farsighted

krótkowzroczność
nearsighted

dwuogniskowy
bifocal

osoba niewidoma
blind

jaskra
glaucoma

ciąża • pregnancy

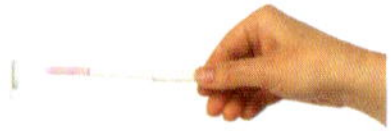

test ciążowy
pregnancy test

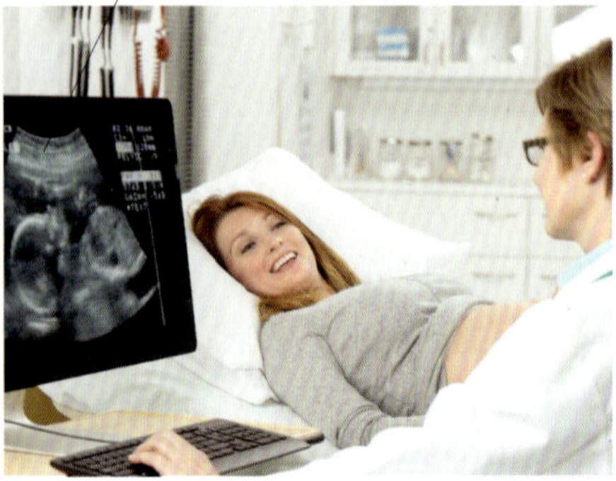
USG
scan

badanie USG | ultrasound

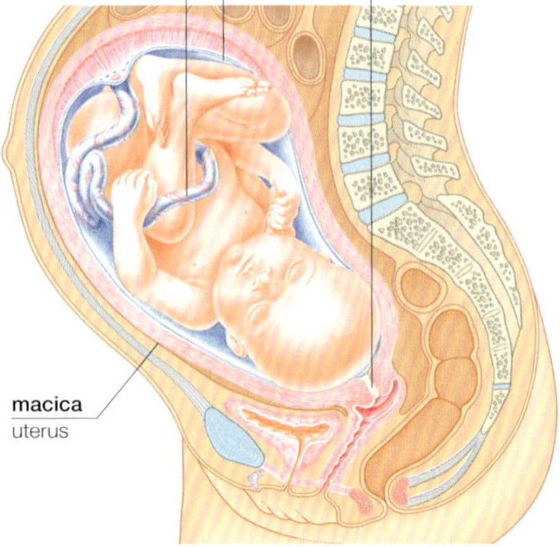
pępowina
umbilical cord
łożysko
placenta
szyjka macicy
cervix
macica
uterus

płód | fetus

słowniczek • vocabulary

owulacja
ovulation

zapłodnienie
conception

w ciąży
pregnant / expecting

badanie prenatalne
prenatal

trymestr
trimester

embrion
embryo

macica
womb

płyn owodniowy
amniotic fluid

amniopunkcja
amniocentesis

skurcz
contraction

rozwarcie
dilation

znieczulenie zewnątrzoponowe
epidural

poród
delivery

przedwczesny *m* **/ -na** *f* **/ -ne** *n*
premature

poronienie
miscarriage

narodziny
birth

mleko modyfikowane
baby formula

karmić butelką
bottle-feed (v)

nacięcie krocza
episiotomy

szwy
stitches

poród pośladkowy
breech birth

cesarskie cięcie
cesarean section

ginekolog *m*
ginekolożka *f*
gynecologist

położnik *m*
położniczka *f*
obstetrician

Odeszły mi wody!
My water broke!

poród • childbirth

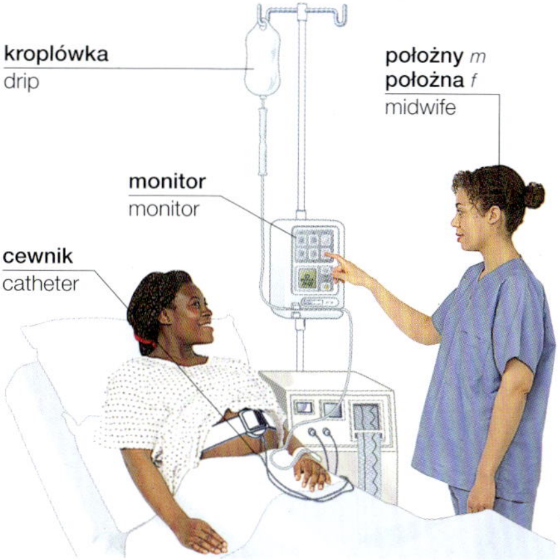
kroplówka
drip
położny *m*
położna *f*
midwife
monitor
monitor
cewnik
catheter

wywoływać poród | induce labor (v)

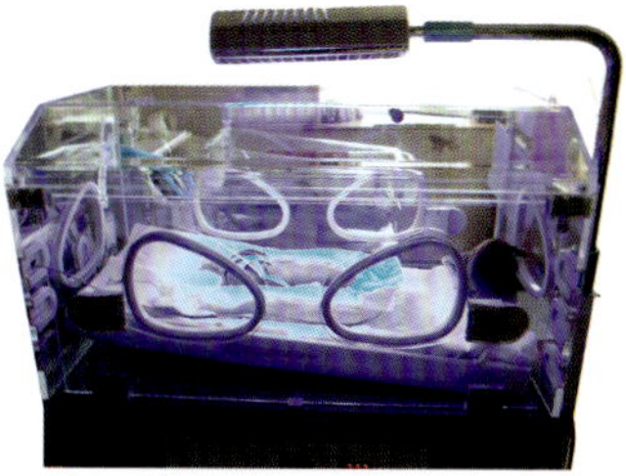

inkubator | incubator

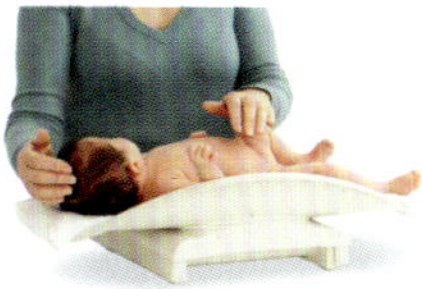

masa urodzeniowa | birth weight

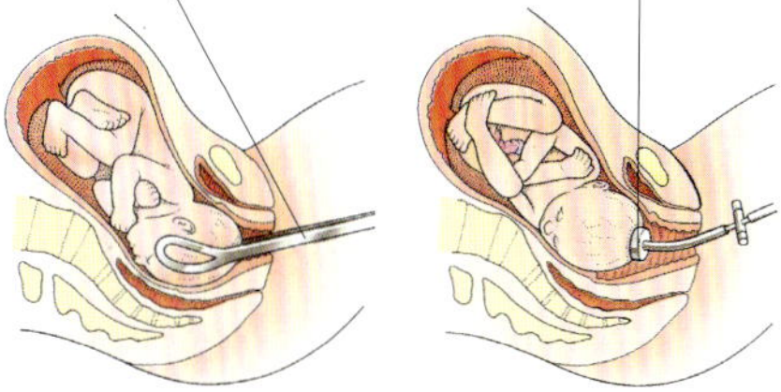
kleszcze
forceps
próżnociąg
suction cup

poród wspomagany | assisted delivery

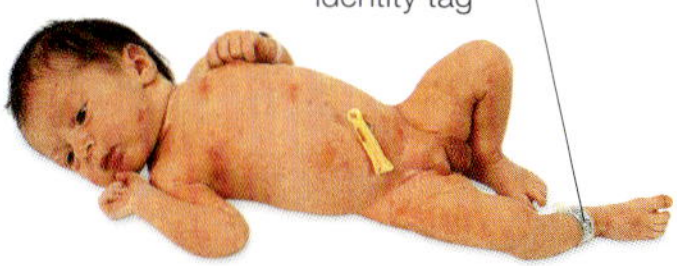
identyfikator
identity tag

noworodek | newborn baby

karmienie piersią • nursing

odciągacz pokarmu
breast pump

biustonosz dla karmiących piersią
nursing bra

karmić piersią
breastfeed (v)

wkładki
nursing pads

uzupełniające metody leczenia
complementary therapies

pozycja jogi
yoga pose
mata
mat

joga | yoga

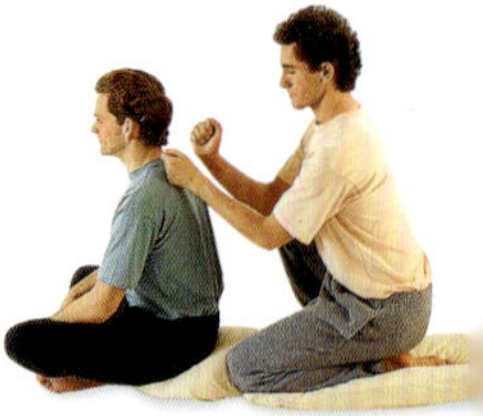

masaż
massage

siatsu
shiatsu

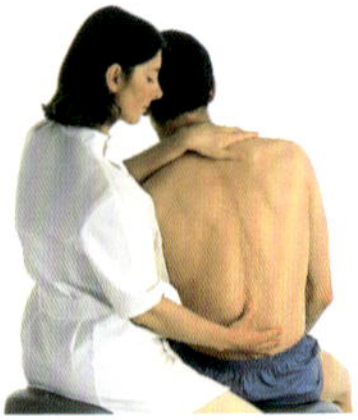

chiropraktyka
chiropractic

osteopatia
osteopathy

refleksologia
reflexology

medytacja
meditation

psycholog *m*
psycholożka *f*
counselor

terapia grupowa
group therapy

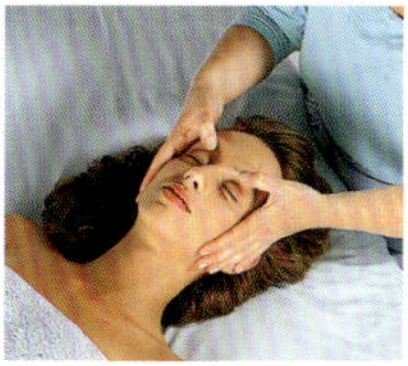

reiki
reiki

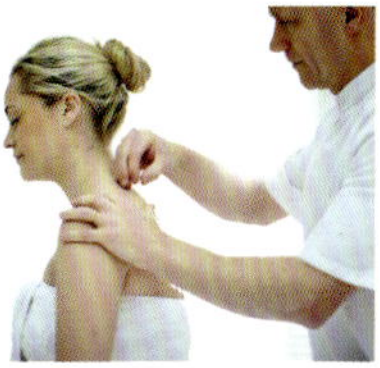

akupunktura
acupuncture

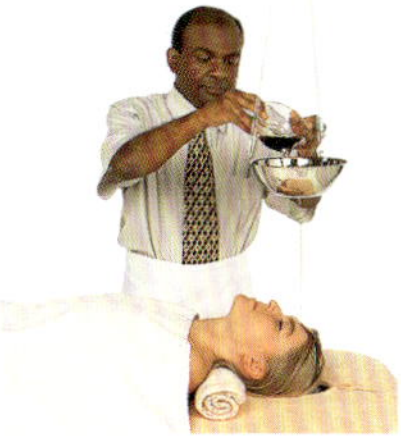

ajurweda
ayurveda

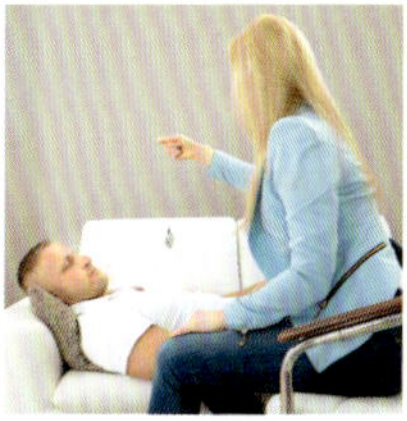

hipnoterapia
hypnotherapy

ziołolecznictwo
herbalism

olejki eteryczne
essential oils

aromaterapia
aromatherapy

homeopatia
homeopathy

akupresura
acupressure

psychoterapeuta *m*
psychoterapeutka *f*
therapist

psychoterapia
psychotherapy

słowniczek • vocabulary

hydroterapia hydrotherapy	**relaks** relaxation	**ziołowy** *m* **/ -wa** *f* **/ -we** *n* herbal	**feng shui** feng shui
naturopatia naturopathy	**stres** stress	**suplement** supplement	**litoterapia** crystal healing

dom

home

dom • house

rynna
gutter
dach
roof
okno mansardowe
dormer window
komin
chimney
ściana
wall
dachówka
shingle
okap
eaves
okiennica
shutter
drzwi główne
front door
okno
window
przybudówka
addition
ścieżka
path
ganek
porch

słowniczek • vocabulary

dom wolnostojący
single-family

dom parterowy
bungalow

oświetlenie ganku
porch light

wynajmujący *m* **wynajmująca** *f*
landlord

najemca *m* **najemczyni** *f*
tenant

skrzynka na listy
mailbox

bliźniak
duplex

garaż
garage

suterena
basement

pokój
room

czynsz
rent

podwórze
courtyard

dom jednorodzinny *(w zabudowie szeregowej)*
townhouse

segment *(wzabudowie szeregowej)*
row house

strych
attic

podłoga
floor

wynająć
rent (v)

alarm przeciwwłamaniowy
burglar alarm

wejście • entrance

poręcz
handrail
półpiętro
landing
balustrada
banister
schody
staircase

przedpokój
foyer

dzwonek u drzwi
doorbell

wycieraczka
doormat

kołatka
door knocker

łańcuch
door chain

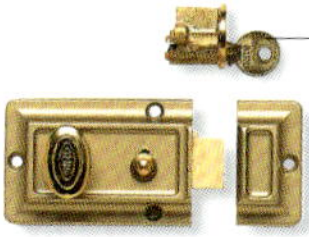
klucz
key

zamek
lock

zasuwka
bolt

mieszkanie apartment

balkon
balcony

blok mieszkalny
apartment building

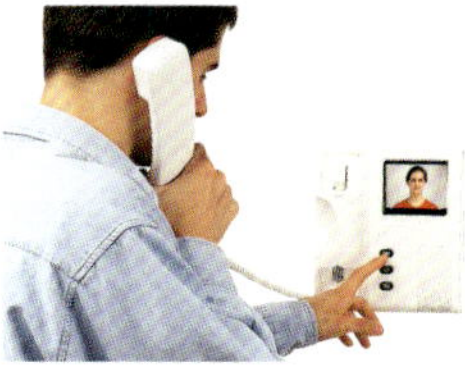

domofon
intercom

winda
elevator

instalacje wewnętrzne • internal systems

łopatka
blade

wentylator
fan

kaloryfer
radiator

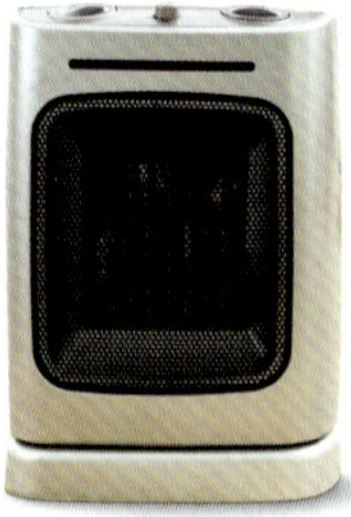

grzejnik
space heater

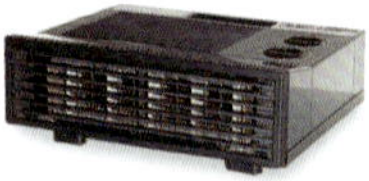

grzejnik konwektorowy
convection heater

elektryczność • electricity

żarówka energooszczędna
energy-saving bulb

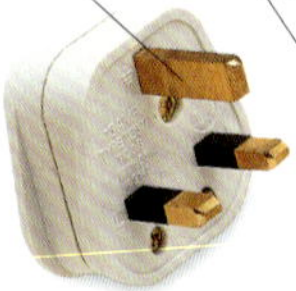
styk ochronny
ground pin

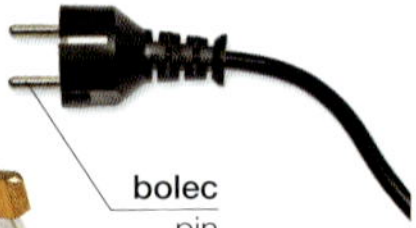
bolec
pin

wtyczka | plug

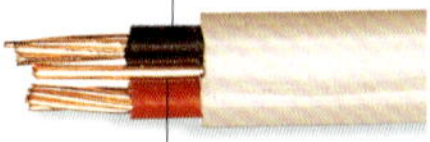
przewód neutralny
neutral
przewód fazowy
live

przewody | wires

słowniczek • vocabulary

napięcie
voltage

amper
amp

energia
power

licznik elektryczny
electric meter

bezpiecznik
fuse

skrzynka bezpiecznikowa
fuse box

transformator
transformer

prąd stały
direct current

prąd zmienny
alternating current

zasilanie sieciowe
household current

generator
generator

przerwa w dostawie energii elektrycznej
power outage

gniazdko
outlet

włącznik
switch

instalacja wodno-kanalizacyjna • plumbing

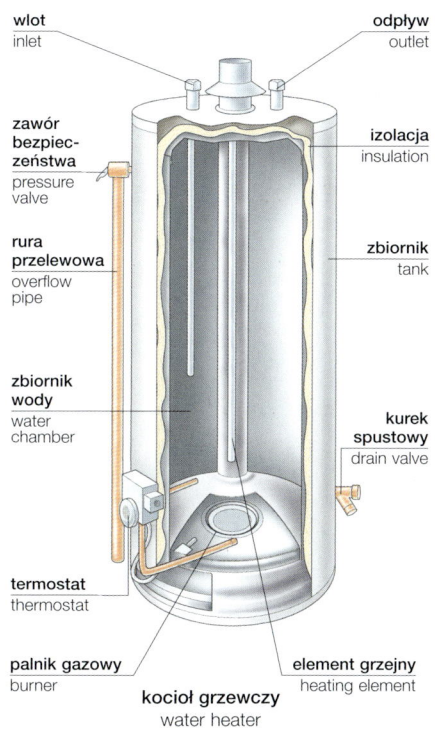

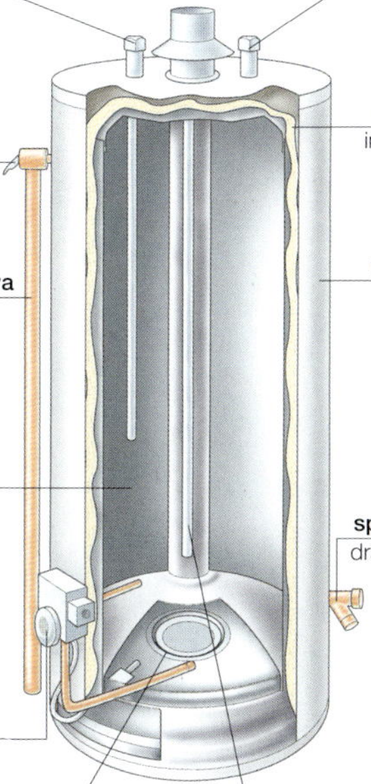
wlot
inlet
odpływ
outlet
zawór bezpieczeństwa
pressure valve
izolacja
insulation
rura przelewowa
overflow pipe
zbiornik
tank
zbiornik wody
water chamber
kurek spustowy
drain valve
termostat
thermostat
palnik gazowy
burner
element grzejny
heating element

kocioł grzewczy
water heater

zlewozmywak • sink

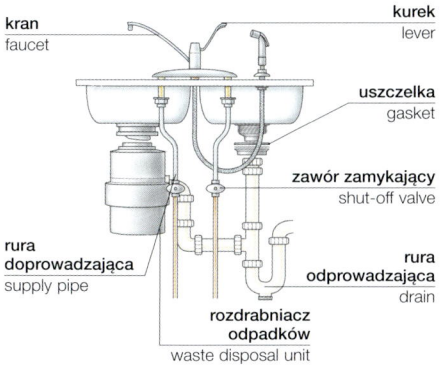

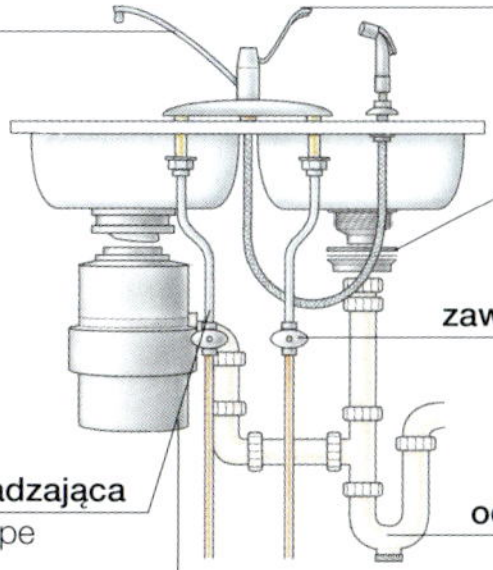
kran
faucet
kurek
lever
uszczelka
gasket
zawór zamykający
shut-off valve
rura doprowadzająca
supply pipe
rura odprowadzająca
drain
rozdrabniacz odpadków
waste disposal unit

toaleta • toilet

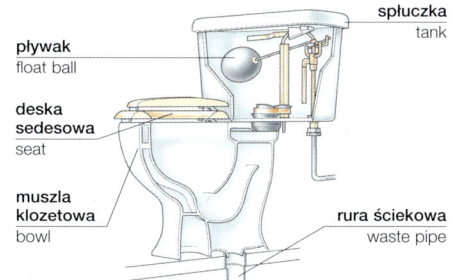

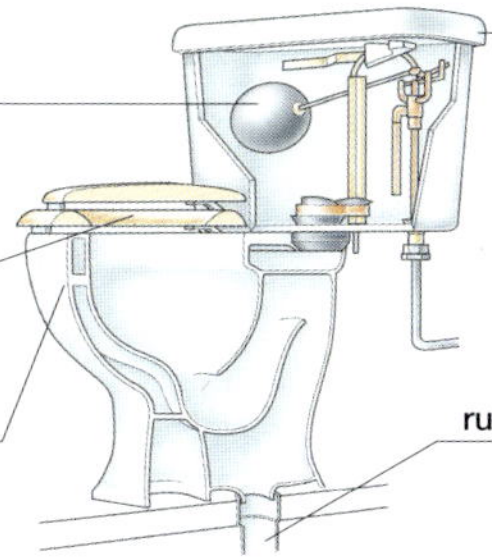
spłuczka
tank
pływak
float ball
deska sedesowa
seat
muszla klozetowa
bowl
rura ściekowa
waste pipe

usuwanie odpadów • waste disposal

butelka
bottle

pojemnik na odpady do recyklingu
recycling bin

pokrywka
lid
pedał
pedal

kosz na śmieci
trash can

sortownik
sorting bin

odpady organiczne
organic waste

salon • living room

kinkiet
wall light

kominek
fireplace

sufit
ceiling

wazon
vase

poduszka
pillow

lampa
lamp

stolik
coffee table

kanapa
sofa

podłoga
floor

rama
frame

obraz
picture

zasłona
curtain

firanka
sheer curtain

żaluzja
Venetian blind

roleta
roller blind

gzyms
molding

fotel
armchair

regał na książki
bookshelf

rozkładana kanapa
sofa bed

dywanik
rug

gabinet | study

jadalnia • dining room

pieprz
pepper
sól
salt
stół
table
naczynia
crockery
sztućce
cutlery
krzesło
chair
oparcie
back
siedzenie
seat
noga
leg

słowniczek • vocabulary

nakrywać do stołu
set the table (v)

podawać
serve (v)

jeść
eat (v)

podkładka pod nakrycie
place mat

obrus
tablecloth

posiłek
meal

śniadanie
breakfast

lunch
lunch

obiad
dinner

porcja
portion

najedzony *m* **/ -na** *f* **/ -ne** *n*
full

głodny *m* **/ -na** *f* **/ -ne** *n*
hungry

gospodarz
host

gospodyni
hostess

gość
guest

Czy mogę prosić o dokładkę?
Can I have some more, please?

Dziękuję, już się najadłem. *m*
Dziękuję, już się najadłam. *f*
I've had enough, thank you.

To było pyszne.
That was delicious.

naczynia i sztućce • crockery and cutlery

kubek
mug

filiżanka do kawy
coffee cup

filiżanka do herbaty
teacup

talerz
plate

miseczka
bowl

zaparzacz do kawy
French press

dzbanek do herbaty
teapot

dzbanek
pitcher

kieliszek do jajek
eggcup

szkło
glassware

nakrycie
place setting

kuchnia • kitchen

półka
shelf
płyta chroniąca ścianę przed zachlapaniem
backsplash
kran
faucet
zlewozmywak
sink
szuflada
drawer
wyciąg
ventilation hood
płyta grzejna ceramiczna
ceramic stovetop
blat
countertop
piekarnik
oven
szafka
cabinet

urządzenia • appliances

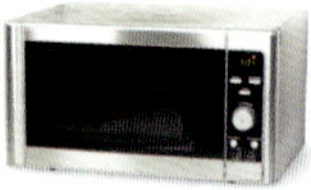

kuchenka mikrofalowa
microwave oven

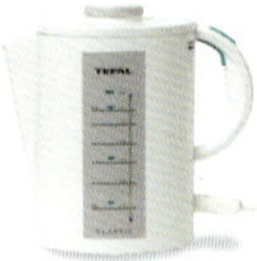

czajnik
electric kettle

toster
toaster

miska
mixing bowl
ostrze
blade

robot kuchenny
food processor

pokrywka
lid

mikser
blender

zmywarka do naczyń
dishwasher

kostkarka do lodu
ice maker

chłodziarka
refrigerator

zamrażarka
freezer

pojemnik na owoce i warzywa
crisper

lodówka z zamrażarką | side-by-side refrigerator

słowniczek • vocabulary

ociekacz
draining board

palnik
burner

płyta grzejna
stovetop

kosz na śmieci
garbage can

zamrozić
freeze (v)

rozmrozić
defrost (v)

gotować na parze
steam (v)

smażyć w małej ilości tłuszczu
sauté (v)

gotowanie • cooking

obierać
peel (v)

kroić w plasterki
slice (v)

trzeć
grate (v)

lać
pour (v)

mieszać
mix (v)

ubijać
whisk (v)

gotować
boil (v)

smażyć
fry (v)

wałkować
roll (v)

mieszać
stir (v)

gotować na wolnym ogniu
simmer (v)

gotować we wrzątku
poach (v)

piec ***(ciasto, chleb)***
bake (v)

piec ***(mięso, ziemniaki)***
roast (v)

piec na grillu
broil (v)

sprzęt kuchenny • kitchenware

deska do krojenia
cutting board

nóż do chleba
bread knife

nóż kuchenny
kitchen knife

tasak
cleaver

ostrzałka do noży
knife sharpener

tłuczek do mięsa
meat tenderizer

szpikulec
skewer

nożyk do obierania warzyw i owoców
peeler

wydrążacz do jabłek
apple corer

tarka
grater

tłuczek
pestle

moździerz
mortar

tłuczek do ziemniaków
masher

otwieracz do konserw
can opener

otwieracz do butelek
bottle opener

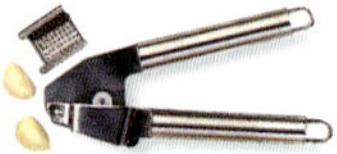

wyciskacz do czosnku
garlic press

łyżka do nakładania potraw
serving spoon

łopatka do ryb
slotted spatula

durszlak
colander

łopatka
spatula

łyżka drewniana
wooden spoon

łyżka durszlakowa
slotted spoon

łyżka wazowa
ladle

widelec do krojenia mięsa
carving fork

łyżka do porcjowania
ice-cream scoop

trzepaczka
whisk

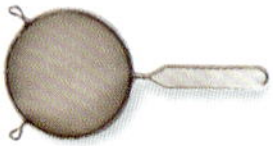

sitko
sieve

patelnia
frying pan

pokrywka
lid

rondel
saucepan

nieprzywierający *m* / -na *f* / -ne *n*
nonstick

naczynie do opiekania
grill pan

wok
wok

tadżin
tagine

szkło
glass

miska
mixing bowl

naczynie do sufletów
soufflé dish

żaroodporny *m* / -na *f* / -ne *n*
ovenproof

naczynie do zapiekania
gratin dish

kokilka
ramekin

naczynie żaroodporne
casserole dish

pieczenie ciast • baking cakes

waga
scale

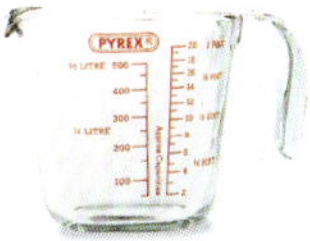
PYREX

dzbanek z miarką
measuring cup

forma do ciasta
cake pan

forma do placków / kruchych ciast
pie pan

forma do tarty
quiche pan

pędzelek do smarowania ciasta
pastry brush

wałek | rolling pin

woreczek do dekorowania
piping bag

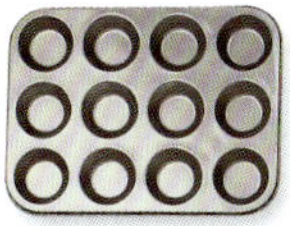

blacha do pieczenia babeczek
muffin pan

blacha do pieczenia
cookie sheet

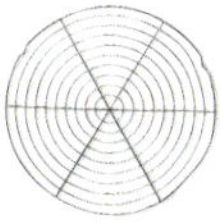

kratka pod gorące naczynia
cooling rack

rękawica kuchenna
oven mitt

fartuch
apron

sypialnia • bedroom

szafa
closet

lampka nocna
bedside lamp

wezgłowie
headboard

stolik nocny
nightstand

komoda
chest of drawers

szuflada
drawer

łóżko
bed

materac
mattress

narzuta
bedspread

poduszka
pillow

termofor
hot-water bottle

radio z budzikiem
clock radio

budzik
alarm clock

chusteczki higieniczne
box of tissues

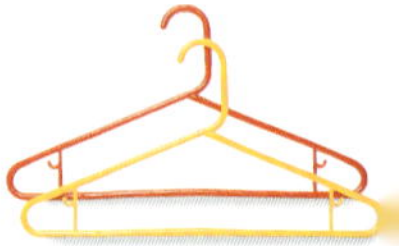

wieszak
coat hanger

lustro
mirror
toaletka
dressing table
podłoga
floor

pościel • bed linen

poszewka na poduszkę
pillowcase
prześcieradło
sheet
kołdra
comforter

kołdra
quilt
koc
blanket

słowniczek • vocabulary

dywan
carpet

wbudowana szafa
closet

koc elektryczny
electric blanket

podnóżek
footboard

łóżko podwójne
full bed

łóżko pojedyncze
twin bed

sprężyna łóżkowa
bedspring

bezsenność
insomnia

chrapać
snore (v)

nastawić budzik
set the alarm (v)

iść do łóżka
go to bed (v)

iść spać
go to sleep (v)

obudzić się
wake up (v)

wstać
get up (v)

posłać łóżko
make the bed (v)

łazienka • bathroom

wieszak na ręczniki
towel rack
drzwi prysznica
shower door
kran z zimną wodą
cold faucet
kran z ciepłą wodą
hot faucet
słuchawka prysznicowa
shower head
umywalka
sink
zatyczka
plug
prysznic
shower
otwór odpływowy
drain
deska sedesowa
toilet seat
sedes
toilet
szczotka do WC
toilet brush

wanna
bathtub

bidet | bidet

słowniczek • vocabulary

mata łazienkowa bath mat	**apteczka** medicine cabinet
zasłona prysznicowa shower curtain	**papier toaletowy** toilet paper
brać prysznic take a shower (v)	**brać kąpiel** take a bath (v)

higiena jamy ustnej
dental hygiene

szczoteczka do zębów
toothbrush

pasta do zębów
toothpaste

płyn do płukania ust
mouthwash

nić dentystyczna
dental floss

gąbka
sponge

pumeks
pumice stone

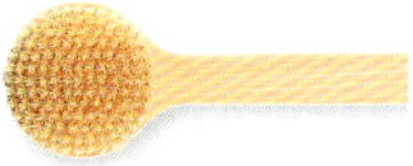

szczotka do mycia pleców
back brush

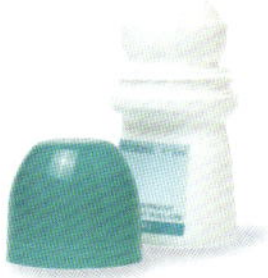

dezodorant
deodorant

mydelniczka
soap dish

mydło
soap

krem do twarzy
face cream

żel pod prysznic
shower gel

płyn do kąpieli
bubble bath

szlafrok
bathrobe

ręcznik do rąk
hand towel

ręcznik kąpielowy
bath towel

ręczniki
towels

balsam do ciała
body lotion

talk
talcum powder

golenie • shaving

elektryczna maszynka do golenia
electric razor

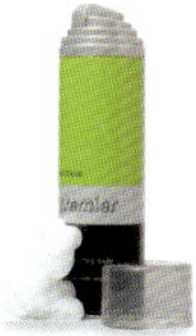

pianka do golenia
shaving foam

jednorazowa maszynka do golenia
disposable razor

żyletka
razor blade

płyn po goleniu
aftershave

pokój dziecięcy • nursery

pielęgnacja niemowlęcia • baby care

gąbka
sponge

krem na odparzenia
diaper rash cream

nawilżana chusteczka pielęgnacyjna
wet wipe

mata do przewijania
changing mat

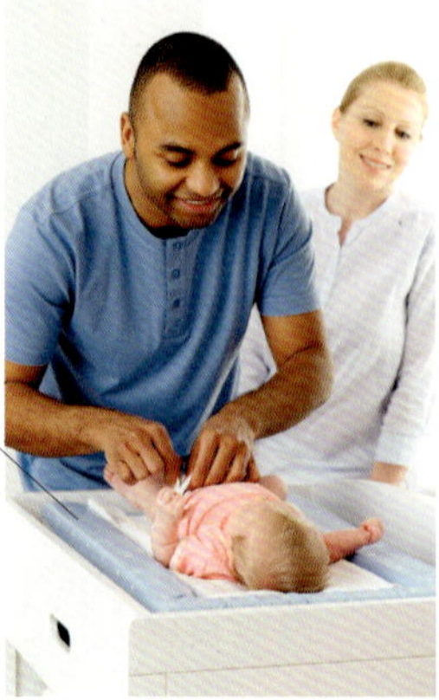

kąpiel
baby bath

nocnik
potty

przewijak
changing table

spanie • sleeping

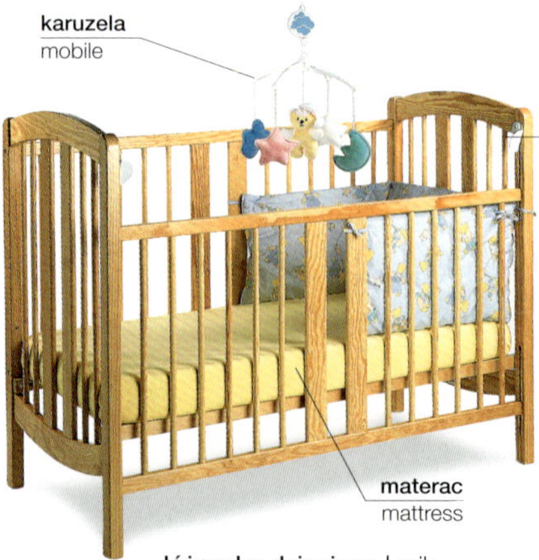

karuzela
mobile

szczebelki
bars

materac
mattress

łóżeczko dziecinne | crib

prześcieradło
sheet

koc
blanket

skóra barania
fleece

pościel
bedding

grzechotka
rattle

kosz do noszenia dziecka
bassinet

zabawa • playing

lalka
doll

pluszowa zabawka
stuffed toy

domek dla lalek
dollhouse

domek do zabawy
playhouse

miś
teddy bear

zabawka
toy

kosz na zabawki
toy basket

piłka
ball

kojec
playpen

bezpieczeństwo
safety

zamknięcie zabezpie-czające
child lock

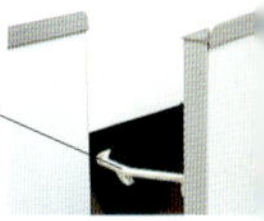

elektroniczna niania
baby monitor

bramka na schodach
stair gate

jedzenie
eating

wysokie krzesełko
high chair

smoczek
nipple

butelka
bottle

kubek niekapek
sippy cup

wyjście z domu • going out

wózek spacerowy
stroller

budka
hood

wózek głęboki
baby carriage

nosidełko-gondola
carrier

pielucha
diaper

torba z przyborami do przewijania
diaper bag

nosidełko
baby sling

pomieszczenie gospodarcze • utility room

pranie • laundry

rzeczy do prania
dirty laundry

kosz na brudną bieliznę
laundry basket

pralka
washer

pralka z suszarką
washer-dryer

suszarka bębnowa
dryer

sznur do bielizny
clothesline

klamerka do bielizny
clothespin

suszyć
dry (v)

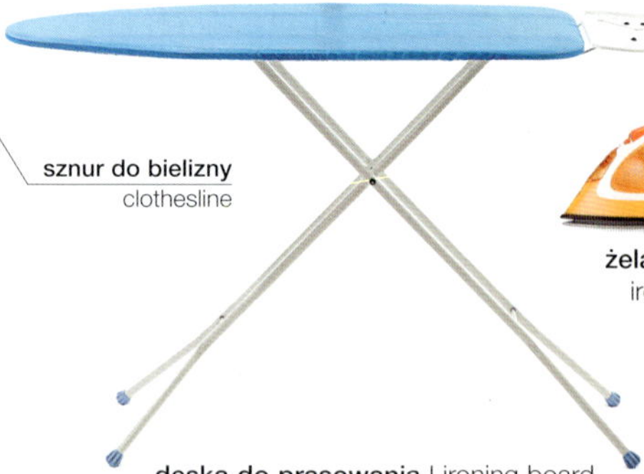

deska do prasowania | ironing board

żelazko
iron

słowniczek • vocabulary

płukać
rinse (v)

włożyć *(brudną bieliznę do pralki)*
load (v)

wirować
spin (v)

wirówka
spin-dryer

prasować
iron (v)

płyn do płukania tkanin
fabric softener

Jak się obsługuje pralkę?
How do I operate the washing machine?

Jaki program trzeba wybrać do prania rzeczy kolorowych / białych?
What is the setting for colors / whites?

sprzęt do sprzątania • cleaning equipment

wąż ssący
suction hose

odkurzacz
vacuum cleaner

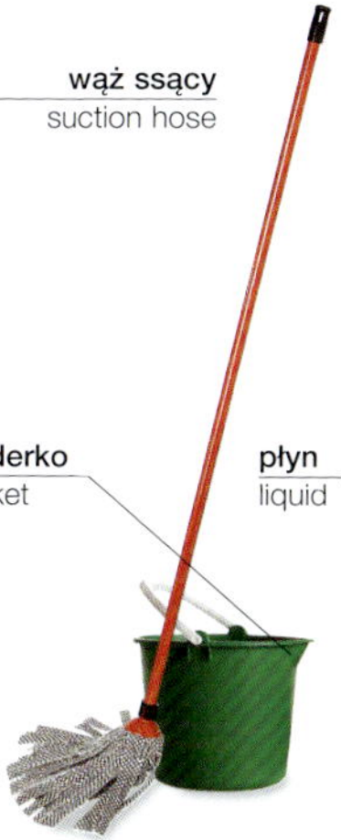
wiaderko
bucket

mop
mop

zmiotka
brush

szufelka
dustpan

środek wybielający
bleach

płyn
liquid
proszek
powder

detergent
detergent

ścierka
do kurzu
dust cloth

pasta
polish

czynności • activities

czyścić
clean (v)

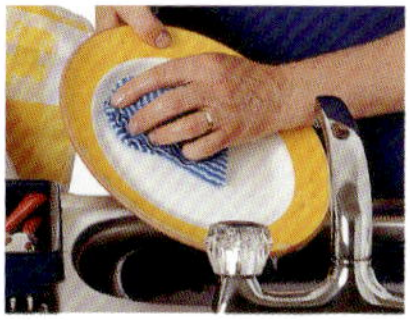

myć
wash (v)

wycierać
wipe (v)

szorować
scrub (v)

skrobać
scrape (v)

miotła
broom

zamiatać
sweep (v)

ścierać kurz
dust (v)

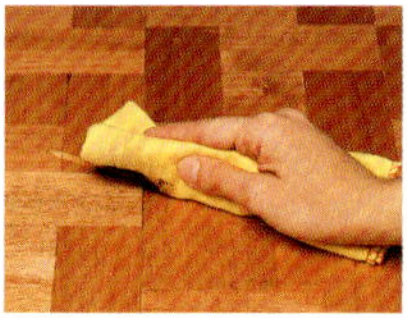

pastować
polish (v)

warsztat • workshop

wyrzynarka
jigsaw

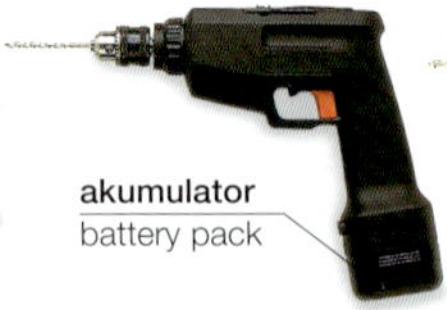
akumulator
battery pack

wiertarka akumulatorowa
cordless drill

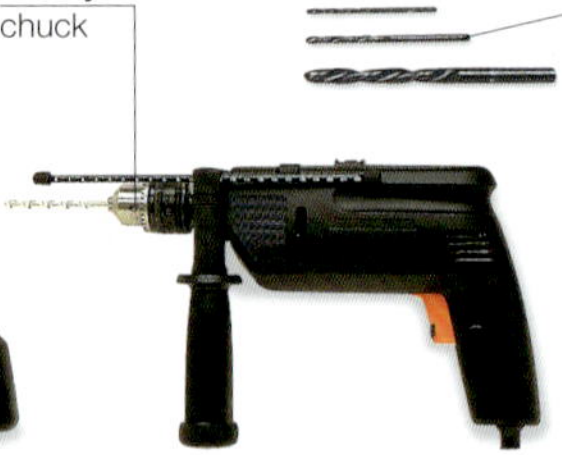
uchwyt
chuck
wiertło
drill bit

wiertarka elektryczna
electric drill

pistolet do klejenia
glue gun

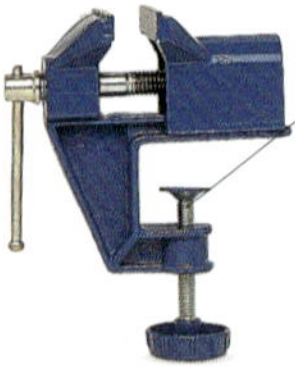
zacisk
clamp

imadło
vise

szlifierka
sander

ostrze
blade

piła tarczowa
circular saw

stół warsztatowy
workbench

klej do drewna
wood glue
frezarka pionowa
router
wióry
wood shavings
tablica narzędziowa
tool rack
korba stolarska
bit brace
przedłużacz
extension cord

techniki • techniques

ciąć
cut (v)

piłować
saw (v)

wiercić
drill (v)

wbijać
hammer (v)

strugać | plane (v)

toczyć | turn (v)

rzeźbić | carve (v)

lut
solder

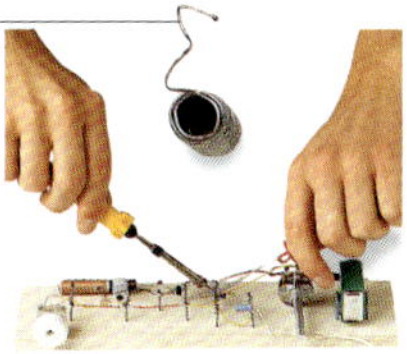

lutować | solder (v)

materiały • materials

płyta MDF
MDF

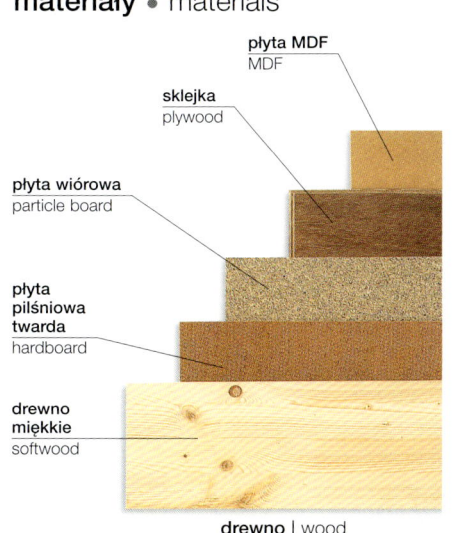

sklejka
plywood

płyta wiórowa
particle board

płyta pilśniowa twarda
hardboard

drewno miękkie
softwood

drewno twarde
hardwood

lakier
varnish

bejca
wood stain

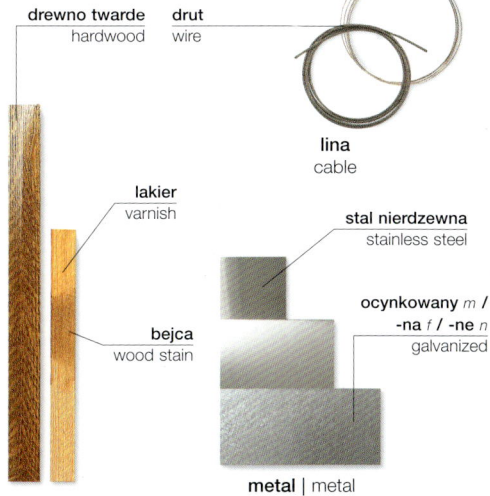

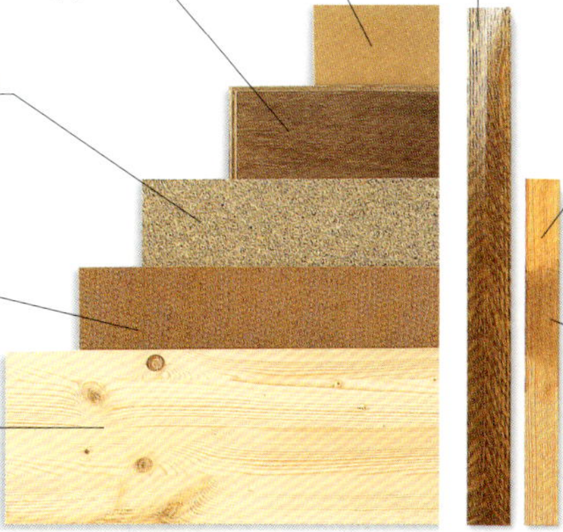

drewno | wood

drut
wire

lina
cable

stal nierdzewna
stainless steel

ocynkowany *m* / **-na** *f* / **-ne** *n*
galvanized

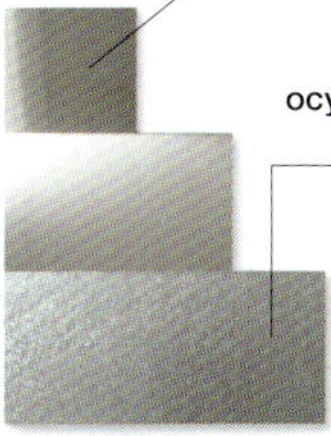

metal | metal

skrzynka z narzędziami • toolbox

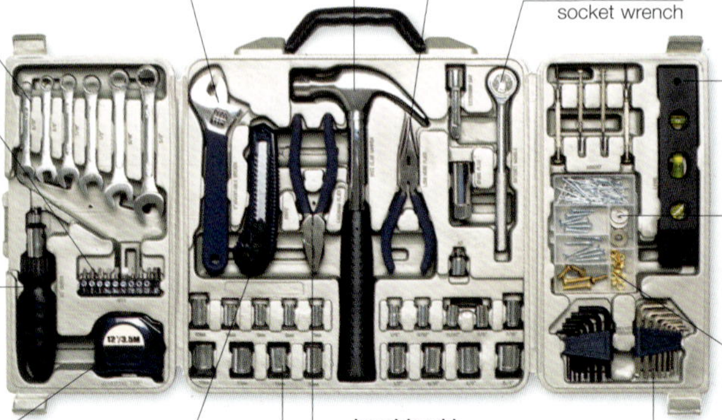
klucz
wrench
klucz nastawny
adjustable wrench
młotek
hammer
szczypce długie
needle-nose pliers
klucz nasadowy
socket wrench
końcówki wkrętakowe
screwdriver bits
poziomnica
level
podkładka
washer
wkrętak
screwdriver
nakrętka
nut
taśma miernicza
tape measure
nóż do tapet
utility knife
kombinerki
bull-nose pliers
nasadka
socket
klucz imbusowy
Allen wrench

wiertła • drill bits

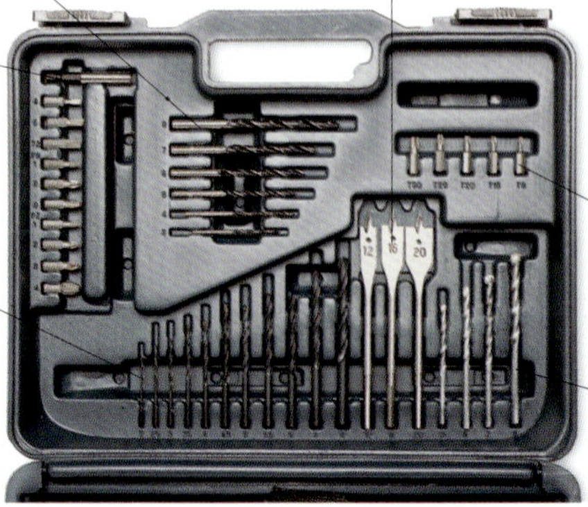
wiertło do metalu
metal bit
wiertło do drewna piórowe
flat wood bit
rozwiertak
reamer
końcówka ochronna
security bit
wiertła do drewna
carpentry bits
wiertło do betonu
masonry bit

śrubokręt krzyżowy
Phillips screwdriver

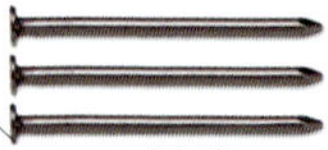
łeb
head

gwóźdź
nail

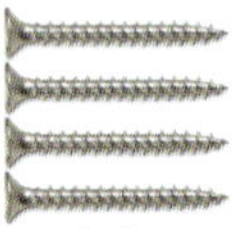

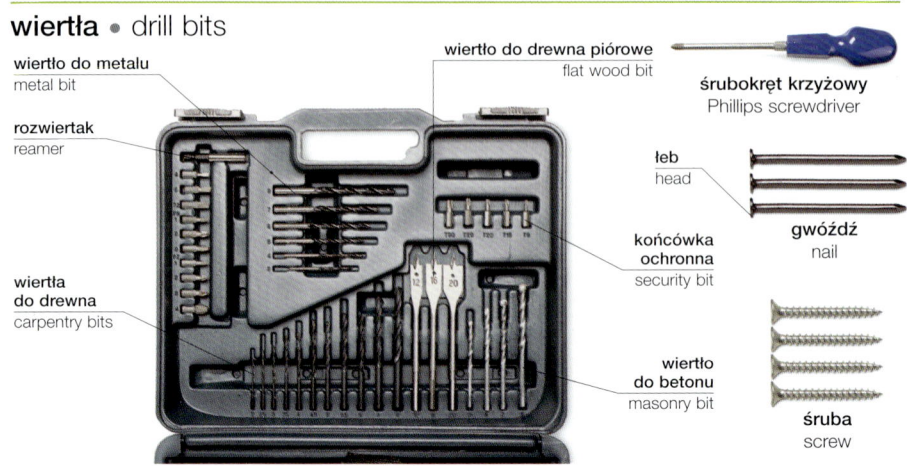

śruba
screw

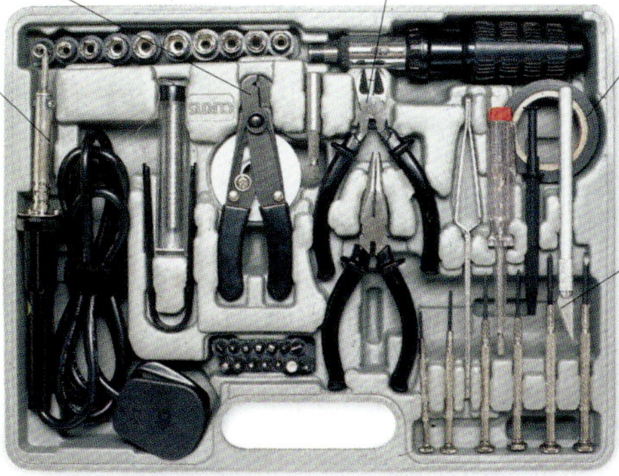

szczypce do ściągania izolacji
wire strippers

lutownica
soldering iron

szczypce do cięcia drutu
wire cutters

taśma izolacyjna
electrical tape

skalpel
craft knife

wyrzynarka
fretsaw

lut
solder

grzbietnica | tenon saw

okulary ochronne
safety goggles

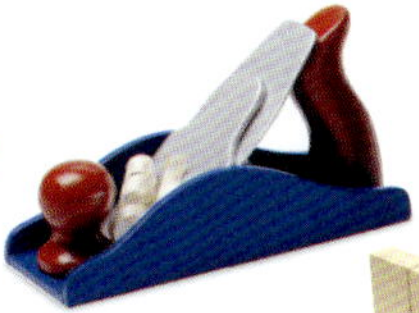

strug
plane

skrzynka uciosowa
miter block

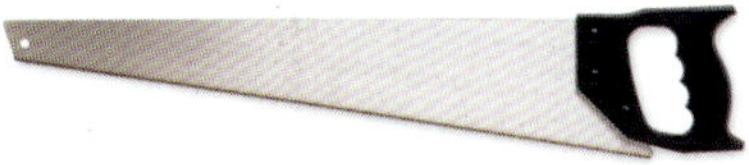

piła ręczna
handsaw

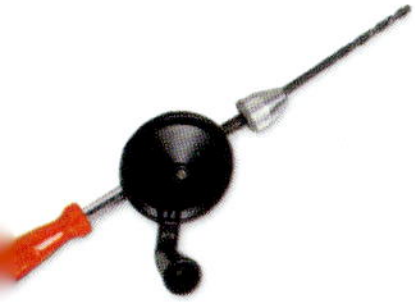

wiertarka ręczna
hand drill

wełna stalowa
steel wool

piła do metalu
hacksaw

papier ścierny
sandpaper

klucz
wrench

dłuto
chisel

pilnik
file

osełka
whetstone

obcinak do rur | pipe cutter

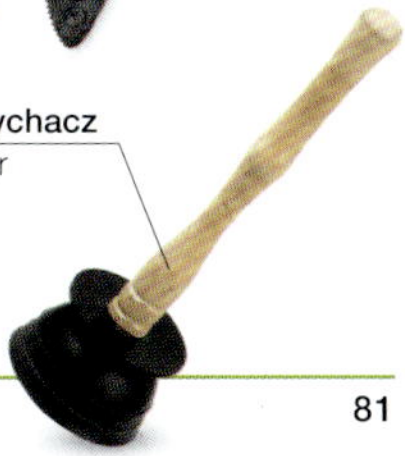

przepychacz
plunger

odnawianie wnętrz • decorating

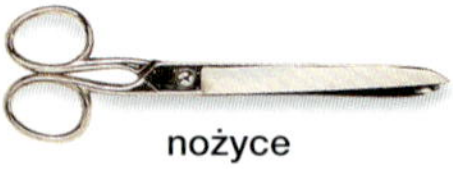

nożyce
scissors

nóż do tapet
utility knife

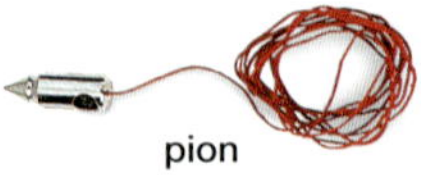

pion
plumb line

szpachelka
putty knife

tapeciarz *m*
tapeciarka *f*
decorator

tapeta
wallpaper

szczotka do tapet
wallpaper brush

stół do nakładania kleju
pasting table

pędzel do nakładania kleju
pasting brush

klej do tapet
wallpaper paste

wiadro
bucket

tapetować | wallpaper (v)

zdzierać | strip (v)

wypełniać | fill (v)

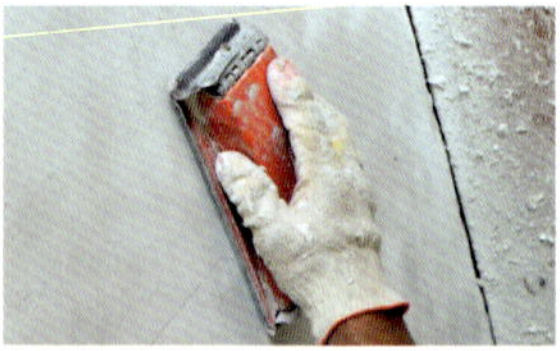

szlifować *(papierem ściernym)*
sand (v)

tynkować | plaster (v)

naklejać | hang (v)

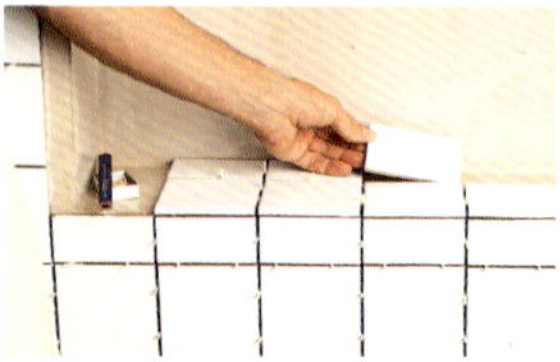

kłaść płytki | tile (v)

drabina
stepladder

malować | paint (v)

wałek
roller

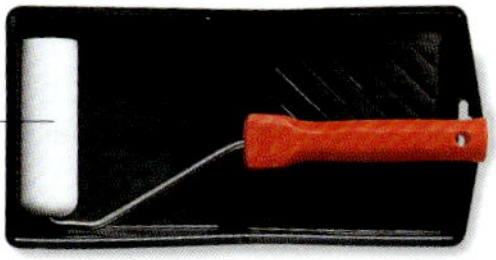

kuweta malarska
paint tray

pędzel
brush

puszka z farbą
paint can

farba
paint

masa szpachlowa
filler

gąbka
sponge

taśma maskująca
masking tape

papier ścierny
sandpaper

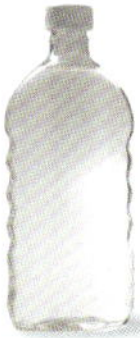

terpentyna
turpentine

rozpuszczalnik
paint thinner

słowniczek • vocabulary

grunt
primer

podkład
undercoat

powłoka nawierzchniowa
topcoat

emulsja
latex paint

z połyskiem
gloss

matowy *m* **/ -wa** *f* **/ -we** *n*
matte

szablon
stencil

tapeta wytłaczana
embossed paper

tapeta do malowania
lining paper

tynk
plaster

lakier
varnish

fuga
grout

płachta malarska
drop cloth

środek konserwujący
preservative

uszczelniacz
sealant

rozpuszczalnik
solvent

kombinezon
coveralls

ogród • garden

style ogrodów • garden styles

patio | patio garden

ogród na dachu
roof garden

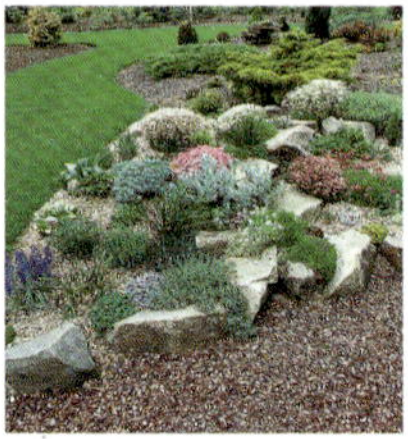

ogródek skalny
rock garden

ogród francuski | formal garden

dziedziniec | courtyard

ogród w stylu wiejskim
cottage garden

ogród ziołowy
herb garden

ogród wodny
water garden

elementy architektury ogrodowej
garden features

wiszący kosz kwiatów
hanging basket

krata ogrodowa | trellis

pergola
arbor

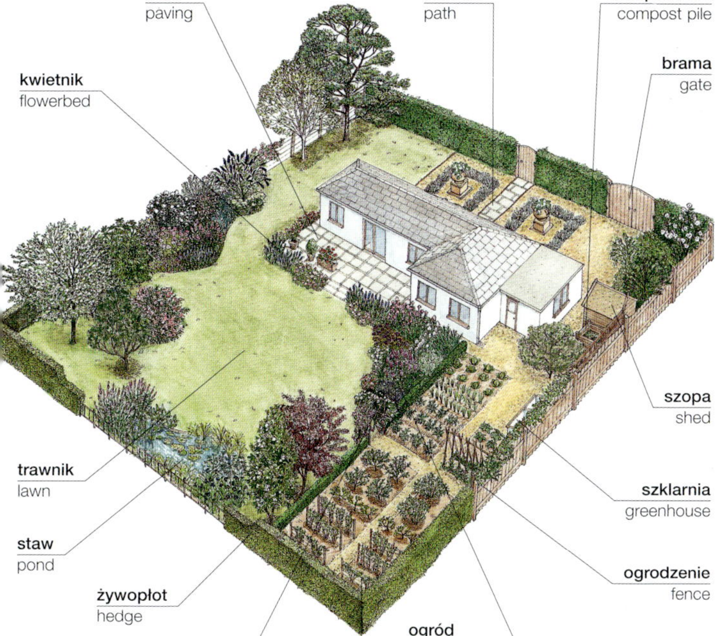
bruk
paving
ścieżka
path
pryzma kompostowa
compost pile
brama
gate
kwietnik
flowerbed
szopa
shed
trawnik
lawn
szklarnia
greenhouse
staw
pond
ogrodzenie
fence
żywopłot
hedge
łuk
arch
ogród warzywny
vegetable garden
rabata obsadzona roślinami wieloletnimi
herbaceous border

gleba • soil

warstwa górna / uprawna
topsoil

piasek
sand

kreda
chalk

muł
silt

glina
clay

drewniany taras
deck

fontanna | fountain

rośliny ogrodowe • garden plants

typy roślin • types of plants

roślina jednoroczna
annual

roślina dwuletnia
biennial

roślina wieloletnia
perennial

roślina cebulkowa
bulb

paproć
fern

sitowie
cattail

bambus
bamboo

chwasty
weeds

zioło
herb

roślina wodna
water plant

drzewo
tree

drzewo liściaste
deciduous

palma
palm

drzewo iglaste
conifer

roślina wiecznie zielona
evergreen

rośliny formowane
topiary

roślina alpejska
alpine

roślina gruboszowata
succulent

kaktus
cactus

roślina w doniczce
potted plant
roślina cieniolubna
shade plant
pnącze
climber
kwitnący krzew
flowering shrub
okrywa roślinna
ground cover
roślina płożąca
creeper
roślina ozdobna
ornamental
trawa
grass

narzędzia ogrodnicze • garden tools

kompost
compost

nasiona
seeds

mączka kostna
bone meal

żwir
gravel

łopata
shovel

widły
garden fork

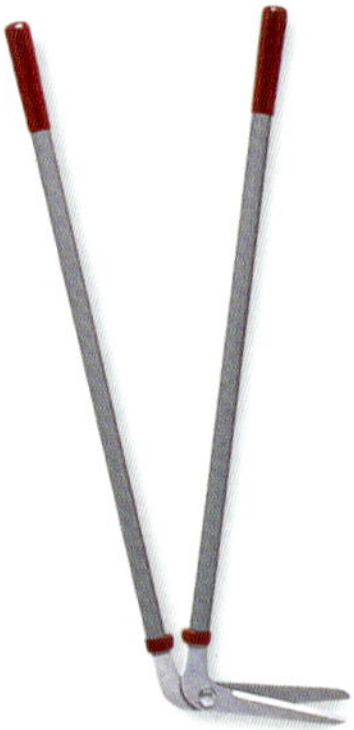

nożyce na długich rączkach
long-handled shears

grabie do trawy
lawn rake

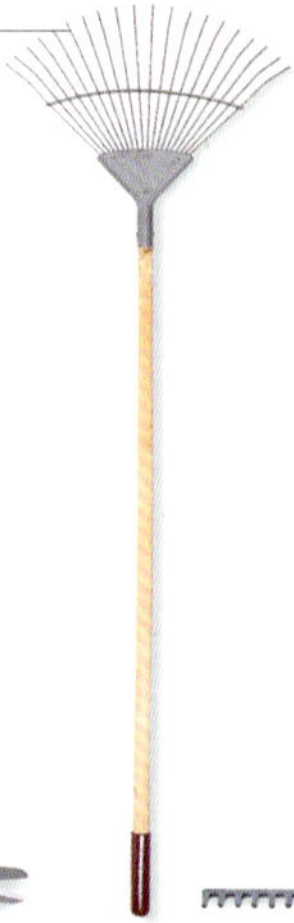

grabie
rake

motyka
hoe

koszyk
gardening basket

worek na ściętą trawę
grass bag

silnik
motor

uchwyt
handle

osłona
shield

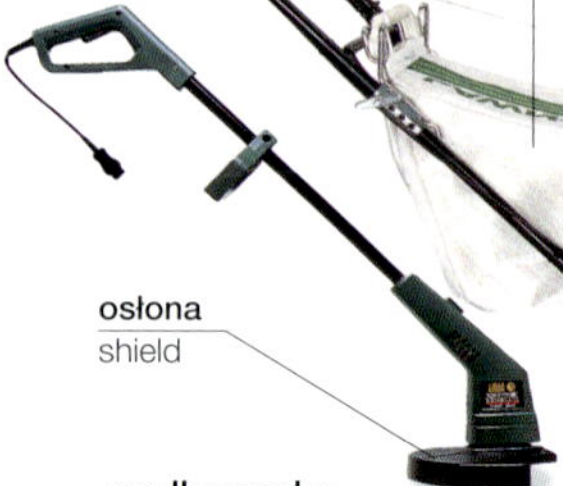

podkaszarka
trimmer

kosiarka do trawy
lawnmower

podpórka
stand

taczka
wheelbarrow

widełki ogrodnicze
hand fork

sekator
pruners

rękawice ogrodnicze
gardening gloves

rydel ogrodniczy
trowel

skrzynka do wysiewu nasion
seed tray

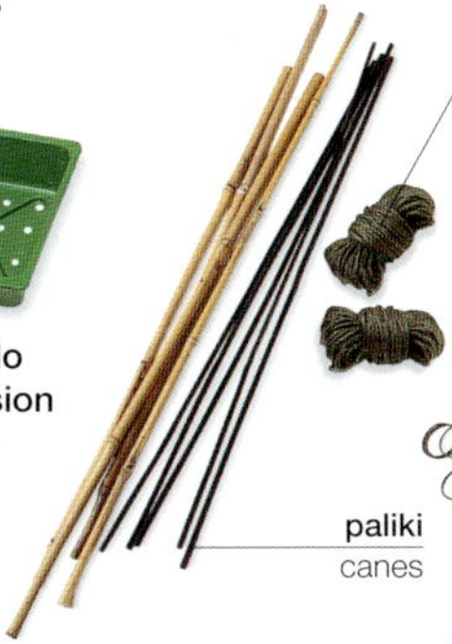

paliki
canes

szpagat
twine

etykiety
labels

druciki do przywiązywania roślin
twist ties

obręcze do przywiązywania roślin
ring ties

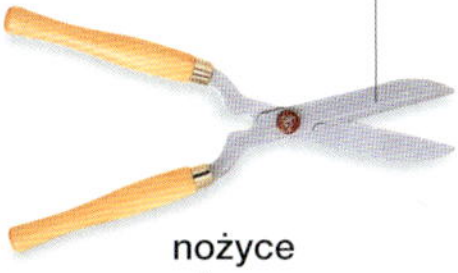

ostrze
blade

nożyce
shears

pestycyd
pesticide

sito
sieve

doniczka
plant pot

kalosze
rubber boots

piła ręczna
handsaw

podlewanie • watering

konewka
watering can

sitko
spray

spryskiwacz | spray bottle

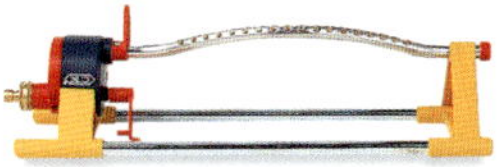

zraszacz
sprinkler

dysza rozpylająca
nozzle

wąż ogrodowy
hose

bęben do zwijania węża | hose reel

praca w ogrodzie • gardening

trawnik
lawn
kwietnik
flowerbed
kosiarka do trawy
lawnmower
żywopłot
hedge
palik
stake

kosić | mow (v)

pokrywać darnią
sod (v)

nakłuwać
spike (v)

grabić
rake (v)

przycinać
trim (v)

kopać
dig (v)

siać
sow (v)

nawozić na powierzchni
top-dress (v)

podlewać
water (v)

kształtować
train (v)

obrywać zwiędnięte kwiaty
deadhead (v)

spryskiwać
spray (v)

palik
cane

podeprzeć palikiem
stake (v)

szczepić
graft (v)

odnóżka
cutting

rozmnażać
propagate (v)

przycinać
prune (v)

wysadzać
transplant (v)

pleć
weed (v)

okryć mierzwą
mulch (v)

zbierać
harvest (v)

słowniczek • vocabulary

uprawiać
cultivate (v)

zajmować się *(ogrodem)*
tend (v)

nawozić
fertilize (v)

posadzić w doniczce
pot (v)

urządzić *(ogród)*
landscape (v)

zbierać
pick (v)

przesiewać
sift (v)

napowietrzać
aerate (v)

drenaż
drainage

organiczny *m* / **-na** *f* / **-ne** *n*
organic

podglebie
subsoil

nawóz
fertilizer

sadzonka
seedling

środek chwastobójczy
weedkiller

usługi
services

pomoc w nagłych wypadkach • emergency services

pogotowie ratunkowe • ambulance

Emergency Ambulance
London Ambulance Service
NHS

karetka pogotowia ratunkowego | ambulance

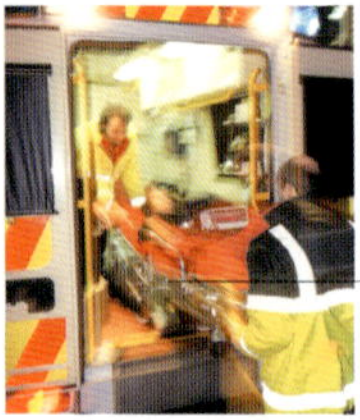
nosze
stretcher

ratownik medyczny *m*
ratowniczka medyczna *f*
paramedic

policja • police

odznaka
badge
mundur
uniform
pałka
nightstick
broń
palna
gun

kajdanki
handcuffs

policjant *m* / policjantka *f*
police officer

syrena
siren
światła
lights
POLICE

samochód policyjny
police car

posterunek policji
police station

słowniczek • vocabulary

przestępstwo crime	**skarga** complaint	**oskarżenie** charge	**dochodzeniowiec** detective
napaść assault	**śledztwo** investigation	**areszt** arrest	**inspektor** *m* **inspektorka** *f* captain
włamanie burglary	**odcisk palca** fingerprint	**cela na posterunku policji** cell	**podejrzany** *m* **podejrzana** *f* suspect

straż pożarna • fire department

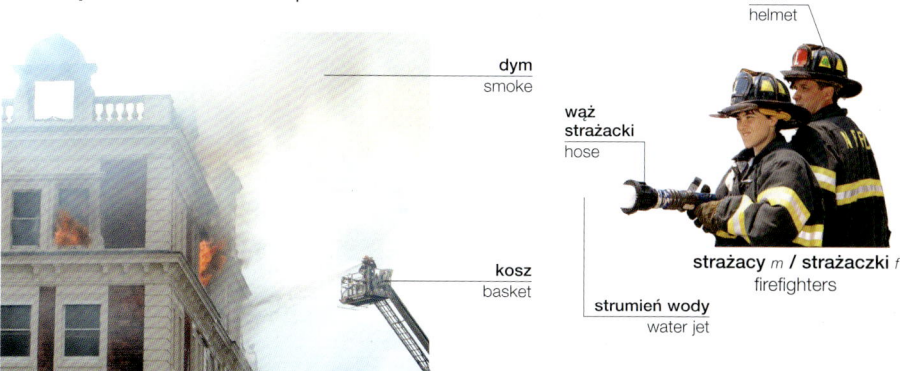

dym
smoke
kosz
basket
wysięgnik
boom

pożar | fire

kask
helmet
wąż strażacki
hose
strumień wody
water jet

strażacy *m* / **strażaczki** *f*
firefighters

posterunek straży pożarnej
fire station

wyjście ewakuacyjne
fire escape

drabina
ladder
kabina
cab

wóz strażacki
fire engine

czujnik dymu
smoke alarm

FIRE

alarm pożarowy
fire alarm

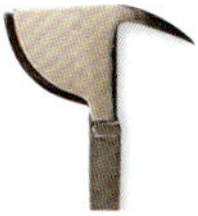

topór
ax

gaśnica
fire extinguisher

hydrant
hydrant

Potrzebna jest policja / straż pożarna / karetka pogotowia.
I need the police / the fire department / an ambulance.

W... wybuchł pożar.
There's a fire at...

Zdarzył się wypadek.
There's been an accident.

Wezwać policję!
Call the police!

bank • bank

okienko
window

kasjer *m*
kasjerka *f*
teller

klient *m*
klientka *f*
customer

kontuar
counter

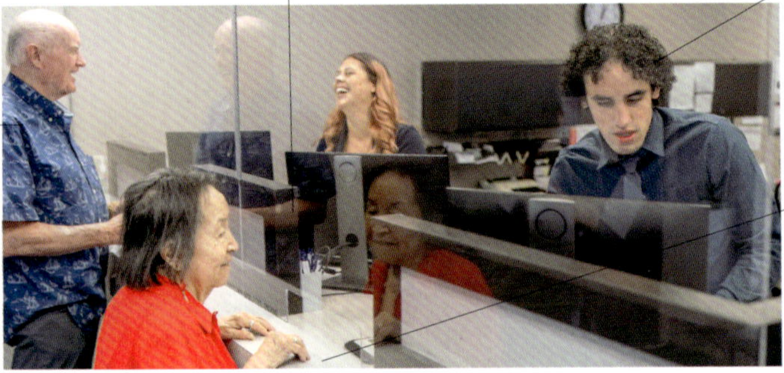

karta debetowa
debit card

karta kredytowa
credit card

czytnik kart
card reader

numer rachunku
account number

kwota
amount

druki wpłat
deposit slips

słowniczek • vocabulary

podatek
tax

pożyczka
loan

kredyt hipoteczny
mortgage

oszczędności
savings

debet
overdraft

PIN
PIN

stopa procentowa
interest rate

rachunek bieżący
checking account

rachunek oszczędnościowy
savings account

zlecenie wypłaty
withdrawal slip

zapłata
payment

opłata manipulacyjna
bank charge

polecenie zapłaty
automatic payment

wpłacać
deposit (v)

przelew bankowy
bank transfer

aplikacja bankowa
banking app

bankowość internetowa
online banking

moneta
coin

banknot
bill

pieniądze | money

ekran
screen

klawiatura
keypad

otwór na kartę
card reader

bankomat | ATM

obca waluta • foreign currency

kantor wymiany walut
currency exchange

kurs walutowy
exchange rate

finanse • finance

doradca finansowy *m*
doradczyni finansowa *f*
financial advisor

cena akcji
share price

makler giełdowy *m*
maklerka giełdowa *f*
stockbroker

giełda papierów wartościowych
stock exchange

słowniczek • vocabulary

inwestycja
investment

portfel
portfolio

akcje
stocks

udziały
shares

dywidendy
dividends

kapitał własny
equity

prowizja
commission

zrealizować (czek)
cash (v)

waluta cyfrowa
digital currency

nominał
denomination

księgowy *m*
księgowa *f*
accountant

Czy można to wymienić?
Can I change this, please?

Jaki jest dzisiejszy kurs walutowy?
What's today's exchange rate?

łączność • communications

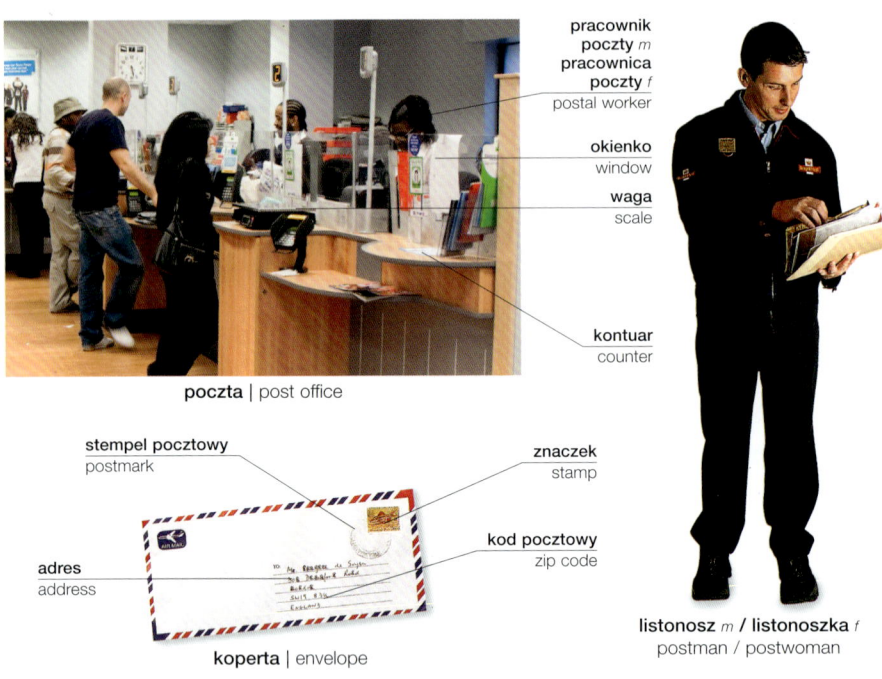

pracownik poczty *m* **pracownica poczty** *f*
postal worker
okienko
window
waga
scale
kontuar
counter

poczta | post office

stempel pocztowy
postmark
znaczek
stamp
kod pocztowy
zip code
adres
address
AIR MAIL

koperta | envelope

listonosz *m* / **listonoszka** *f*
postman / postwoman

słowniczek • vocabulary

list
letter

pocztą lotniczą
by airmail

przesyłka polecona
registered mail

adres zwrotny
return address

podpis
signature

opłata pocztowa
postage

doręczanie
delivery

wybieranie poczty
pickup

torba na listy
mailbag

nie zginać
do not bend (v)

tą stroną do góry
this way up

kruchy *m* / **-cha** *f* / **-che** *n*
fragile

skrzynka pocztowa
mailbox

skrzynka na listy
letter slot

paczka
package

kurier *m* / **kurierka** *f*
courier

telefon • telephone

słuchawka
handset

automatyczna sekretarka
answering machine

klawiatura
keypad

baza
base station

telefon bezprzewodowy
cordless phone

aplikacja
app

smartfon
smartphone

słowniczek • vocabulary

wybrać (numer)
dial (v)

odebrać (telefon)
answer (v)

zajęty *m* / **-ta** *f* / **-te** *n*
busy

SMS
text (SMS)

wiadomość głosowa
voice message

rozłączony *m* / **-na** *f* / **-ne** *n*
disconnected

kod dostępu
passcode

telefon komórkowy
cell phone

dane komórkowe
mobile data

wi-fi
Wi-Fi

roaming danych
data roaming

Czy może mi pan / pani podać numer do... ?
Can you give me the number for... ?

Jaki jest numer kierunkowy do... ?
What is the area code for... ?

Wyślij mi SMS-a!
Text me!

hotel • hotel

hol • lobby

gość *m*
gościni *f*
guest

karta wejściowa
key card

recepcjonista *m*
recepcjonistka *f*
receptionist

kontuar
counter

recepcja | reception

wózek
cart

bagaż
luggage

bagażowy *m* / **bagażowa** *f*
porter

winda | elevator

numer pokoju
room number

pokoje • rooms

pokój jednoosobowy
single room

pokój dwuosobowy
(z jednym łóżkiem)
double room

pokój dwuosobowy
(z dwoma łóżkami)
twin room

osobna łazienka
private bathroom

usługi • services

sprzątanie pokoi
maid service

usługi pralnicze
laundry service

taca ze śniadaniem
breakfast tray

obsługa pokoi | room service

minibar
minibar

restauracja
restaurant

siłownia
gym

basen
swimming pool

słowniczek • vocabulary

pensjonat
(oferujący zakwaterowanie ze śniadaniem)
bed and breakfast

zakwaterowanie z pełnym wyżywieniem
all meals included

zakwaterowanie z niepełnym wyżywieniem
some meals included

Czy są wolne miejsca?
Do you have any vacancies?

Mam rezerwację.
I have a reservation.

Poproszę pokój jednoosobowy.
I'd like a single room.

Poproszę pokój na trzy noce.
I'd like a room for three nights.

Ile wynosi cena za noc?
What is the charge per night?

Kiedy muszę zwolnić pokój?
When do I have to check out?

zakupy
shopping

centrum handlowe • shopping center

atrium
atrium
drugie piętro
third floor
pierwsze piętro
second floor
klient *m*
klientka *f*
customer
parter
ground floor
schody ruchome
escalator

słowniczek • vocabulary

dział dziecięcy
children's department

dział obuwniczy
shoe department

dział z torbami podróżnymi
luggage department

lista sklepów
store directory

dział obsługi klienta
customer services

sprzedawca *m*
sprzedawczyni *f*
salesclerk

przymierzalnie
fitting rooms

toalety
restroom

pomieszczenie do przewijania niemowląt
baby changing room

Ile to kosztuje?
How much is this?

Czy mogę to wymienić?
May I exchange this?

dom towarowy • department store

odzież męska
menswear

odzież damska
women's wear

bielizna
lingerie

perfumeria
perfumes

kosmetyki
cosmetics

bielizna pościelowa i stołowa
linens

wyposażenie mieszkań
home furnishings

pasmanteria
notions

sprzęt kuchenny
kitchenware

porcelana
china

artykuły elektryczne
electronics

sprzęt oświetleniowy
lighting

artykuły sportowe
sportswear

zabawki
toys

artykuły papiernicze
stationery

dział spożywczy
groceries

supermarket • supermarket

klient *m*
klientka *f*
customer

kasjer *m*
kasjerka *f*
checker

przejście
aisle

półka
shelf

oferty specjalne
specials

kasy | checkout

torba na zakupy
shopping bag

kasa
cash register

taśma
conveyor belt

artykuły spożywcze
groceries

wózek | grocery cart

uchwyt
handle

koszyk | basket

780863 185779

kod paskowy
bar code

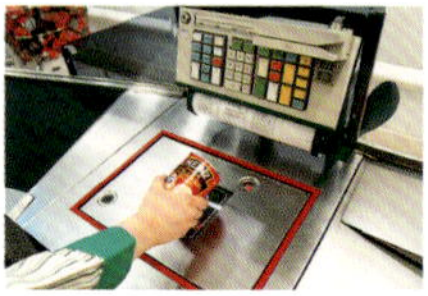

czytnik | scanner

pieczywo
bakery

produkty mleczne
dairy

płatki śniadaniowe
breakfast cereals

konserwy
canned food

słodycze
candy

warzywa
vegetables

owoce
fruit

mięso i drób
meat and poultry

ryby
fish

delikatesy
deli

mrożonki
frozen food

dania gotowe
prepared food

napoje
drinks

chemia gospodarcza
household products

kosmetyki
toiletries

artykuły dla niemowląt
baby products

artykuły elektryczne
electrical goods

pokarm dla zwierząt
pet food

czasopisma | magazines

apteka • drugstore

higiena jamy ustnej
dental care

artykuły higieniczne dla kobiet
feminine hygiene

dezodoranty
deodorants

witaminy
vitamins

punkt wydawania leków
pharmacy

aptekarz *m*
aptekarka *f*
pharmacist

lekarstwo na kaszel
cough medicine

leki ziołowe
herbal remedies

środki do pielęgnacji skóry
skin care

balsam po opalaniu
aftersun lotion

krem z filtrem przeciwsłonecznym
sunscreen

krem z wysokim filtrem przeciwsłonecznym
sunblock

środek odstraszający owady
insect repellent

nawilżana chusteczka odświeżająca
wet wipe

chusteczka higieniczna
tissue

podpaska
sanitary napkin

tampon
tampon

wkładka higieniczna
panty liner

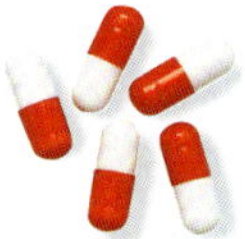

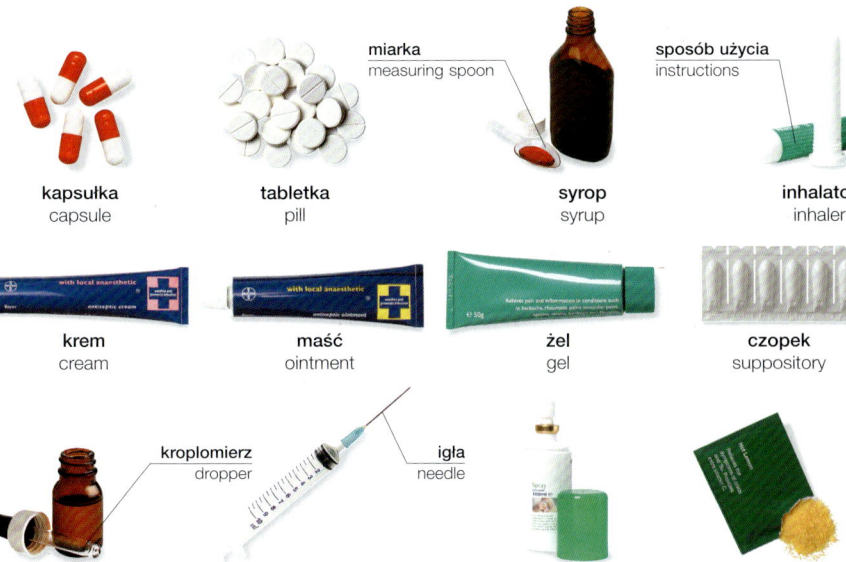

kapsułka
capsule

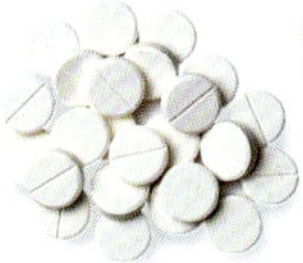

tabletka
pill

miarka
measuring spoon

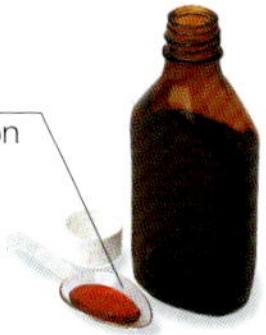

syrop
syrup

sposób użycia
instructions

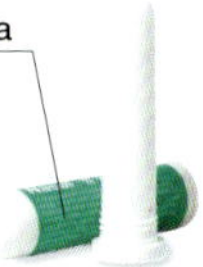

inhalator
inhaler

krem
cream

maść
ointment

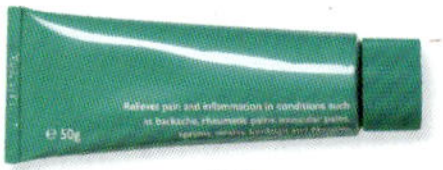

żel
gel

czopek
suppository

kroplomierz
dropper

krople
drops

igła
needle

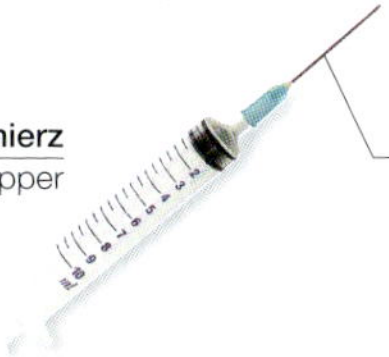

strzykawka
syringe

spray
spray

proszek
powder

słowniczek • vocabulary

kuracja lekami
medication

lek
medicine

dawkowanie
dosage

skutki uboczne
side effects

żelazo
iron

wapń
calcium

magnez
magnesium

multiwitaminy
multivitamins

insulina
insulin

tabletka na sen
sleeping pill

środek uspokajający
sedative

środek przeciwbólowy
painkiller

pastylka od bólu gardła
throat lozenge

środek przeciwzapalny
anti-inflammatory

środek przeczyszczający
laxative

lek na biegunkę
diarrhea medication

tabletki przeciw chorobie lokomocyjnej
motion-sickness pills

maska ochronna
face mask

data ważności
expiration date

jednorazowy *m* **/ -wa** *f* **/ -we** *n*
disposable

rozpuszczalny *m* **/ -na** *f* **/ -ne** *n*
soluble

kwiaciarnia • florist

kwiaty
flowers
lilia
lily
akacja
acacia
roślina doniczkowa
potted plant
mieczyk
gladiolus
irys
iris
margerytka
daisy
chryzantema
chrysanthemum
łyszczec
baby's breath
goździk
carnation

lewkonie
stock

gerbera
gerbera

liście
foliage

róża
rose

frezja
freesia

wazon
vase

orchidea
orchid

peonia
peony

bukiet
bunch

łodyga
stem

żonkil
daffodil

pączek
bud

opakowanie
wrapping

tulipan | tulip

kompozycje • arrangements

wstążka
ribbon

bukiet
bouquet

suche kwiaty
dried flowers

pot-pourri | potpourri

wieniec | wreath

girlanda
garland

słowniczek • vocabulary

Poproszę bukiet... ?
Can I have a bunch of...please?

Czy może je pan / pani zapakować?
Can I have them wrapped?

Czy mogę dołączyć wiadomość?
Can I attach a message?

Czy one pachną?
Are they fragrant?

Jak długo wytrzymają?
How long will these last?

Czy może je pan / pani wysłać do... ?
Can you send them to... ?

kiosk z gazetami • newsstand

paczka papierosów
pack of cigarettes

zapalniczka
lighter

popielniczka
ashtray

znaczki
stamps

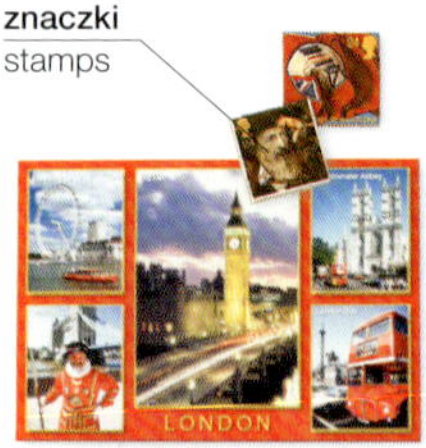

kartka pocztowa
postcard

komiks
comic book

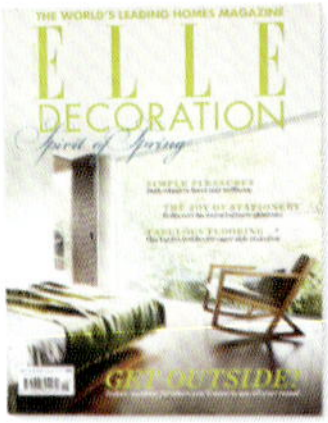

czasopismo
magazine

gazeta
newspaper

palenie • smoking

tytoń
tobacco

cygaro
cigar

e-papieros
vape

liquid do e-papierosów
vape liquid

sklep ze słodyczami • candy store

bombonierka
box of chocolates

batonik
snack bar

czipsy
potato chips

słowniczek • vocabulary

czekolada mleczna
milk chocolate

czekolada biała
white chocolate

czekolada deserowa
dark chocolate

mieszanka do wyboru
pick and mix

karmelek
caramel

trufla
truffle

herbatnik
cookie

słodycze • confectionery

czekoladka
chocolate

tabliczka czekolady
chocolate bar

cukierki
hard candy

lizak
lollipop

toffi | toffee

nugat | nougat

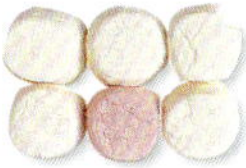

pianka
marshmallow

cukierek miętowy
mint

guma do żucia
chewing gum

żelek
jellybean

żelka owocowa
gumdrop

cukierki lukrecjowe
licorice

inne sklepy • other stores

piekarnia
bakery

cukiernia
pastry shop

sklep mięsny
butcher shop

sklep rybny
fish counter

sklep owocowo-warzywny
produce stand

sklep spożywczy
grocery store

sklep obuwniczy
shoe store

sklep żelazny
hardware store

sklep z antykami
antiques store

sklep z upominkami
gift shop

biuro podróży
travel agency

jubiler
jewelry store

księgarnia
bookstore

sklep monopolowy
liquor store

sklep zoologiczny
pet supplies store

sklep meblowy
furniture store

butik
boutique

słowniczek • vocabulary

centrum ogrodnicze
garden center

pralnia samoobsługowa
laundromat

pralnia chemiczna
dry cleaner

zakład ślusarski
locksmith

agencja nieruchomości
real estate office

sklep ze zdrową żywnością
health food store

sklep z artykułami plastycznymi
art supply store

sklep z rzeczami używanymi
secondhand store

delikatesy
deli

zakład krawiecki
tailor shop

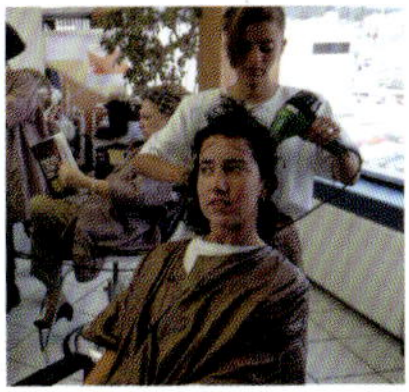

zakład fryzjerski
salon

sklep z telefonami
phone store

zakład szewski
shoe repairs

rynek | market

żywność
food

mięso • meat

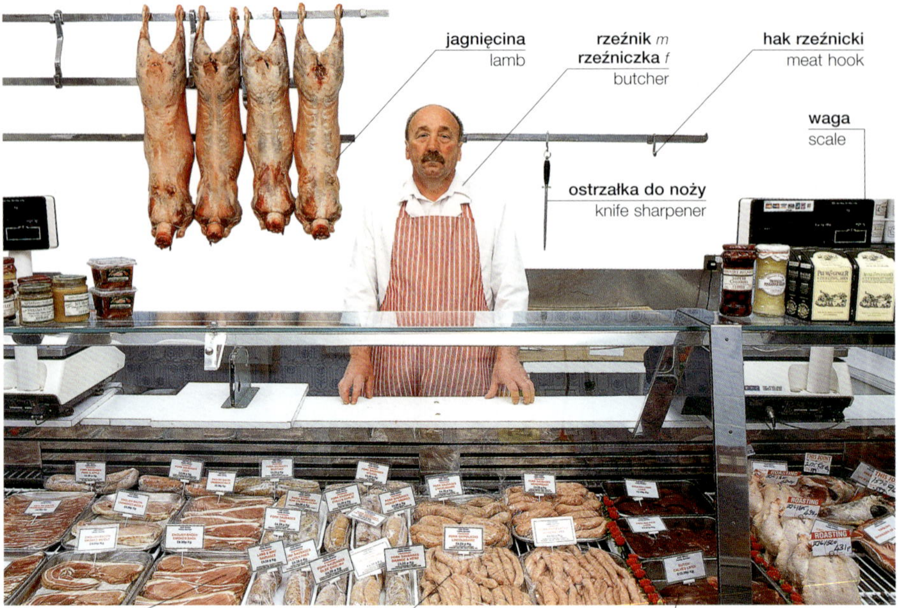
jagnięcina
lamb
rzeźnik *m*
rzeźniczka *f*
butcher
hak rzeźnicki
meat hook
waga
scale
ostrzałka do noży
knife sharpener
bekon
bacon
kiełbaski
sausages
wątróbka
liver

słowniczek • vocabulary

wieprzowina
pork

wołowina
beef

cielęcina
veal

koza
goat

królik
rabbit

sarnina
venison

dziczyzna
game

ozór
tongue

podroby
variety meat

halal
halal

koszerny *m* **/ -na** *f* **/ -ne** *n*
kosher

organiczny *m* **/ -na** *f* **/ -ne** *n*
organic

z hodowli naturalnej
free range

wędzony *m* **/ -na** *f* **/ -ne** *n*
smoked

peklowany *m* **/ -na** *f* **/ -ne** *n*
cured

białe mięso
white meat

czerwone mięso
red meat

chude mięso
lean meat

gotowane mięso
cooked meat

kawałki • cuts

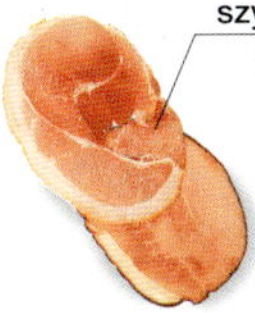
szynka
ham

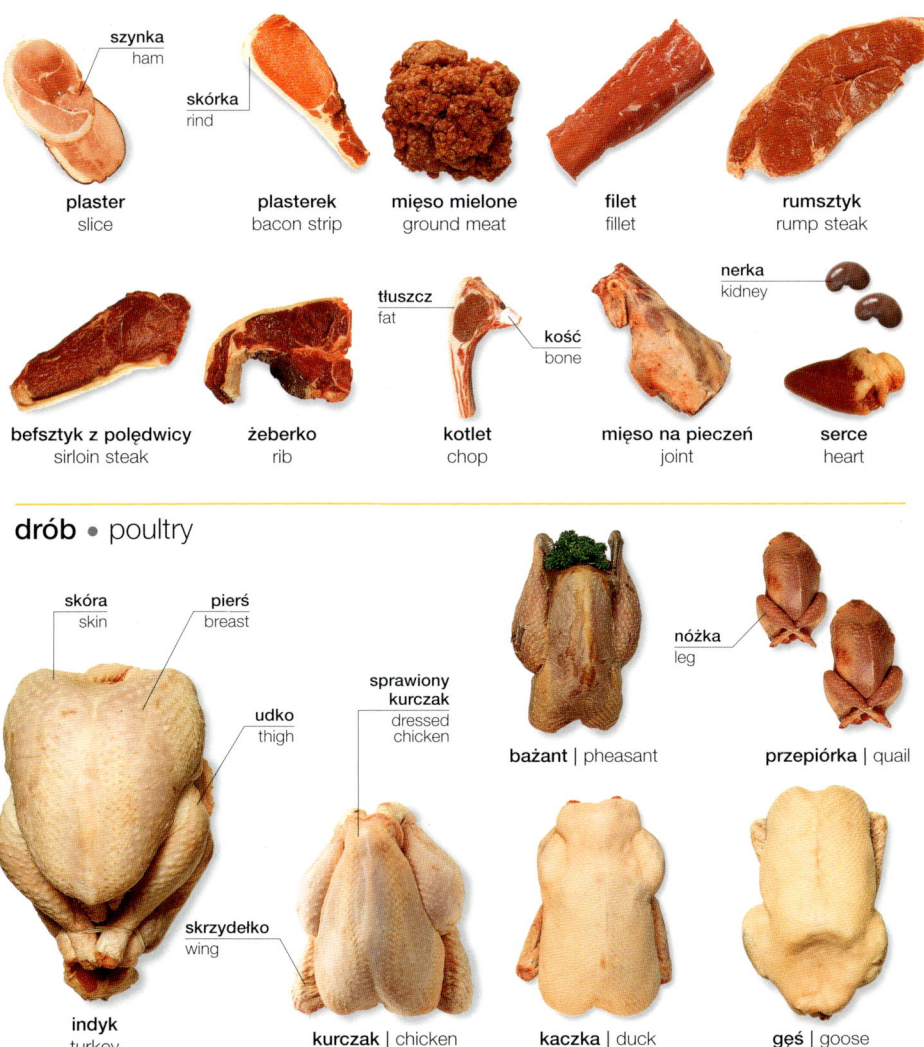

plaster
slice

skórka
rind

plasterek
bacon strip

mięso mielone
ground meat

filet
fillet

rumsztyk
rump steak

befsztyk z polędwicy
sirloin steak

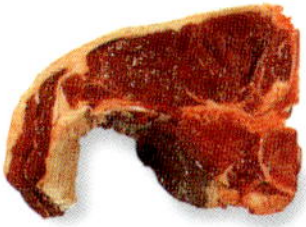

żeberko
rib

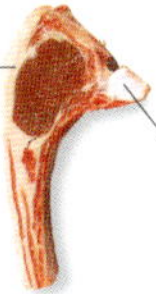
tłuszcz
fat
kość
bone

kotlet
chop

mięso na pieczeń
joint

nerka
kidney

serce
heart

drób • poultry

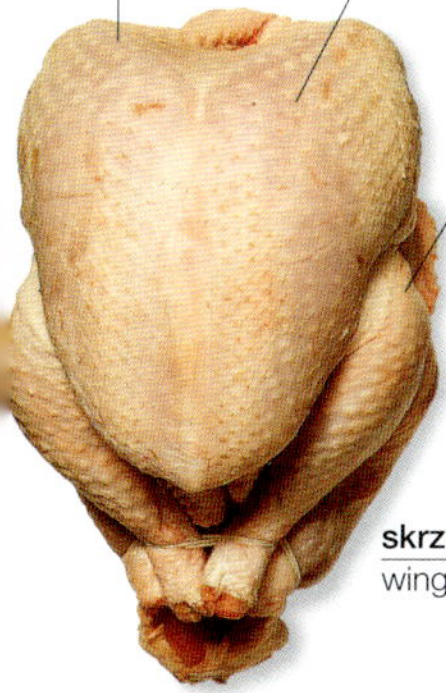
skóra
skin
pierś
breast
udko
thigh
skrzydełko
wing

indyk
turkey

bażant | pheasant

nóżka
leg

przepiórka | quail

sprawiony kurczak
dressed chicken

kurczak | chicken

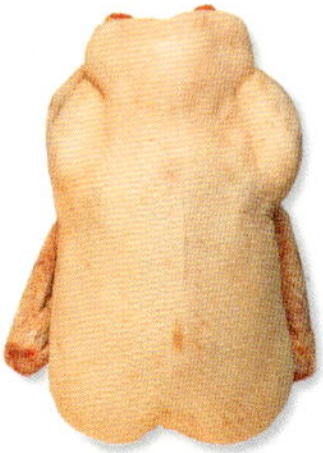

kaczka | duck

gęś | goose

ryby • fish

pstrąg
trout

żabnica
monkfish

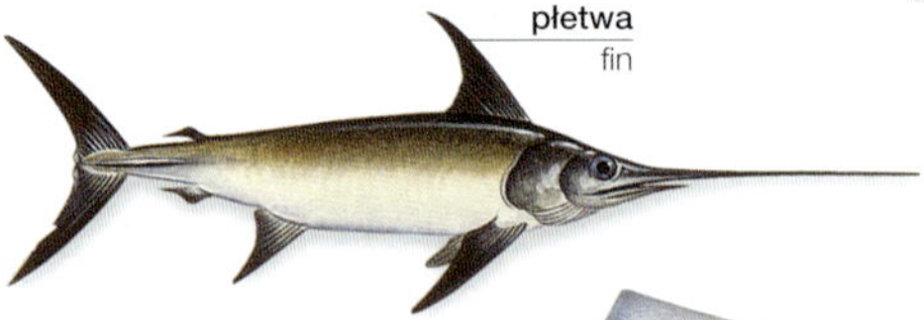

miecznik
swordfish

sardynka
sardine

makrela
mackerel

łupacz
haddock

płaszczka
skate

morlesz
sea bream

dorsz
cod

strzępiel
sea bass

tuńczyk
tuna

łosoś
salmon

barwena
red mullet

sola lemon (złocica)
lemon sole

pstrąg tęczowy
rainbow trout

sola dover
Dover sole

witlinek
whiting

halibut
halibut

owoce morza • seafood

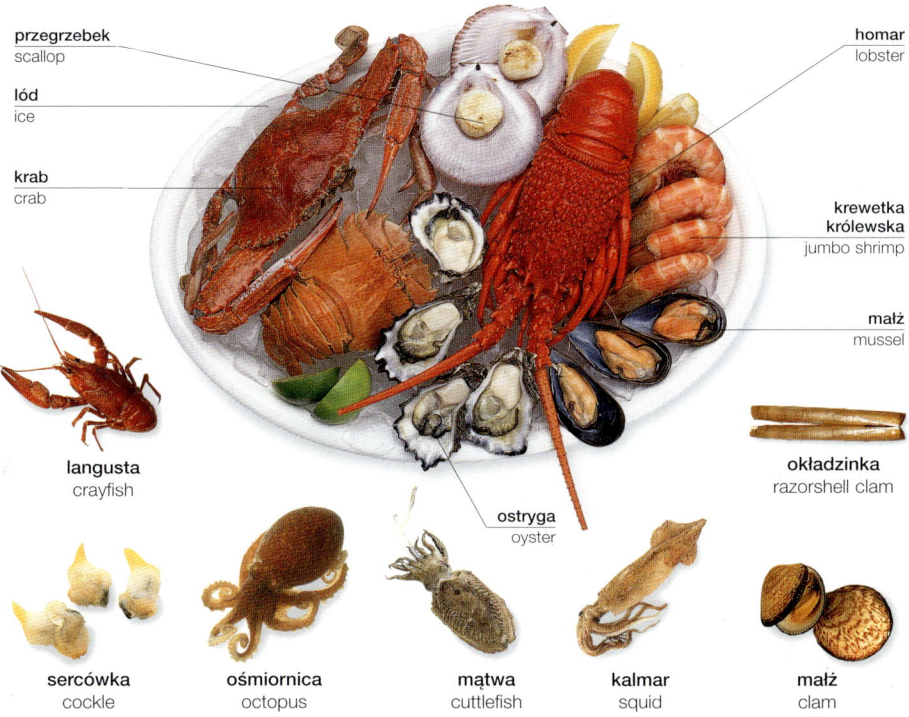

przegrzebek
scallop
lód
ice
krab
crab
homar
lobster
krewetka królewska
jumbo shrimp
małż
mussel
ostryga
oyster

langusta
crayfish

okładzinka
razorshell clam

sercówka
cockle

ośmiornica
octopus

mątwa
cuttlefish

kalmar
squid

małż
clam

słowniczek • vocabulary

mrożony *m* **/ -na** *f* **/ -ne** *n*
frozen

świeży *m* **/ -ża** *f* **/ -że** *n*
fresh

solony *m* **/ -na** *f* **/ -ne** *n*
salted

wędzony *m* **/ -na** *f* **/ -ne** *n*
smoked

oskrobany *m* **/ -na** *f* **/ -ne** *n*
scaled

filetowany *m* **/ -na** *f* **/ -ne** *n*
boned

oczyszczony *m* **/ -na** *f* **/ -ne** *n*
cleaned

bez skóry
skinned

filetowany *m* **/ -na** *f* **/ -ne** *n*
filleted

filet
fillet

krewetka
shrimp

stek
steak

polędwica
loin

kość
bone

Czy mogę prosić o oczyszczenie?
Will you clean it for me?

warzywa • vegetables (1)

bób
fava bean

ziarnko
seed

fasola wielokwiatowa
runner bean

fasola zwykła
green bean

groch
pea

kukurydza
corn

kiełek fasoli
bean sprout

bambus
bamboo

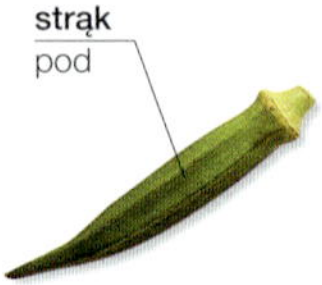
strąk
pod

okra
okra

seler
celery

cykoria
chicory

koper włoski
fennel

rdzenie palmowe
palm hearts

słowniczek • vocabulary

liść leaf	**różyczka** floret	**czubek** tip	**worek foliowy** plastic bag
łodyga stalk	**ziarno** kernel	**środek** heart	**organiczny** *m* **/ -na** *f* **/ -ne** *n* organic

Czy są u pana / pani warzywa organiczne?
Do you sell organic vegetables?

Czy one pochodzą z upraw w okolicy?
Are these grown locally?

rukola
arugula

rukiew wodna
watercress

radicchio (cykoria sałatowa)
radicchio

brukselka
Brussels sprout

boćwina
Swiss chard

jarmuż
kale

szczaw
sorrel

endywia
endive

mlecz
dandelion

szpinak
spinach

kalarepa
kohlrabi

pak-choi (kapusta chińska)
bok choy

sałata
lettuce

brokuł
broccoli

kapusta
cabbage

młoda kapusta
spring greens

warzywa • vegetables (2)

rzepa
turnip
karczoch
artichoke
rzodkiewka
radish
kalafior
cauliflower
szparagi
asparagus
ziemniak
potato
cukinia
squash
cebula
onion
papryka
bell pepper
papryczka chilli
chili pepper
kukurydza
sweetcorn

słowniczek • vocabulary

pomidorek koktajlowy
cherry tomato

marchew
carrot

owoc drzewa chlebowego
breadfruit

młody ziemniak
new potato

seler korzeniowy
celeriac

tapioka
cassava

bulwa kolokazji
taro root

kotewka orzech wodny
water chestnut

mrożony *m* **/ -na** *f* **/ -ne** *n*
frozen

surowy *m* **/ -wa** *f* **/ -we** *n*
raw

ostry (pikantny) *m* **/ ra (-na)** *f* **/ -re (-ne)** *n*
hot (spicy)

słodki *m* **/ -ka** *f* **/ -kie** *n*
sweet

gorzki *m* **/ -ka** *f* **/ -kie** *n*
bitter

jędrny *m* **/ -na** *f* **/ -ne** *n*
firm

miąższ
flesh

korzeń
root

Poproszę kilogram ziemniaków.
A kilo of potatoes, please.

Jaka jest cena za kilogram?
What's the price per kilo?

Jak to się nazywa?
What are those called?

batat
sweet potato

jams (ignam, pochrzyn)
yam

burak
beet

brukiew
rutabaga

słonecznik bulwiasty
Jerusalem artichoke

chrzan
horseradish

pasternak
parsnip

imbir
ginger

bakłażan
eggplant

pomidor
tomato

młoda cebulka
scallion

por
leek

szalotka
shallot

czosnek
garlic

grzyb
mushroom

ogórek
ucumber

cukinia
zucchini

dynia piżmowa
butternut squash

dynia zwyczajna
acorn squash

dynia
pumpkin

owoce • fruit (1)

owoce cytrusowe • citrus fruit

pomarańcza
orange

klementynka
clementine

tangelo *(skrzyżowanie grejpfruta z mandarynką)*
ugli fruit

albedo
pith

grejpfrut
grapefruit

mandarynka
tangerine

cząstka
segment

mandarynka *(odmiana japońska)*
satsuma

skórka
zest

limonka
lime

cytryna
lemon

kumkwat
kumquat

owoce pestkowe • stone fruit

brzoskwinia
peach

nektarynka
nectarine

morela
apricot

śliwka
plum

wiśnia
cherry

gruszka
pear

jabłko
apple

kosz owoców | basket of fruit

owoce jagodowe i melony • berries and melons

truskawka
strawberry

jeżyna
blackberry

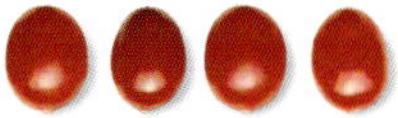

żurawina
cranberry

jagoda
blueberry

malinojeżyna
loganberry

agrest
gooseberry

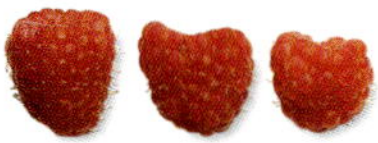

malina
raspberry

czerwona porzeczka
red currant

czarna porzeczka
black currant

biała porzeczka
white currant

melon
melon

winogrona
grapes

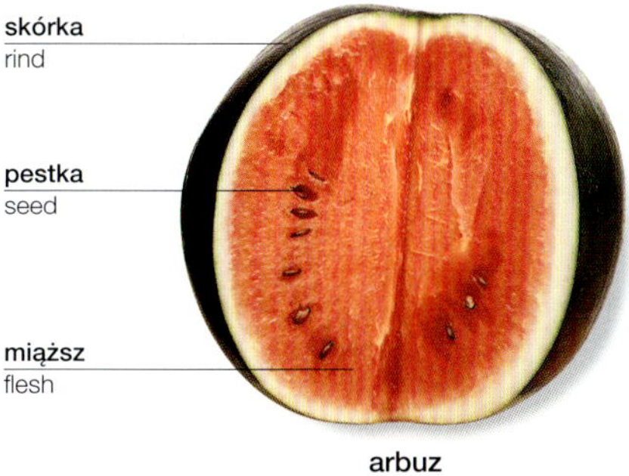
skórka
rind
pestka
seed
miąższ
flesh

arbuz
watermelon

słowniczek • vocabulary

słodki *m* / **-ka** *f* / **-kie** *n* sweet	**świeży** *m* / **-ża** *f* / **-że** *n* fresh	**soczysty** *m* / **-ta** *f* / **-te** *n* juicy	**Czy są dojrzałe?** Are they ripe?
kwaśny *m* / **-na** *f* / **-ne** *n* sour	**zgniły** *m* / **-ła** *f* / **-łe** *n* rotten	**kruchy** *m* / **-cha** *f* / **-che** *n* crisp	**Czy mogę spróbować?** Can I try one?
błonnik fiber	**sok** juice	**rabarbar** rhubarb	**Jak długo będą świeże?** How long will they keep?
miąższ pulp	**gniazdo nasienne** core	**bezpestkowy** *m* / **-wa** *f* / **-we** *n* seedless	

owoce • fruit (2)

pigwa
quince

marakuja
passion fruit

banan
banana

guajawa
guava

granat
pomegranate

persymona
persimmon

feijoa sellowiana *(akka)*
feijoa

owoc opuncji
prickly pear

karambola
starfruit

tamarillo
tamarillo

orzechy i owoce suszone • nuts and dried fruit

orzeszek piniowy
pine nut

orzeszek pistacjowy
pistachio

orzech nerkowca
cashew

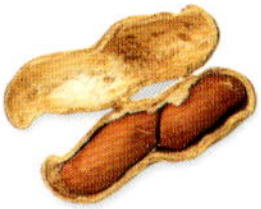

orzech ziemny
peanut

orzech laskowy
hazelnut

orzech brazylijski
brazil nut

pekan
pecan

migdał
almond

orzech włoski
walnut

kasztan
chestnut

orzech makadamii
macadamia

figa
fig

daktyl
date

suszona śliwka
prune

sułtanka
sultana

rodzynek
raisin

koryntka
currant

łupina
shell
miąższ
flesh

kokos
coconut

słowniczek • vocabulary

twardy *m* / **-da** *f* / **-de** *n* hard	**surowy** *m* / **-wa** *f* / **-we** *n* raw	**cały** *m* / **-ła** *f* / **-łe** *n* whole	**solony** *m* / **-na** *f* / **-ne** *n* salted	**zielony** *m* / **-na** *f* / **-ne** *n* green	**sezonowy** *m* / **-wa** *f* / **-we** *n* seasonal	**owoce kandyzowane** candied fruit
miękki *m* / **-ka** *f* / **-kie** *n* soft	**dojrzały** *m* / **-ła** *f* / **-łe** *n* ripe	**łuskany** *m* / **-na** *f* / **-ne** *n* shelled	**prażony** *m* / **-na** *f* / **-ne** *n* roasted	**suszony** *m* / **-na** *f* / **-ne** *n* desiccated	**jądro** kernel	**owoce egzotyczne** tropical fruit
						chlebowiec jackfruit

rośliny zbożowe i strączkowe • grains and legumes

rośliny zbożowe • grains

pszenica
wheat

owies
oats

jęczmień
barley

proso
millet

kukurydza
corn

komosa ryżowa
quinoa

słowniczek • vocabulary

zboże
cereal

nasiona
seed

łuska
husk

ziarno
kernel

instant
quick cooking

pełno-ziarnisty *m* **/ -ta** *f* **/ -te** *n*
whole-grain

długo-ziarnisty *m* **/ -ta** *f* **/ -te** *n*
long-grain

krótko-ziarnisty *m* **/ -ta** *f* **/ -te** *n*
short-grain

moczyć
soak (v)

aromaty-zowany *m* **/ -na** *f* **/ -ne** *n*
fragranced

świeży *m* **/ -ża** *f* **/ -że** *n*
fresh

suchy *m* **/ -cha** *f* **/ -che** *n*
dry

ryż • rice

ryż biały
white rice

ryż brązowy (niełuskany)
brown rice

ryż dziki
wild rice

ryż okrągłoziarnisty
arborio rice

zboża przetworzone
processed grains

kuskus
couscous

śruta pszenna
cracked wheat

kasza manna
semolina

otręby
bran

fasola i groch • legumes

fasola limeńska
butter beans

fasola biała
haricot beans

fasola czerwona
red kidney beans

fasola adzuki
adzuki beans

bób
fava beans

soja
soybeans

fasola czarne oczko
black-eyed peas

fasola pinto
pinto beans

fasola mung
mung beans

fasola flażoletka
flageolet beans

soczewica brązowa
brown lentils

soczewica czerwona
red lentils

groszek zielony
green peas

ciecierzyca
chickpeas

groch łuskany
split peas

ziarna i pestki • seeds

pestka dyni
pumpkin seed

ziarno gorczycy
mustard seed

kminek
caraway seed

ziarno sezamowe
sesame seed

pestka słonecznika
sunflower seed

zioła i przyprawy • herbs and spices

przyprawy • spices

wanilia
vanilla

gałka muszkatołowa
nutmeg

macis
mace

kurkuma
turmeric

kminek
cumin

mieszanka ziół
bouquet garni

ziele angielskie
allspice

ziarnko pieprzu
peppercorn

kozieradka
fenugreek

chilli
chili powder

szafran
saffron

kardamon
cardamom

curry
curry powder

cały *m* **/ -ła** *f* **/ -łe** *n*
whole

rozkruszony *m* **/ -na** *f* **/ -ne** *n*
crushed

mielony *m* **/ -na** *f* **/ -ne** *n*
ground

wiórki
flakes

papryka
paprika

czosnek
garlic

przyprawy ziołowe • herbs

laski
sticks

cynamon
cinnamon

palczatka cytrynowa
lemongrass

goździki
cloves

anyż gwiazdkowaty
star anise

imbir
ginger

koper włoski
fennel

nasiona kopru
fennel seeds

liść laurowy
bay leaf

pietruszka
parsley

szczypiorek
chives

mięta
mint

tymianek
thyme

szałwia
sage

estragon
tarragon

majeranek
marjoram

bazylia
basil

oregano
oregano

kolendra
cilantro

koper
dill

rozmaryn
rosemary

żywność w butelkach i słoikach
bottled foods

olej z orzecha włoskiego
walnut oil
olej z pestek winogron
grapeseed oil
korek
cork
olej słonecznikowy
sunflower oil
olej migdałowy
almond oil
olej sezamowy
sesame seed oil
olej z orzechów laskowych
hazelnut oil
oliwa z oliwek
olive oil
zioła
herbs
olej aromatyzowany
flavored oil

oleje
oils

słodkie produkty do smarowania
sweet spreads

słoik
jar
plaster miodu
honeycomb
miód stały
raw honey
pasta cytrynowa
lemon curd
dżem malinowy
raspberry jam
dżem z owoców cytrusowych
marmalade
miód płynny
clear honey
syrop klonowy
maple syrup

sosy i przyprawy • sauces and condiments

majonez
mayonnaise

chutney
chutney

ocet winny jabłkowy
cider vinegar

ocet balsamiczny
balsamic vinegar

ocet słodowy
malt vinegar

ocet winny
wine vinegar

ocet
vinegar

butelka
bottle

keczup
ketchup

sos
sauce

musztarda angielska
English mustard

musztarda francuska
Dijon mustard

musztarda ziarnista
whole-grain mustard

masło orzechowe
peanut butter

krem czekoladowy do smarowania
chocolate spread

wek
canning jar

owoce konserwowane
preserved fruit

słowniczek • vocabulary

olej kukurydziany
corn oil

olej roślinny
vegetable oil

olej arachidowy
peanut oil

olej rzepakowy
canola oil

olej tłoczony na zimno
cold-pressed oil

sos sojowy
soy sauce

produkty mleczne • dairy products

ser • cheese

skórka
rind

ser półtwardy
semi-hard cheese

ser półmiękki
semi-soft cheese

ser niebieski
blue cheese

ser miękki
soft cheese

tarty ser
grated cheese

ser twardy
hard cheese

serek śmietankowy
cream cheese

twarożek
cottage cheese

świeży ser | fresh cheese

mleko • milk

mleko pełne
whole milk

mleko półtłuste
reduced-fat milk

mleko odtłuszczone
skim milk

mleko krowie | cow's milk

karton na mleko
milk carton

mleko kozie
goat's milk

mleko skondensowane
condensed milk

masło
butter

margaryna
margarine

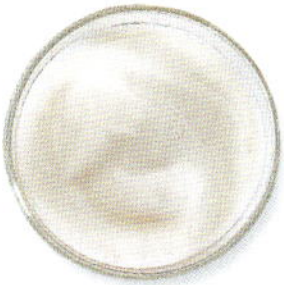

śmietana
cream

śmietana o niskiej zawartości tłuszczu
half-and-half

śmietana kremowa
heavy cream

bita śmietana
whipped cream

śmietana kwaśna
sour cream

jogurt
yogurt

lody
ice cream

jaja • eggs

żółtko
egg yolk
białko
egg white
skorupka
shell
kieliszek do jajek
eggcup

jajko gotowane | soft-boiled egg

jajo kurze
hen's egg

jajo kacze
duck egg

jajo gęsie
goose egg

jajo przepiórcze
quail egg

słowniczek • vocabulary

koktajl mleczny
milk shake

jogurt mrożony
frozen yogurt

niesolony *m* **/ -na** *f* **/ -ne** *n*
unsalted

solony *m* **/ -na** *f* **/ -ne** *n*
salted

beztłuszczowy *m* **/ -wa** *f* **/ -we** *n*
fat-free

laktoza
lactose

pasteryzowany *m* **/ -na** *f* **/ -ne** *n*
pasteurized

niepasteryzowany *m* **/ -na** *f* **/ -ne** *n*
unpasteurized

mleko owsiane
oat milk

mleko migdałowe
almond milk

mleko w proszku
powdered milk

maślanka
buttermilk

pieczywo i mąka • breads and flours

bochenek
loaf
bagietka
baguette
ciabatta
ciabatta
chleb żytni
rye bread
croissant
croissant

piekarnia | bakery

wypiek chleba • making bread

mąka biała
white flour

mąka brązowa
brown flour

mąka razowa
whole-wheat flour

drożdże
yeast

przesiewać
sift (v)

mieszać
mix (v)

ciasto
dough

zagniatać
knead (v)

piec
bake (v)

skórka
crust

chleb biały
white bread

chleb ciemny
brown bread

chleb razowy
whole-wheat bread

kromka
slice

chleb pełnoziarnisty
multigrain bread

chleb z mąki kukurydzianej
corn bread

chleb sodowy
soda bread

chleb na zakwasie
sourdough bread

podpłomyk
flat bread

bajgiel
bagel

miękka bułka
bun

bułka
roll

bułka z owocami
fruit bread

pieczywo z dodatkiem ziaren
seeded bread

chleb naan
naan bread

chleb pita
pita bread

pieczywo chrupkie
crispbread

słowniczek • vocabulary

mąka chlebowa
bread flour

mąka z dodatkiem proszku do pieczenia
self-rising flour

mąka zwykła
all-purpose flour

bezglutenowy *m* **/ -wa** *f* **/ -we** *n*
gluten-free

rosnąć
rise (v)

rosnąć
prove (v)

krajalnica
slicer

paluch
flute

bułka tarta
breadcrumbs

piekarz *m*
piekarka *f*
baker

ciasta i desery • cakes and desserts

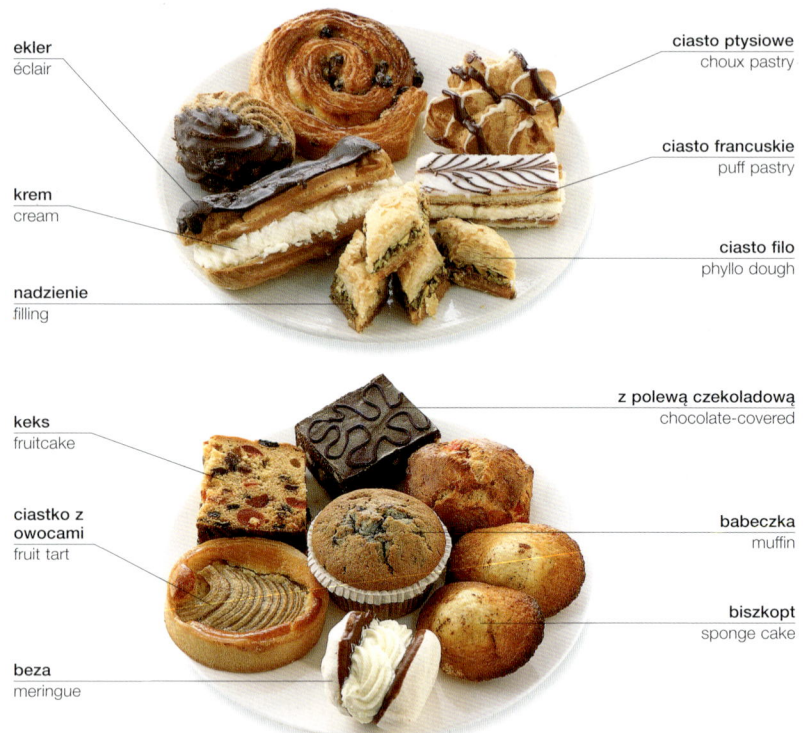

ekler
éclair
krem
cream
nadzienie
filling
ciasto ptysiowe
choux pastry
ciasto francuskie
puff pastry
ciasto filo
phyllo dough

keks
fruitcake
ciastko z owocami
fruit tart
beza
meringue
z polewą czekoladową
chocolate-covered
babeczka
muffin
biszkopt
sponge cake

ciasta | cakes

słowniczek • vocabulary

krem do ciast
crème pâtissière

ciasto czekoladowe
chocolate cake

bułeczka
bun

ciastko
pastry

krem budyniowy
custard

pudding ryżowy
rice pudding

kawałek
slice

uroczystość
celebration

Czy mogę prosić o kawałek?
May I have a slice, please?

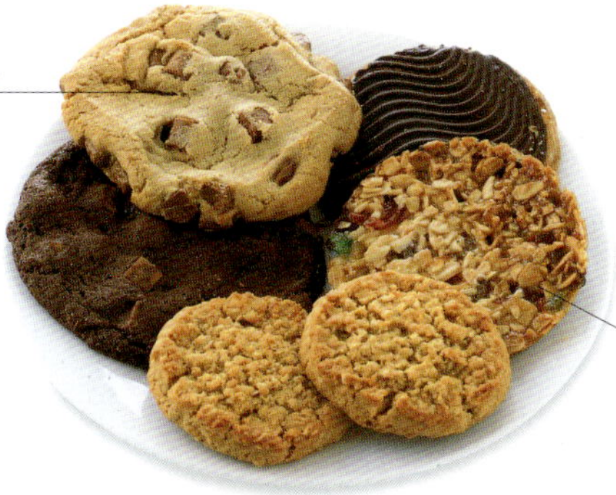
kawałek czekolady
chocolate chip
florentynka
Florentine

herbatniki | cookies

biszkopty
ladyfinger

biszkopt z owocami i bitą śmietaną
trifle

mus
mousse

sorbet
sherbet

ciastko z kremem
cream pie

flan karmelowy
crème caramel

ciasta na specjalne okazje • celebration cakes

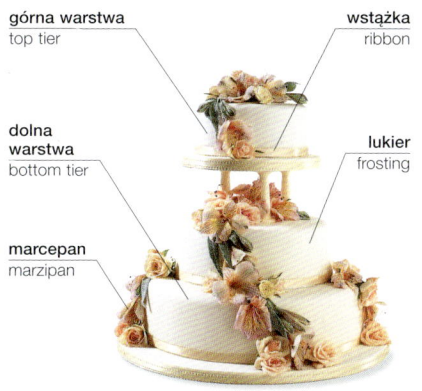

górna warstwa
top tier
wstążka
ribbon
dolna warstwa
bottom tier
lukier
frosting
marcepan
marzipan

tort weselny | wedding cake

dekoracja
decoration
świeczki urodzinowe
birthday candles
zdmuchnąć
blow out (v)

tort urodzinowy | birthday cake

delikatesy • delicatessen

pikantna kiełbasa
spicy sausage

olej
oil

ocet
vinegar

salami
salami

pepperoni
pepperoni

tarta
quiche

surowe mięso
uncooked meat

lada
counter

pasztet
pâté

ser mozzarella
mozzarella

ser brie
Brie

ser kozi
goat cheese

ser cheddar
Cheddar

parmezan
Parmesan

camembert
Camembert

skórka
rind

ser edam
Edam

ser manchego
Manchego

paszteciki
meat pies
wędliny
cooked meat
szynka
ham
SAVE 45
£2.63
£2.20

czarna oliwka
black olive
papryczka chilli
chili pepper
sos
sauce
bułka
bread roll
zielona oliwka
green olive

bar kanapkowy | sandwich counter

ryba wędzona
smoked fish

kapary
capers

szynka prosciutto
prosciutto

kiełbasa chorizo
chorizo

nadziewana oliwka
stuffed olive

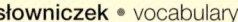

słowniczek • vocabulary

w zalewie solnej in brine	**marynowany** *m* / **-na** *f* / **-ne** *n* marinated	**wędzony** *m* / **-na** *f* / **-ne** *n* smoked
w oleju in oil	**solony** *m* / **-na** *f* / **-ne** *n* salted	**peklowany** *m* / **-na** *f* / **-ne** *n* cured

Proszę wziąć numerek.
Take a number, please.

Czy mogę tego spróbować?
Can I try some of that, please?

Poproszę sześć plasterków.
May I have six slices of that, please?

napoje • drinks

woda • water

woda w butelce
bottled water

gazowany *m* / -na *f* / -ne *n*
sparkling

niegazowany *m* / -na *f* / -ne *n*
still

woda mineralna
mineral water

woda z kranu
tap water

tonik
tonic water

woda sodowa
soda water

napoje gorące • hot drinks

torebka herbaty ekspresowej
teabag

herbata liściasta luzem
loose-leaf tea

herbata
tea

ziarna
beans

kawa mielona
ground coffee

kawa
coffee

gorąca czekolada
hot chocolate

gorący napój mleczny z dodatkiem słodu
malted milk

zimne napoje bezalkoholowe • soft drinks

sok pomidorowy
tomato juice

słomka
straw

sok owocowy
fruit juice

lemoniada
lemonade

oranżada
orangeade

cola
cola

napoje alkoholowe • alcoholic drinks

gin
gin

puszka
can

piwo
beer

cydr
hard cider

piwo gorzkie
amber ale

piwo ciemne
stout

wódka
vodka

whisky
whiskey

rum
rum

brandy
brandy

porto
port

wytrawny
dry

sherry
sherry

sake
saké

różowy
rosé

biały
white

czerwony
red

wino | wine

likier
liqueur

tequila
tequila

szampan
champagne

jadanie poza domem
eating out

kawiarnia • café

markiza
awning

kawiarnia ze stolikami na zewnątrz | sidewalk café

parasol
umbrella

kawiarnia z tarasem
patio café

menu
menu

ekspres do kawy
coffee machine

stolik
table

bar szybkiej obsługi | snack bar

kawa • coffee

kawa z mlekiem
coffee with milk

kawa czarna
black coffee

kakao w proszku
cocoa powder

piana
froth

kawa z ekspresu
filter coffee

kawa espresso
espresso

cappuccino
cappuccino

kawa mrożona
iced coffee

herbata • tea

herbata ziołowa
herbal tea

herbata z mlekiem
tea with milk

czarna herbata
black tea

herbatka rumiankowa
chamomile tea

zielona herbata
green tea

herbata z cytryną
tea with lemon

herbata z mięty
mint tea

herbata mrożona
iced tea

soki i koktajle mleczne • juices and milkshakes

sok pomarańczowy
orange juice

sok jabłkowy
apple juice

sok ananasowy
pineapple juice

sok pomidorowy
tomato juice

koktajl czekoladowy
chocolate milkshake

koktajl truskawkowy
strawberry milkshake

koktajl kawowy
coffee milkshake

jedzenie • food

chleb razowy
whole-wheat bread

kanapka zapiekana
toasted sandwich

sałatka
salad

gałka
scoop

lody
ice cream

ciastko
pastry

bar • bar

ekspres do kawy
coffee machine

kurek do nalewania piwa beczkowego
beer tap

barman *m*
barmanka *f*
bartender

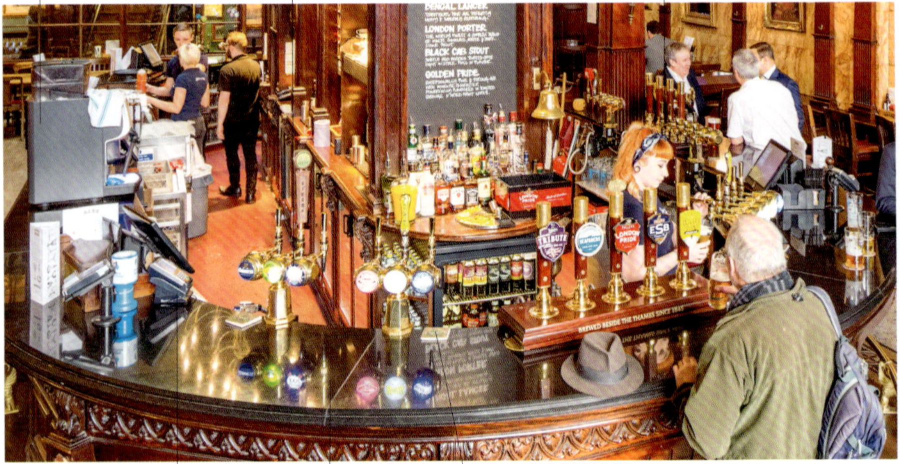

kasa
cash register

bar
bar counter

podkładka pod szklankę
coaster

otwieracz do butelek
bottle opener

dźwignia
lever

korkociąg | corkscrew

szczypce
tongs

mieszadło
stirrer

miarka
measure

shaker | cocktail shaker

słowniczek
vocabulary

dozownik
dispenser

wiaderko z lodem
ice bucket

popielniczka
ashtray

stołek barowy
bar stool

gin z tonikiem
gin and tonic

dzban
pitcher

szkocka z wodą
scotch and water

kostka lodu
ice cube

rum z colą
rum and cola

wódka z sokiem pomarańczowym
screwdriver

martini
martini

koktajl
cocktail

wino
wine

piwo
beer

wódka
shot

pojedynczy
single
podwójny
double

miarka
measure

bez lodu
without ice

lód i cytryna
ice and lemon

z lodem
with ice

przekąski barowe • bar snacks

czipsy | potato chips

orzechy nerkowca
cashews
migdały
almonds
orzeszki ziemne
peanuts

orzeszki | nuts

oliwki | olives

restauracja • restaurant

nakrycie
table setting
młodszy kucharz *m* młodsza kucharka *f*
sous chef

szef kuchni *m* szefowa kuchni *f*
chef

kuchnia | kitchen

kieliszek
glass
taca
tray

kelner *m* / **kelnerka** *f*
server

słowniczek • vocabulary

z karty à la carte	**dania dnia** specials	**bufet** buffet	**cena** price	**napiwek** tip	**obsługa wliczona** service charge included
menu wieczorne dinner menu	**lista win** wine list	**bar** bar	**rachunek** check	**sól** salt	
menu lunchowe lunch menu	**wózek z deserami** dessert cart	**klient** *m* **klientka** *f* customer	**paragon** receipt	**pieprz** pepper	**obsługa nie wliczona** service charge not included

menu
menu

porcja dla dziecka
child's meal

zamawiać | order (v)

płacić | pay (v)

dania • courses

aperitif
apéritif

przystawka
appetizer

zupa
soup

danie główne
entrée

dodatek do dania głównego
side dish

deser | dessert

kawa | coffee

słowniczek • vocabulary

Poproszę stolik dla dwóch osób.
A table for two, please.

Czy można prosić o menu / listę win?
Can I see the menu / wine list, please?

Czy są zestawy za stałą cenę?
Is there a fixed-price menu?

Czy są jakieś potrawy wegetariańskie?
Do you have any vegetarian dishes?

Poproszę rachunek / paragon.
Could I have the check / a receipt, please?

Czy możemy zapłacić oddzielnie?
Can we pay separately?

Przepraszam, gdzie są toalety?
Where is the restroom, please?

fast food • fast food

słomka
straw

hamburger
burger

napój bezalkoholowy
soft drink

frytki
French fries

papierowa serwetka
paper napkin

taca
tray

zestaw z hamburgerem
burger meal

napój w puszce
canned drink

cennik
price list

dostawa do domu
home delivery

stoisko uliczne
street vendor

słowniczek
vocabulary

pizzeria
pizzeria

bar hamburgerowy
burger bar

menu
menu

na miejscu
eat in

na wynos
to go

odgrzać
reheat (v)

keczup
ketchup

Poproszę to na wynos.
Can I have that to go, please?

Czy można zamówić dostawę do domu?
Do you deliver?

hamburger
hamburger

bułka
bun

hamburger z kurczaka
chicken sandwich

hamburger wegetariański
veggie burger

musztarda
mustard

kiełbaska
sausage

hot dog | hot dog

kanapka
sandwich

sandwicz klubowy
club sandwich

kanapka
open-faced sandwich

nadzienie
filling

tortilla
wrap

kebab
kebab

sos
sauce

kawałki kurczaka
chicken nuggets

słony *m* /
-na *f* / **-ne** *n*
savory

słodki *m* /
-ka *f* / **-ke** *n*
sweet

naleśniki | crepes

ryba z frytkami
fish and chips

żeberka
ribs

kurczak smażony
fried chicken

dodatek
topping

pizza
pizza

śniadanie • breakfast

mleko
milk
płatki śniadaniowe
cereal
cukier
sugar
suszone owoce
dried fruit
szynka
ham
ser
cheese
pieczywo chrupkie
crispbread
dżem z owoców cytrusowych
marmalade
dżem
jam
pasztet
pâté
masło
butter

bufet śniadaniowy
breakfast buffet

sok owocowy
fruit juice
kawa
coffee
croissant
croissant

stolik śniadaniowy | breakfast table

gorąca czekolada
hot chocolate

herbata
tea

napoje | drinks

słodka bułka
brioche

pieczywo
bread

pomidor
tomato
kaszanka
black pudding
tost
toast
kiełbaska
sausage
jajko smażone
fried egg
bekon
bacon

śniadanie angielskie
English breakfast

śledzie wędzone
kippers

grzanka francuska
French toast

żółtko
egg yolk
białko
egg white

jajko gotowane
soft-boiled egg

jajecznica
scrambled eggs

naleśniki
crepes

śmietana
whipped
cream

gofry
waffles

owsianka
oatmeal

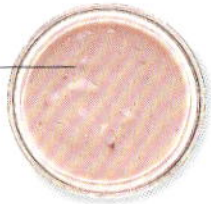
jogurt owocowy
fruit yogurt

świeże owoce
fresh fruit

obiad • dinner

zupa | soup

bulion | broth

gulasz | stew

curry | curry

pieczeń | roast

pieróg | pie

suflet | soufflé

kebab | kebab

klopsiki | meatballs

omlet | omelet

kluski
noodles
pałeczki
chopsticks

kluski z podsmażonymi warzywami i/lub mięsem
stir-fry

makaron | pasta

ryż | rice

sałatka | tossed salad

surówka | green salad

sos | dressing

metody • techniques

nadziewany *m* **/ -na** *f* **/ -ne** *n* | stuffed

w sosie | in sauce

z grilla | grilled

marynowany *m* **/ -na** *f* **/ -ne** *n* | marinated

***(jajko)* w koszulce**
poached

purée | mashed

pieczony *m* **/ -na** *f* **/ -ne** *n* | baked

smażony *m* **/ -na** *f* **/ -ne** *n* **na patelni**
pan-fried

smażony *m* **/ -na** *f* **/ -ne** *n* | fried

marynowany *m* **/ -na** *f* **/ -ne** *n* | pickled

wędzony *m* **/ -na** *f* **/ -ne** *n* | smoked

smażony *m* **/ -na** *f* **/ -ne** *n* **w głębokim tłuszczu** | deep-fried

w syropie
in syrup

przyprawiony *m* **/ -na** *f* **/ -ne** *n* | dressed

gotowany *m* **/ -na** *f* **/ -ne** *n* **na parze** | steamed

peklowany *m* **/ -na** *f* **/ -ne** *n* | cured

nauka
study

szkoła • school

biała tablica
whiteboard

nauczyciel *m*
nauczycielka *f*
teacher

ławka
desk

klasa | classroom

teczka szkolna
school backpack

uczeń *m* / **uczennica** *f*
student

słowniczek • vocabulary

historia
history

geografia
geography

literatura
literature

języki
languages

plastyka
art

muzyka
music

matematyka
math

przedmioty ścisłe
science

fizyka
physics

chemia
chemistry

biologia
biology

wychowanie fizyczne
physical education

czynności • activities

czytać | read (v)

pisać | write (v)

literować | spell (v)

rysować | draw (v)

projektor cyfrowy
digital projector

stalówka
nib

długopis
pen

kredka
colored pencil

ołówek
pencil

temperówka
pencil sharpener

gumka do ścierania
eraser

zeszyt
notebook

podręcznik | textbook

piórnik | pencil case

linijka | ruler

pytać | question (v)

odpowiadać | answer (v)

omawiać | discuss (v)

uczyć się | learn (v)

słowniczek • vocabulary

pytanie question	**słownik** dictionary	**lekcja** lesson
odpowiedź answer	**encyklopedia** encyclopedia	**praca domowa** homework
egzamin test	**stopień** grade	**robić notatki** take notes (v)
wypracowanie essay	**klasa** year	**dyrektor szkoły** *m* **dyrektorka szkoły** *f* principal

matematyka • math

figury geometryczne • shapes

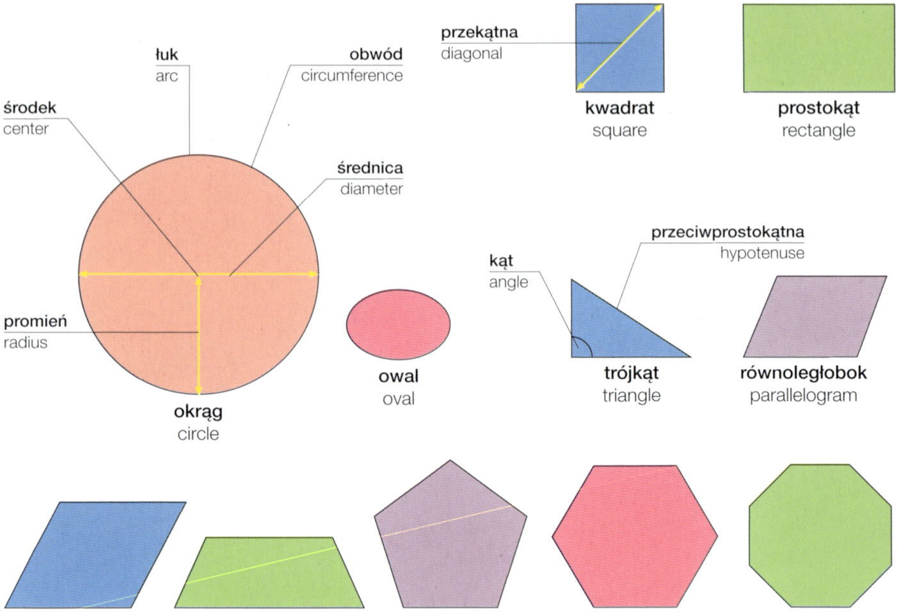
łuk
arc
obwód
circumference
środek
center
średnica
diameter
promień
radius
okrąg
circle
owal
oval
przekątna
diagonal
kwadrat
square
prostokąt
rectangle
przeciwprostokątna
hypotenuse
kąt
angle
trójkąt
triangle
równoległobok
parallelogram
romb
rhombus
trapez
trapezoid
pięciokąt
pentagon
sześciokąt
hexagon
ośmiokąt
octagon

bryły • solids

podstawa
base
stożek
cone
walec
cylinder
bok
side
sześcian
cube
wierzchołek
apex
ostrosłup
pyramid
kula
sphere

linie • lines

prosta
straight

równoległa
parallel

prostopadła
perpendicular

krzywa
curved

miary • measurements

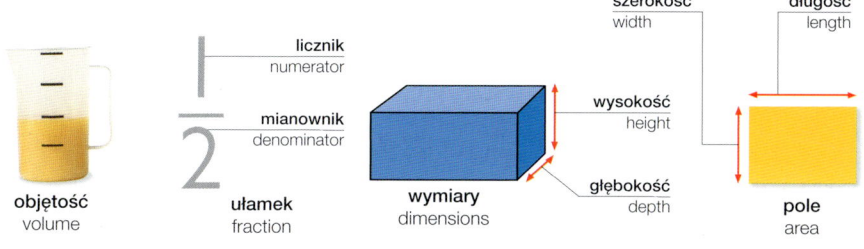

objętość
volume

licznik
numerator

mianownik
denominator

ułamek
fraction

wymiary
dimensions

wysokość
height

głębokość
depth

szerokość
width

długość
length

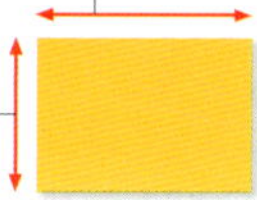

pole
area

przybory • equipment

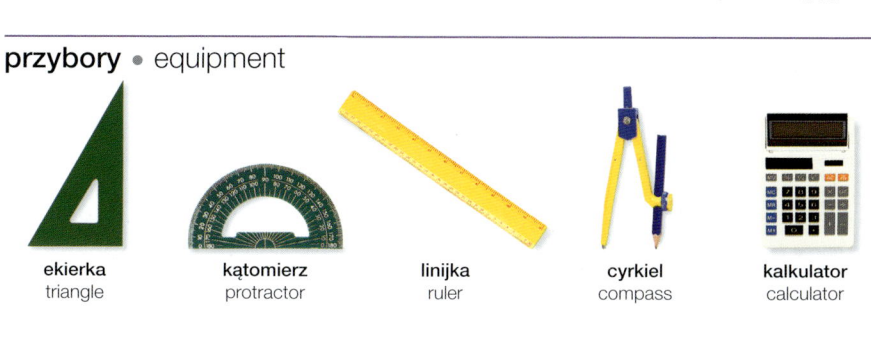

ekierka
triangle

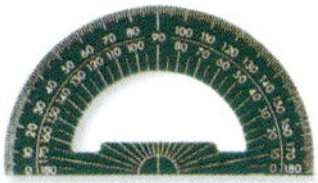

kątomierz
protractor

linijka
ruler

cyrkiel
compass

kalkulator
calculator

słowniczek • vocabulary

arytmetyka arithmetic	**plus** plus	**razy** times	**równa się** equals	**dodawać** add (v)	**mnożyć** multiply (v)	**równanie** equation
geometria geometry	**minus** minus	**dzielone przez** divided by	**liczyć** count (v)	**odejmować** subtract (v)	**dzielić** divide (v)	**procent** percentage

przedmioty ścisłe • science

pracownia
laboratory

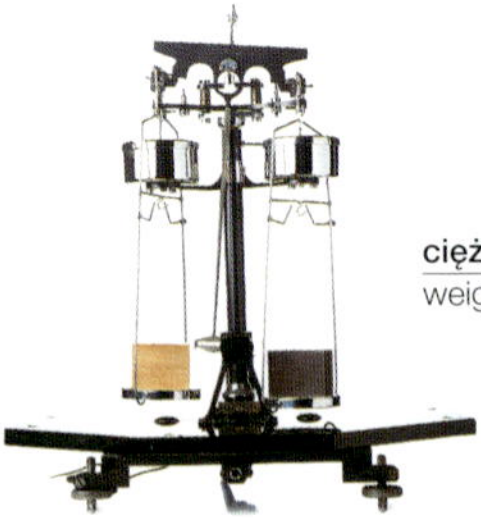

waga
scale

ciężarek
weight

waga sprężynowa
spring balance

tygiel
crucible
palnik Bunsena
Bunsen burner

trójnóg
tripod

butelka szklana
glass bottle
łapa laboratoryjna
clamp
lejek
funnel
korek
stopper
kolba laboratoryjna
flask

doświadczenie | experiment

probówka
test tube

stojak
rack

stoper
timer

płytka Petriego
petri dish

termometr
thermometer

strzykawka
syringe

pinceta
tweezers

skalpel
scalpel

kroplomierz | dropper

kleszcze | forceps

szczypce | tongs

szpatułka | spatula

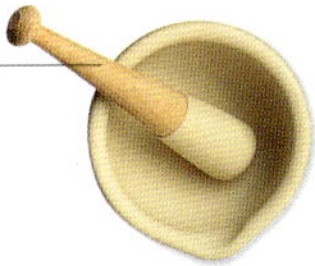

moździerz
mortar

bibuła filtracyjna
filter paper

okulary ochronne
safety goggles

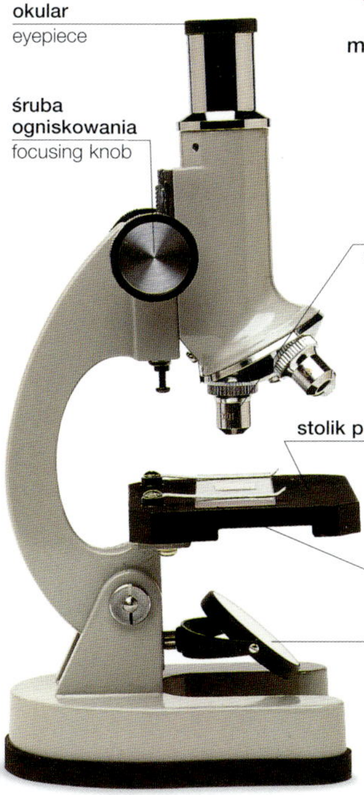

mikroskop | microscope

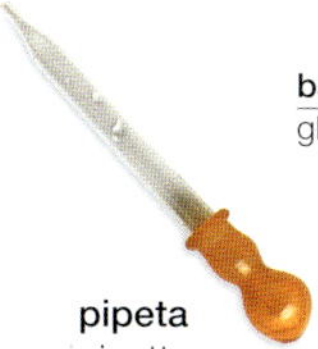

pipeta
pipette

zlewka
beaker

magnes
magnet

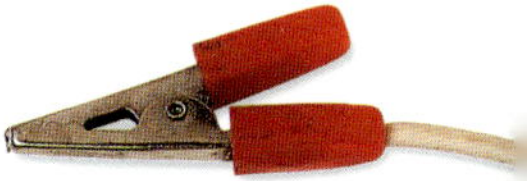

zacisk szczękowy
alligator clip

bateria | battery

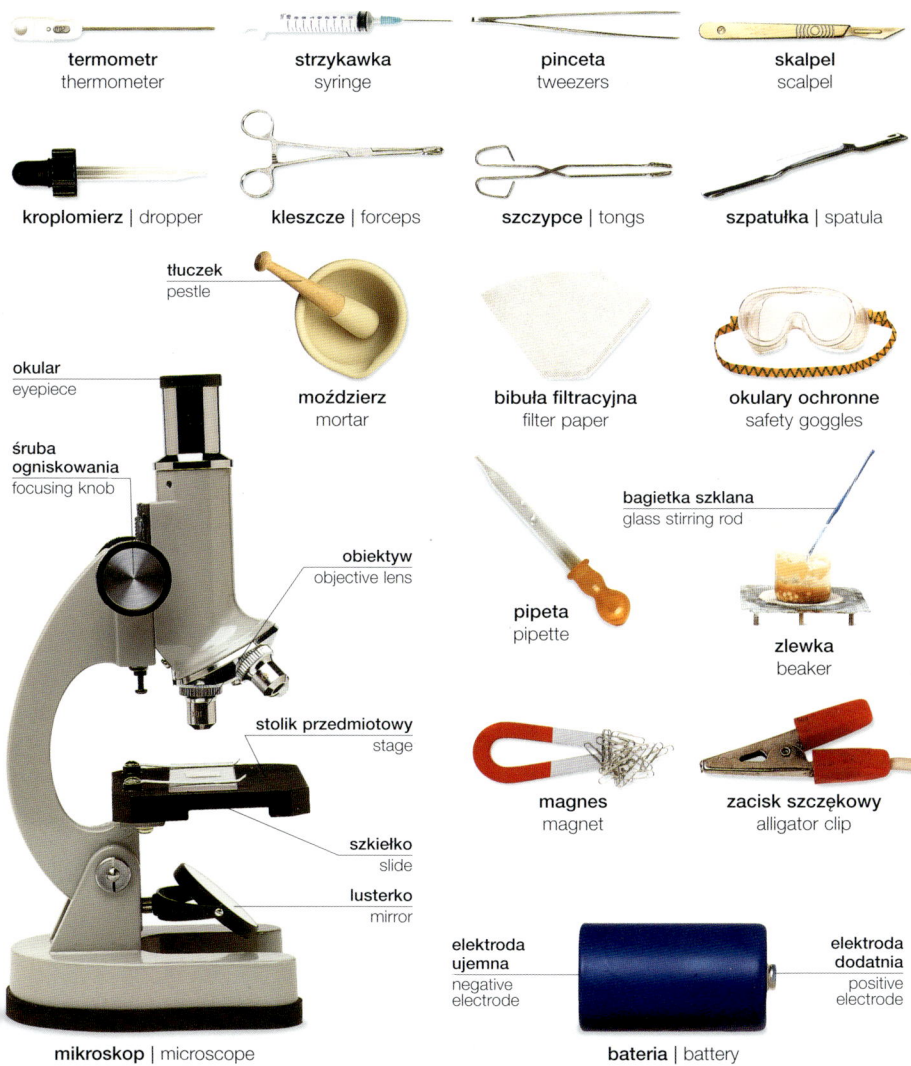

uczelnia wyższa • college

boisko
playing field

stołówka
cafeteria

ośrodek zdrowia
health center

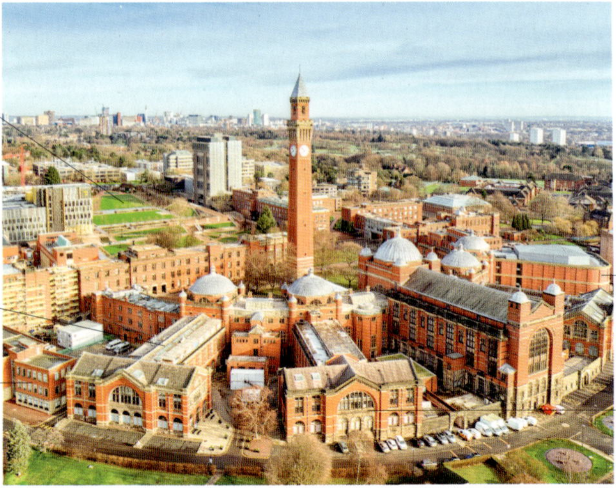

akademik
residence hall

biuro rekrutacji
admissions office

miasteczko uniwersyteckie | campus

bibliotekarz *m*
bibliotekarka *f*
librarian

biurko bibliotekarzy
circulation desk

regał na książki
bookshelf

czasopismo
periodical

gazeta
journal

biblioteka | library

słowniczek • vocabulary

książka
book

tytuł
title

przejście
aisle

wypożyczenie
loan

rezerwować
reserve (v)

wypożyczać
borrow (v)

przedłużać termin zwrotu
renew (v)

karta biblioteczna
library card

informacja
help desk

data zwrotu
due date

czytelnia
reading room

lista lektur
reading list

wykładowca *m*
wykładowczyni *f*
professor

student *m*
studentka *f*
undergraduate

aula | lecture hall

absolwent *m*
absolwentka *f*
graduate

toga
gown

uroczystość wręczenia dyplomów
graduation ceremony

szkoły • schools

model *m*
modelka *f*
model

akademia sztuk pięknych
art school

szkoła muzyczna
music school

szkoła tańca
dance school

słowniczek • vocabulary

dyplom
diploma

stopień naukowy
degree

magisterium
master's

doktorat
doctorate

badania naukowe
research

praca dyplomowa
dissertation

praca magisterska / doktorska
thesis

podyplomowy *m* **/ -wa** *f* **/ -we** *n*
postgraduate

wydział
department

prawo
law

inżynieria
engineering

medycyna
medicine

zoologia
zoology

fizyka
physics

literatura
literature

historia sztuki
art history

polityka
political science

filozofia
philosophy

ekonomia
economics

stypendium
scholarship

praca
work

biuro • office (1)

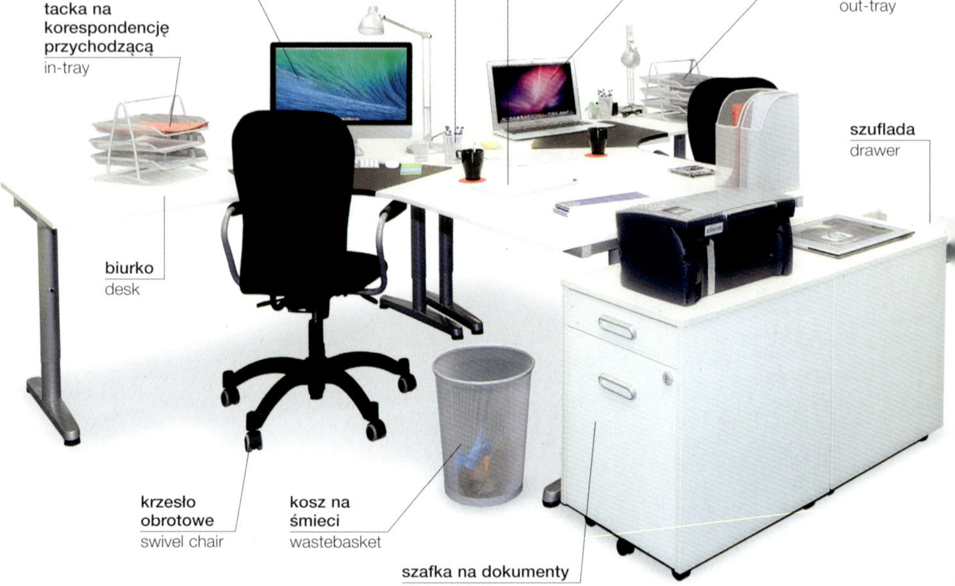
monitor
monitor
przybornik na biurko
desktop organizer
notes
notebook
laptop
laptop
tacka na korespondencję wychodzącą
out-tray
tacka na korespondencję przychodzącą
in-tray
szuflada
drawer
biurko
desk
krzesło obrotowe
swivel chair
kosz na śmieci
wastebasket
szafka na dokumenty
filing cabinet

wyposażenie biura • office equipment

podajnik papieru
paper tray

drukarka | printer

niszczarka | shredder

słowniczek • vocabulary

drukować print (v)	**powiększać** enlarge (v)
kopiować copy (v)	**zmniejszać** reduce (v)

Muszę zrobić kilka fotokopii.
I need to make some copies.

materiały biurowe • office supplies

karta grzecznościowa
compliments slip

papier firmowy
letterhead

koperta
envelope

pudełko archiwizacyjne
box file

deska z klipsem
clipboard

notes
notepad

identyfikator
tab

teczka zawieszana
hanging file

przekładka
divider

teczka harmonijkowa
expanding file

segregator z mechanizmem
binder

kalendarz terminarz
personal organizer

zszywki
staples

zszywacz
stapler

taśma klejąca
tape

podajnik taśmy klejącej
tape dispenser

dziurkacz
hole punch

poduszka do tuszu
ink pad

pieczątka
rubber stamp

gumka
rubber band

klips do papieru
bulldog clip

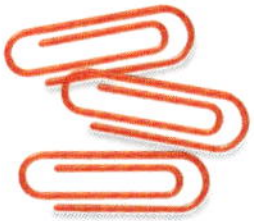

spinacz
paper clip

pinezka
thumbtack

tablica ogłoszeń
bulletin board

biuro • office (2)

tablica flipchart
flip chart
stojak do tablicy
easel
kierownik *m*
kierowniczka *f*
manager
pracownik szczebla kierowniczego *m*
pracownica szczebla kierowniczego *f*
executive
protokół
minutes
raport
report
propozycja
proposal

zebranie | meeting

słowniczek • vocabulary

sala konferencyjna
meeting room

program dnia / zebrania
agenda

być obecnym
attend (v)

przewodniczyć
chair (v)

O której godzinie jest zebranie?
What time is the meeting?

W jakich godzinach pracujesz?
What are your office hours?

mówca *m*
mówczyni *f*
speaker

prezentacja | presentation

biznes • business

lunch służbowy | business lunch

biznesmen
businessman / businessperson

bizneswoman
businesswoman / businessperson

podróż służbowa | business trip

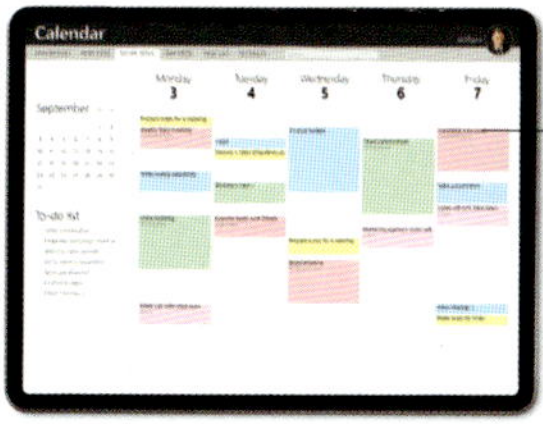

umówione spotkanie
appointment

kalendarz cyfrowy | digital calendar

dyrektor naczelny *m*
dyrektorka naczelna *f*
CEO

klient *m*
klientka *f*
client

transakcja handlowa | business deal

słowniczek • vocabulary

firma
company

siedziba główna
head office

oddział
regional office

personel
staff

pensja
salary

lista płac
payroll

dział księgowości
accounting department

dział marketingu
marketing department

dział sprzedaży
sales department

dział prawny
legal department

dział obsługi klienta
customer service department

dział kadr
human resources department

komputer • computer

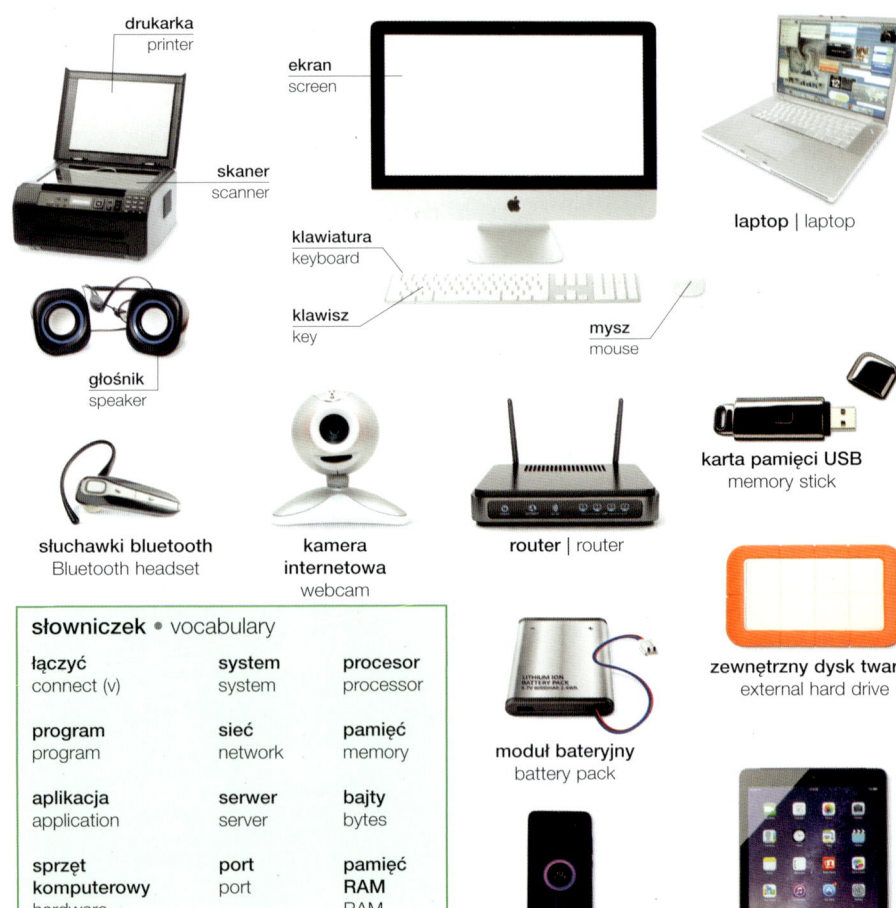

drukarka
printer

skaner
scanner

ekran
screen

klawiatura
keyboard

klawisz
key

mysz
mouse

laptop | laptop

głośnik
speaker

słuchawki bluetooth
Bluetooth headset

kamera internetowa
webcam

router | router

karta pamięci USB
memory stick

zewnętrzny dysk twardy
external hard drive

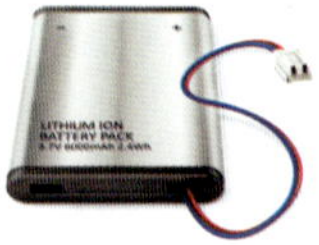

moduł bateryjny
battery pack

kabel do ładowania
charging cable

smartfon
smartphone

tablet
tablet

słowniczek • vocabulary

łączyć
connect (v)

program
program

aplikacja
application

sprzęt komputerowy
hardware

oprogramowanie
software

system
system

sieć
network

serwer
server

port
port

przewód zasilający
power cable

procesor
processor

pamięć
memory

bajty
bytes

pamięć RAM
RAM

pulpit • desktop

pasek menu
menu bar

czcionka
font

pasek narzędzi
toolbar

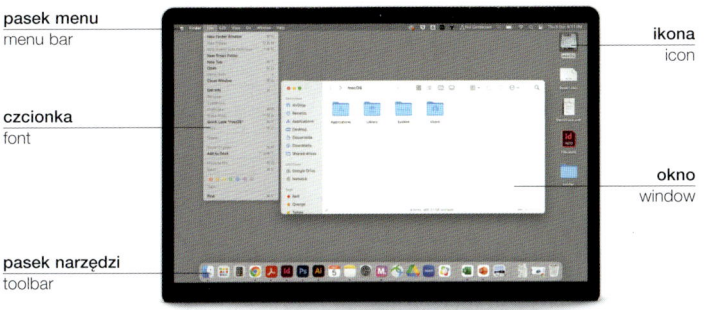

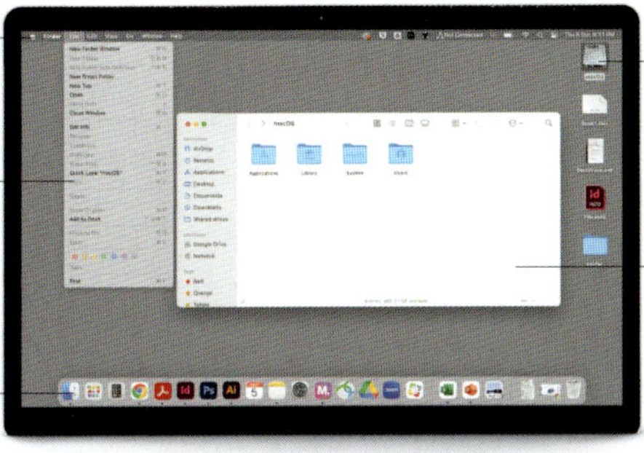

ikona
icon

okno
window

plik
file

katalog
folder

kosz
trash

internet • internet

strona internetowa
website

przeglądarka
browser

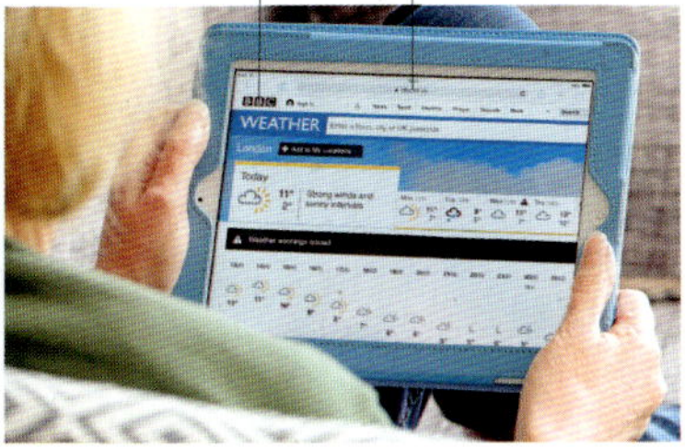

przeglądać | browse (v)

e-mail • email

skrzynka odbiorcza
inbox

adres e-mail
email address

słowniczek • vocabulary

dostawca usług
service provider

podłączony do sieci
online

hasło
password

pobierać
download (v)

wysyłać
send (v)

zapisać
save (v)

przechowywanie w chmurze
cloud storage

zalogować się
log on (v)

instalować
install (v)

załącznik
attachment

odbierać
receive (v)

szukać
search (v)

media • media

studio telewizyjne • television studio

plan
set
prezenter *m*
prezenterka *f*
host
światło
light
kamera
camera
kran kamerowy
camera crane
kamerzysta *m*
kamerzystka *f*
camera operator

słowniczek • vocabulary

kanał channel	**wiadomości** news	**prasa** press	**telenowela** soap opera	**film rysunkowy** cartoon	**na żywo** live
ramówka programming	**program dokumentalny** documentary	**serial telewizyjny** television series	**teleturniej** game show	**nadawać** broadcast (v)	**nagrany wcześniej** prerecorded

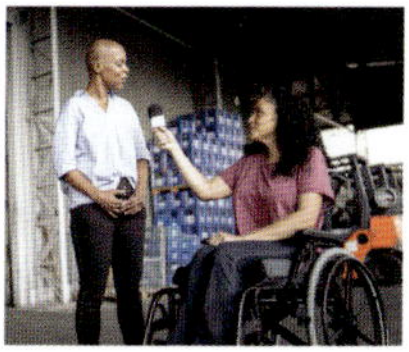

dziennikarz przeprowadzający wywiad *m* / **dziennikarka przeprowadzająca wywiad** *f*
interviewer

reporter *m*
reporterka *f*
reporter

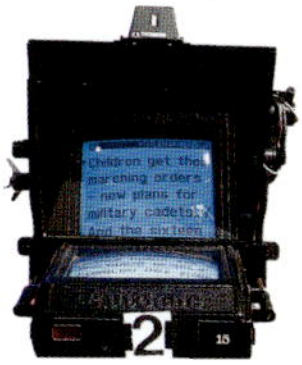

teleprompter
teleprompter

prezenter wiadomości *m*
prezenterka wiadomości *f*
anchor

aktorzy *m* / **aktorki** *f*
actors

żuraw mikrofonowy
sound boom

PROD. THE LIVING DAYLIGHTS
ARTHUR WOOSTER / 2ND UNIT
SLATE
TAKE
27
27TH FEBRUARY '87 INTERIOR

klaps
clapper board

plan filmowy
movie set

radio • radio

technik dźwięku
sound technician
stół mikserski
mixing desk
mikrofon
microphone

studio nagraniowe | recording studio

słowniczek • vocabulary

stacja radiowa
radio station

program
broadcast

długość fali
wavelength

częstotliwość
frequency

nastawiać
tune (v)

analogowy *m* / -na *f* / -ne *n*
analog

cyfrowy *m* / -na *f* / -ne *n*
digital

głośność
volume

didżej *m*
didżejka *f*
DJ

prawo • law

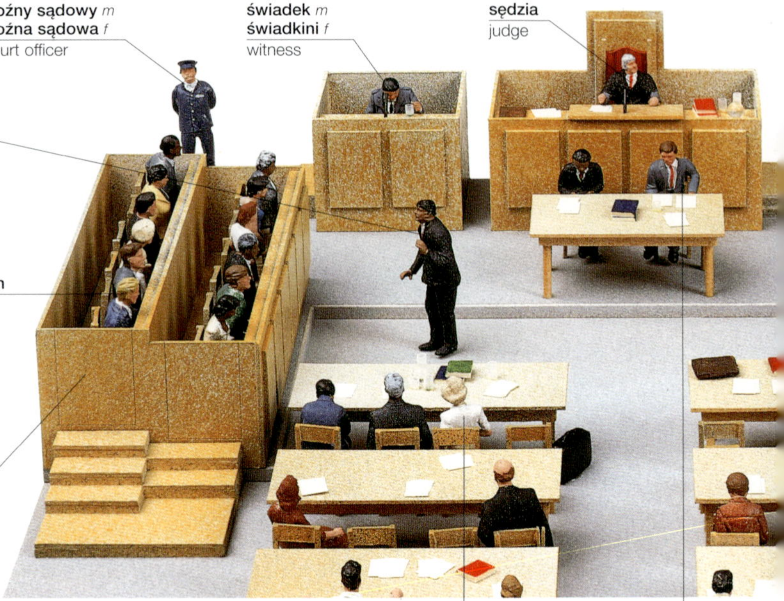
woźny sądowy *m*
woźna sądowa *f*
court officer
świadek *m*
świadkini *f*
witness
sędzia
judge
prawnik *m*
prawniczka *f*
lawyer
sąd przysięgłych
jury
ława przysięgłych
jury box
oskarżyciel *m*
oskarżycielka *f*
prosecution
urzędnik sądowy *m*
urzędniczka sądowa *f*
court clerk

sala sądowa | courtroom

słowniczek • vocabulary

kancelaria prawnicza lawyer's office	**nakaz** warrant	**zeznanie** statement	**wezwanie do sądu** summons
porada prawna legal advice	**oskarżenie** charge	**mowa obrończa** plea	**sprawa sądowa** court case
klient *m* / **klientka** *f* client	**oskarżony** *m* **oskarżona** *f* accused	**nakaz sądowy** writ	**termin stawienia się w sądzie** court date

stenograf *m*
stenografka *f*
stenographer

podejrzany *m*
podejrzana *f*
suspect

obrona
defense

oskarżony *m*
oskarżona *f*
defendant

przestępca *m*
przestępczyni *f*
criminal

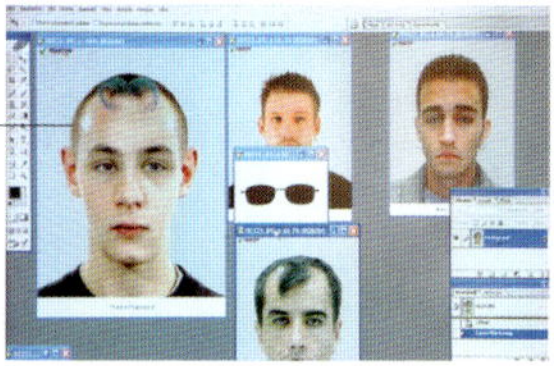

portret pamięciowy | composite sketch

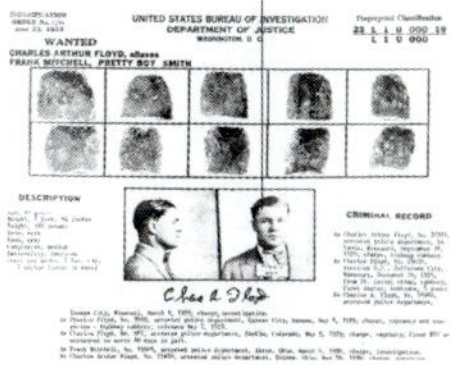

rejestr karny | criminal record

strażnik więzienny *m*
strażniczka więzienna *f*
prison guard

cela | cell

więzienie | prison

słowniczek • vocabulary

winny *m* **/ -na** *f* **/ -ne** *n*
guilty

niewinny *m* **/ -na** *f* **/ -ne** *n*
innocent

uniewinniony *m* **/ -na** *f* **/ -ne** *n*
acquitted

dowody
evidence

werdykt
verdict

wyrok
sentence

apelacja
appeal

kaucja
bail

zwolnienie warunkowe
parole

Chcę się skonsultować z prawnikiem.
I want to see a lawyer.

Gdzie się znajduje gmach sądu?
Where is the courthouse?

Czy mogę złożyć kaucję?
Can I post bail?

gospodarstwo rolne • farm (1)

rolnik *m*
rolniczka *f*
farmer

inwentarz żywy
livestock
silos
silo
pastwisko
pasture
pole
field
budynek gospodarczy
outbuilding
ogródek warzywny
vegetable garden
stodoła
barn
budynek mieszkalny
farmhouse
ogrodzenie
fence
podwórze
farmyard
brama
gate

traktor | tractor

kombajn | combine

rodzaje gospodarstw rolnych • types of farms

uprawa
crop

gospodarstwo uprawowe
crop farm

gospodarstwo mleczne
dairy farm

stado
flock

hodowla owiec
sheep farm

ferma drobiu
poultry farm

hodowla świń
pig farm

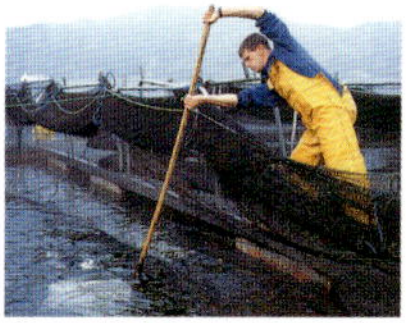

gospodarstwo rybne
fish farm

gospodarstwo sadownicze
fruit farm

winorośl
vine

winnica
vineyard

prace • actions

bruzda
furrow

orać
plow (v)

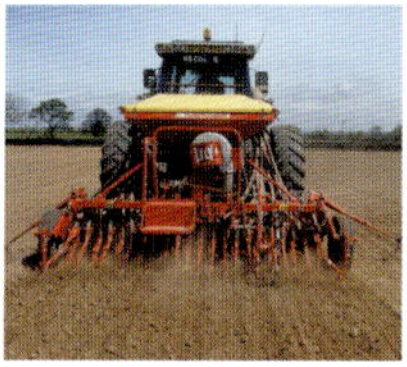

siać
sow (v)

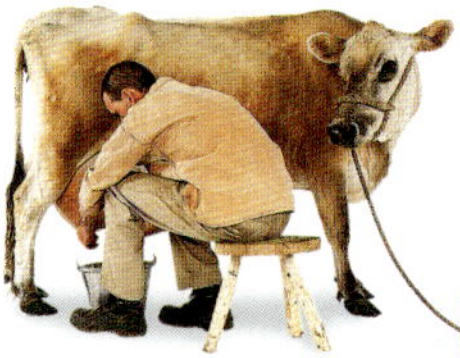

doić
milk (v)

karmić
feed (v)

podlewać | water (v)

zbierać plony | harvest (v)

słowniczek • vocabulary

herbicyd herbicide	**stado** herd	**żywopłot** hedge
pestycyd pesticide	**koryto** trough	**sadzić** plant (v)

gospodarstwo rolne • farm (2)

rośliny uprawne • crops

pszenica
wheat

kukurydza
corn

jęczmień
barley

rzepak
rapeseed

słonecznik
sunflower

bela
bale

siano
hay

lucerna
alfalfa

tytoń
tobacco

ryż
rice

herbata
tea

kawa
coffee

len
flax

trzcina cukrowa
sugarcane

bawełna
cotton

strach na wróble
scarecrow

inwentarz żywy • livestock

świnia
pig

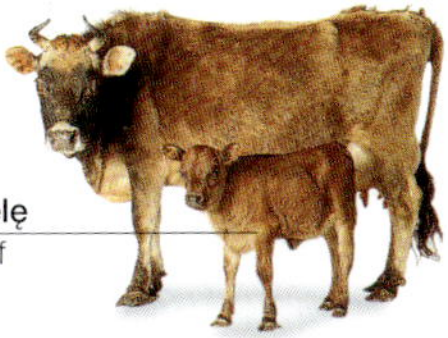

krowa
cow

byk
bull

owca
sheep

jagnię
lamb

koza
goat

koń
horse

osioł
donkey

kura
chicken

kogut
rooster

indyk
turkey

kaczka
duck

stajnia
stable

zagroda
pen

kurnik
chicken coop

chlew
pigsty

budowa • construction

paleta
pallet
ściana
wall
krokiew
rafter
rusztowanie
scaffolding
belka
beam
okno
window
drabina
ladder

plac budowy
construction site

dźwigar
girder
kask ochronny
hard hat

budować
build (v)

pas narzędziowy
toolbelt

pracownik budowlany *m*
pracownica budowlana *f*
construction worker

cement
cement

betoniarka
cement mixer

materiały • materials

cegła
brick

drewno
lumber

dachówka
roof tile

blok betonowy
cinder block

narzędzia • tools

zaprawa murarska
mortar

kielnia
trowel

poziomnica murarska
level

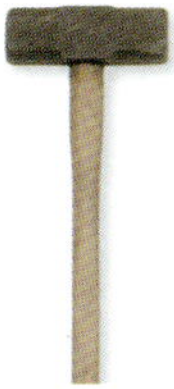

młot dwuręczny
sledgehammer

trzonek
handle

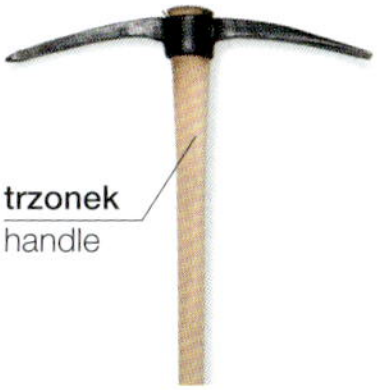

oskard
pickax

szufla
shovel

maszyny • machinery

walec
road roller

wywrotka
dump truck

podpora
support

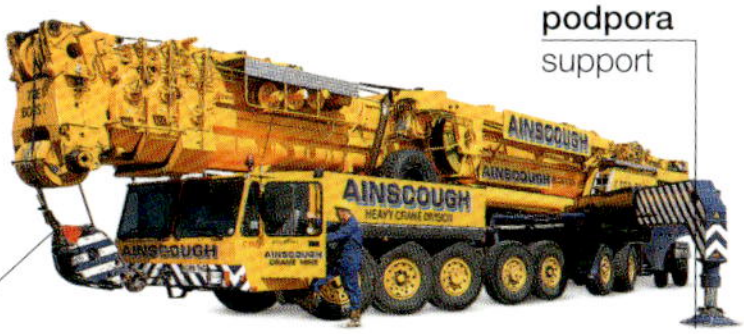

hak
hook

dźwig | crane

roboty drogowe • roadwork

asfalt
asphalt

pachołek
cone

młot pneumatyczny
jackhammer

odnowa nawierzchni
resurfacing

koparka mechaniczna
excavator

zawody • occupations (1)

stolarz
carpenter

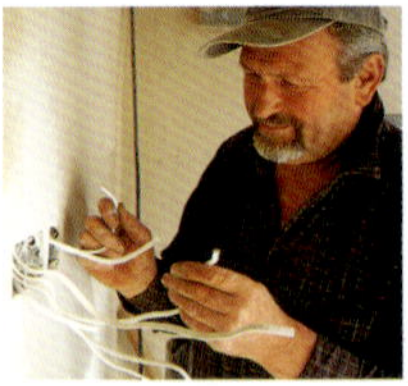

elektryk *m*
elektryczka *f*
electrician

hydraulik *m*
hydrauliczka *f*
plumber

pracownik budowlany *m*
pracownica budowlana *f*
construction worker

mechanik *m*
mechaniczka *f*
mechanic

rzeźnik *m*
rzeźniczka *f*
butcher

rybak *m*
rybaczka *f*
fisherman / fisherwoman

kwiaciarz *m*
kwiaciarka *f*
florist

jubiler *m*
jubilerka *f*
jeweler

ogrodnik *m*
ogrodniczka *f*
gardener

fryzjer *m*
fryzjerka *f*
hairdresser

fryzjer męski *m*
fryzjerka męska *f*
barber

sprzedawca *m*
sprzedawczyni *f*
salesperson

instruktor nauki jazdy *m*
instruktorka nauki jazdy *f*
driving instructor

odkurzacz
vacuum cleaner

sprzątacz *m*
sprzątaczka *f*
cleaner

geodeta *m*
geodetka *f*
surveyor

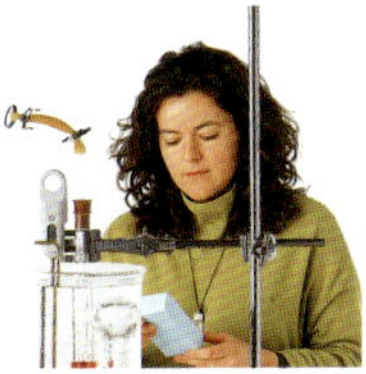

farmaceuta *m*
farmaceutka *f*
pharmacist

optyk *m*
optyczka *f*
optometrist

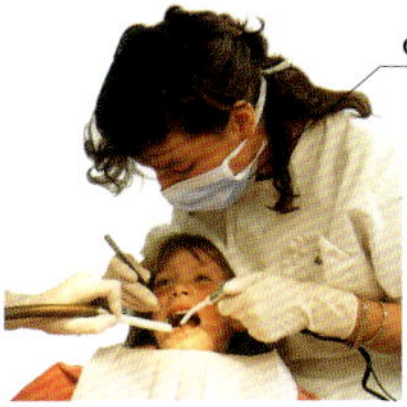
maska ochronna
mask

dentysta *m*
dentystka *f*
dentist

lekarz *m*
lekarka *f*
doctor

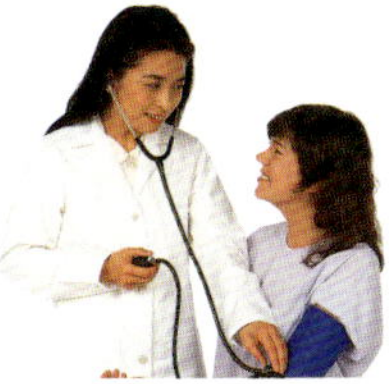

pielęgniarz *m*
pielęgniarka *f*
nurse

weterynarz *m*
weterynarka *f*
veterinarian

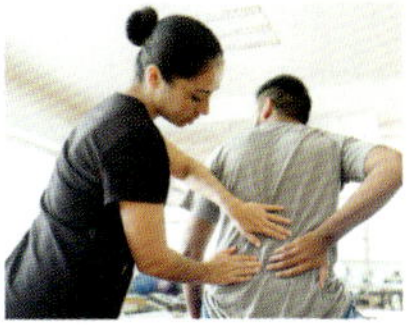

fizjoterapeuta *m*
fizjoterapeutka *f*
physical therapist

strażak *m*
strażaczka *f*
firefighter

żołnierz *m*
żołnierka *f*
soldier

mundur
uniform

policjant *m*
policjantka *f*
police officer

entyfikator
dge

strażnik *m*
strażniczka *f*
security guard

marynarz
sailor

słowniczek • vocabulary

przedsiębiorca *m*
przedsiębiorczyni *f*
entrepreneur

programista aplikacji *m*
programistka aplikacji *f*
app developer

dyrektor ds. marketingu *m*
dyrektorka ds. marketingu *f*
marketing executive

web designer *m*
web designerka *f*
web designer

tłumacz ustny *m*
tłumaczka ustna *f*
interpreter

asystent personalny *m*
asystentka personalna *f*
personal assistant

dyrektor ds. public relations *m*
dyrektorka ds. public relations *f*
public relations (PR) executive

zawody • occupations (2)

prawnik *m*
prawniczka *f*
lawyer

księgowy *m*
księgowa *f*
accountant

makieta
model

architekt *m*
architektka *f*
architect

analityk danych *m*
analityczka danych *f*
data analyst

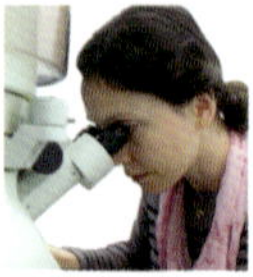

naukowiec *m*
naukowczyni *f*
scientist

nauczyciel *m*
nauczycielka *f*
teacher

agent nieruchomości *m*
agentka nieruchomości *f*
real estate agent

recepcjonista *m*
recepcjonistka *f*
receptionist

torba na listy
mailbag

listonosz *m*
listonoszka *f*
mail carrier

kierowca autobusów *m*
kierowczyni autobusów *f*
bus driver

kierowca samochodów ciężarowych *m* / **kierowczyni samochodów ciężarowych** *f*
truck driver

taksówkarz *m*
taksówkarka *f*
taxi driver

pilot *m*
pilotka *f*
pilot

steward *m*
stewardesa *f*
flight attendant

pracownik biura podróży *m*
pracownica biura podróży *f*
travel agent

czapka kucharska
chef's hat

kucharz *m*
kucharka *f*
chef

muzyk *m*
muzyczka *f*
musician

tutu
tutu

tancerz *m*
tancerka *f*
dancer

aktor *m*
aktorka *f*
actor

piosenkarz *m*
piosenkarka *f*
singer

kelner *m*
kelnerka *f*
server

barman *m*
barmanka *f*
bartender

trener osobisty *m*
trenerka osobista *f*
personal trainer

rzeźbiarz *m*
rzeźbiarka *f*
sculptor

malarz *m*
malarka *f*
painter

fotograf *m*
fotografka *f*
photographer

prezenter wiadomości *m*
prezenterka wiadomości *f*
anchor

notatki
notes

dziennikarz *m*
dziennikarka *f*
journalist

redaktor *m*
redaktorka *f*
editor

projektant *m*
projektantka *f*
designer

krawiec *m*
krawcowa *f*
dressmaker

krawiec *m*
krawcowa *f*
tailor

transport
transportation

drogi • roads

przejazd dołem
underpass
znaki drogowe poziome
road markings
zjazd
off-ramp
pas dzielący
median strip
utwardzone pobocze
shoulder
ruch uliczny
traffic
pas wewnętrzny
driving lane
pas środkowy
middle lane
wjazd
on-ramp
wiadukt
overpass
pas zewnętrzny
passing lane

autostrada
freeway

światło sygnalizatora
traffic light

przejście dla pieszych
crosswalk

skrzyżowanie
interchange

telefon alarmowy
emergency phone

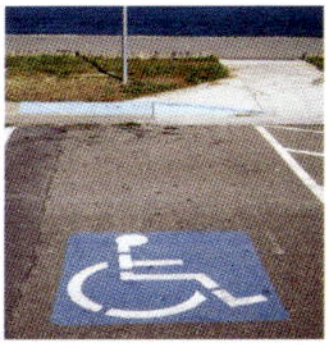

miejsce parkingowe dla niepełnosprawnych
disabled parking

samochód ciężarowy
truck

korek
traffic jam

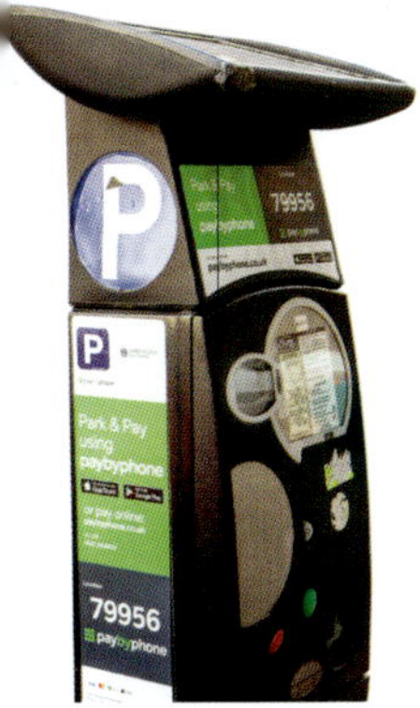

parkomat
parking meter

funkcjonariusz policji drogowej *m*
funkcjonariuszka policji drogowej *f*
traffic police officer

słowniczek • vocabulary

parkować
park (v)

prowadzić
drive (v)

wyprzedzać
pass (v)

cofać
reverse (v)

odholować
tow away (v)

objazd
detour

roboty drogowe
roadwork

rondo
roundabout

punkt pobierania opłat
tollbooth

bariera bezpieczeństwa
guardrail

droga szybkiego ruchu *(dwujezdniowa)*
divided highway

ulica jednokierunkowa
one-way street

Czy ta droga prowadzi do… ?
Is this the road to… ?

Gdzie mogę zaparkować?
Where can I park?

znaki drogowe • road signs

zakaz wjazdu
do not enter

ograniczenie prędkości
speed limit

niebezpieczeństwo
hazard

zakaz zatrzymywania się
no stopping

zakaz skrętu w prawo
no right turn

autobus • bus

fotel kierowcy
driver's seat

poręcz
handrail

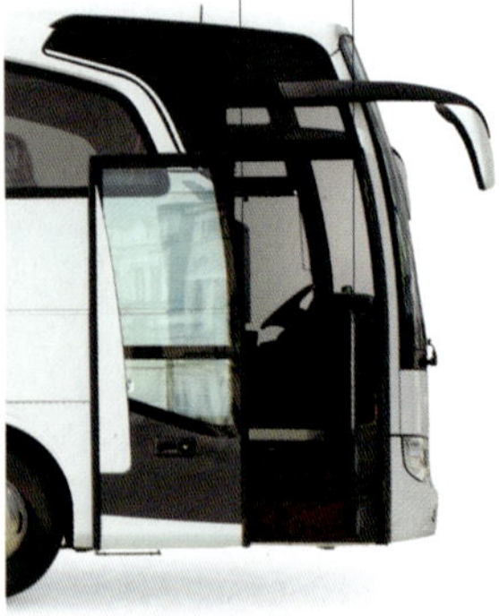

drzwi | door

tylne koło
rear wheel

okno
window

przednie koło
front wheel

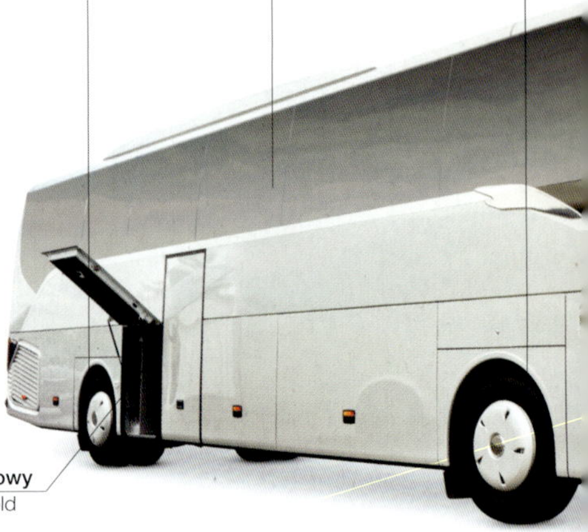

luk bagażowy
luggage hold

autokar | long-distance bus

rodzaje autobusów • types of buses

numer trasy
route number

kierowca *m*
kierowczyni *f*
driver

autobus piętrowy
double-decker bus

tramwaj
tram

trolejbus
streetcar

autobus szkolny | school bus

drzwi otwierane automatycznie
automatic door

bilet autobusowy
bus ticket

przycisk "stop"
stop button

dzwonek
bell

dworzec autobusowy
bus station

przystanek autobusowy
bus stop

słowniczek • vocabulary

opłata za przejazd
fare

wiata na przystanku autobusowym
bus shelter

wjazd dla osób poruszających się na wózkach
wheelchair access

rozkład jazdy
schedule

Czy ten autobus zatrzymuje się przy... ?
Do you stop at... ?

Który autobus jedzie do... ?
Which bus goes to... ?

mikrobus
minibus

autobus turystyczny | tour bus

autobus wahadłowy | shuttle bus

samochód • car (1)

elementy zewnętrzne • exterior

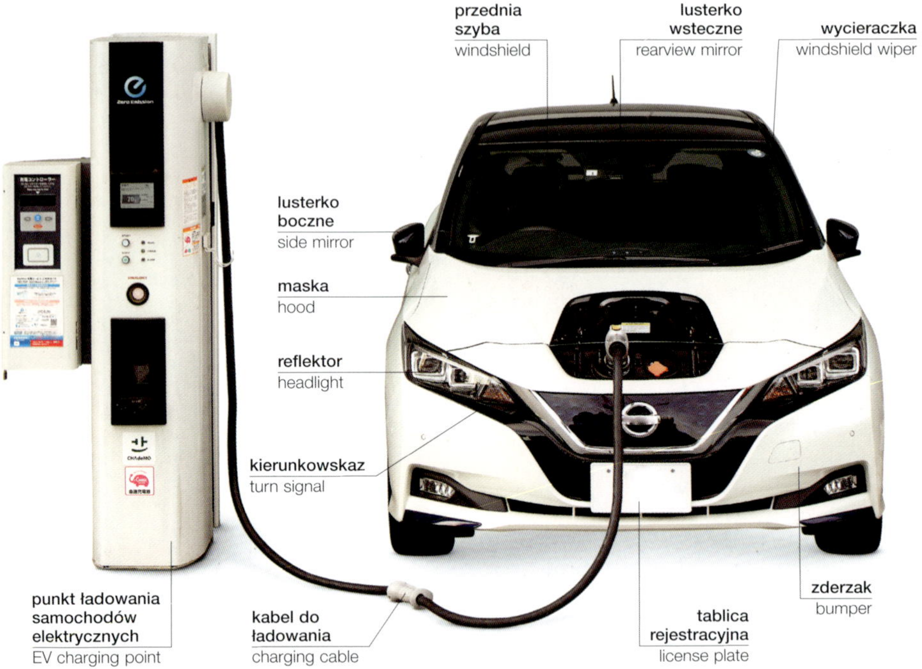
przednia szyba
windshield
lusterko wsteczne
rearview mirror
wycieraczka
windshield wiper
lusterko boczne
side mirror
maska
hood
reflektor
headlight
kierunkowskaz
turn signal
punkt ładowania samochodów elektrycznych
EV charging point
kabel do ładowania
charging cable
tablica rejestracyjna
license plate
zderzak
bumper

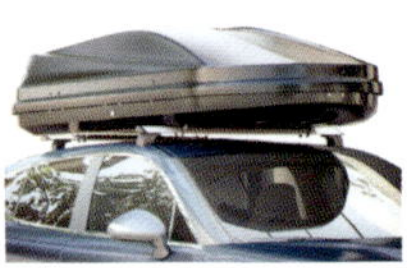

bagażnik dachowy
roof rack

bagaż
luggage

bagażnik
trunk

pas bezpieczeństwa
seat belt

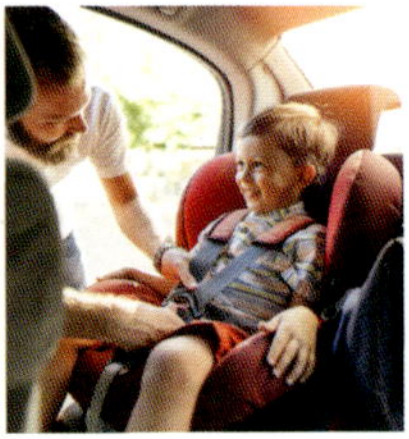

fotelik dziecięcy
car seat

typy • types

samochód elektryczny
electric car

hatchback
hatchback

drzwi
door

sedan
sedan

koło
wheel

kombi
station wagon

kabriolet
convertible

samochód sportowy
sports car

minivan
minivan

samochód z napędem na cztery koła
four-wheel drive

stary model
vintage

opona
tire

limuzyna
limousine

stacja benzynowa • gas station

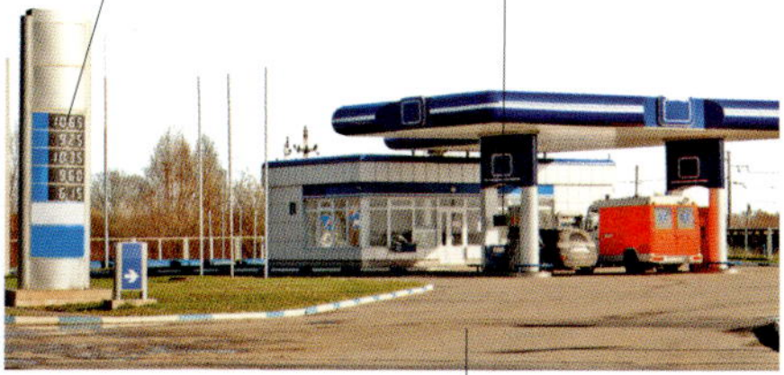
cena
price
dystrybutor paliwa
gas pump
podjazd
entryway

słowniczek • vocabulary

benzyna
gasoline

ołowiowy
leaded

garaż
garage

olej napędowy
diesel

płyn chłodnicowy
antifreeze

myjnia samochodowa
car wash

olej
oil

bezołowiowy
unleaded

płyn do spryskiwacza
windshield washer fluid

Do pełna proszę.
Fill it up, please.

samochód • car (2)

wnętrze • interior

tylne siedzenie
backseat
podłokietnik
armrest
zagłówek
headrest
zamek drzwiowy
door lock
klamka
handle

słowniczek • vocabulary

dwudrzwiowy
two-door

czterodrzwiowy
four-door

ręczny
manual

hamulec
brake

zapłon
ignition

trzydrzwiowy
hatchback

klimatyzacja
air-conditioning

automatyczny
automatic

sprzęgło
clutch

pedał gazu
accelerator

Czy może mi pan / ani wskazać drogę do... ?
Can you tell me the way to... ?

Gdzie jest parking?
Where is the parking lot?

Czy można tutaj zaparkować?
Can I park here?

układ sterowania • controls

kierownica
steering wheel

klakson
horn

deska rozdzielcza
dashboard

nawigacja satelitarna
GPS

światła awaryjne
hazard lights

samochód z kierownicą po lewej stronie | left-hand drive

obrotomierz
tachometer

prędkościomierz
speedometer

samochodowy zestaw audio
car stereo

wskaźnik paliwa
fuel gauge

wskaźnik temperatury
temperature gauge

włącznik świateł
light switch

licznik kilometrów
odometer

regulacja ogrzewania
heater controls

poduszka powietrzna
air bag

dźwignia zmiany biegów
gearshift

samochód z kierownicą po prawej stronie | right-hand drive

samochód • car (3)

mechanika • mechanics

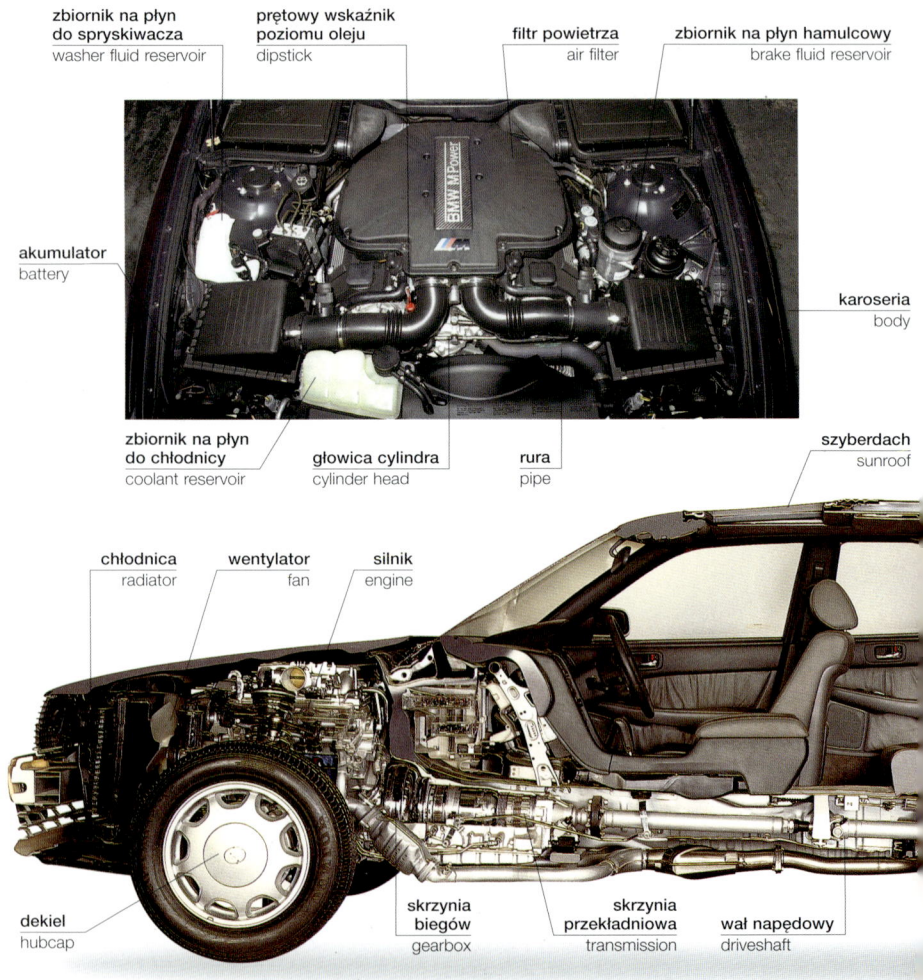

zbiornik na płyn do spryskiwacza
washer fluid reservoir

prętowy wskaźnik poziomu oleju
dipstick

filtr powietrza
air filter

zbiornik na płyn hamulcowy
brake fluid reservoir

akumulator
battery

karoseria
body

zbiornik na płyn do chłodnicy
coolant reservoir

głowica cylindra
cylinder head

rura
pipe

szyberdach
sunroof

chłodnica
radiator

wentylator
fan

silnik
engine

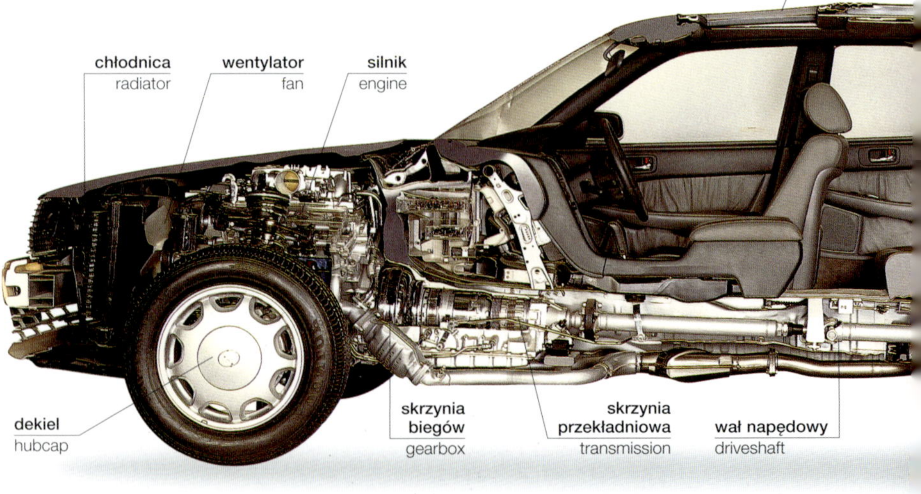

dekiel
hubcap

skrzynia biegów
gearbox

skrzynia przekładniowa
transmission

wał napędowy
driveshaft

przebicie opony • flat tire

zapasowa opona
spare tire
klucz
tire iron
nakrętki koła
lug nuts
podnośnik samochodowy
jack

zmieniać koło
change a tire (v)

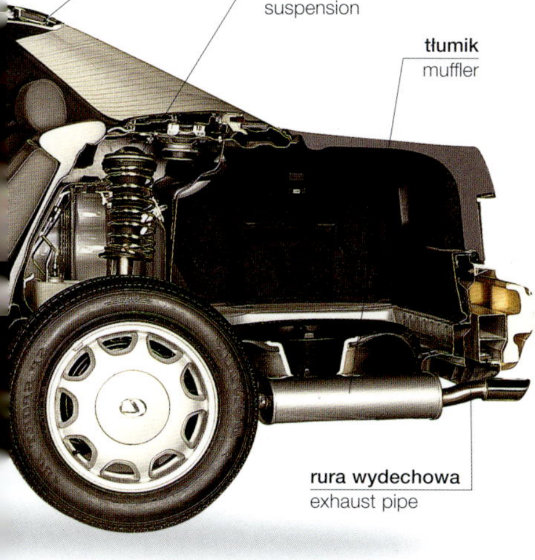
dach
roof
zawieszenie
suspension
tłumik
muffler
rura wydechowa
exhaust pipe

słowniczek • vocabulary

wypadek samochodowy
car accident

awaria
breakdown

ubezpieczenie
insurance

samochód z wózkiem holowniczym
tow truck

ciśnienie w oponach
tire pressure

skrzynka bezpiecznikowa
fuse box

świeca zapłonowa
spark plug

pasek klinowy
fan belt

rozdzielacz
distributor

ustawienie zapłonu
timing

pasek rozrządu
timing belt

zbiornik paliwa
gas tank

turbosprężarka
turbocharger

hamulec ręczny
parking brake

podwozie
chassis

alternator
alternator

mechanik *m*
mechaniczka *f*
mechanic

Zepsuł mi się samochód.
I've broken down.

Mój samochód nie chce zapalić.
My car has broken down.

motocykl • motorcycle

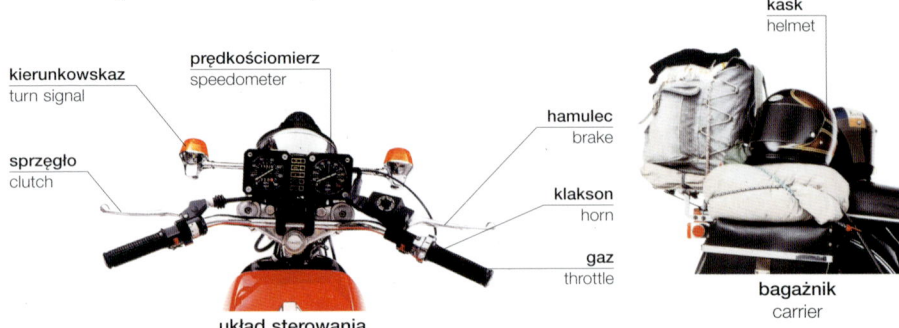

prędkościomierz
speedometer
kierunkowskaz
turn signal
sprzęgło
clutch
hamulec
brake
klakson
horn
gaz
throttle

układ sterowania
controls

kask
helmet

bagażnik
carrier

światło odblaskowe
reflector
tylne siodełko
passenger seat
siodełko
seat
silnik
engine
zbiornik paliwa
fuel tank
światło tylne
taillight
rura wydechowa
exhaust pipe
tłumik
muffler
zbiornik oleju
oil tank
skrzynia biegów
gearbox
filtr powietrza
air filter

osłona oczu
visor
pasek odblaskowy
reflector strap
skóra
leathers
nakolannik
knee pad

odzież | clothing

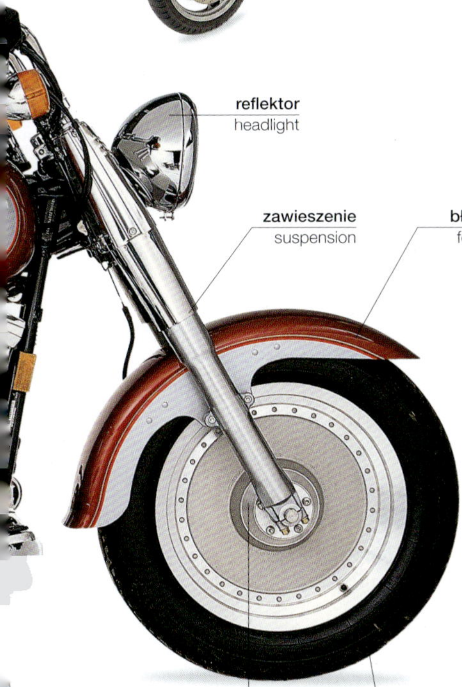
reflektor
headlight
zawieszenie
suspension
błotnik
fender
pedał hamulca
brake pedal
oś
axle
opona
tire

typy • types

motocykl wyścigowy | racing bike

szyba ochronna
windshield

motocykl turystyczny | tourer

motocykl terenowy | dirt bike

podpórka
stand

skuter | scooter

rower • bicycle

tandem
tandem

rower wyścigowy
racing bike

kask
helmet

rower górski
mountain bike

siodełko
saddle
sztyca podsiodłowa
seat post
bidon
water bottle
rama
frame
hamulec
brake
piasta
hub
przerzutka
gears
obręcz
rim
pedał
pedal
opona
tire
koło zębate
cog
pasek *(przy pedale)*
toe strap
łańcuch
chain

rower dla niepełnosprawnych
paracycle

rower składak
folding bike

ścieżka rowerowa
bike lane

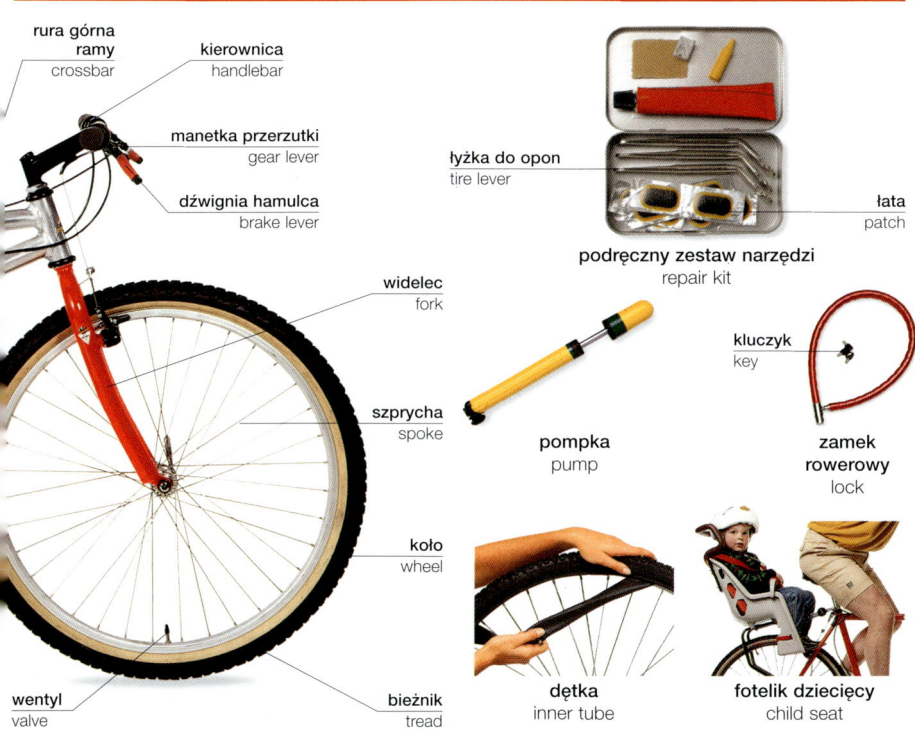

rura górna ramy
crossbar
kierownica
handlebar
manetka przerzutki
gear lever
dźwignia hamulca
brake lever
widelec
fork
szprycha
spoke
koło
wheel
wentyl
valve
bieżnik
tread

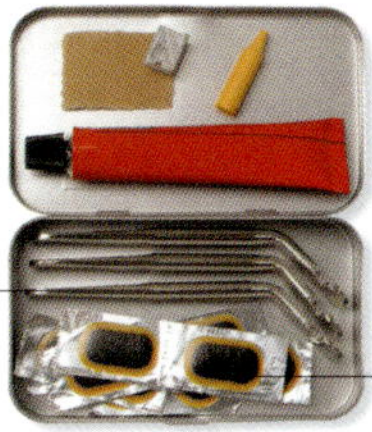
łyżka do opon
tire lever
łata
patch

podręczny zestaw narzędzi
repair kit

pompka
pump

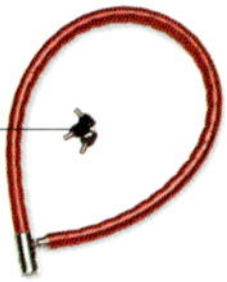
kluczyk
key

zamek rowerowy
lock

dętka
inner tube

fotelik dziecięcy
child seat

słowniczek • vocabulary

światło headlight	**kosz** basket	**nosek** ***(przy pedale)*** toe clip	**przebicie** ***(opony)*** flat tire	**linka** cable	**hamować** brake (v)
światło tylne rear light	**podpórka** kickstand	**koło łańcuchowe** sprocket	**klocek hamulcowy** brake block	**stojak na rowery** bike rack	**zmieniać przełożenie** change gears (v)
światło odblaskowe reflector	**stabilizatory** training wheels	**dynamo** dynamo	**rower elektryczny** electric bike	**jechać rowerem** cycle (v)	**pedałować** pedal (v)

pociąg • train

numer peronu
platform number
peron
platform
wagon
railcar
tor
track
osoba dojeżdżająca *(do pracy)*
commuter

dworzec kolejowy | train station

typy pociągów • types of train

lokomotywa
engine

pociąg z lokomotywą parową
steam train

kabina maszynisty
engineer's cab
szyna
rail

pociąg z lokomotywą spalinowo-elektryczną | diesel train

pociąg elektryczny
electric train

pociąg szybkobieżny
high-speed train

kolej jednotorowa
monorail

metro
subway

tramwaj
tram

pociąg towarowy
freight train

półka bagażowa
luggage rack

okno
window

drzwi
door

przedział
compartment

bramka
ticket gates

miejsce
seat

wagon restauracyjny | dining car

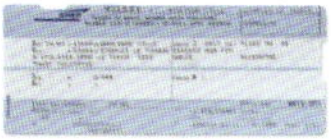

bilet
ticket

urządzenia nagłaśniające
public address system

rozkład jazdy
schedule

hala | concourse

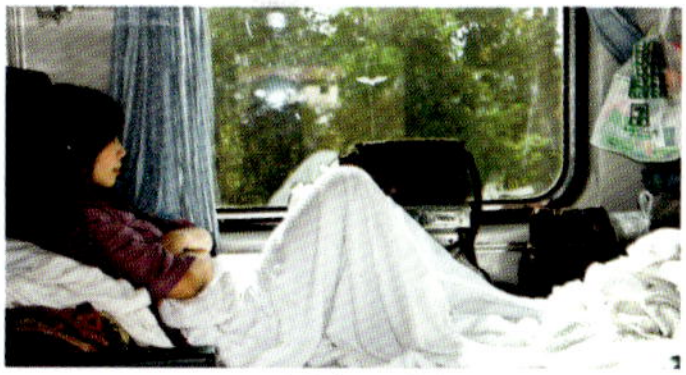

przedział sypialny
sleeping compartment

słowniczek • vocabulary

sieć kolejowa
railroad network

pociąg międzymiastowy
express train

szyna napięciowa
live rail

godzina szczytu
rush hour

opóźnienie
delay

plan metra
subway map

opłata za przejazd
fare

kasa biletowa
ticket office

kontroler biletów *m*
kontrolerka biletów *f*
ticket inspector

sygnał
signal

hamulec bezpieczeństwa
emergency lever

przesiadać się
transfer (v)

samolot • aircraft

samolot pasażerski • airliner

AIR CANADA

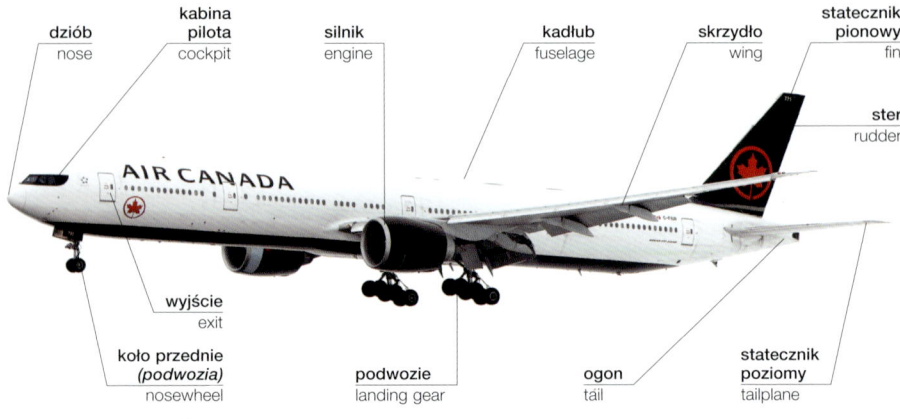

dziób
nose
kabina pilota
cockpit
silnik
engine
kadłub
fuselage
skrzydło
wing
statecznik pionowy
fin
ster
rudder
wyjście
exit
koło przednie *(podwozia)*
nosewheel
podwozie
landing gear
ogon
tail
statecznik poziomy
tailplane

kabina • cabin

steward *m*
stewardesa *f*
flight attendant
schowek bagażowy
overhead bin
nawiew powietrza
air vent
okno
window
światło do czytania
reading light
rząd
row
siedzenie
seat
stolik
tray table
oparcie siedzenia
seat back
przejście
aisle
podłokietnik
armrest

balon napełniony ciepłym powietrzem
hot-air balloon

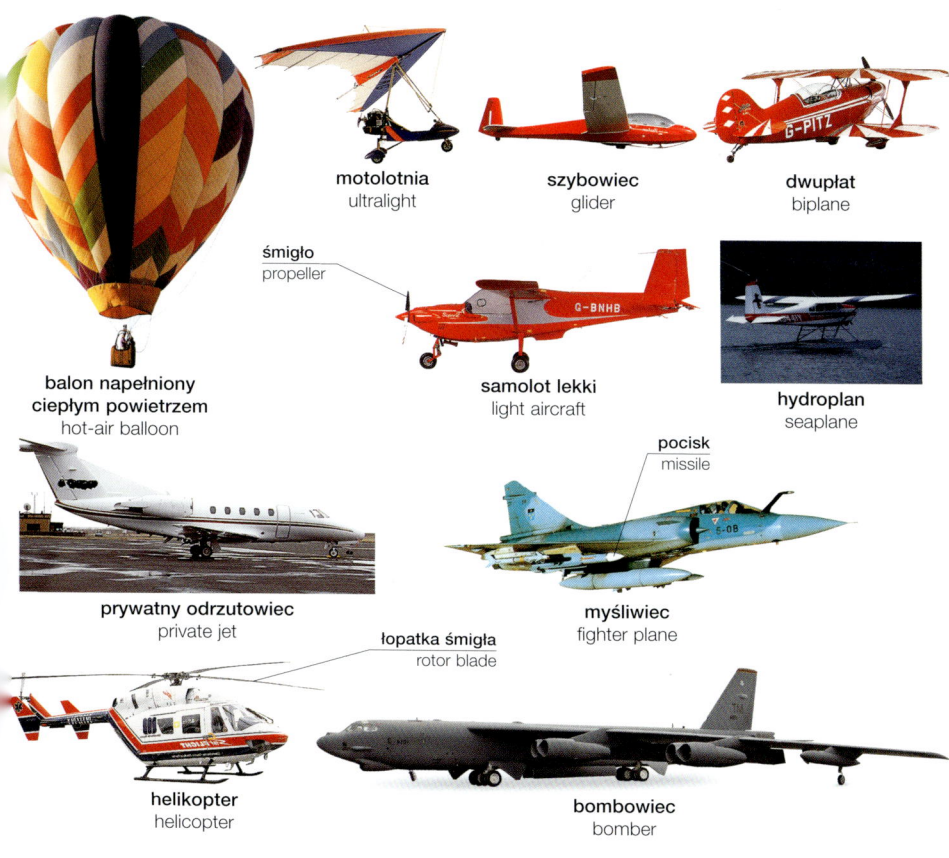

motolotnia
ultralight

szybowiec
glider

G-PITZ

dwupłat
biplane

śmigło
propeller
G-BNHB

samolot lekki
light aircraft

hydroplan
seaplane

prywatny odrzutowiec
private jet

pocisk
missile
5-OB

myśliwiec
fighter plane

łopatka śmigła
rotor blade

helikopter
helicopter

bombowiec
bomber

słowniczek • vocabulary

pilot *m*
pilotka *f*
pilot

drugi pilot *m*
druga pilotka *f*
copilot

latać
fly (v)

klasa ekonomiczna
economy class

bagaż podręczny
carry-on luggage

startować
take off (v)

lądować
land (v)

wysokość *(nad poziomem morza)*
altitude

klasa biznesowa
business class

pas bezpieczeństwa
seat belt

lotnisko • airport

QANTAS
American
płyta lotniska
apron
przyczepa do przewozu bagażu
baggage trailer
rękaw lotniczy
jetway
pojazd obsługi lotniska
service vehicle

samolot pasażerski | airliner

słowniczek • vocabulary

wieża kontroli lotów
control tower

pas startowy
runway

lot międzynarodowy
international flight

lot krajowy
domestic flight

połączenie
connection

terminal
terminal

numer lotu
flight number

zgłosić się do odprawy
check in (v)

odprawa celna
customs

kontrola paszportowa
immigration

punkt odprawy bagażowej
baggage drop

nadwyżka bagażu
excess baggage

aparat rentgenowski
x-ray machine

taśmociąg bagażowy
baggage carousel

bezpieczeństwo
security

broszura turystyczna
travel brochure

zarezerwować lot
book a flight (v)

urlop
vacation

bagaż podręczny
carry-on luggage

wózek
cart

bagaż
luggage

stanowisko odprawy
check-in desk

wiza
visa

paszport | passport

kontrola paszportowa
passport control

karta pokładowa
boarding pass

numer wyjścia
gate number

hala odlotów
departure lounge

odloty
departures

przyloty
arrivals

port docelowy
destination

tablica lotów
information screen

bramka elektroniczna
eGate

sklep wolnocłowy
duty-free shop

odbiór bagażu
baggage claim

postój taksówek
taxi stand

wynajem samochodów
car rental

statek • ship

radar
radar
antena radiowa
radio antenna
pokład
deck
komin
funnel
pokład rufowy
quarterdeck
dziób
prow
znak wolnej burty
Plimsoll mark
iluminator
porthole
kadłub
hull
łódź ratunkowa
lifeboat
kil
keel
śruba napędowa
propeller

transatlantyk | ocean liner

mostek kapitański
bridge

maszynownia
engine room

kajuta
cabin

kambuz *(kuchnia)*
galley

słowniczek • vocabulary

port
port

dok
dock

kotwica
anchor

trap
gangway

pachołek cumowy
bollard

winda kotwiczna
windlass

łódź motorowa
speedboat

łódź wiosłowa
rowboat

kajak
canoe

kapitan *m*
kapitanka *f*
captain

inne łodzie i statki • other boats

prom
ferry

silnik przyczepny
outboard motor

ponton
inflatable dinghy

wodolot
hydrofoil

jacht
yacht

katamaran
catamaran

holownik
tugboat

poduszkowiec
hovercraft

kontenerowiec
container ship

żagiel
sail

żaglówka
sailboat

luk towarowy
hold

frachtowiec
freighter

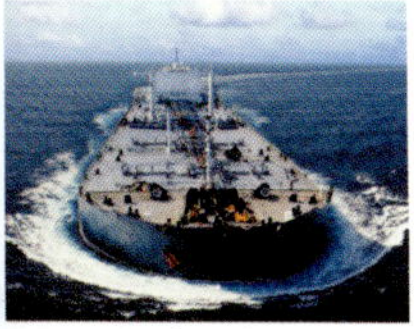

tankowiec
oil tanker

lotniskowiec
aircraft carrier

pancernik
battleship

kiosk
conning tower

okręt podwodny
submarine

port • port

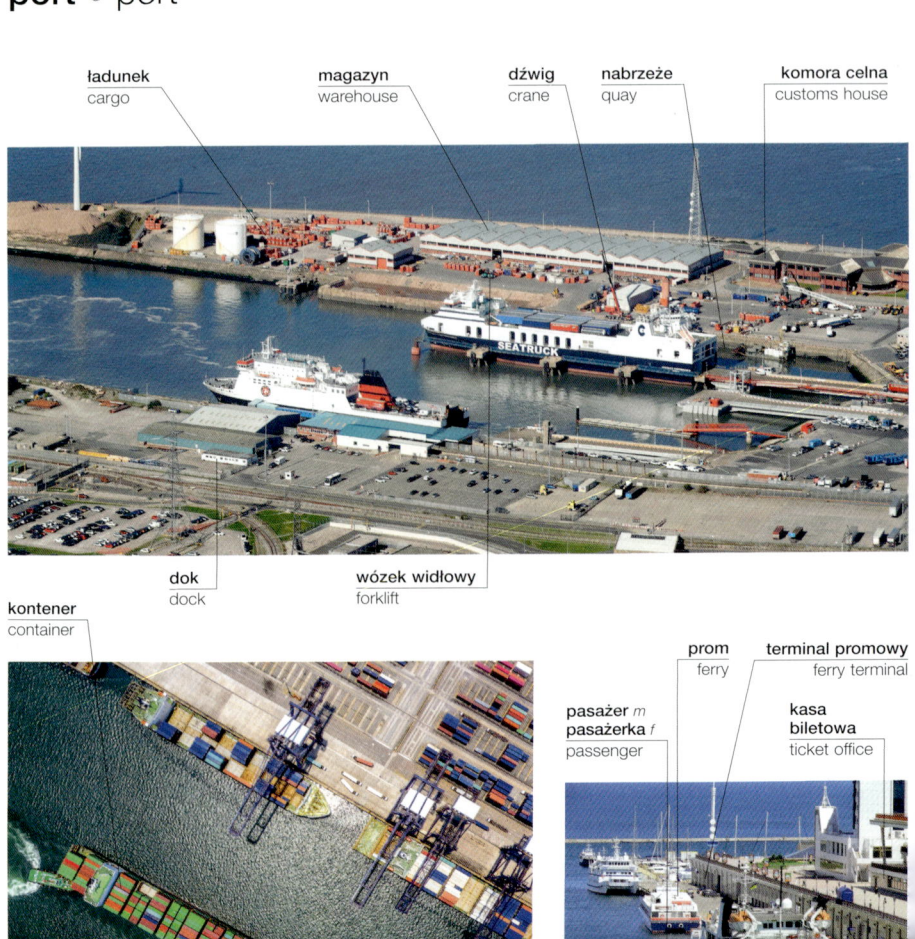

ładunek
cargo
magazyn
warehouse
dźwig
crane
nabrzeże
quay
komora celna
customs house
SEATRUCK
dok
dock
wózek widłowy
forklift

kontener
container

terminal kontenerowy | container port

prom
ferry
terminal promowy
ferry terminal
pasażer *m*
pasażerka *f*
passenger
kasa biletowa
ticket office

port pasażerski | passenger port

sieć
net

łódź rybacka
fishing boat

miejsce cumowania
mooring

port rybacki | fishing port

marina | marina

przystań | harbor

molo | pier

molo
jetty

stocznia
shipyard

lampa
lamp

latarnia morska
lighthouse

boja
buoy

słowniczek • vocabulary

suchy dok
dry dock

straż przybrzeżna
coast guard

kapitan portu *m*
kapitanka portu *f*
harbor master

rzucić kotwicę
drop anchor (v)

cumować
moor (v)

przybić do portu
dock (v)

wysiadać
disembark (v)

wchodzić na pokład
board (v)

wypłynąć w morze
set sail (v)

sport
sports

futbol amerykański • football

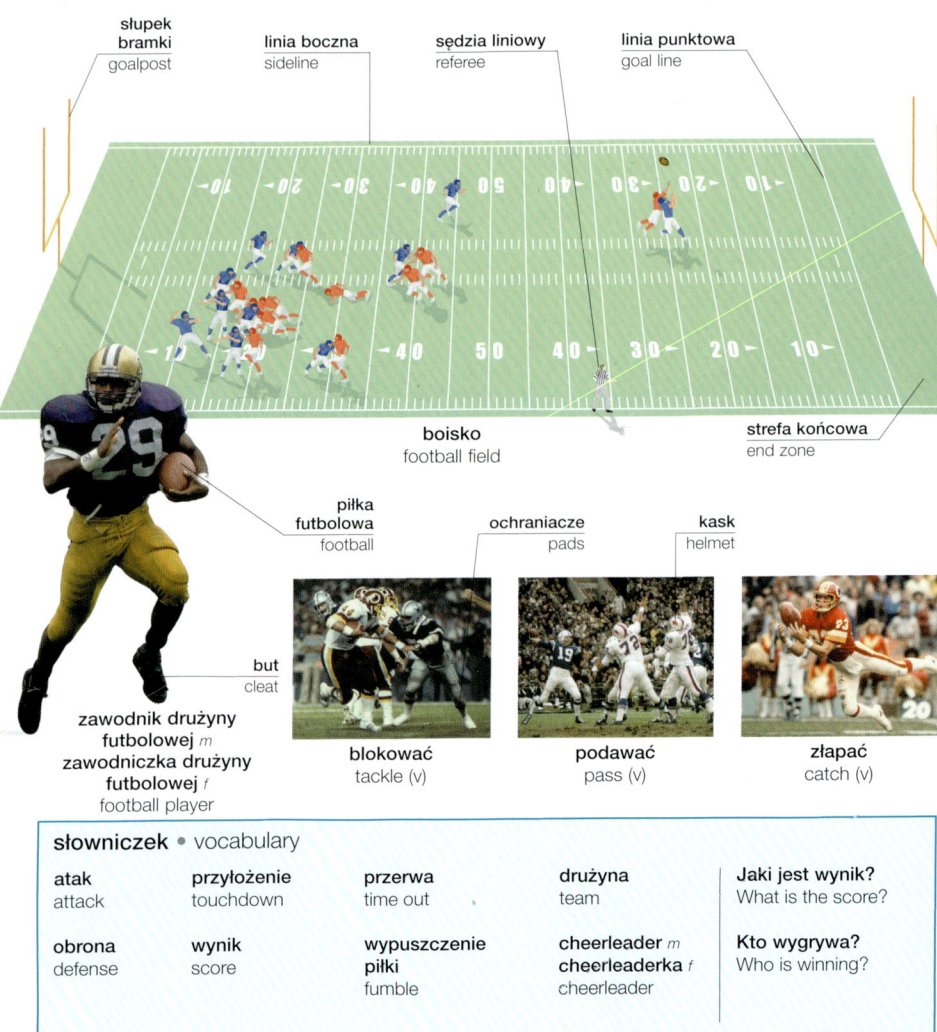

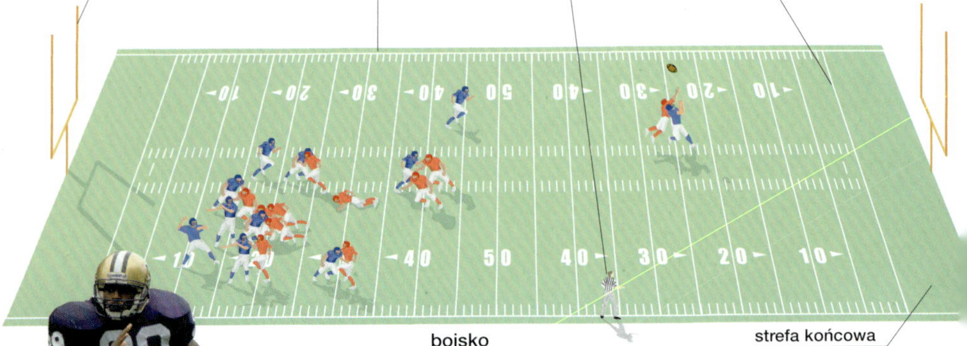
słupek bramki
goalpost
linia boczna
sideline
sędzia liniowy
referee
linia punktowa
goal line
boisko
football field
strefa końcowa
end zone

piłka futbolowa
football
but
cleat

zawodnik drużyny futbolowej *m*
zawodniczka drużyny futbolowej *f*
football player

ochraniacze
pads

blokować
tackle (v)

kask
helmet

podawać
pass (v)

złapać
catch (v)

słowniczek • vocabulary

atak
attack

obrona
defense

przyłożenie
touchdown

wynik
score

przerwa
time out

wypuszczenie piłki
fumble

drużyna
team

cheerleader *m*
cheerleaderka *f*
cheerleader

Jaki jest wynik?
What is the score?

Kto wygrywa?
Who is winning?

rugby • rugby

bramka
goal

pole punktowe
in-goal area

linia autowa
touchline

chorągiewka
flag

linia piłki martwej
dead-ball line

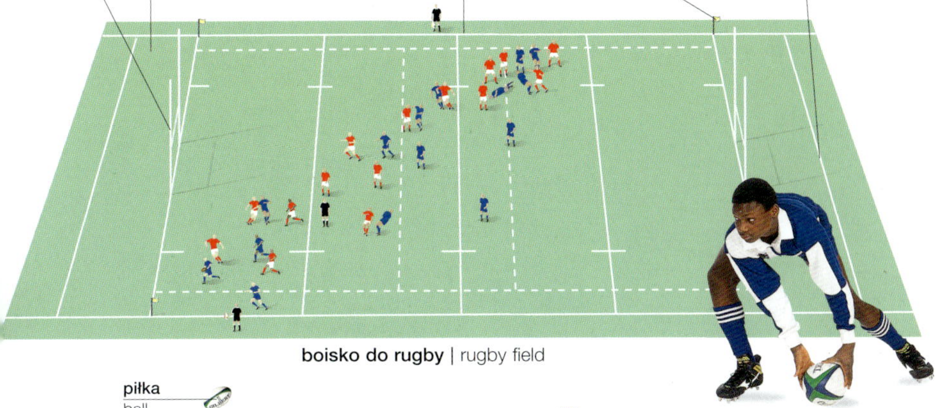

boisko do rugby | rugby field

rzucać
throw (v)

piłka
ball

barwy drużyny rugby
rugby uniform

kopać
kick (v)

podawać
pass (v)

szarżować
tackle (v)

przyłożenie
try

zawodnik *m*
zawodniczka *f*
player

młyn spontaniczny | ruck

młyn | scrum

piłka nożna • soccer

piłka futbolowa
soccer ball

barwy drużyny piłkarskiej
soccer uniform

piłkarz *m* / **piłkarka** *f*
soccer player

napastnik *m*
napastniczka *f*
forward

bramkarz *m*
bramkarka *f*
goalkeeper

sędzia
referee

koło środkowe
center circle

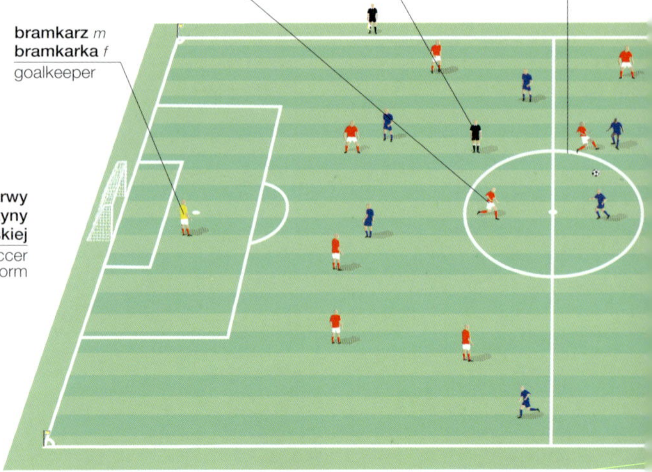

boisko do gry w piłkę nożną | soccer field

słupek bramki
goalpost

siatka
net

poprzeczka
crossbar

bramka | goal

dryblować
dribble (v)

zagrać główką
head (v)

mur
wall

rzut wolny | free kick

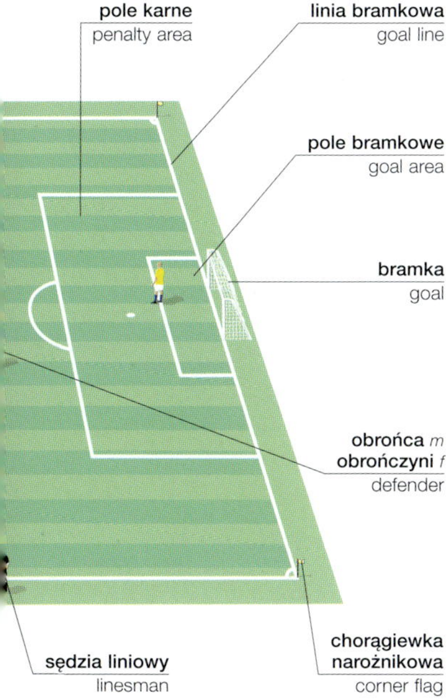
pole karne
penalty area
linia bramkowa
goal line
pole bramkowe
goal area
bramka
goal
obrońca *m*
obrończyni *f*
defender
sędzia liniowy
linesman
chorągiewka narożnikowa
corner flag

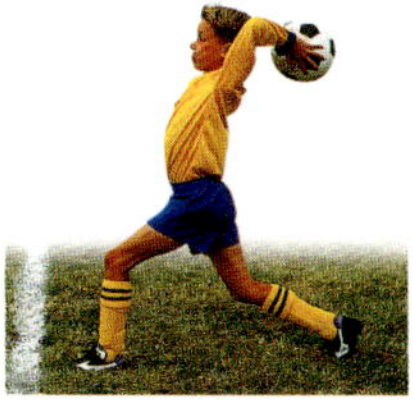

wrzut z autu
throw-in

kopać
kick (v)

but
cleat

podawać
pass (v)

strzelać
shoot (v)

blokować
tackle (v)

bronić
save (v)

słowniczek • vocabulary

stadion stadium	**rzut karny** penalty	**usunięcie z boiska** send off	**remis** tie	**liga** league
strzelić gola score a goal (v)	**faul** foul	**żółta kartka** yellow card	**dogrywka** extra time	**zmiana** substitution
rzut rożny corner	**spalony** offside	**czerwona kartka** red card	**przerwa** half-time	**rezerwowy** *m* **rezerwowa** *f* substitute

hokej • hockey

hokej na lodzie • ice hockey

linia bramkowa
goal line
strefa ataku
attack zone
strefa neutralna
neutral zone
strefa obrony
defending zone
bramkarz m
bramkarka f
goalkeeper
bramka
goal
koło wznowień
face-off circle
koło środkowe
center circle

lodowisko do hokeja
ice hockey rink

rękawica
glove
ochraniacz
pad
kij hokejowy
stick
łyżwa
ice skate
krążek
puck

hokeista m / hokeistka f
ice hockey player

hokej na trawie • field hockey

laska do hokeja na trawie
hockey stick
piłka
ball

jeździć na łyżwach
skate (v)

uderzyć
hit (v)

krykiet • cricket

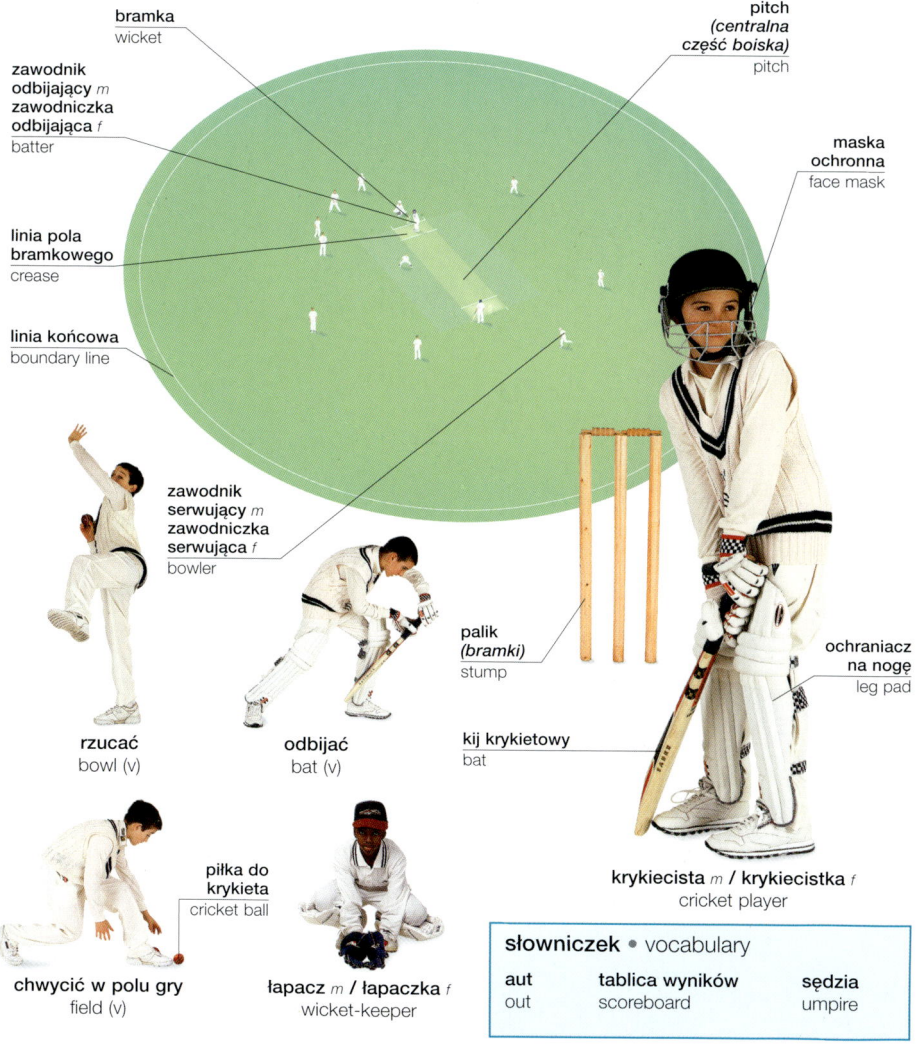

bramka
wicket
pitch
(centralna część boiska)
pitch
zawodnik odbijający *m*
zawodniczka odbijająca *f*
batter
linia pola bramkowego
crease
linia końcowa
boundary line
zawodnik serwujący *m*
zawodniczka serwująca *f*
bowler

maska ochronna
face mask
palik *(bramki)*
stump
ochraniacz na nogę
leg pad
kij krykietowy
bat

krykiecista *m* / krykiecistka *f*
cricket player

rzucać
bowl (v)

odbijać
bat (v)

piłka do krykieta
cricket ball

chwycić w polu gry
field (v)

łapacz *m* / łapaczka *f*
wicket-keeper

słowniczek • vocabulary

aut	**tablica wyników**	**sędzia**
out	scoreboard	umpire

koszykówka • basketball

boisko | court

koszykarz *m* / **koszykarka** *f*
basketball player

kosz
basket

słowniczek
vocabulary

podanie
pass

wrzut
throw-in

faul
foul

rzut sędziowski
jump ball

zbiórka
rebound

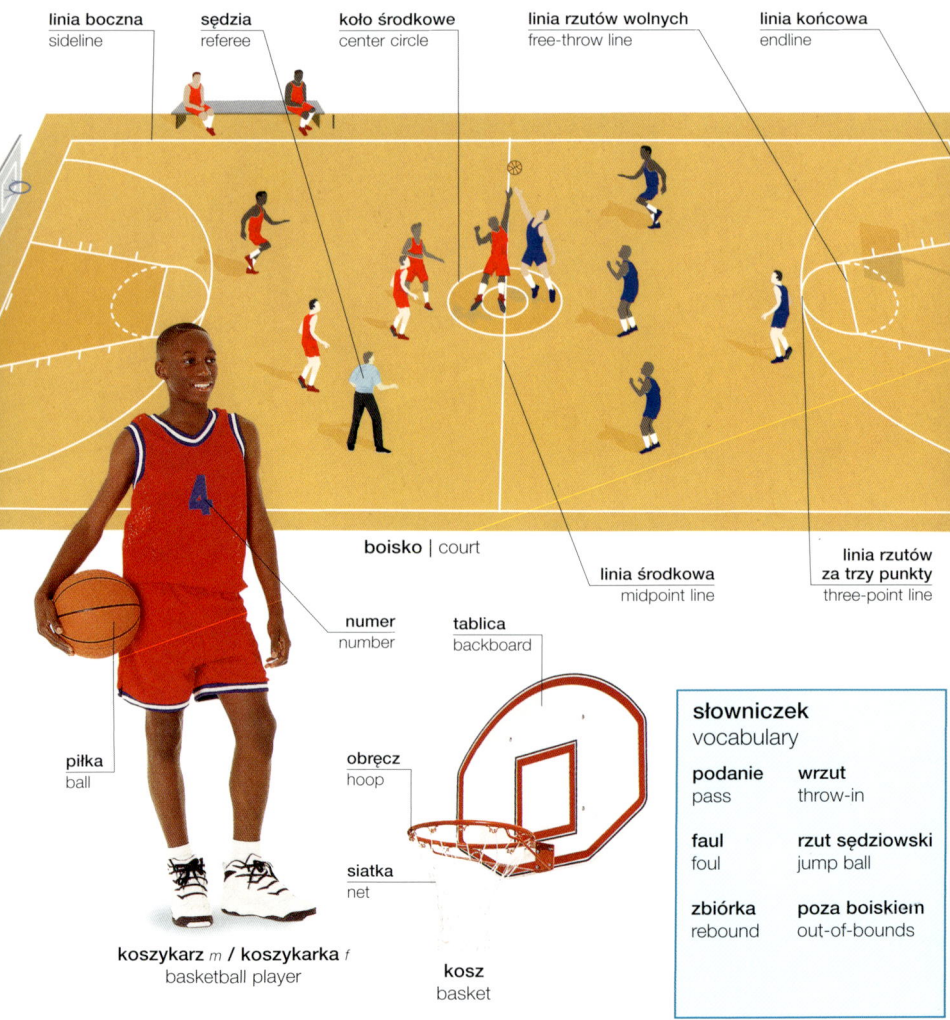

poza boiskiem
out-of-bounds

czynności • actions

rzucać
throw (v)

łapać
catch (v)

strzelać
shoot (v)

skakać
jump (v)

kryć
mark (v)

blokować
block (v)

odbijać
dribble (v)

wykonać wsad
dunk (v)

siatkówka • volleyball

blokować
block (v)

siatka
net

podbić
dig (v)

sędzia
referee

opaska elastyczna na kolano
knee support

boisko | court

baseball • baseball

boisko • field

lewe pole
left field
pole wewnętrzne
infield
środkowe pole
center field
kij
bat
kask
helmet
gracz na bazie
baseman
stanowisko miotacza
pitcher's mound
baza domowa
home plate

pałkarz *m* / **pałkarka** *f*
batter

słowniczek • vocabulary

runda inning	**zdobycie bazy** safe	**odbicie piłki poza linie boczne** foul ball
punkt run	**aut** out	**nieudane odbicie przez pałkarza** strike

piłka
ball

rękawica | glove

maska | mask

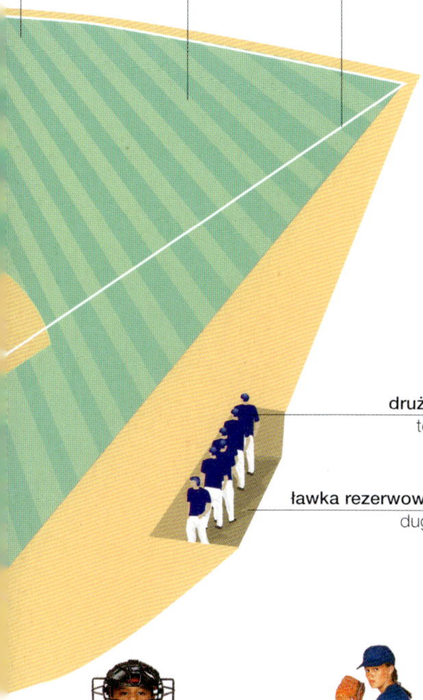
zapole
outfield
prawe pole
right field
boczna granica boiska
foul line
drużyna
team
ławka rezerwowych
dugout

łapacz *m*
łapaczka *f*
catcher

miotacz *m*
miotaczka *f*
pitcher

czynności • actions

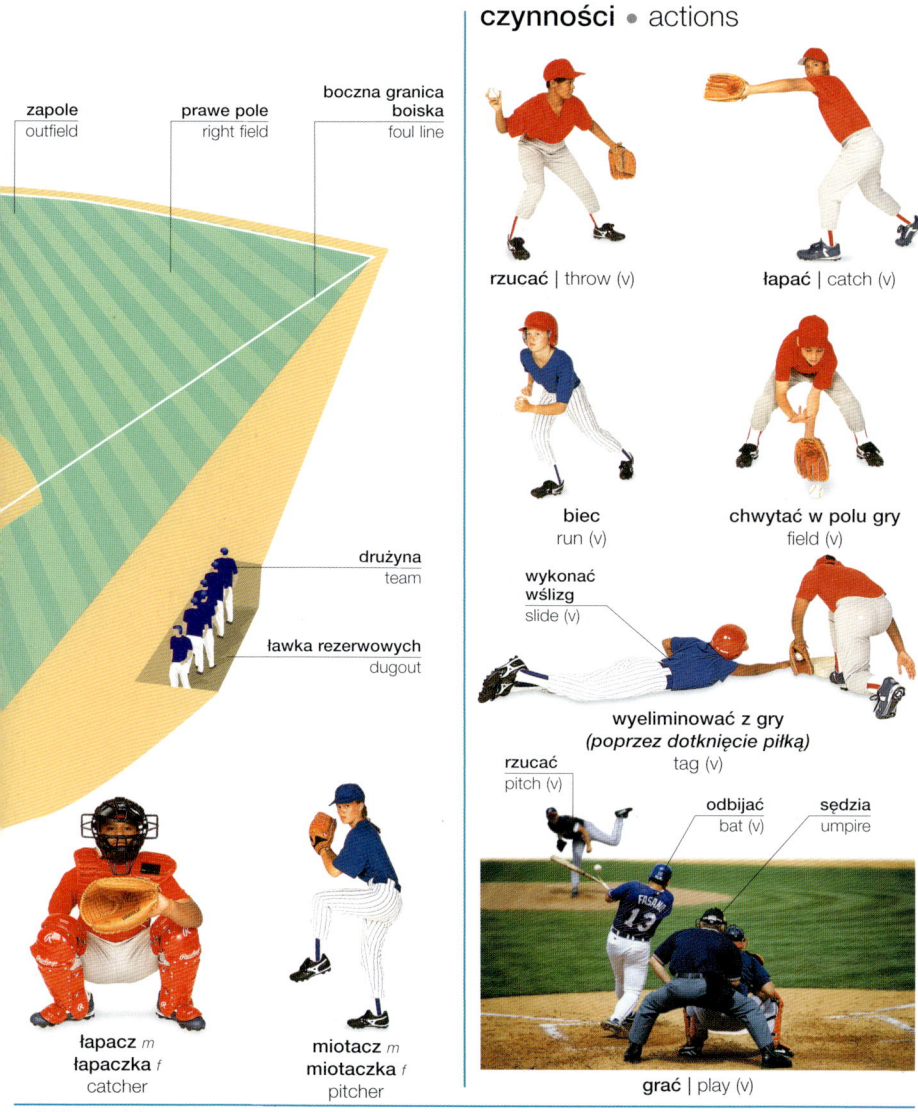

rzucać | throw (v)

łapać | catch (v)

biec
run (v)

chwytać w polu gry
field (v)

wykonać wślizg
slide (v)
wyeliminować z gry
(poprzez dotknięcie piłką)
tag (v)

rzucać
pitch (v)
odbijać
bat (v)
sędzia
umpire
grać | play (v)

tenis • tennis

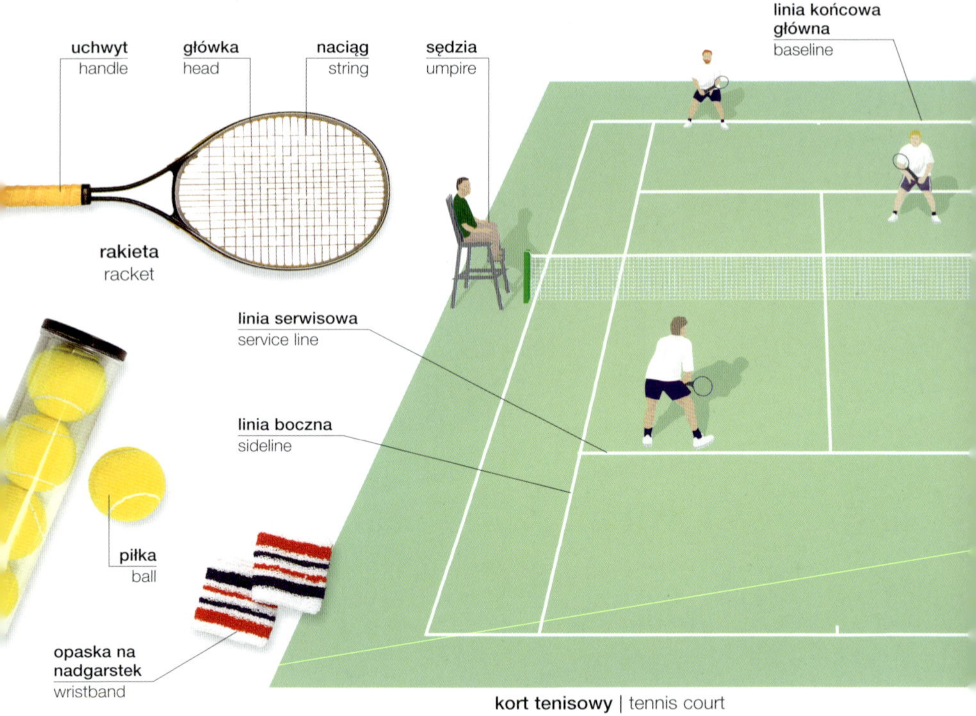
uchwyt
handle
główka
head
naciąg
string
sędzia
umpire
linia końcowa główna
baseline
rakieta
racket
linia serwisowa
service line
linia boczna
sideline
piłka
ball
opaska na nadgarstek
wristband

kort tenisowy | tennis court

słowniczek • vocabulary

turniej championship	**gem** game	**zero** love	**przewaga** advantage	**uderzenie z boku** slice	**net!** let!
singel singles	**set** set	**równowaga** deuce	**błąd serwisowy** fault	**wymiana** rally	**podkręcenie** spin
debel doubles	**mecz** match	**tie-break** tiebreaker	**as** ace	**piłka ścięta *(spadająca tuż za siatką)*** dropshot	**sędzia liniowy** linesman

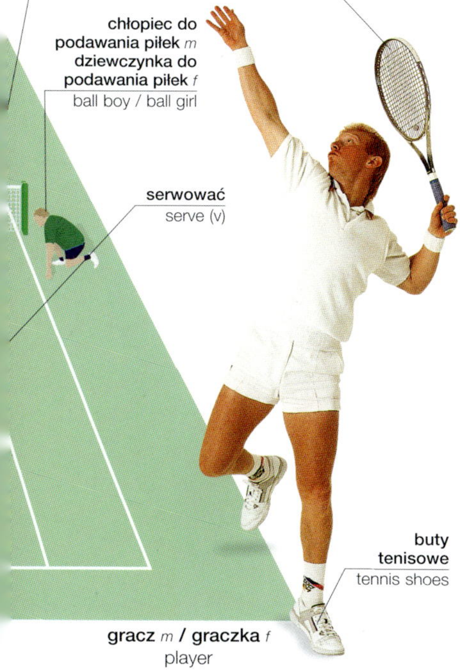

siatka
net

smecz
smash

chłopiec do podawania piłek *m* dziewczynka do podawania piłek *f*
ball boy / ball girl

serwować
serve (v)

buty tenisowe
tennis shoes

gracz *m* / graczka *f*
player

uderzenia • strokes

serw
serve

wolej
volley

return
return

lob
lob

forhend
forehand

bekhend
backhand

sporty rakietowe • racket games

lotka
shuttlecock

badminton
badminton

rakietka
paddle

tenis stołowy
table tennis

squash
squash

racquetball
racquetball

golf • golf

obszar tee
teeing ground
green
green
bunkier
bunker
chorągiewka
flag
dołek
hole
wykonać zamach
swing (v)
tor gry
fairway
rough
rough
przeszkoda wodna
water hazard
pole golfowe
golf course
pozycja
stance

golfista *m* / **golfistka** *f* | golfer

wózek golfowy
golf cart

budynek klubowy | clubhouse

sprzęt • equipment

piłka golfowa
golf ball

podkładka
tee

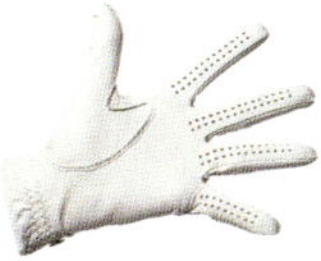

rękawiczka
glove

torba golfowa
golf bag

wózek golfowy
bag cart

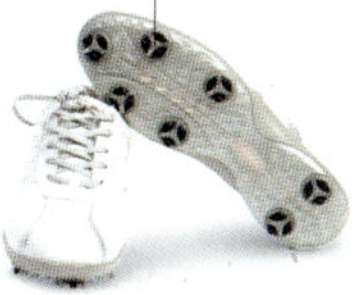

kolce
spikes

but golfowy
golf shoe

czynności • actions

uderzyć piłkę z podkładki
tee off (v)

uderzyć piłkę z obszaru tee
drive (v)

uderzyć piłkę na greenie
putt (v)

lekko uderzyć piłkę w stronę dołka
chip (v)

kije golfowe golf clubs

kij drewniany
wood

putter
putter

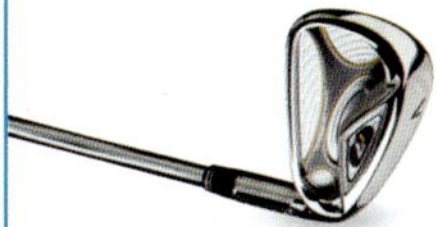

kij metalowy
iron

kij z główką klinowatą
wedge

słowniczek • vocabulary

norma
par

poniżej normy
under par

powyżej normy
over par

wbicie piłki do dołka za jednym uderzeniem
hole in one

handicap
handicap

turniej
tournament

widzowie
spectators

pomocnik noszący kije za graczem
caddy

zamach próbny
practice swing

zamach
backswing

uderzenie
stroke

linia gry
line of play

lekkoatletyka • track and field

bieżnia
track
tor
lane
meta
finish line
linia startu
starting line
boisko
field

bloki startowe
starting blocks
sprinter *m*
sprinterka *f*
sprinter

rzut dyskiem
discus

lekkoatleta *m*
lekkoatletka *f*
athlete
pchnięcie kulą
shotput

rzut oszczepem
javelin

słowniczek • vocabulary

wyścig race	**rekord** record	**zapis wideo finiszu** photo finish	**rekord własny** personal best
czas time	**pobić rekord** break a record (v)	**maraton** marathon	**skok o tyczce** pole vault

stoper
stopwatch

pałeczka
baton

bieg sztafetowy
relay race

poprzeczka
crossbar

skok wzwyż
high jump

skok w dal
long jump

płotki
hurdles

gimnastyka • gymnastics

kozioł
horse

skok
vault

trampolina
springboard

salto
somersault

gimnastyk *m*
gimnastyczka *f*
gymnast

równoważnia | balance beam

mata
mat

ćwiczenia wolne
floor exercises

przerzut bokiem
cartwheel

wstążka
ribbon

gimnastyka artystyczna
rhythmic gymnastics

słowniczek • vocabulary

drążek horizontal bar	**koń z łękami** pommel horse	**kółka** rings	**medale** medals	**srebro** silver
poręcze parallel bars	**poręcze asymetryczne** asymmetric bars	**podium** podium	**złoto** gold	**brąz** bronze

sporty walki • combat sports

kask ochronny
guard

przeciwnik *m*
przeciwniczka *f*
opponent

rękawica
glove

pas
belt

taekwondo | tae kwon do

karate | karate

judo | judo

aikido | aikido

maska
mask

szabla
sword

kendo | kendo

kung-fu | kung fu

kick boxing | kickboxing

zapasy | wrestling

boks | boxing

czynności • actions

powalenie przeciwnika fall

chwyt | hold

rzut | throw

rzut na łopatki | pin

kopnięcie | kick

cios pięścią | punch

uderzenie | strike

skok | jump

blok | block

cios | chop

słowniczek • vocabulary

ring bokserski
boxing ring

ochraniacz szczęki
mouth guard

rękawice bokserskie
boxing gloves

runda
round

walka
bout

sparing
sparring

pięść
fist

nokaut
knockout

worek treningowy
punching bag

samoobrona
self-defense

sztuki walki
martial arts

czarny pas
black belt

tai chi
tai chi

capoeira
capoeira

sumo
sumo wrestling

pływanie • swimming

sprzęt • equipment

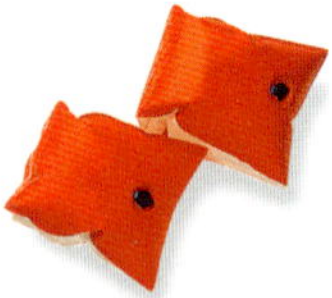

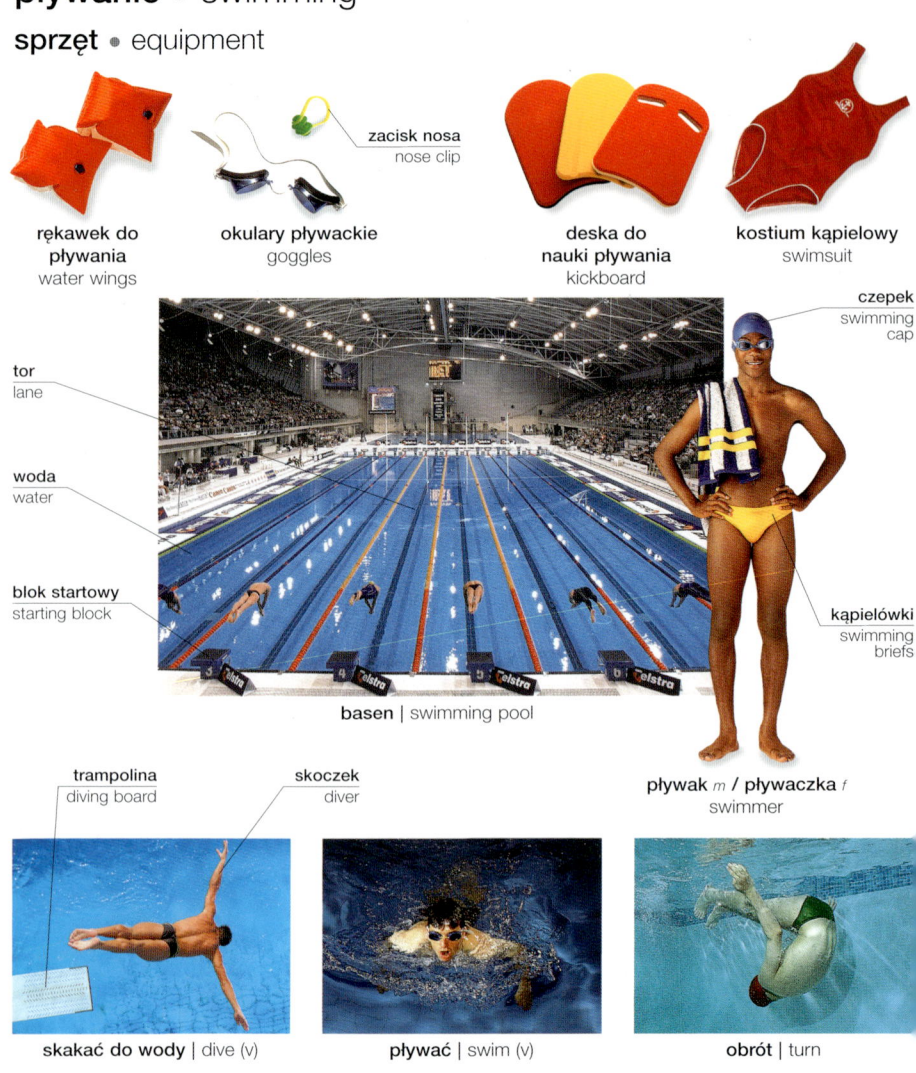

rękawek do pływania
water wings

zacisk nosa
nose clip

okulary pływackie
goggles

deska do nauki pływania
kickboard

kostium kąpielowy
swimsuit

tor
lane
woda
water
blok startowy
starting block

basen | swimming pool

czepek
swimming cap
kąpielówki
swimming briefs

pływak *m* / **pływaczka** *f*
swimmer

trampolina
diving board
skoczek
diver

skakać do wody | dive (v)

pływać | swim (v)

obrót | turn

style • styles

kraul | front crawl

żabka | breaststroke

ruch
stroke

styl grzbietowy | backstroke

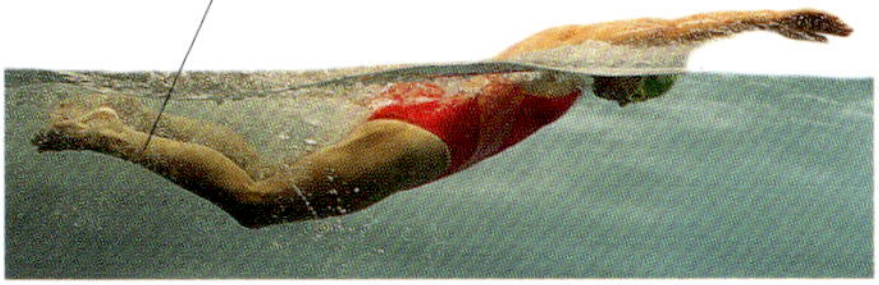
uderzenie nogami
kick

motylek | butterfly

nurkowanie z akwalungiem • scuba diving

butla ze sprężonym powietrzem
air tank
kombinezon piankowy
wetsuit
płetwa
fin
balast
weight belt
maska
mask
regulator
regulator
rurka
snorkel

słowniczek • vocabulary

skok do wody
dive

skok startowy
racing dive

piłka wodna
water polo

płytka część basenu
shallow end

tonąć
drown (v)

szafki
lockers

skok do wody z trampoliny
high dive

pływać w miejscu
tread water (v)

pływanie synchroniczne
synchronized swimming

najgłębsza część basenu
deep end

kurcz
cramp

ratownik *m* **ratowniczka** *f*
lifeguard

żeglarstwo • sailing

kompas
compass

kotwica
anchor

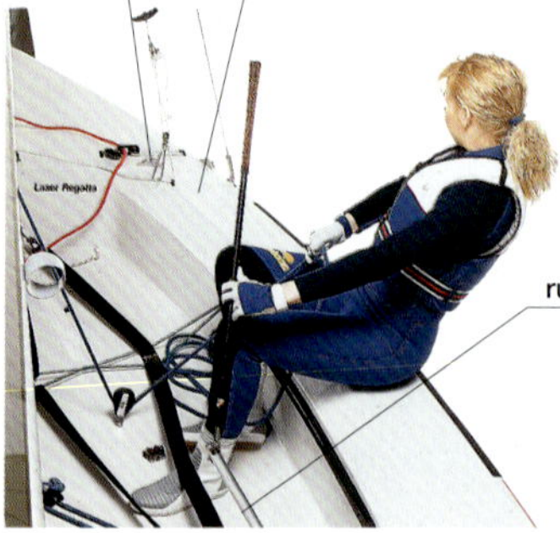
knaga
cleat
półpokład
side deck
rumpel
tiller

sterować | navigate (v)

żagiel przedni
headsail
maszt
mast
grot
mainsail
takielunek
rigging
bom
boom
rufa
stern
dziób
bow
kadłub
hull

jacht | yacht

bezpieczeństwo • safety

raca
flare

koło ratunkowe
life buoy

kamizelka ratunkowa
life jacket

tratwa ratunkowa
life raft

sporty wodne • watersports

wioślarz *m*
wioślarka *f*
rower
wiosło
oar

wiosłować | row (v)

kajak
kayak
wiosło
paddle

kajakarstwo
kayaking

żagiel
sail
windsurfer *m*
windsurferka *f*
windsurfer
deska
board
uchwyt na stopę
footstrap

windsurfing | windsurfing

surfer *m*
surferka *f*
surfer

surfing
surfing

narta
ski

narciarstwo wodne
water-skiing

pływanie łodzią motorową
speedboating

rafting
rafting

pływanie skuterem wodnym
jet-skiing

słowniczek • vocabulary

fale przyboju surf	**fala** wave	**szot** sheet	**miecz** centerboard	**halsować** tack (v)	**bystrza *(rzeki)*** rapids
deska surfingowa surfboard	**wiatr** wind	**ster** rudder	**załoga** crew	**wywrócić się do góry dnem** capsize (v)	

jazda konna
horseback riding

podkowa
horseshoe

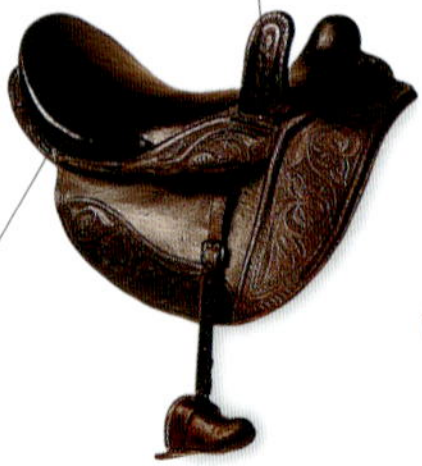

siodło damskie
sidesaddle

uzda | bridle

palcat | riding crop

konkurencje • events

koń wyścigowy
racehorse

gonitwa
horse race

przeszkoda
fence

gonitwa z przeszkodami
steeplechase

wyścig zaprzęgów
harness race

rodeo
rodeo

skoki przez przeszkody
showjumping

wyścig powozów
carriage race

trekking | trail riding

ujeżdżanie | dressage

polo | polo

słowniczek • vocabulary

stęp
walk

cwał
canter

skok
jump

kantar
halter

stajnia
stable

tor wyścigowy
racecourse

kłus
trot

galop
gallop

wyścig płaski
flat race

stajenny *m*
stajenna *f*
groom

padok
paddock

arena
arena

wędkarstwo • fishing

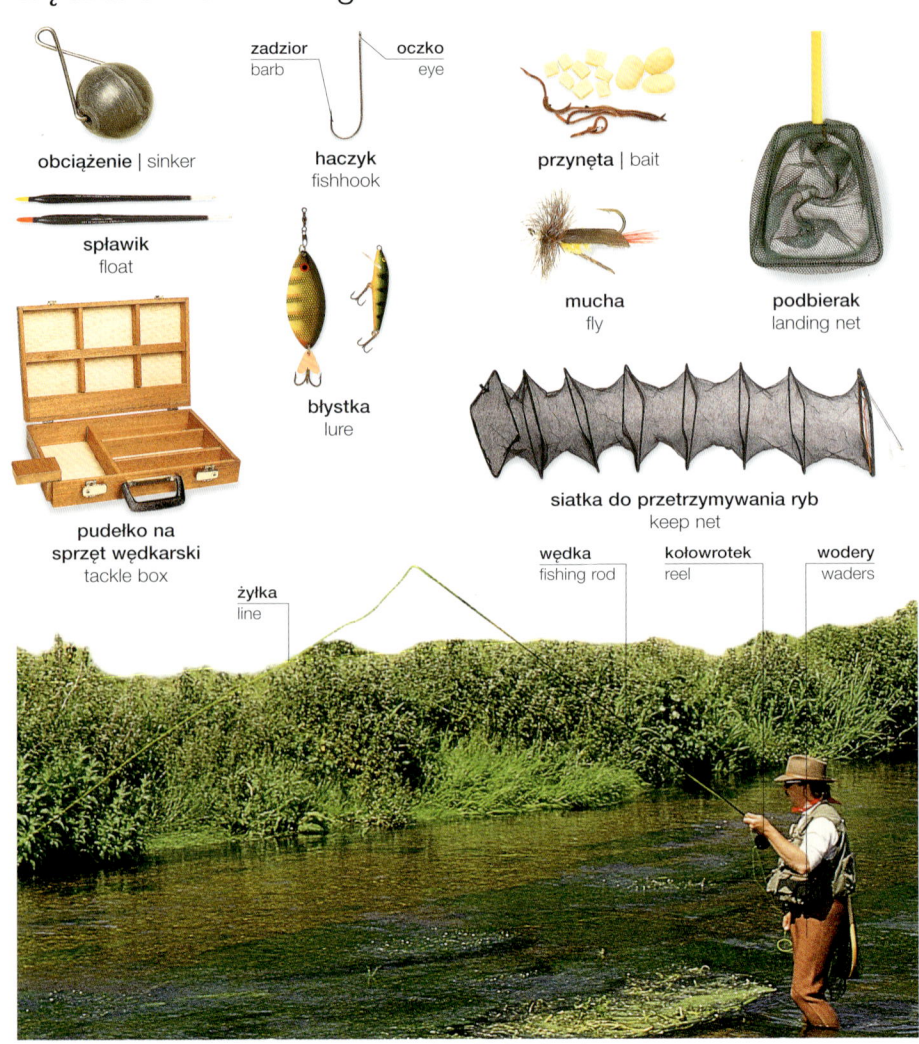

obciążenie | sinker

zadzior
barb

oczko
eye

haczyk
fishhook

przynęta | bait

podbierak
landing net

spławik
float

błystka
lure

mucha
fly

pudełko na sprzęt wędkarski
tackle box

siatka do przetrzymywania ryb
keep net

żyłka
line

wędka
fishing rod

kołowrotek
reel

wodery
waders

wędkarz *m* / **wędkarka** *f* | angler

rodzaje wędkarstwa • types of fishing

wędkarstwo słodkowodne
freshwater fishing

wędkarstwo muchowe
fly-fishing

wędkarstwo sportowe
sportfishing

wędkarstwo dalekomorskie
deep-sea fishing

łowienie ryb z plaży
surfcasting

czynności • activities

zarzucać
cast (v)

łapać
catch (v)

wciągać
reel in (v)

łowić w sieć
net (v)

wypuszczać
release (v)

słowniczek • vocabulary

brać *(o rybie)* bite (v)	**sprzęt wędkarski** tackle	**wędzisko** pole	**ubranie nieprzemakalne** rain gear	**wędkarstwo morskie** marine fishing
zakładać przynętę bait (v)	**kołowrotek** spool	**kosz** creel	**karta wędkarska** fishing license	**połów kuszą** spearfishing

narciarstwo • skiing

wyciąg krzesełkowy
chairlift
trasa narciarska
ski run
kijek narciarski
ski pole
rękawica
glove
barierka bezpieczeństwa
safety barrier
stok narciarski
ski slope
dziób
tip
krawędź
edge
narta
ski
kurtka narciarska
ski jacket
but narciarski
ski boot
narciarz *m*
narciarka *f*
skier

dyscypliny • events

narciarstwo zjazdowe
downhill skiing

bramka
gate

slalom
slalom

skok narciarski
ski jump

narciarstwo biegowe
cross-country skiing

sporty zimowe • winter sports

wspinaczka lodowa
ice climbing

łyżwiarstwo
ice-skating

łyżwa
skate

łyżwiarstwo figurowe
figure skating

gogle
goggles

snowboarding
snowboarding

bobslej
bobsled

saneczkarstwo
luge

skuter śnieżny
snowmobile

jazda na sankach
sledding

słowniczek • vocabulary

narciarstwo alpejskie
alpine skiing

slalom gigant
giant slalom

poza wyznaczonymi trasami
off-piste

wagonik kolejki linowej
cable car

lawina
avalanche

curling
curling

łyżwiarstwo szybkie
speed skating

psie zaprzęgi
dogsledding

biatlon
biathlon

inne sporty • other sports

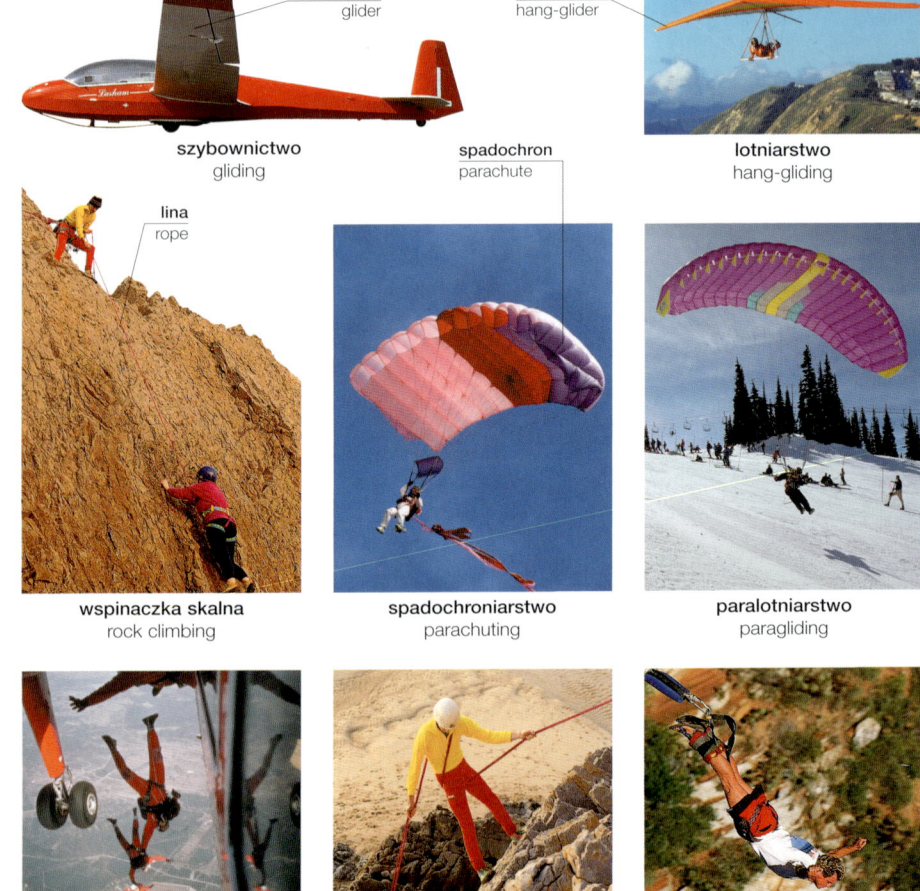

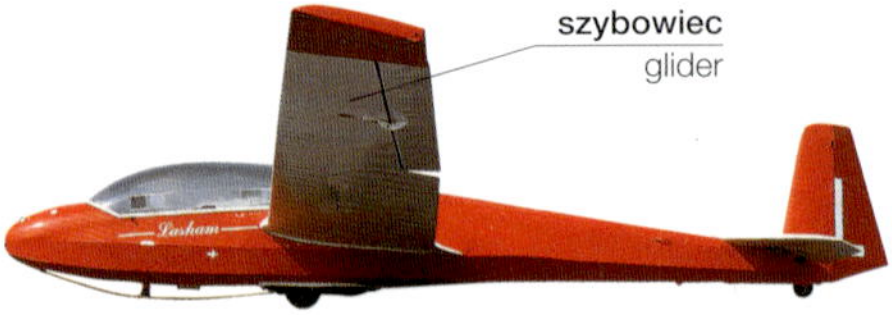
szybowiec
glider

szybownictwo
gliding

lotnia
hang-glider

lotniarstwo
hang-gliding

lina
rope

wspinaczka skalna
rock climbing

spadochron
parachute

spadochroniarstwo
parachuting

paralotniarstwo
paragliding

akrobacje spadochronowe
skydiving

schodzenie po linie
rappelling

skoki na bungee
bungee jumping

rajdy samochodowe
rally driving

kierowca wyścigowy
race-car driver

wyścigi samochodowe
auto racing

motocross
motocross

wyścigi motocyklowe
motorcycle racing

deskorolka
skateboard

jazda na deskorolce
skateboarding

jazda na łyżworolkach
inline skating

kij
stick

lacrosse
lacrosse

maska
mask

floret
foil

szermierka
fencing

kręgiel
pin

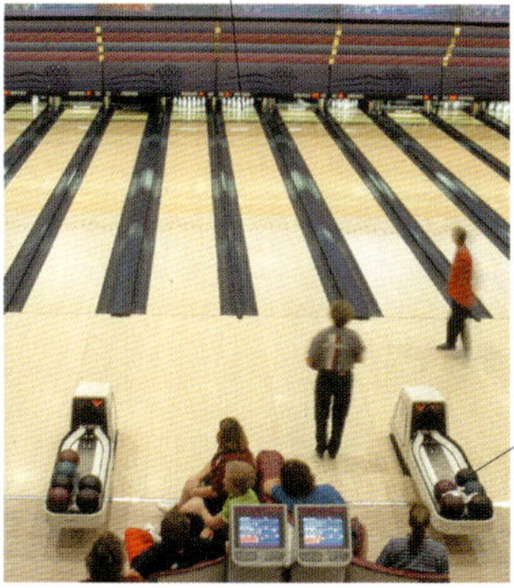

kula do kręgli
bowling ball

kręgle
bowling

łuk
bow

strzała
arrow

kołczan
quiver

łucznictwo
archery

tarcza
target

strzelectwo
target shooting

snooker
snooker

bilard
pool

fitness • fitness

rower treningowy
exercise bike

atlas
gym machine

ławka treningowa
bench

ciężarki
free weights

gryf
bar

siłownia
gym

wioślarz treningowy
rowing machine

bieżnia
treadmill

trenażer eliptyczny
elliptical trainer

trener osobisty *m*
trenerka osobista *f*
personal trainer

stepper
stair machine

basen
swimming pool

sauna
sauna

ćwiczenia • exercises

ćwiczenie rozciągające
stretch

wypad
lunge

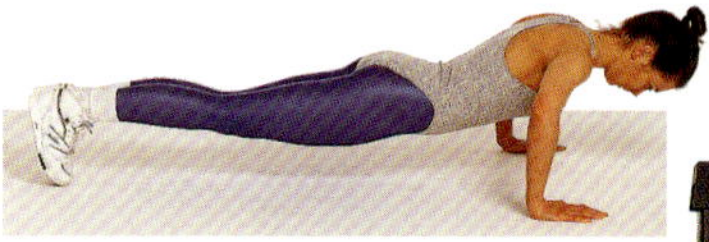

pompka
push-up

przysiad
squat

brzuszek
sit-up

hantla
dumbbell

uginanie przedramion
bicep curl

wyciskanie nogami
leg press

wyciskanie na klatkę piersiową
chest press

buty sportowe
sneakers

sztanga
weight bar

ćwiczenia siłowe
weight training

jogging
jogging

pilates
Pilates

słowniczek • vocabulary

trenować
train (v)

robić rozgrzewkę
warm up (v)

biegać w miejscu
jog in place (v)

podciągać
pull up (v)

napinać
flex (v)

wyciągać
extend (v)

boxercise
boxercise

trening kondycyjny
circuit training

skakanie przez skakankę
jumping rope

spinning
spin class

czas wolny
leisure

teatr • theater

kurtyna
curtain
kulisy
wings
dekoracje
set
publiczność
audience
orkiestra
orchestra

scena | stage

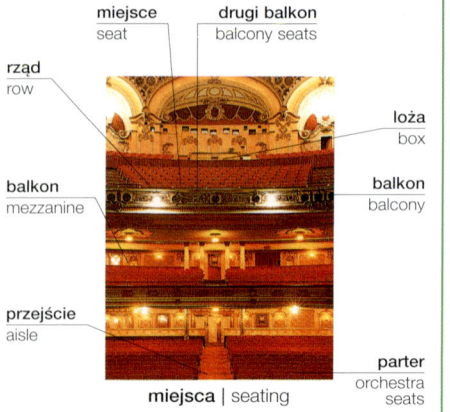

miejsce
seat
drugi balkon
balcony seats
rząd
row
loża
box
balkon
mezzanine
balkon
balcony
przejście
aisle
parter
orchestra seats

miejsca | seating

słowniczek • vocabulary

premiera
opening night

program
program

antrakt
intermission

sztuka
play

scenariusz
script

prospekt
backdrop

kanał dla orkiestry
orchestra pit

obsada
cast

aktor *m*
aktorka *f*
actor

reżyser *m*
reżyserka *f*
director

producent *m*
producentka *f*
producer

koncert | concert

musical | musical

kostium
costume

balet | ballet

słowniczek • vocabulary

muzyka klasyczna
classical music

partytura
musical score

ścieżka dźwiękowa
soundtrack

oklaskiwać
applaud (v)

bis
encore

bileter *m*
bileterka *f*
usher

O której godzinie się to zaczyna?
What time does it start?

Poproszę dwa bilety na dzisiejsze przedstawienie.
I'd like two tickets for tonight's performance.

opera | opera

kino • movies

popcorn
popcorn

kasa biletowa
box office

hol
lobby

plakat
poster

kino
movie theater

ekran
screen

słowniczek • vocabulary

komedia
comedy

romans
romance

film science fiction
science fiction movie

western
western

film przygodowy
adventure movie

film animowany
animated movie

thriller
thriller

horror
horror movie

orkiestra • orchestra

instrumenty strunowe • strings

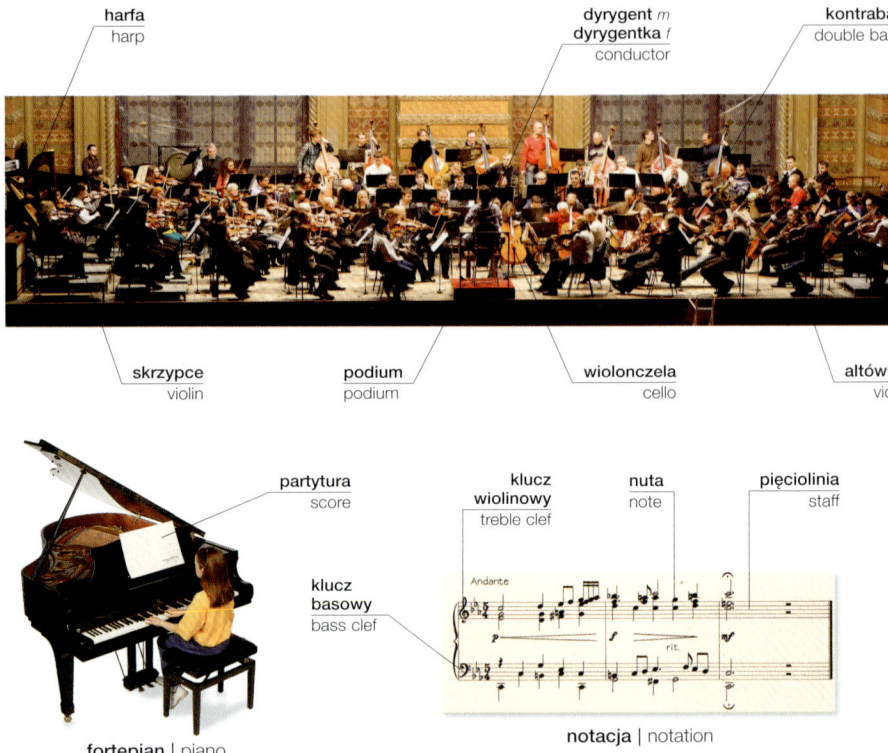

harfa
harp
dyrygent *m*
dyrygentka *f*
conductor
kontrabas
double bass
skrzypce
violin
podium
podium
wiolonczela
cello
altówka
viola

partytura
score

fortepian | piano

klucz wiolinowy
treble clef
nuta
note
pięciolinia
staff
klucz basowy
bass clef
Andante
rit.

notacja | notation

słowniczek • vocabulary

sonata sonata	**uwertura** overture	**gama** scale	**krzyżyk** sharp	**pauza** rest	**kasownik** natural
symfonia symphony	**instrumenty** instruments	**ton** pitch	**bemol** flat	**takt** bar	**batuta** baton

instrumenty dęte drewniane • woodwind

pikolo
piccolo

flet
flute

obój
oboe

rożek angielski
English horn

klarnet
clarinet

klarnet basowy
bass clarinet

fagot
bassoon

kontrafagot
double bassoon

saksofon
saxophone

instrumenty perkusyjne • percussion

kocioł
kettledrum

gong
gong

wibrafon
vibraphone

pedał nożny
foot pedal

bongosy
bongos

werbel
snare drum

talerze
cymbals

tamburyn
tambourine

trójkąt
triangle

marakasy
maracas

instrumenty dęte blaszane • brass

trąbka
trumpet

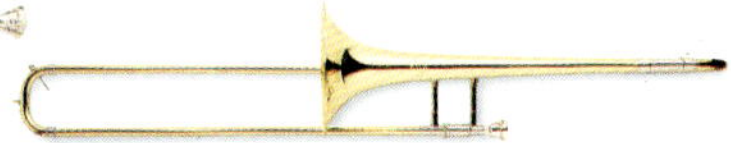
puzon
trombone

waltornia
French horn

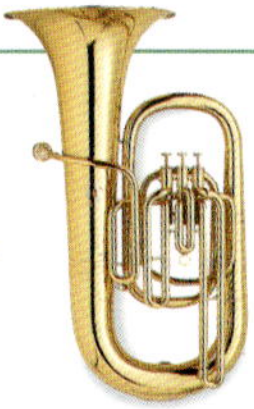
tuba
tuba

koncert • concert

głośnik
speaker
fani
fans
lider *m*
liderka *f*
lead singer
gitarzysta *m*
gitarzystka *f*
guitarist
mikrofon
microphone
perkusista *m*
perkusistka *f*
drummer

koncert rockowy | rock concert

instrumenty • instruments

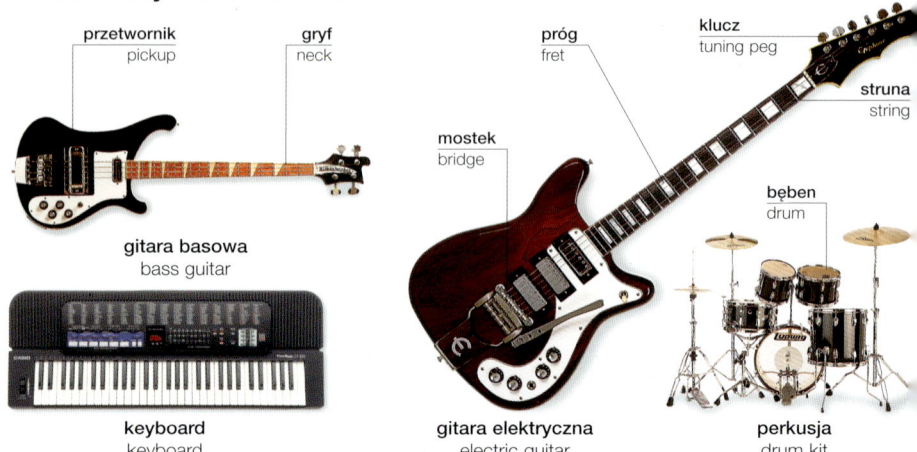

przetwornik
pickup
gryf
neck

gitara basowa
bass guitar

keyboard
keyboard

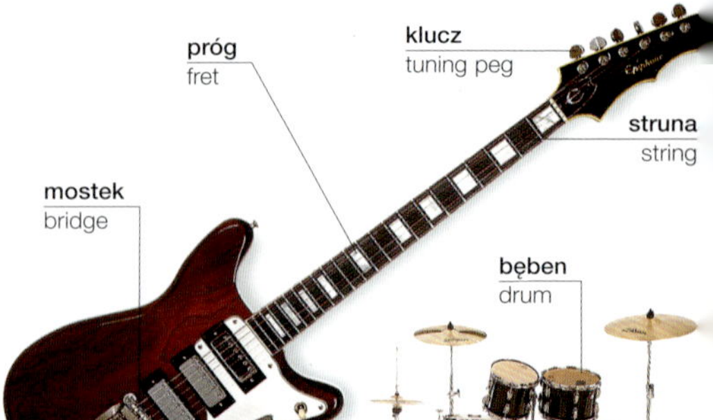
próg
fret
klucz
tuning peg
struna
string
mostek
bridge

gitara elektryczna
electric guitar

bęben
drum

perkusja
drum kit

style muzyczne • musical styles

jazz | jazz

blues | blues

gospel | gospel

muzyka folk | folk music

pop | pop

dance | dance music

rap | rap

heavy metal | heavy metal

muzyka klasyczna
classical music

słowniczek • vocabulary

piosenka
song

tekst
lyrics

melodia
melody

rytm
beat

reggae
reggae

country
country

reflektor
spotlight

zwiedzanie • sightseeing

turysta *m*
turystka *f*
tourist

atrakcja turystyczna | tourist attraction

trasa
itinerary
z otwartym dachem
open-top
This is an official London Sightseeing Bus.
LONDON
PRIDE

autobus wycieczkowy | tour bus

przewodnik *m*
przewodniczka *f*
tour guide

zwiedzanie z przewodnikiem
guided tour

statuetka
figurine

pamiątki
souvenirs

słowniczek • vocabulary

opłata za wstęp
entrance fee

otwarty *m* **/ -ta** *f* **/ -te** *n*
open

zamknięty *m* **/ -ta** *f* **/ -te** *n*
closed

aparat
camera

baterie
batteries

przewodnik
guidebook

audioprzewodnik
audioguide

wskazówki
directions

w lewo
left

w prawo
right

prosto
straight ahead

Gdzie jest… ?
Where is… ?

Zgubiłem się.
I'm lost.

Czy może mi pan / pani wskazać drogę do… ?
Can you tell me the way to… ?

atrakcje • attractions

obraz
painting

eksponat
exhibit

galeria sztuki
art gallery

posąg
statue

pomnik
monument

wystawa
exhibition

muzeum
museum

słynne ruiny
famous ruin

zabytkowy budynek
historic building

kasyno
casino

ogrody
gardens

park narodowy
national park

tinformacje • information

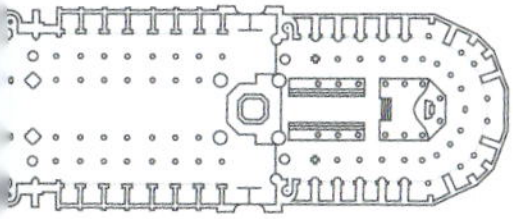

plan piętra
floor plan

mapa
map

godziny
times

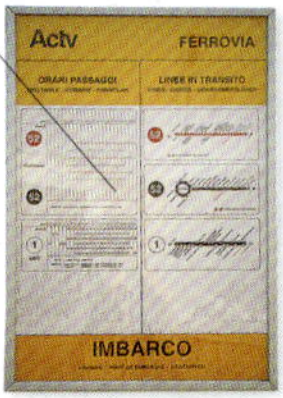

rozkład jazdy
schedule

biuro informacji turystycznej
tourist information

zajęcia na świeżym powietrzu • outdoor activities

chodnik
footpath

zegar słoneczny
sundial

kawiarnia
café

park | park

trawa
grass

ławka
bench

ogród francuski
formal gardens

kolejka górska
roller coaster

wesołe miasteczko
fairground

tematyczny park rozrywki
theme park

park safari
safari park

zoo
zoo

zajęcia • activities

jazda na rowerze
cycling

jogging
jogging

jazda na deskorolce
skateboarding

jazda na rolkach
rollerblading

obserwowanie ptaków
bird-watching

ścieżka do jazdy konnej
bridle path

jazda konna
horseback riding

piesze wędrówki
hiking

kosz
picnic basket

piknik
picnic

plac zabaw • playground

piaskownica
sandbox

basen nadmuchiwany
wading pool

huśtawka
swing

drabinki | climbing frame

huśtawka | seesaw

zjeżdżalnia | slide

plaża • beach

hotel
hotel

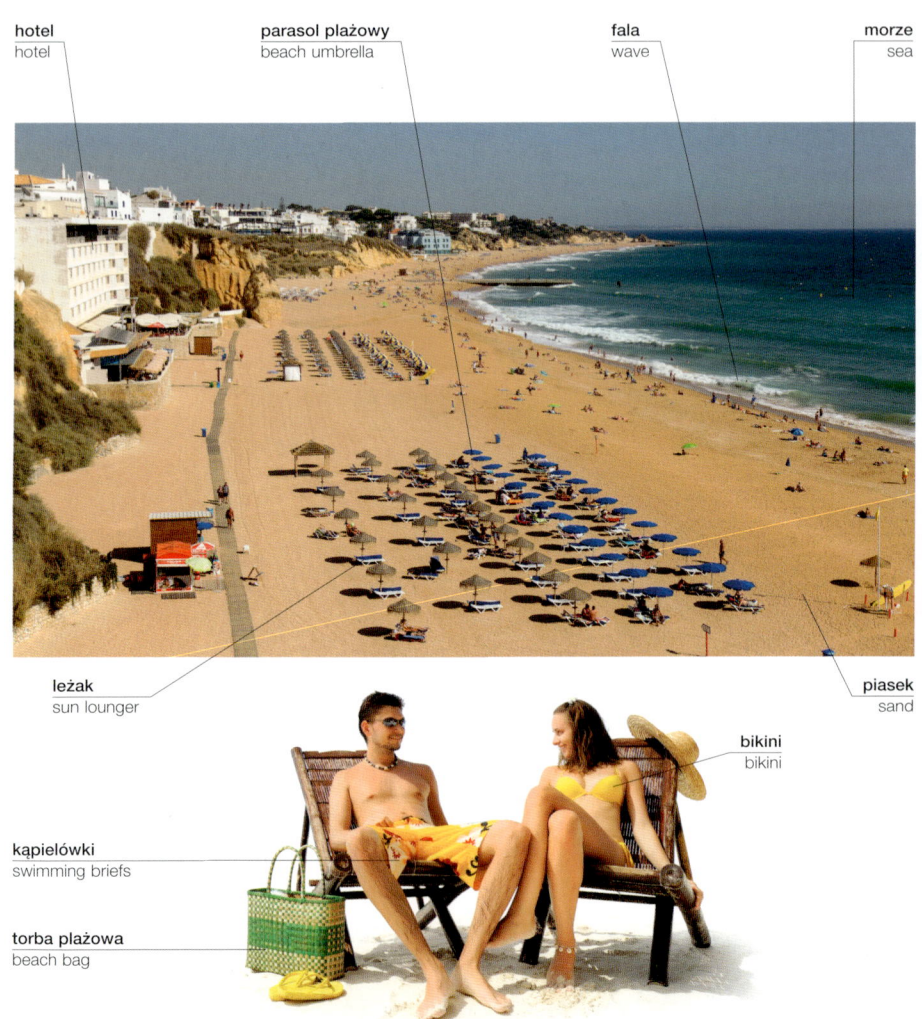

parasol plażowy
beach umbrella

fala
wave

morze
sea

leżak
sun lounger

piasek
sand

bikini
bikini

kąpielówki
swimming briefs

torba plażowa
beach bag

opalać się | sunbathe (v)

ratownik *m*
ratowniczka *f*
lifeguard

wieża ratownika
lifeguard tower

parawan plażowy
windbreak

promenada
boardwalk

leżak
deck chair

okulary przeciwsłoneczne
sunglasses

kapelusz od słońca
sun hat

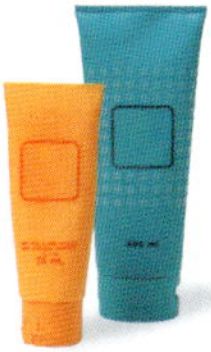

emulsja do opalania
suntan lotion

krem z wysokim filtrem przeciwsłonecznym
sunscreen

piłka plażowa
beach ball

koło dmuchane
inflatable ring

ręcznik plażowy
beach towel

kostium kąpielowy
swimsuit
łopatka
shovel
wiaderko
pail
zamek z piasku
sandcastle
muszla
shell

kemping • camping

toalety
restrooms
śmietnik
waste disposal
prysznice
shower block
podłączenie do prądu
electric hookup
tropik
rain fly
szpilka
tent peg
linka namiotowa
guy rope
przyczepa kempingowa
camper

pole kempingowe | campsite

słowniczek • vocabulary

kempingować
camp (v)

biuro kierownika
site manager's office

wolne miejsca
sites available

pełny
full

rozbić namiot
pitch a tent (v)

miejsce
site

maszt namiotu
tent pole

łóżko polowe
camp bed

ławka piknikowa
picnic bench

hamak
hammock

kamper
camper van

przyczepa kempingowa
trailer

rozpalić ogień
light a fire (v)

ognisko
campfire

węgiel drzewny
charcoal

podpałka
firelighter

stelaż
frame

mata wodoodporna
ground sheet

plecak
backpack

termos
vacuum flask

manierka
water bottle

namiot
tent

środek odstraszający owady
insect repellent

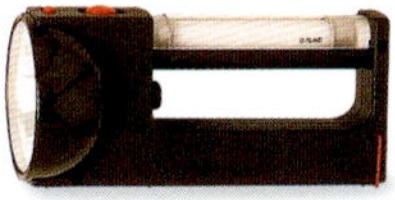

latarka
flashlight

moskitiera
mosquito net

odzież termoaktywna
thermal underwear

śpiwór
sleeping bag

buty turystyczne
hiking boots

odzież nieprzemakalna
rain gear

kuchenka turystyczna
camping stove

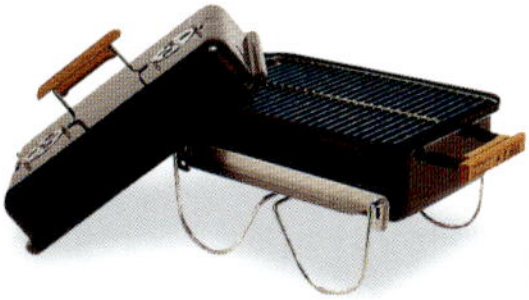

grill
barbecue grill

karimata
sleeping mat

materac nadmuchiwany | air mattress

rozrywka domowa • home entertainment

wzmacniacz
amplifier

głośnik
speaker

telewizor płaskoekranowy
flatscreen TV

podstawka pod głośnik
speaker stand

regulator głosu
volume

przewijanie do tyłu
rewind

przewijanie do przodu
fast-forward

start
play

pauza
pause

nagrywanie
record

stop
stop

pilot | remote control

odtwarzacz DVD
DVD player

stacja dokująca | dock

radio
radio

dekoder
DTV converter box

radio cyfrowe
digital radio

antena satelitarna
satellite dish

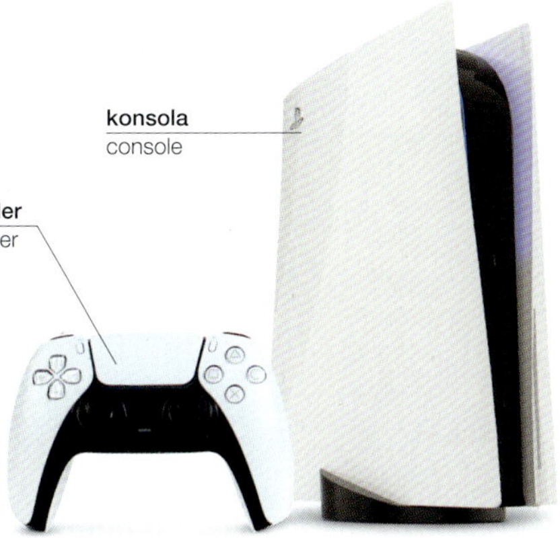
konsola
console
kontroler
controller

gra wideo | video game

osłona okularu
eyecup
ekran
screen

kamera
camcorder

15:35

inteligentny głośnik
smart speaker

głośnik bluetooth
Bluetooth speaker

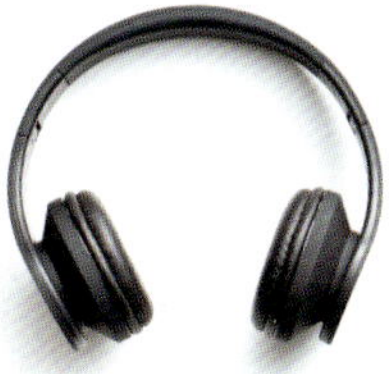

słuchawki
headphones

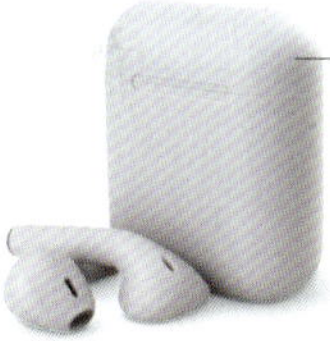
etui
case

słuchawki bezprzewodowe
wireless earphones

słowniczek • vocabulary

wi-fi
Wi-Fi

cyfrowy
digital

przesyłanie strumieniowe
streaming

program
program

wysoka rozdzielczość
high-definition

film fabularny pełnometrażowy
feature film

reklama
advertisement

telewizja kablowa
cable television

odtwarzacz CD
CD player

stereo
stereo

soundbar
soundbar

wyłączyć telewizor
turn off the television (v)

włączyć telewizor
turn on the television (v)

oglądać telewizję
watch television (v)

zmienić kanał
change channel (v)

telewizor smart TV
smart TV

karaoke
karaoke

fotografika • photography

wyzwalacz migawki
shutter release

regulator przysłony
aperture dial

obiektyw
lens

lustrzanka jednoobiektywowa | SLR camera

filtr
filter

osłona obiektywu
lens cap

flesz
flash gun

światłomierz
lightmeter

teleobiektyw
zoom lens

statyw
tripod

rodzaje aparatów fotograficznych • types of camera

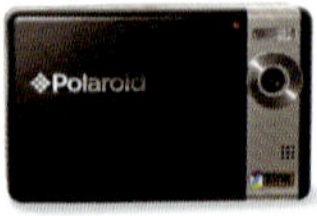

aparat polaroid
Polaroid camera

lampa błyskowa
flash

aparat cyfrowy
digital camera

telefon z aparatem
camera phone

aparat jednorazowy
disposable camera

fotografować • photograph (v)

ustawiać ostrość
focus (v)

wywoływać
develop (v)

negatyw
negative

selfie
selfie

pejzaż
landscape

portret
portrait

fotografia | photograph

album fotograficzny
photo album

ramka na zdjęcie
picture frame

problemy • problems

niedoświetlony
underexposed

prześwietlony
overexposed

nieostry
out of focus

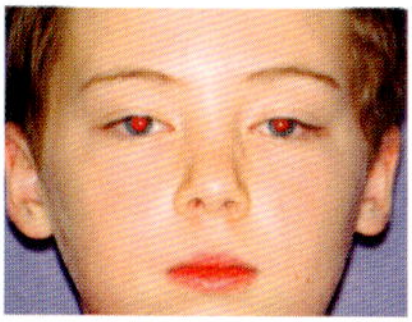
czerwone oko
red eye

słowniczek • vocabulary

wizjer
viewfinder

film
film

naświetlenie
exposure

futerał na aparat fotograficzny
camera case

odbitka
print

matowy
matte

błyszczący
gloss

powiększenie
enlargement

Chciałbym oddać ten film do wywołania. *m*
Chciałabym oddać ten film do wywołania. *f*
I'd like this film processed.

gry • games

szachownica
chessboard
czarny
black
biały
white
królowa
queen
król
king
goniec
bishop
pionek
pawn
wieża
rook
koń
knight

szachy
chess

pole
square
pionek
piece

warcaby | checkers

płytka
tile

scrabble | Scrabble

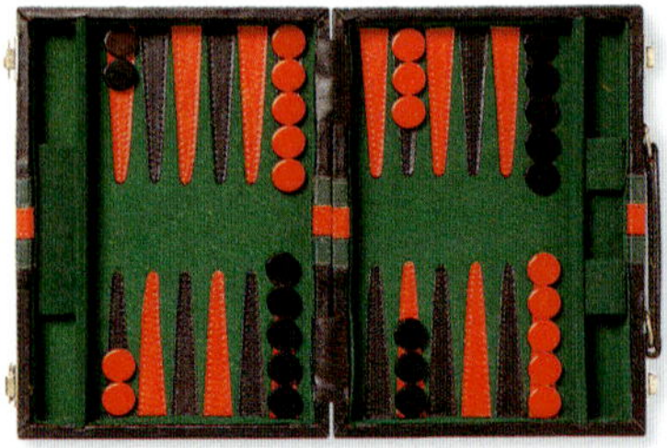

tryktrak | backgammon

pionek
counter
kostki
dice
monopol
Monopoly

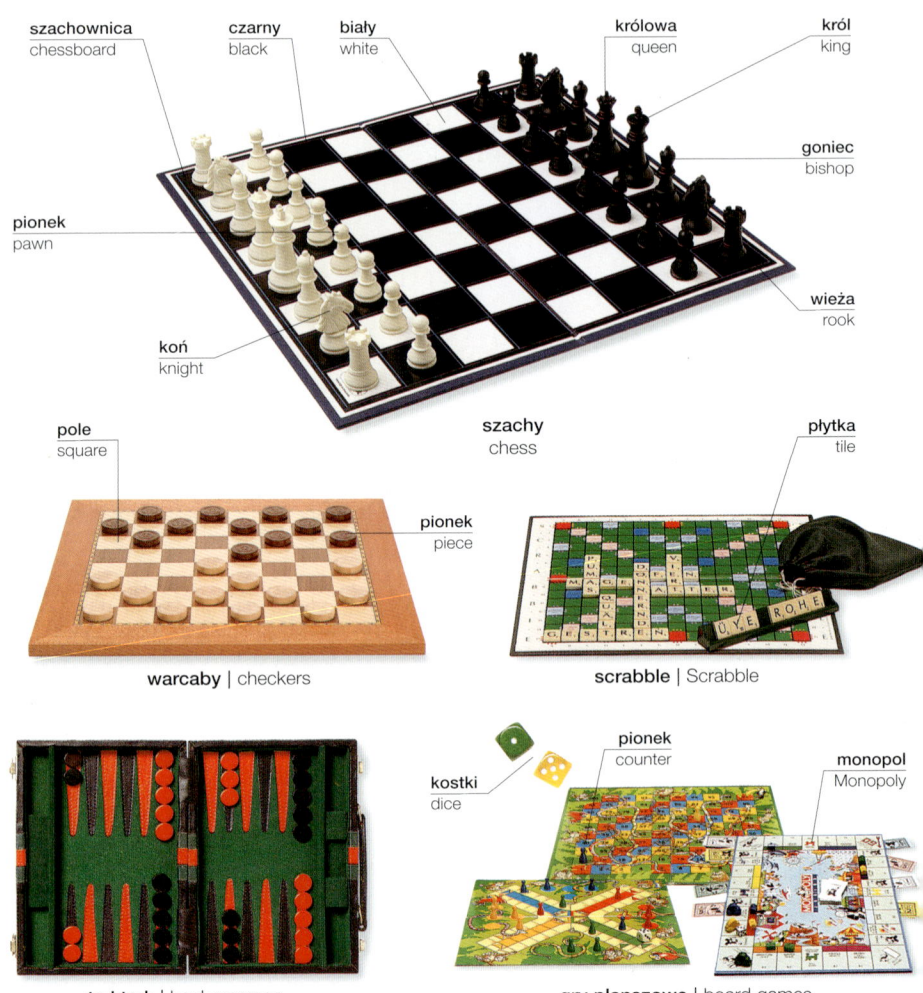

gry planszowe | board games

puzzle | jigsaw puzzle

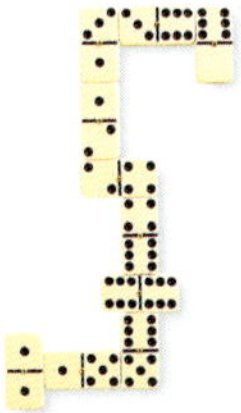

domino | dominoes

tarcza do gry w rzutki
dartboard
środek tarczy
bullseye

gra w rzutki | darts

dżoker
joker
walet
jack
dama
queen
król
king
as
ace
karo
diamond
pik
spade
kier
heart
trefl
club

karty | cards

tasować | shuffle (v)

rozdawać | deal (v)

słowniczek • vocabulary

gracz *m*
graczka *f*
player

zwycięzca *m*
zwyciężczyni *f*
winner

przegrany *m*
przegrana *f*
loser

grać
play (v)

wygrywać
win (v)

przegrywać
lose (v)

gra
game

ruch
move

wynik
score

poker
poker

punkt
point

zakład
bet

brydż
bridge

kolor
suit

talia kart
deck of cards

Rzuć kostką.
Roll the dice.

Czyja kolejka?
Whose turn is it?

Twój ruch.
It's your move.

rzemiosło artystyczne • arts and crafts (1)

artysta *m*
artystka *f*
artist
obraz
painting
sztaluga
easel
płótno
canvas
pędzel
brush
paleta
palette

malarstwo | painting

kolory • colors

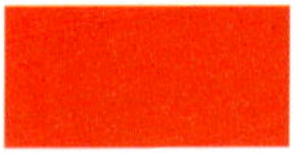
czerwony
red

niebieski
blue

żółty
yellow

zielony
green

pomarańczowy
orange

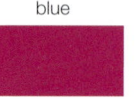

fioletowy
purple

biały
white

czarny
black

szary
gray

różowy
pink

brązowy
brown

indygo
indigo

farby • paints

farba olejna
oil paint

akwarela
watercolor paint

pastele
pastels

farba akrylowa
acrylic paint

farba plakatowa
poster paint

inne sztuki • other crafts

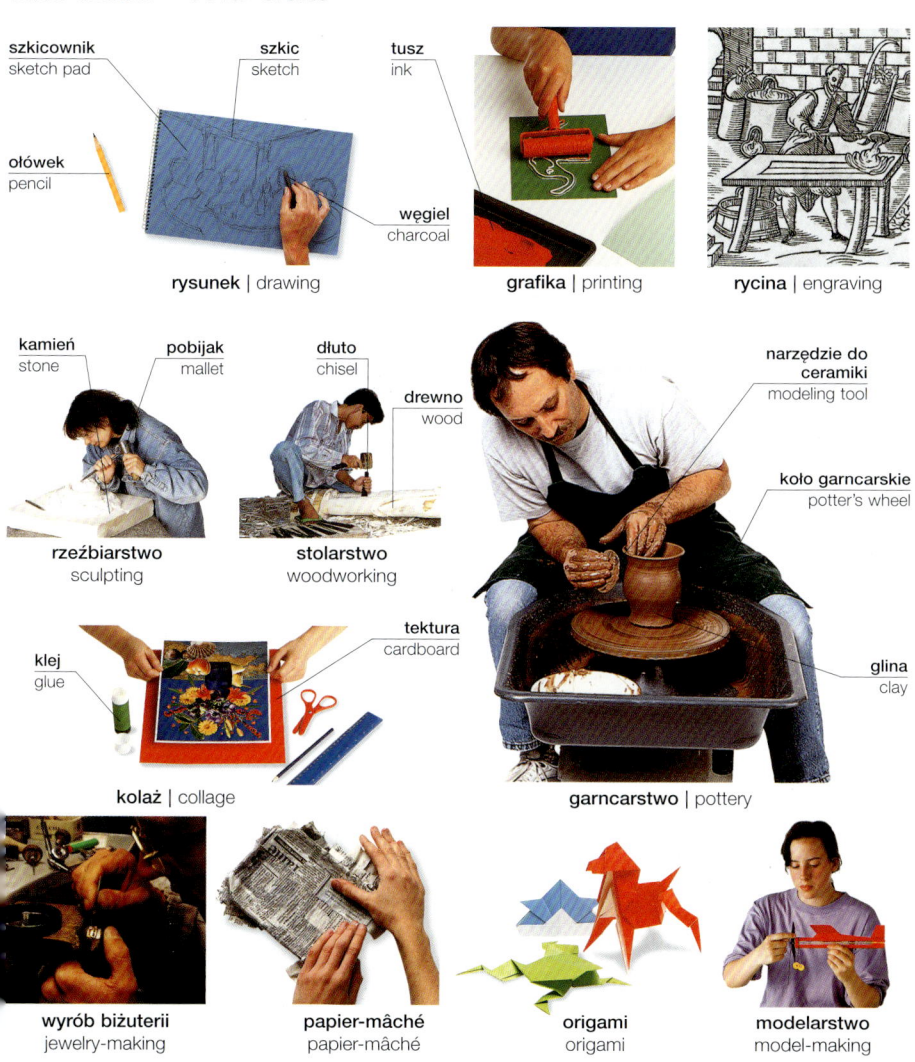

szkicownik
sketch pad
szkic
sketch
ołówek
pencil
węgiel
charcoal

rysunek | drawing

tusz
ink

grafika | printing

rycina | engraving

kamień
stone
pobijak
mallet

rzeźbiarstwo
sculpting

dłuto
chisel
drewno
wood

stolarstwo
woodworking

narzędzie do ceramiki
modeling tool
koło garncarskie
potter's wheel
glina
clay

garncarstwo | pottery

klej
glue
tektura
cardboard

kolaż | collage

wyrób biżuterii
jewelry-making

papier-mâché
papier-mâché

origami
origami

modelarstwo
model-making

rzemiosło artystyczne • arts and crafts (2)

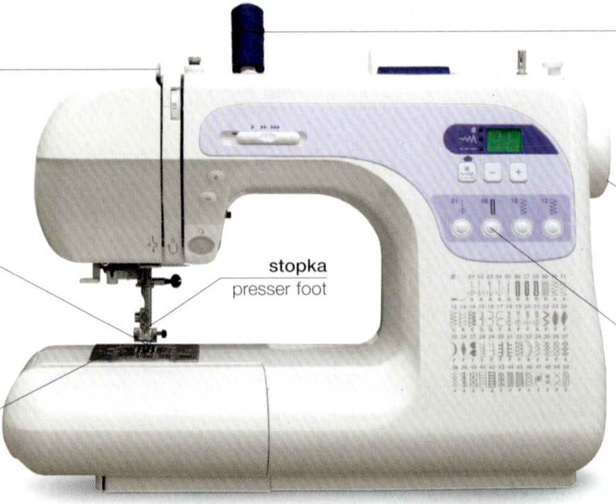
szpulka nici
spool of thread
prowadnik nici
thread guide
igła
needle
koło zamachowe
balance wheel
stopka
presser foot
selektor ściegów
stitch selector
płyta igłowa
needle plate

maszyna do szycia | sewing machine

nożyce
scissors

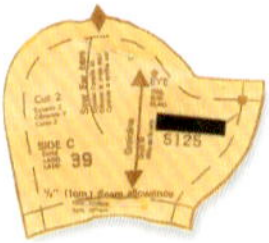

wykrój
pattern

poduszeczka do szpilek
pincushion
szpilka
pin

kosz na przybory do szycia
sewing basket

centymetr
tape measure

materiał
material

nić
thread

szpulka
bobbin

oczko
eye

haftka
hook

naparstek
thimble

kreda krawiecka
tailor's chalk

manekin krawiecki
tailor's form

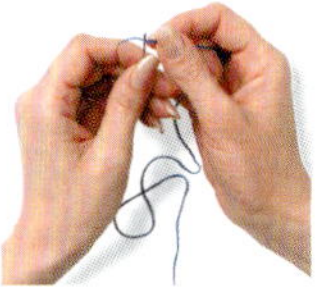

nawlekać
thread (v)

ścieg
stitch

szyć
sew (v)

cerować
darn (v)

fastrygować
tack (v)

ciąć
cut (v)

haft na kanwie
needlepoint

haft
embroidery

szydełko
crochet hook

szydełkowanie
crochet

makrama
macramé

patchwork
patchwork

pikowanie
quilting

klocek
lace bobbin

koronkarstwo
lacemaking

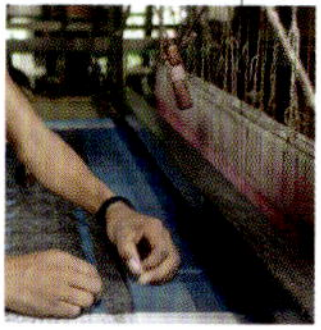
krosno
loom

tkactwo
weaving

drut
knitting needle

robienie na drutach
knitting

wełna
yarn

motek | skein

słowniczek • vocabulary

tkanina
fabric

bawełna
cotton

płótno lniane
linen

jedwab
silk

poliester
polyester

nylon
nylon

pruć
unpick (v)

zamek błyskawiczny
zipper

moda
fashion

projektant *m*
projektantka *f*
designer

środowisko
environment

przestrzeń kosmiczna • space

Merkury
Mercury
Ziemia
Earth
Mars
Mars
Jowisz
Jupiter
Uran
Uranus
Neptun
Neptune
Pluton
Pluto
Wenus
Venus
Słońce
sun
Księżyc
moon
Saturn
Saturn

Układ Słoneczny | solar system

galaktyka
galaxy

mgławica
nebula

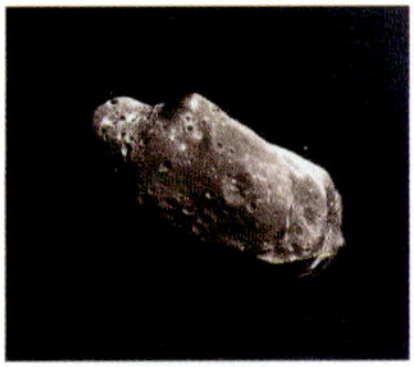

asteroida
asteroid

warkocz
tail
gwiazda
star

kometa
comet

słowniczek • vocabulary

wszechświat universe	**planeta** planet	**pełnia księżyca** full moon
czarna dziura black hole	**meteor** meteor	**nów księżyca** new moon
ciążenie gravity	**orbita** orbit	**sierp księżyca** crescent moon

zaćmienie | eclipse

badania kosmosu • space exploration

prom kosmiczny
space shuttle
rakieta nośna
booster
płyta wyrzutni rakietowej
launch pad

wystrzelenie
launch

skafander kosmiczny
space suit

astronauta *m*
astronautka *f*
astronaut

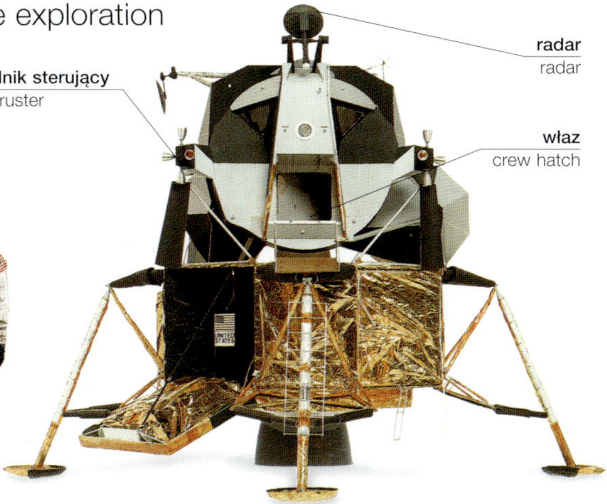
silnik sterujący
thruster
radar
radar
właz
crew hatch

lądownik księżycowy | lunar module

satelita
satellite

stacja kosmiczna
space station

astronomia • astronomy

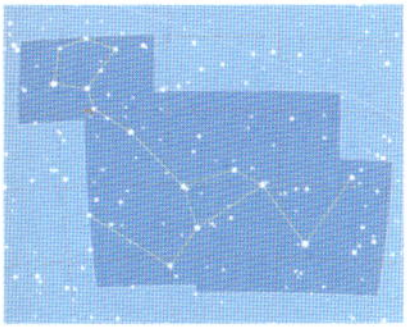

gwiazdozbiór
constellation

lornetka
binoculars

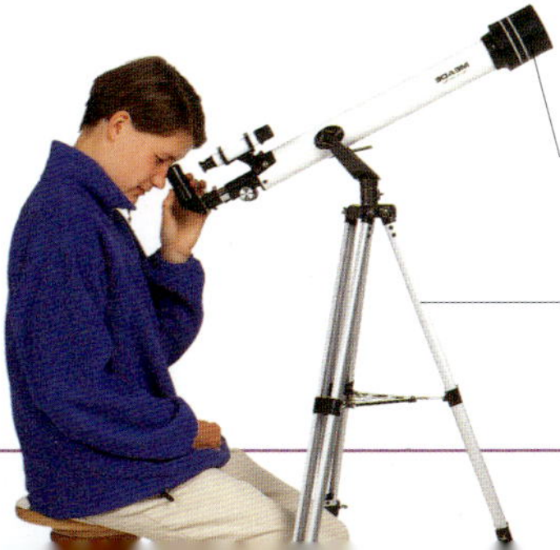
teleskop
telescope
statyw
tripod

Ziemia • Earth

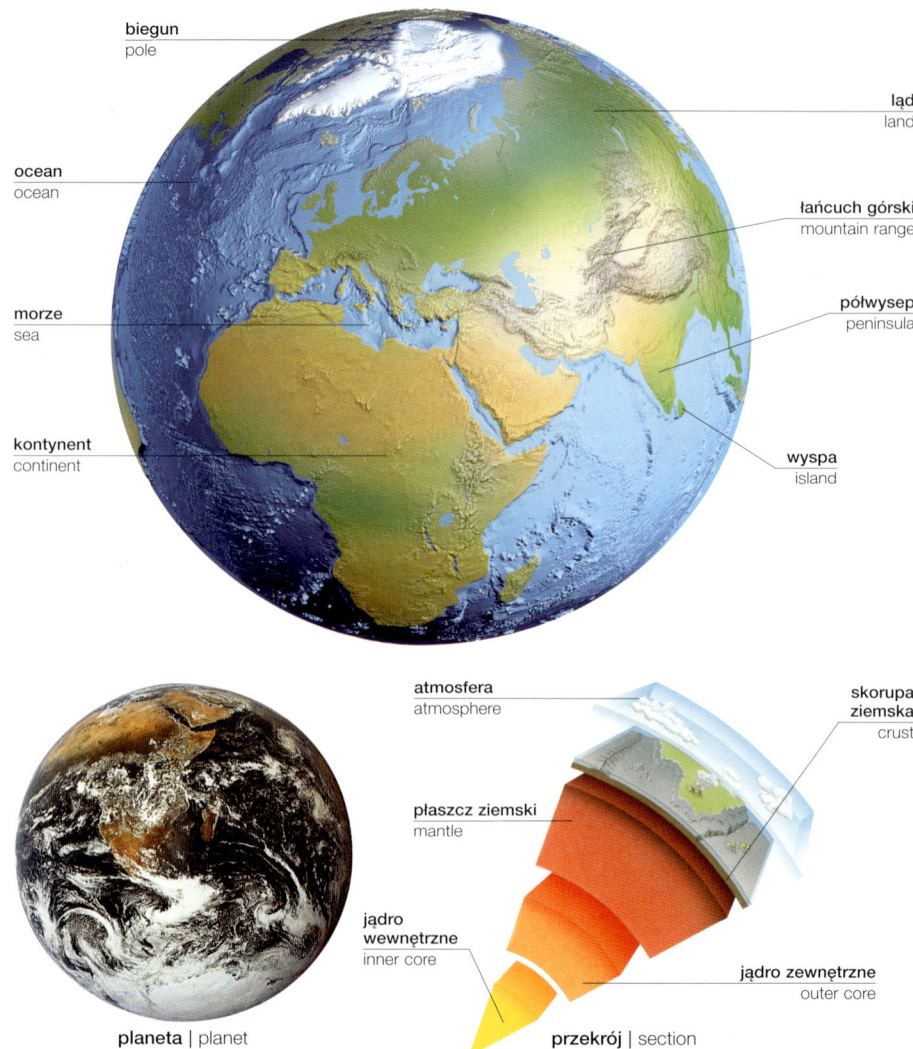

biegun
pole
ląd
land
ocean
ocean
łańcuch górski
mountain range
morze
sea
półwysep
peninsula
kontynent
continent
wyspa
island

planeta | planet

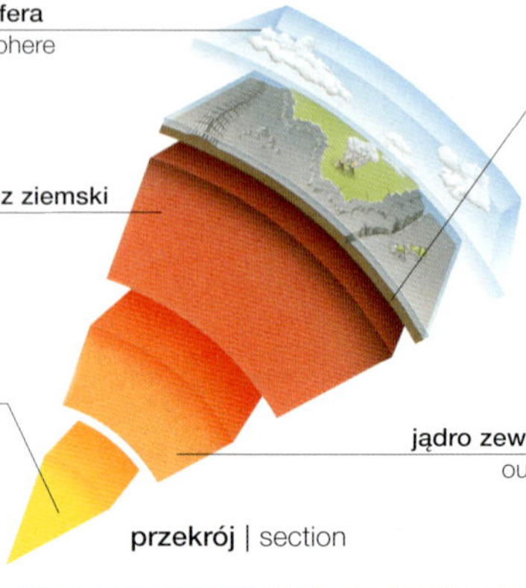
atmosfera
atmosphere
skorupa ziemska
crust
płaszcz ziemski
mantle
jądro wewnętrzne
inner core
jądro zewnętrzne
outer core

przekrój | section

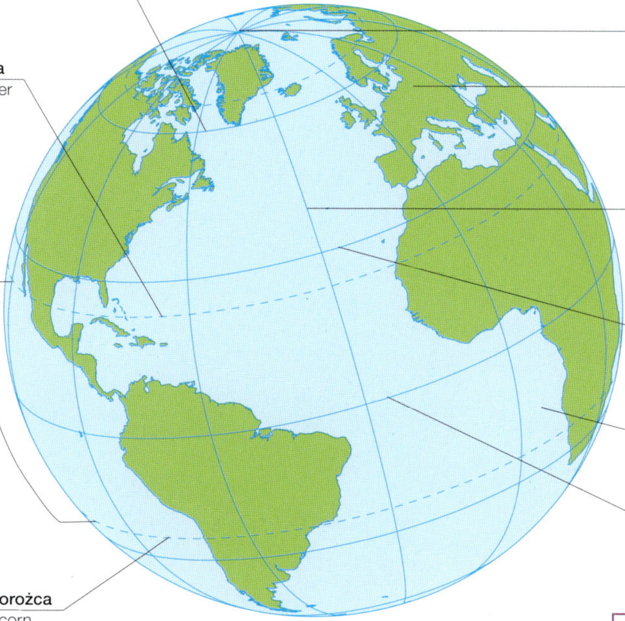

strefy | zones

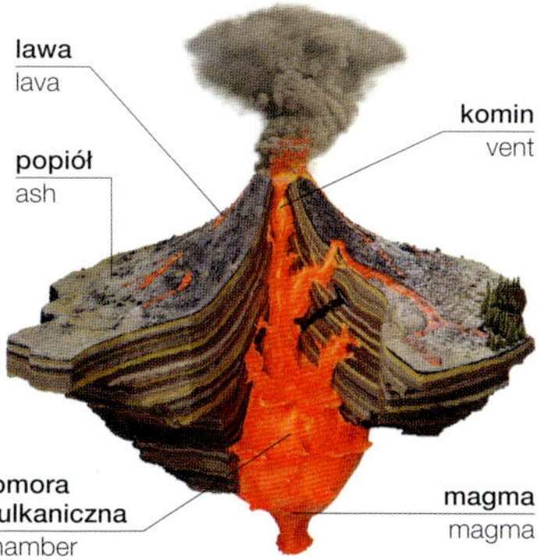

wulkan | volcano

krater | crater

słowniczek
vocabulary

płyta
plate

trzęsienie ziemi
earthquake

wstrząs
tremor

wybuchnąć
erupt (v)

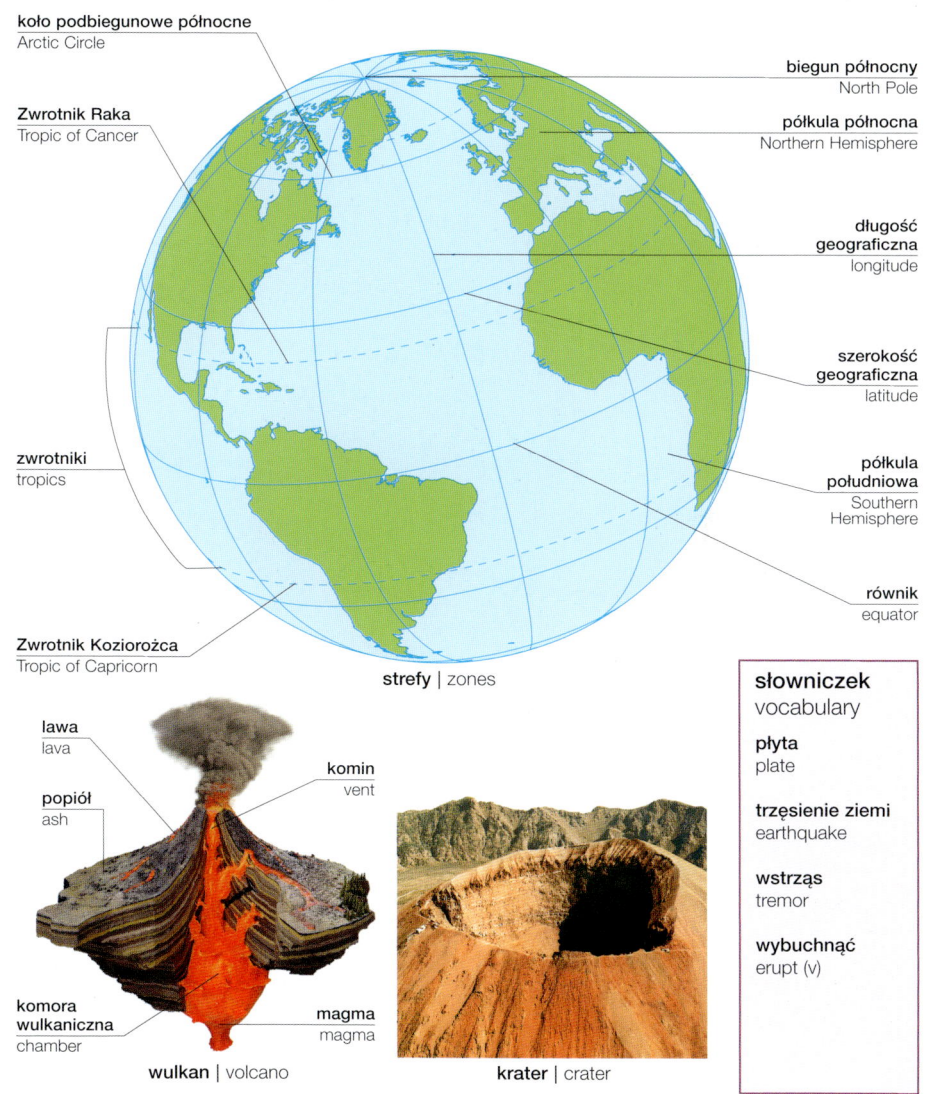

krajobraz • landscape

góra
mountain
stok
slope
brzeg
bank
rzeka
river
bystrza
rapids
skały
rocks

lodowiec
glacier

dolina | valley

wzgórze
hill

płaskowyż
plateau

wąwóz
gorge

jaskinia
cave

równina | plain

pustynia | desert

las | forest

las | woods

las deszczowy
rain forest

bagno
swamp

łąka
meadow

step
grassland

wodospad
waterfall

strumień
stream

jezioro
lake

gejzer
geyser

wybrzeże
coast

klif
cliff

rafa koralowa
coral reef

ujście rzeki
estuary

pogoda • weather

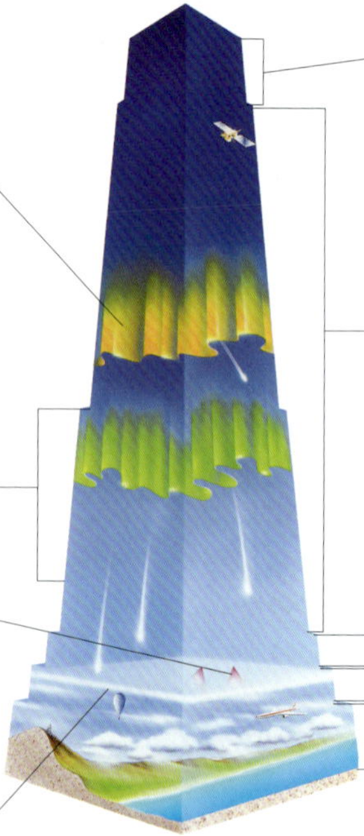
egzosfera
exosphere
zorza
aurora
termosfera
thermosphere
jonosfera
ionosphere
mezosfera
mesosphere
promienie ultrafioletowe
ultraviolet rays
stratosfera
stratosphere
warstwa ozonowa
ozone layer
troposfera
troposphere

atmosfera | atmosphere

słońce | sunshine

wiatr | wind

słowniczek • vocabulary

grzmot thunder	**słoneczny** sunny	**wietrzny** windy	**gorący** hot	**suchy** dry
grad hail	**pochmurny** cloudy	**wichura** gale	**zimny** cold	**mokry** wet
śnieg z deszczem sleet	**przelotny deszcz** shower	**temperatura** temperature	**ciepły** warm	**wilgotny** humid

Gorąco / zimno mi.
I'm hot / cold.

Pada deszcz.
It's raining.

Jest... stopni.
It's... degrees.

chmura | cloud

deszcz | rain

błyskawica
lightning

burza | storm

mgła | mist

mgła (gęsta) | fog

tęcza | rainbow

śnieg | snow

szron | frost

sopel
icicle

lód | ice

mróz | freeze

huragan | hurricane

tornado | tornado

monsun | monsoon

powódź | flood

skały • rocks

magmowe • igneous

granit
granite

obsydian
obsidian

bazalt
basalt

pumeks
pumice

osadowe • sedimentary

piaskowiec
sandstone

wapień
limestone

kreda
chalk

krzemień
flint

zlepieniec
conglomerate

węgiel
coal

metamorficzne
metamorphic

łupek (drobnoziarnisty)
slate

łupek
schist

gnejs
gneiss

marmur
marble

kamienie szlachetne • gems

rubin
ruby

akwamaryn
aquamarine

ametyst
amethyst

jadeit
jade

diament
diamond

gagat
jet

szmaragd
emerald

opal
opal

szafir
sapphire

kamień księżycowy
moonstone

granat
garnet

topaz
topaz

turmalin
tourmaline

minerały • minerals

kwarc
quartz

mika
mica

siarka
sulfur

hematyt
hematite

kalcyt
calcite

malachit
malachite

turkus
turquoise

onyks
onyx

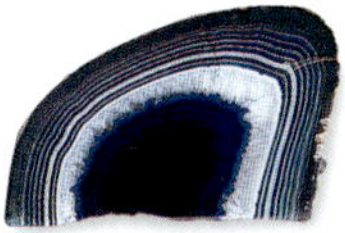
agat
agate

grafit
graphite

metale • metals

złoto
gold

srebro
silver

platyna
platinum

nikiel
nickel

żelazo
iron

miedź
copper

cyna
tin

aluminium
aluminum

rtęć
mercury

cynk
zinc

zwierzęta • animals (1)

ssaki • mammals

królik
rabbit

chomik
hamster

wąsy
whiskers

mysz
mouse

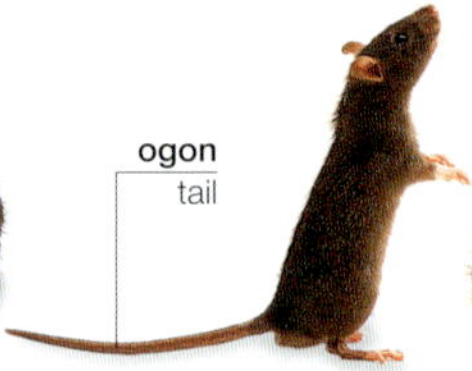
ogon
tail

szczur
rat

jeż
hedgehog

wiewiórka
squirrel

nietoperz
bat

szop pracz
raccoon

lis
fox

wilk
wolf

szczenię
puppy

pies
dog

kociak
kitten

kot
cat

wydra
otter

młode
pup

foka
seal

lew morski
sea lion

płetwa
flipper

mors
walrus

nozdrze
blowhole

wieloryb
whale

delfin
dolphin

jeleń
deer

zebra
zebra

żyrafa
giraffe

wielbłąd
camel

hipopotam
hippopotamus

słoń
elephant

nosorożec
rhinoceros

tygrys
tiger

lew
lion

małpa
monkey

goryl
gorilla

koala
koala

kangur
kangaroo

niedźwiedź
bear

niedźwiedź polarny
polar bear

panda
panda

zwierzęta • animals (2)

ptaki • birds

kanarek
canary

wróbel
sparrow

koliber
hummingbird

jaskółka
swallow

wrona
crow

gołąb
pigeon

dzięcioł
woodpecker

sokół
falcon

sowa
owl

mewa
gull

orzeł
eagle

pelikan
pelican

flaming
flamingo

bocian
stork

żuraw
crane

pingwin
penguin

struś
ostrich

gęś | goose

łabędź
swan

paw
peacock

bażant
pheasant

indyk
turkey

kakadu
cockatoo

dziób
beak

pióro
feather

skrzydło
wing

szpon
claw

papuga
parrot

gady • reptiles

tarcze rogowe
scales

aligator
alligator

jaszczurka
lizard

iguana
iguana

skorupa
shell

żółw wodny
turtle

żółw lądowy
tortoise

wąż
snake

pysk
snout

krokodyl
crocodile

zwierzęta • animals (3)

płazy • amphibians

żaba
frog

ropucha
toad

kijanka
tadpole

salamandra
salamander

ryby • fish

węgorz
eel

rekin
shark

konik morski
seahorse

płaszczka
skate

raja
ray

złota rybka
goldfish

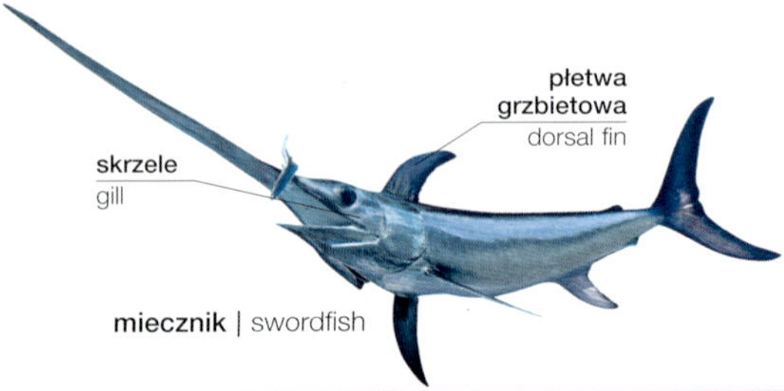
płetwa grzbietowa
dorsal fin
skrzele
gill

miecznik | swordfish

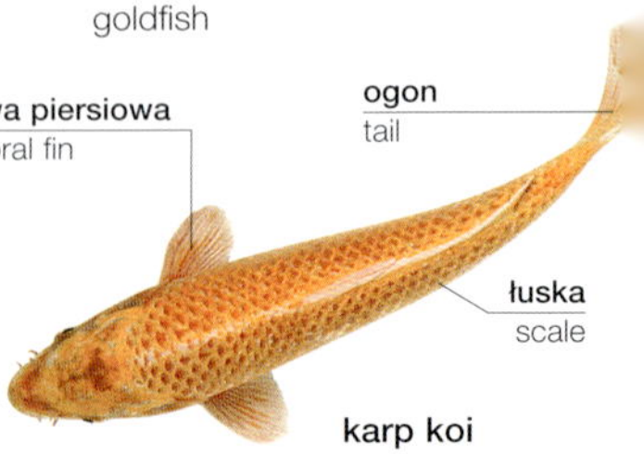
płetwa piersiowa
pectoral fin
ogon
tail
łuska
scale

karp koi
koi

bezkręgowce • invertebrates

mrówka
ant

termit
termite

pszczoła
bee

osa
wasp

chrząszcz
beetle

karaluch
cockroach

ćma
moth

czułek
antenna

motyl
butterfly

kokon
cocoon

gąsienica
caterpillar

świerszcz | cricket

konik polny
grasshopper

modliszka
praying mantis

kolec
jadowy
sting

skorpion
scorpion

parecznik
centipede

ważka
dragonfly

mucha
fly

komar
mosquito

biedronka
ladybug

pająk
spider

ślimak nagi
slug

ślimak
snail

robak
worm

rozgwiazda
starfish

małż
mussel

krab
crab

homar
lobster

ośmiornica
octopus

kałamarnica
squid

meduza
jellyfish

rośliny • plants

drzewo • tree

gałąź
branch
kora
bark
korzeń
root
pień
trunk

dąb | oak

liść
leaf
gałązka
twig

wierzba
willow

topola
poplar

eukaliptus
eucalyptus

modrzew
larch

buk
beech

brzoza
birch

sosna
pine

cedr
cedar

klon
maple

wiąz
elm

lipa
lime

jagoda
berry

ostrokrzew
holly

palma
palm

roślina kwitnąca • flowering plant

kwiat
flower
pręcik
stamen
płatek
petal
kielich
calyx
ogonek liściowy
stalk
łodyga
stem
pąk
bud

jaskier
buttercup

margerytka
daisy

oset
thistle

mlecz
dandelion

wrzos
heather

mak
poppy

naparstnica
foxglove

kapryfolium
honeysuckle

słonecznik
sunflower

koniczyna
clover

dzwonki
bluebells

pierwiosnek
primrose

łubiny
lupines

pokrzywa
nettle

miasto • city

uliczka
alley
blok mieszkalny
apartment building
ulica
street
słupek
barrier
sklep
store
plac
square
róg ulicy
street corner
latarnia uliczna
streetlight
krawężnik
curb
chodnik
sidewalk
parking
parking lot
ruch jednokierunkowy
one-way system

budynki • buildings

ratusz
town hall

biblioteka
library

kino
movie theater

teatr
theater

uniwersytet
university

szkoła
school

drapacz chmur
skyscraper

obszary • areas

strefa przemysłowa
industrial park

centrum miasta
downtown

dzielnica podmiejska
suburb

miasteczko
village

słowniczek • vocabulary

aleja
avenue

boczna uliczka
side street

rynsztok
gutter

studzienka
drain

studzienka włazowa
manhole

przystanek autobusowy
bus stop

strefa piesza
pedestrian zone

biurowiec
office building

fabryka
factory

kościół
church

architektura • architecture

budynki i konstrukcje • buildings and structures

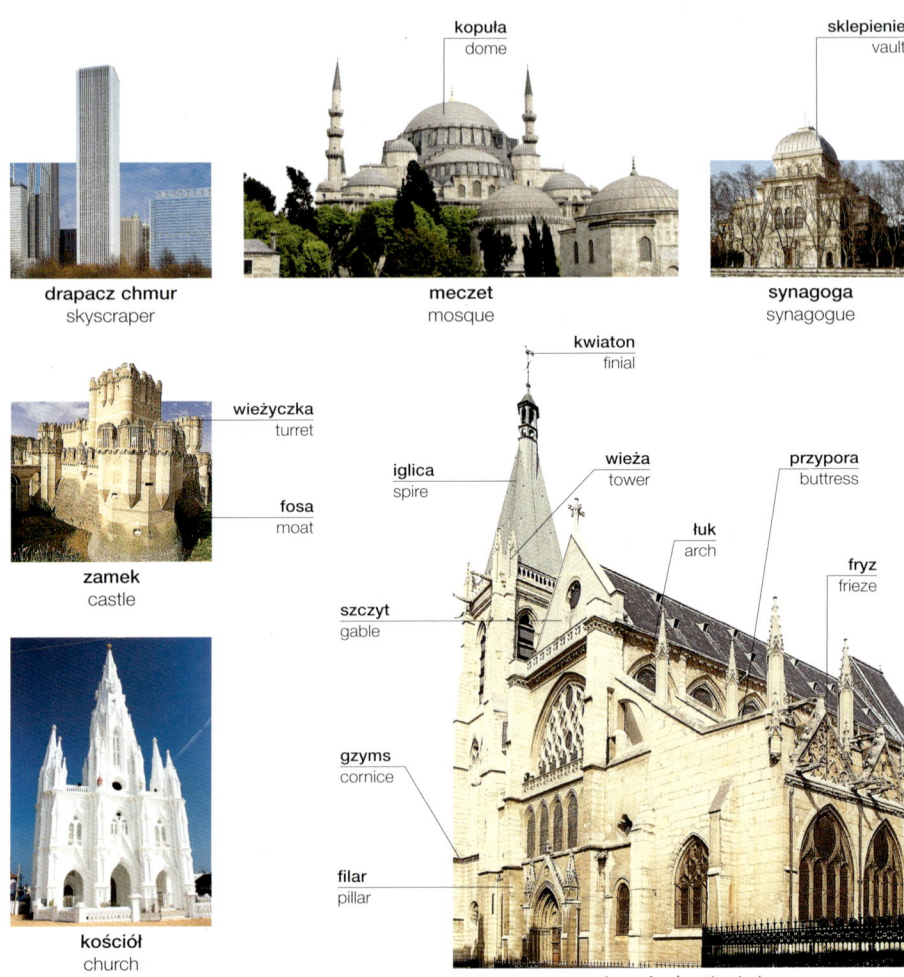

drapacz chmur
skyscraper

kopuła
dome

meczet
mosque

sklepienie
vault

synagoga
synagogue

wieżyczka
turret
fosa
moat

zamek
castle

kościół
church

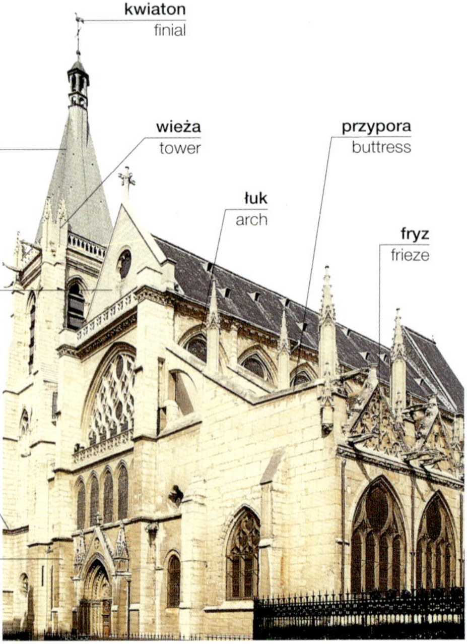
kwiaton
finial
iglica
spire
wieża
tower
przypora
buttress
łuk
arch
fryz
frieze
szczyt
gable
gzyms
cornice
filar
pillar

katedra | cathedral

świątynia | temple

zapora
dam

most
bridge

style • styles

gotyk | Gothic

architraw
architrave

renesans
Renaissance

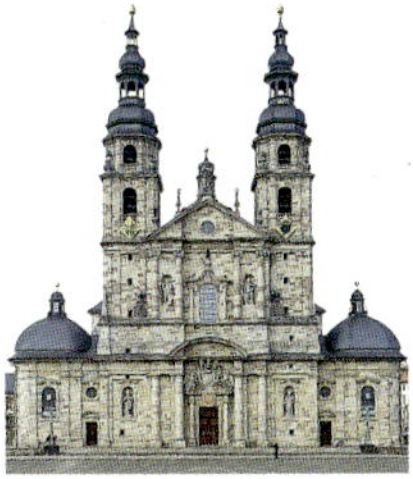

barok
Baroque

prezbiterium
choir

rokoko
Rococo

fronton
pediment

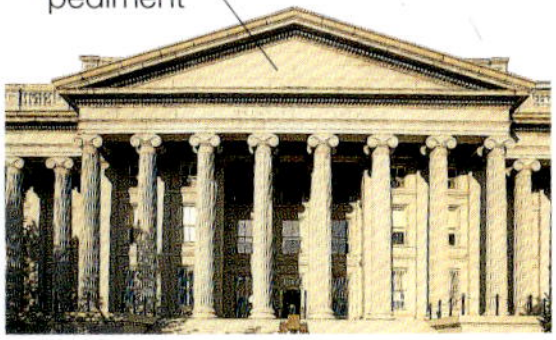

neoklasyczny
Neoclassical

secesja
Art Nouveau

art deco
Art Deco

KING FREDERICK VIII LAND
Glacial period ice, average elevation 7,000 feet
30°W
60°
75°N.
Jan Mayen (Nor.)
Petermann Pk. 9,646
Danborg
BAFFIN BAY
Nuussuaq (Kraulshavn)
GREENLAND
(KALAALLIT NUNAAT) (Den.)
Upernavik
Clyde River
KING CHRISTIAN IX LAND
Denmark Strait
Isafjordur
Akureyri
Qeqertarsuaq (Godhavn)
Mt. Forel 11,024
Arctic
FAEROE IS (Den.)
Olafsvik
Reykjavik
Hekla (Vol.) 4,892
ICELAND
Surtsey
Ammassalik
Kangaamiut
Nuuk (Godthaab)
Tingmiarmiut
Paamiut (Frederikshab)
Rockall
Alluitsup Paa (Sydproven)
60°
Cape Farewell (Nunap Isua)
Viking Longship
Leif Eriksson
1000 A.D.
NEWFOUNDLAND AND LABRADOR
Goose Bay
NEWFOUNDLAND
St. John's
3,046
GRAND

informacje
reference

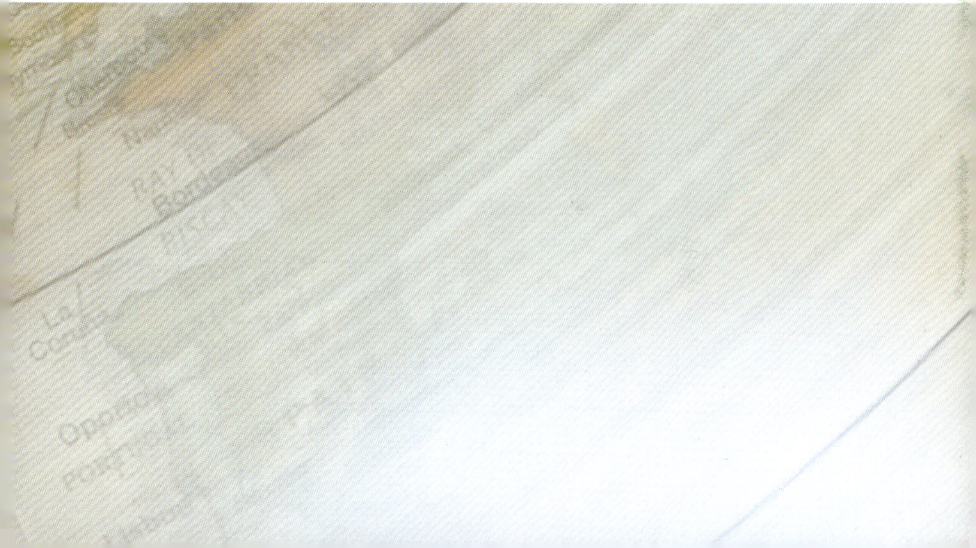

czas • time

wskazówka minutowa
minute hand
wskazówka godzinowa
hour hand
sekundnik
second hand

zegar
clock

słowniczek • vocabulary

sekunda second	**teraz** now	**dwadzieścia minut** twenty minutes
minuta minute	**później** later	**pół godziny** half an hour
godzina hour	**kwadrans** a quarter of an hour	**czterdzieści minut** forty minutes

Która godzina?
What time is it?

Jest trzecia.
It's three o'clock.

pięć po pierwszej
five past one

dziesięć po pierwszej
ten past one

piętnaście po pierwszej
quarter past one

13:20

dwadzieścia po pierwszej
twenty past one

dwadzieścia pięć po pierwszej
twenty-five past one

13:30

wpół do drugiej
one thirty

za dwadzieścia pięć druga
twenty-five to two

za dwadzieścia druga
twenty to two

za piętnaście druga
quarter to two

za dziesięć druga
ten to two

13:55

za pięć druga
five to two

druga
two o'clock

noc i dzień • night and day

północ | midnight

wschód słońca | sunrise

świt | dawn

poranek | morning

zachód słońca
sunset

południe
noon

zmierzch | dusk

wieczór | evening

popołudnie | afternoon

słowniczek • vocabulary

wcześnie
early

późno
late

na czas
on time

Bądź punktualnie.
Please be on time.

Jesteś (za) wcześnie.
You're early.

Spóźniłeś się. *m*
Spóźniłaś się. *f*
You're late.

Niedługo tam będę.
I'll be there soon.

Do zobaczenia później.
I'll see you later.

Robi się późno.
It's getting late.

O której godzinie się to zaczyna?
What time does it start?

O której godzinie się to kończy?
What time does it end?

Jak długo to potrwa?
How long will it last?

kalendarz • calendar

miesiąc
month

rok
year

styczeń
January

2029

dzień
day

poniedziałek Monday · **wtorek** Tuesday · **środa** Wednesday · **czwartek** Thursday · **piątek** Friday · **sobota** Saturday · **niedziela** Sunday

dzień powszedni
workday

1	2	3	4	5	6	7
8	9	10	11	12	13	14
15	16	17	18	19	20	21

tydzień
week

data
date

wczoraj
yesterday

dzisiaj
today

jutro
tomorrow

weekend
weekend

słowniczek • vocabulary

styczeń
January

luty
February

marzec
March

kwiecień
April

maj
May

czerwiec
June

lipiec
July

sierpień
August

wrzesień
September

październik
October

listopad
November

grudzień
December

lata • years

1900 **tysiąc dziewięćsetny** • nineteen hundred

1901 **tysiąc dziewięćset pierwszy** • nineteen oh one

1910 **tysiąc dziewięćset dziesiąty** • nineteen ten

2000 **dwutysięczny** • two thousand

2001 **dwa tysiące pierwszy** • two thousand and one

pory roku • seasons

wiosna
spring

lato
summer

jesień
fall

zima
winter

słowniczek • vocabulary

tysiąclecie
millennium

wiek
century

dekada
decade

dwa tygodnie
two weeks

w zeszłym tygodniu
last week

w tym tygodniu
this week

w przyszłym tygodniu
next week

przedwczoraj
the day before yesterday

pojutrze
the day after tomorrow

(co)roczny *m* **/ -na** *f* **/ -ne** *n*
annual

(co)miesięczny *m* **/ -na** *f* **/ -ne** *n*
monthly

(co)tygodniowy *m* **/ -wa** *f* **/ -we** *n*
weekly

Który dziś jest?
What's the date today?

Jest siódmy lutego.
It's February the seventh.

liczby • numbers

0	**zero** • zero
1	**jeden** • one
2	**dwa** • two
3	**trzy** • three
4	**cztery** • four
5	**pięć** • five
6	**sześć** • six
7	**siedem** • seven
8	**osiem** • eight
9	**dziewięć** • nine
10	**dziesięć** • ten
11	**jedenaście** • eleven
12	**dwanaście** • twelve
13	**trzynaście** • thirteen
14	**czternaście** • fourteen
15	**piętnaście** • fifteen
16	**szesnaście** • sixteen
17	**siedemnaście** • seventeen
18	**osiemnaście** • eighteen
19	**dziewiętnaście** • nineteen
20	**dwadzieścia** • twenty
21	**dwadzieścia jeden** • twenty-one
22	**dwadzieścia dwa** • twenty-two
30	**trzydzieści** • thirty
40	**czterdzieści** • forty
50	**pięćdziesiąt** • fifty
60	**sześćdziesiąt** • sixty
70	**siedemdziesiąt** • seventy
80	**osiemdziesiąt** • eighty
90	**dziewięćdziesiąt** • ninety
100	**sto** • one hundred
110	**sto dziesięć** • one hundred and ten
200	**dwieście** • two hundred
300	**trzysta** • three hundred
400	**czterysta** • four hundred
500	**pięćset** • five hundred
600	**sześćset** • six hundred
700	**siedemset** • seven hundred
800	**osiemset** • eight hundred
900	**dziewięćset** • nine hundred

1,000	**tysiąc** • one thousand
10,000	**dziesięć tysięcy** • ten thousand
20,000	**dwadzieścia tysięcy** • twenty thousand
50,000	**pięćdziesiąt tysięcy** • fifty thousand
55,500	**pięćdziesiąt pięć tysięcy pięćset** • fifty-five thousand five hundred
100,000	**sto tysięcy** • one hundred thousand
1,000,000	**milion** • one million
1,000,000,000	**miliard** • one billion

pierwszy *m* / **-sza** *f* / **-sze** *n*
first

drugi *m* / **-ga** *f* / **-gie** *n*
second

trzeci *m* / **-cia** *f* / **-cie** *n*
third

czwarty *m* / **-ta** *f* / **-te** *n*
fourth

piąty *m* / **-ta** *f* / **-te** *n*
fifth

szósty *m* / **-ta** *f* / **-te** *n*
sixth

siódmy *m* / **-ma** *f* / **-me** *n*
seventh

ósmy *m* / **-ma** *f* / **-me** *n*
eighth

dziewiąty *m* / **-ta** *f* / **-te** *n*
ninth

dziesiąty *m* / **-ta** *f* / **-te** *n*
tenth

jedenasty *m* / **-ta** *f* / **-te** *n*
eleventh

dwunasty *m* / **-ta** *f* / **-te** *n*
twelfth

trzynasty *m* / **-ta** *f* / **-te** *n*
thirteenth

czternasty *m* / **-ta** *f* / **-te** *n*
fourteenth

piętnasty *m* / **-ta** *f* / **-te** *n*
fifteenth

szesnasty *m* / **-ta** *f* / **-te** *n*
sixteenth

siedemnasty *m* / **-ta** *f* / **-te** *n*
seventeenth

osiemnasty *m* / **-ta** *f* / **-te** *n*
eighteenth

dziewiętnasty *m* / **-ta** *f* / **-te** *n*
nineteenth

dwudziesty *m* / **-ta** *f* / **-te** *n*
twentieth

dwudziesty *m* / **-ta** *f* / **-te** *n* **pierwszy** *m* / **-sza** *f* / **-sze** *n*
twenty-first

dwudziesty *m* / **-ta** *f* / **-te** *n* **drugi** *m* / **-ga** *f* / **-gie** *n*
twenty-second

dwudziesty *m* / **-ta** *f* / **-te** *n* **trzeci** *m* / **-cia** *f* / **-cie** *n*
twenty-third

trzydziesty *m* / **-ta** *f* / **-te** *n*
thirtieth

czterdziesty *m* / **-ta** *f* / **-te** *n*
fortieth

pięćdziesiąty *m* / **-ta** *f* / **-te** *n*
fiftieth

sześćdziesiąty *m* / **-ta** *f* / **-te** *n*
sixtieth

siedemdziesiąty *m* / **-ta** *f* / **-te** *n*
seventieth

osiemdziesiąty *m* / **-ta** *f* / **-te** *n*
eightieth

dziewięćdziesiąty *m* / **-ta** *f* / **-te** *n*
ninetieth

setny *m* / **-na** *f* / **-ne** *n*
(one) hundredth

wagi i miary • weights and measures

powierzchnia
area

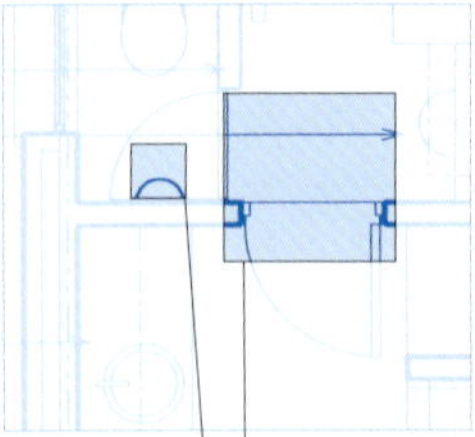
stopa kwadratowa
square foot
metr kwadratowy
square meter

odległość
distance

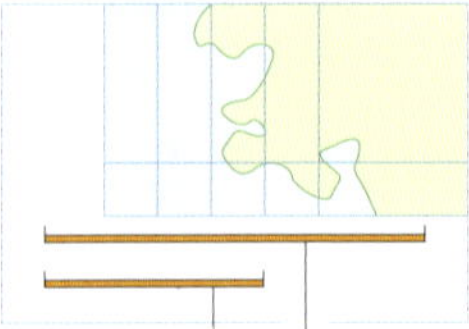
kilometr
kilometer
mila
mile

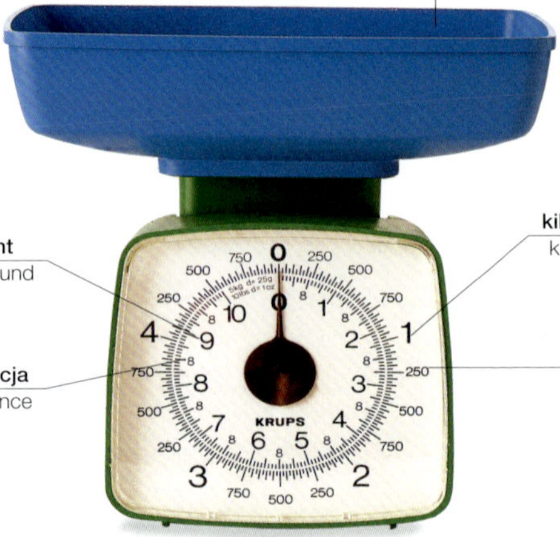
szalka
pan
funt
pound
uncja
ounce
kilogram
kilogram
gram
gram
KRUPS

waga | scale

słowniczek • vocabulary

jard
yard

metr
meter

miligram
milligram

tona (metryczna)
ton

mierzyć
measure (v)

ważyć
weigh (v)

długość • length

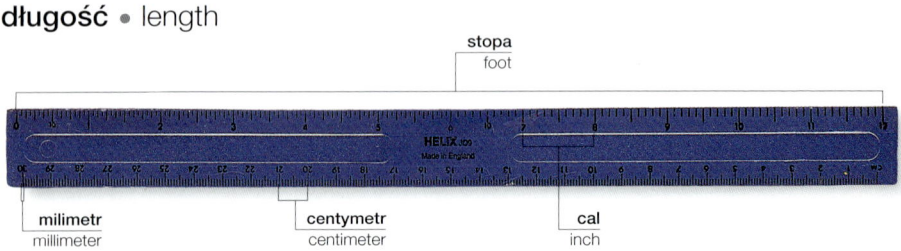

stopa
foot
HELIX
Made in England
milimetr
millimeter
centymetr
centimeter
cal
inch

pojemność • capacity

pół litra
half-liter

pół kwarty
pint

objętość
volume

mililitr
milliliter

miarka kuchenna | measuring cup

miarka do cieczy | liquid measure

słowniczek
vocabulary

galon
gallon

kwarta
quart

litr
liter

pojemnik • container

karton
carton

paczka
packet

butelka
bottle

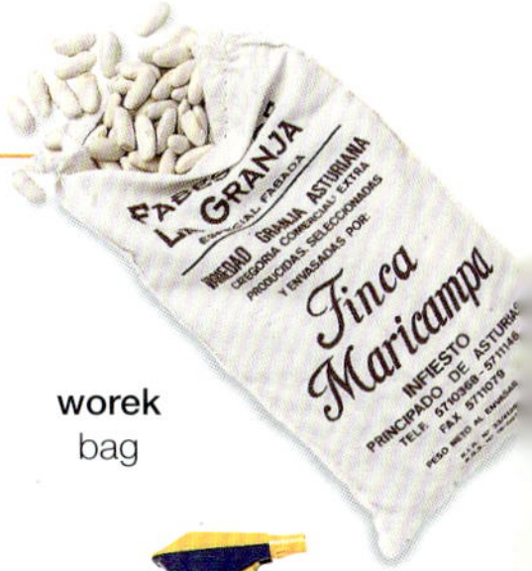

worek
bag

pudełko | tub

słoik | jar

puszka | tin

rozpylacz | spray bottle

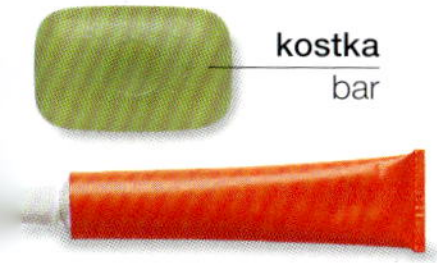

kostka
bar

tubka
tube

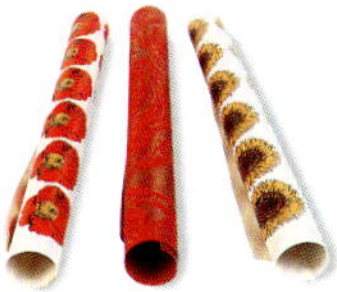

rolka
roll

puszka
can

aerozol
spray can

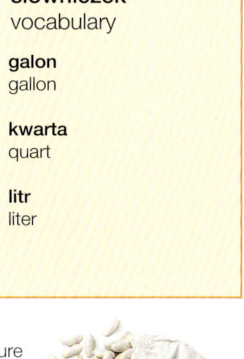

mapa świata • world map

Morze Północne
North Sea

Morze Arktyczne
Arctic Ocean

Góry Skaliste
Rocky Mountains

Morze Karaibskie
Caribbean Sea

Amazonia
Amazon

Ocean Spokojny
Pacific Ocean

północ
north

zachód
west

wschód
east

kompas
compass

południe
south

Andy
Andes

Ocean Atlantycki
Atlantic Ocean

Morze Bałtyckie
Baltic Sea
Morze Śródziemne
Mediterranean Sea
Syberia
Siberia
Morze Czarne
Black Sea
Morze Kaspijskie
Caspian Sea
Himalaje
Himalayas
Morze Arabskie
Arabian Sea
Ocean Indyjski
Indian Ocean
Morze Czerwone
Red Sea
Sahara
Sahara Desert
Ocean Południowy
Southern Ocean

Ameryka Północna i Środkowa
North and Central America

Barbados
Barbados

Kanada
Canada

Kostaryka
Costa Rica

Kuba
Cuba

Jamajka
Jamaica

Meksyk
Mexico

Panama
Panama

Trynidad i Tobago
Trinidad and Tobago

Stany Zjednoczone Ameryki
United States of America

Antigua i Barbuda
Antigua and Barbuda

Bahamy • Bahamas

Barbados • Barbados

Belize • Belize

Dominika • Dominica

Dominikana
Dominican Republic

Grenada • Grenada

Grenlandia • Greenland

Gwatemala • Guatemala

Haiti • Haiti

Hawaje • Hawaii

Honduras • Honduras

Jamajka • Jamaica

Kanada • Canada

Kostaryka • Costa Rica

Kuba • Cuba

Meksyk • Mexico

Nikaragua • Nicaragua

Panama • Panama

Portoryko • Puerto Rico

Saint Kitts i Nevis
St. Kitts and Nevis

Saint Lucia • St. Lucia

Saint Vincent i Grenadyny
St. Vincent and the Grenadines

Salwador • El Salvador

Stany Zjednoczone Ameryki
United States of America

Trynidad i Tobago
Trinidad and Tobago

Ameryka Południowa • South America

Argentyna
Argentina

Boliwia
Bolivia

Brazylia
Brazil

Chile
Chile

Kolumbia
Colombia

Ekwador
Ecuador

Peru
Peru

Urugwaj
Uruguay

Wenezuela
Venezuela

Argentyna • Argentina

Boliwia • Bolivia

Brazylia • Brazil

Chile • Chile

Ekwador • Ecuador

Falklandy • Falkland Islands

Galapagos • Galápagos Islands

Gujana • Guyana

Gujana Francuska
French Guiana

Kolumbia • Colombia

Paragwaj • Paraguay

Peru • Peru

Surinam • Suriname

Urugwaj • Uruguay

Wenezuela • Venezuela

słowniczek • vocabulary

kontynent
continent

prowincja
province

kraj
country

terytorium
territory

naród
nation

kolonia
colony

państwo
state

księstwo
principality

Europa • Europe

Francja
France

Niemcy
Germany

Włochy
Italy

Polska
Poland

Portugalia
Portugal

Hiszpania
Spain

Albania • Albania

Andora • Andorra

Anglia • England

Austria • Austria

Baleary • Balearic Islands

Belgia • Belgium

Białoruś • Belarus

Bośnia i Hercegowina
Bosnia and Herzegovina

Bułgaria • Bulgaria

Chorwacja • Croatia

Cypr • Cyprus

Czarnogóra • Montenegro

Czechy
Czech Republic

Dania • Denmark

Estonia • Estonia

Federacja Rosyjska
Russian Federation

Finlandia • Finland

Francja • France

Grecja • Greece

Hiszpania • Spain

Holandia • Netherlands

Irlandia • Ireland

Irlandia Północna
Northern Ireland

Islandia • Iceland

Kaliningrad • Kaliningrad

Korsyka • Corsica

Kosowo • Kosovo

Liechtenstein • Liechtenstein

Litwa • Lithuania

Łotwa • Latvia

Luksemburg • Luxembourg

Macedonia Północna
North Macedonia

Malta • Malta

Mołdawia • Moldova

Monako • Monaco

Niemcy • Germany

Norwegia • Norway

Państwo Watykańskie
Vatican City

Polska • Poland

Portugalia • Portugal

Rumunia • Romania

San Marino • San Marino

Sardynia • Sardinia

Serbia • Serbia

Słowacja • Slovakia

Słowenia • Slovenia

Sycylia • Sicily

Szkocja • Scotland

Szwajcaria • Switzerland

Szwecja • Sweden

Ukraina • Ukraine

Walia • Wales

Węgry • Hungary

Wielka Brytania
United Kingdom

Włochy • Italy

Afryka • Africa

Egipt
Egypt

Etiopia
Ethiopia

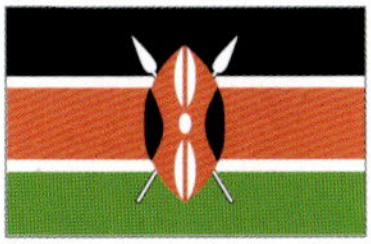

Kenia
Kenya

Nigeria
Nigeria

Republika Południowej Afryki
South Africa

Uganda
Uganda

Algieria • Algeria

Angola • Angola

Benin • Benin

Botswana • Botswana

Burkina Faso • Burkina Faso

Burundi • Burundi

Czad • Chad

Demokratyczna Republika Konga • Democratic Republic of the Congo

Dżibuti • Djibouti

Egipt • Egypt

Erytrea • Eritrea

Eswatini • Eswatini

Etiopia • Ethiopia

Gabon • Gabon

Gambia • Gambia

Ghana • Ghana

Gwinea • Guinea

Gwinea Bissau • Guinea-Bissau

Gwinea Równikowa
Equatorial Guinea

Kamerun • Cameroon

Kenia • Kenya

Komory • Comoros

Kongo • Congo

Lesotho • Lesotho

Liberia • Liberia

Libia • Libya

Madagaskar • Madagascar

Malawi • Malawi

Mali • Mali

Maroko • Morocco

Mauretania • Mauritania

Mauritius • Mauritius

Mozambik • Mozambique

Namibia • Namibia

Niger • Niger

Nigeria • Nigeria

Republika Południowej Afryki • South Africa

Republika Środkowoafrykańska
Central African Republic

Rwanda • Rwanda

Sahara Zachodnia
Western Sahara

Senegal • Senegal

Sierra Leone • Sierra Leone

Somalia • Somalia

Sudan • Sudan

Sudan Południowy
South Sudan

Tanzania • Tanzania

Togo • Togo

Tunezja • Tunisia

Uganda • Uganda

Wybrzeże Kości Słoniowej
Ivory Coast

Wyspy Świętego Tomasza i Książęca
São Tomé and Príncipe

Zambia • Zambia

Zimbabwe • Zimbabwe

Azja • Asia

Bangladesz
Bangladesh

Chiny
China

Indie
India

Japonia
Japan

Jordania
Jordan

Filipiny
Philippines

Korea Południowa
South Korea

Tajlandia
Thailand

Turcja
Türkiye (Turkey)

Afganistan • Afghanistan
Arabia Saudyjska • Saudi Arabia
Armenia • Armenia
Azerbejdżan • Azerbaijan
Bahrajn • Bahrain
Bangladesz • Bangladesh
Bhutan • Bhutan
Brunei • Brunei
Chiny • China
Filipiny • Philippines
Gruzja • Georgia
Indie • India
Indonezja • Indonesia
Irak • Iraq
Iran • Iran

Izrael • Israel
Japonia • Japan
Jemen • Yemen
Jordania • Jordan
Kambodża • Cambodia
Katar • Qatar
Kazachstan • Kazakhstan
Kirgistan • Kyrgyzstan
Korea Północna • North Korea
Korea Południowa • South Korea
Kuwejt • Kuwait
Laos • Laos
Liban • Lebanon
Malediwy • Maldives
Malezja • Malaysia

Mongolia • Mongolia
Myanmar (Birma)
Myanmar (Burma)
Nepal • Nepal
Oman • Oman
Pakistan • Pakistan
Singapur • Singapore
Sri Lanka • Sri Lanka
Syria • Syria
Tadżykistan • Tajikistan
Tajlandia • Thailand
Timor Wschodni • East Timor
Turcja • Türkiye (Turkey)
Turkmenistan • Turkmenistan
Uzbekistan • Uzbekistan

Indonezja
Indonesia

Arabia Saudyjska
Saudi Arabia

Wietnam
Vietnam

Zjednoczone Emiraty Arabskie
United Arab Emirates

Oceania
Oceania

Australazja • Australia

Nowa Zelandia • New Zealand

Australazja • Australia

Fidżi • Fiji

Nowa Zelandia • New Zealand

Papua-Nowa Gwinea
Papua New Guinea

Tasmania • Tasmania

Vanuatu • Vanuatu

Wyspy Salomona
Solomon Islands

partykuły i antonimy • particles and antonyms

do to	**z, od** from
nad over	**pod** under
przed in front of	**za** behind
na onto	**do** into
w in	**na zewnątrz** out
(po)nad above	**pod** below
wewnątrz, w środku inside	**na zewnątrz** outside
na górze up	**na dole** down
w, na at	**za, poza** beyond
przez through	**wokół** around
na on top of	**obok** beside
pomiędzy between	**naprzeciw** opposite
blisko near	**daleko** far
tutaj here	**tam** there

dla for	**w kierunku** toward
wzdłuż along	**przez** across
z with	**bez** without
przed before	**po** after
do by	**do** until
wcześnie early	**późno** late
teraz now	**później** later
zawsze always	**nigdy** never
często often	**rzadko** rarely
wczoraj yesterday	**jutro** tomorrow
pierwszy *m* **/ -sza** *f* **/ -sze** *n* first	**ostatni** *m* **/ -nia** *f* **/ -nie** *n* last
każdy *m* **/ -da** *f* **/ -de** *n* every	**trochę, kilka** some
około about	**dokładnie** exactly
trochę a little	**dużo** a lot

duży *m* **/ -ża** *f* **/ -że** *n*
large

mały *m* **/ -ła** *f* **/ -łe** *n*
small

szeroki *m* **/ -ka** *f* **/ -kie** *n*
wide

wąski *m* **/ -ka** *f* **/ -kie** *n*
narrow

wysoki *m* **/ -ka** *f* **/ -kie** *n*
tall

niski *m* **/ -ka** *f* **/ -kie** *n*
short

wysoki *m* **/ -ka** *f* **/ -kie** *n*
high

niski *m* **/ -ka** *f* **/ -kie** *n*
low

gruby *m* **/ -ba** *f* **/ -be** *n*
thick

cienki *m* **/ -ka** *f* **/ -kie** *n*
thin

lekki *m* **/ -ka** *f* **/ -kie** *n*
light

ciężki *m* **/ -ka** *f* **/ -kie** *n*
heavy

twardy *m* **/ -da** *f* **/ -de** *n*
hard

miękki *m* **/ -ka** *f* **/ -kie** *n*
soft

mokry *m* **/ -ra** *f* **/ -re** *n*
wet

suchy *m* **/ -cha** *f* **/ -che** *n*
dry

dobry *m* **/ -ra** *f* **/ -re** *n*
good

zły *m* **/ -ła** *f* **/ -łe** *n*
bad

szybki *m* **/ -ka** *f* **/ -kie** *n*
fast

(po)wolny *m* **/ -na** *f* **/ -ne** *n*
slow

poprawny *m* **/ -na** *f* **/ -ne** *n*
correct

zły *m* **/ -ła** *f* **/ -łe** *n*, **błędny** *m* **/ -na** *f* **/ -ne** *n*
wrong

czysty *m* **/ -ta** *f* **/ -te** *n*
clean

brudny *m* **/ -na** *f* **/ -ne** *n*
dirty

piękny *m* **/ -na** *f* **/ -ne** *n*
beautiful

brzydki *m* **/ -ka** *f* **/ -kie** *n*
ugly

drogi *m* **/ -ga** *f* **/ -gie** *n*
expensive

tani *m* **/ -na** *f* **/ -nie** *n*
cheap

chory *m* **/ -ra** *f* **/ -re** *n*
sick

zdrowy *m* **/ -wa** *f* **/ -we** *n*
well

cichy *m* **/ -cha** *f* **/ -che** *n*
quiet

hałaśliwy *m* **/ -wa** *f* **/ -we** *n*
noisy

gorący *m* **/ -ca** *f* **/ -ce** *n*
hot

zimny *m* **/ -na** *f* **/ -ne** *n*
cold

otwarty *m* **/ -ta** *f* **/ -te** *n*
open

zamknięty *m* **/ -ta** *f* **/ -te** *n*
closed

pełny *m* **/ -na** *f* **/ -ne** *n*
full

pusty *m* **/ -ta** *f* **/ -te** *n*
empty

nowy *m* **/ -wa** *f* **/ -we** *n*
new

stary *m* **/ -ra** *f* **/ -re** *n*
old

jasny *m* **/ -na** *f* **/ -ne** *n*
light

ciemny *m* **/ -na** *f* **/ -ne** *n*
dark

łatwy *m* **/ -wa** *f* **/ -we** *n*
easy

trudny *m* **/ -na** *f* **/ -ne** *n*
difficult

wolny *m* **/ -na** *f* **/ -ne** *n*
free

zajęty *m* **/ -ta** *f* **/ -te** *n*
occupied

mocny *m* **/ -na** *f* **/ -ne** *n*, **silny** *m* **/ -na** *f* **/ -ne** *n*
strong

słaby *m* **/ -ba** *f* **/ -be** *n*
weak

gruby *m* **/ -ba** *f* **/ -be** *n*
fat

chudy *m* **/ -da** *f* **/ -de** *n*, **szczupły** *m* **/ -ła** *f* **/ -łe** *n*
thin

młody *m* **/ -da** *f* **/ -de** *n*
young

stary *m* **/ -ra** *f* **/ -re** *n*
old

lepszy *m* **/ -sza** *f* **/ -sze** *n*
better

gorszy *m* **/ -sza** *f* **/ -sze** *n*
worse

czarny *m* **/ -na** *f* **/ -ne** *n*
black

biały *m* **/ -ła** *f* **/ -łe** *n*
white

interesujący *m* **/ -ca** *f* **/ -ce** *n*
interesting

nudny *m* **/ -na** *f* **/ -ne** *n*
boring

początek
beginning

koniec
end

przydatne zwroty • useful phrases

podstawowe wyrażenia essential phrases

Tak
Yes

Nie
No

Może
Maybe

Proszę
Please

Dziękuję
Thank you

Proszę
You're welcome

Przepraszam
Excuse me

Przepraszam
I'm sorry

Nie
Don't

Okej
Ok

W porządku
That's fine

Tak jest
That's correct

Nie, tak nie jest
That's wrong

pozdrowienia greetings

Dzień dobry, Cześć
Hello

Do widzenia
Goodbye

Dzień dobry *(rano)*
Good morning

Dzień dobry *(po południu)*
Good afternoon

Dobry wieczór
Good evening

Dobranoc
Good night

Jak się masz?
How are you?

Nazywam się...
My name is...

Jak się nazywasz?
What is your name?

Jak on / ona się nazywa?
What is his / her name?

Pozwól, że przedstawię...
May I introduce...

To jest...
This is...

Miło mi pana / panią poznać
Pleased to meet you

Do zobaczenia
See you later

znaki • signs

Informacja turystyczna
Tourist information

Wejście
Entrance

Wyjście
Exit

Wyjście awaryjne
Emergency exit

Pchać
Push

Niebezpieczeństwo
Danger

Zakaz palenia
No smoking

Niesprawny
Out of order

Godziny otwarcia
Opening times

Wstęp wolny
Free admission

Przecena
Reduced

Wyprzedaż
Sale

Dostęp dla osób poruszających się na wózku
Wheelchair access

pomoc • help

Jestem głuchy *m*
Jestem głucha *f*
I'm deaf

Jestem niewidomy *m*
Jestem niewidoma *f*
I'm blind

Czy może mi pan / pani pomóc?
Can you help me?

Nie rozumiem
I don't understand

Nie wiem
I don't know

Czy zna pan / pani język angielski?
Do you speak English?

Ja mówię po angielsku
I speak English

Proszę mówić wolniej
Please speak more slowly

Czy może pan / pani to napisać?
Please write it down for me

Zgubiłem... *m*
Zgubiłam... *f*
I have lost...

wskazówki
directions

Zgubiłem się *m*
Zgubiłam się *f*
I am lost

Gdzie jest... ?
Where is the... ?

Gdzie jest najbliższy... ?
Where is the nearest... ?

Gdzie są toalety?
Where is the restroom?

Jak dojść do... ?
How do I get to... ?

W prawo
To the right

W lewo
To the left

Prosto
Straight ahead

Jak daleko jest... ?
How far is... ?

znaki drogowe
road signs

Wszystkie kierunki
All directions

Uwaga
Caution

Zakaz wjazdu
Do not enter

Zwolnij
Slow down

Objazd
Detour

Trzymaj się prawej strony
Keep right

Autostrada
Freeway

Zakaz parkowania
No parking

Ślepa uliczka
Dead end

Ulica jednokierunkowa
One-way street

Ustąpić pierszeństwa
Yield

Tylko dla mieszkańców
Residents only

Roboty drogowe
Roadwork

Niebezpieczny zakręt
Dangerous curve

zakwaterowanie
accommodations

Mam rezerwację
I have a reservation

Gdzie jest jadalnia?
Where is the dining room?

O której godzinie jest śniadanie?
What time is breakfast?

Będę z powrotem o godzinie...
I'll be back at... o'clock

Jutro wyjeżdżam
I'm leaving tomorrow

jedzenie i picie
eating and drinking

Na zdrowie!
Cheers!

To jest pyszne / okropne
It's delicious / awful

Nie piję / nie palę
I don't drink / smoke

Nie jem mięsa
I don't eat meat

Ja już dziękuję
No more for me, thank you

Czy mogę prosić o dokładkę?
May I have some more?

Czy można prosić o rachunek?
May we have the check?

Czy można prosić o paragon?
Can I have a receipt?

Część dla palących
Smoking area

zdrowie • health

Źle się czuję
I don't feel well

Niedobrze mi
I feel sick

Tutaj mnie boli
It hurts here

Mam gorączkę
I have a fever

Jestem w... miesiącu ciąży
I'm... months pregnant

Potrzebna mi recepta na...
I need a prescription for...

Zwykle biorę...
I normally take...

Mam alergię na...
I'm allergic to...

Czy on / ona wróci do zdrowia?
Will he / she be alright?

Indeks polski • Polish index

polski

A

absolwent *m* / absolwentka *f* 169
adres *m* 98
adres e-mail *m* 177
adres zwrotny *m* 98
aerozol *m* 311
Afganistan *m* 318
Afryka *f* 317
agat *m* 289
agencja nieruchomości *f* 115
agent nieruchomości *m* / agentka nieruchomości *f* 190
agrafka *f* 47
agrest *m* 127
aikido *n* 236
ajurweda *f* 55
akacja *f* 110
akademia sztuk pięknych *f* 169
akademik *m* 168
akcje 97
akrobacje spadochronowe 248
aktor *m* / aktorka *f* 191, 254
aktorzy *m* / aktorki *f* 179
akumulator *m* 78, 202
akupresura *f* 55
akupunktura *f* 55
akwamaryn *m* 288
akwarela *f* 274
alarm pożarowy *m* 95
alarm przeciwwłamaniowy *m* 58
Albania *f* 316
albedo *n* 126
album fotograficzny *m* 271
aleja *f* 299
alergia *f* 44
Algieria *f* 317
aligator *m* 293
alternator *m* 203
altówka *f* 256
aluminium *n* 289
Amazonia *f* 312
Ameryka Północna i Środkowa *f* 314
ametyst *m* 288
amniopunkcja *f* 52
amper *m* 60
analogowy *m* 179
analityk danych *m* / analityczka danych *f* 190
ananas *m* 128
Andora *f* 316
Andy 312
anestezjolog *m* / anestezjolożka *f* 48
Anglia *f* 316
Angola *f* 317
anorak *m* 31, 33
antena radiowa *f* 214
antena satelitarna *f* 268
Antigua i Barbuda *f* 314
antrakt *m* 254
antykoncepcja *f* 21
anyż gwiazdkowaty *m* 133
aparat *m* 260, 270
aparat cyfrowy *m* 270
aparat jednorazowy *m* 270
aparat korekcyjny *m* 50
aparat polaroid *m* 270
aparat rentgenowski *m* 212
aparat słuchowy *m* 45
apelacja *f* 181
aperitif *m* 153
aplikacja *f* 99, 176
aplikacja bankowa *f* 97
apteczka *f* 47, 72
apteka *f* 108
aptekarz *m* / aptekarka *f* 108
Arabia Saudyjska *f* 318
arbuz *m* 127
architekt *m* / architektka *f* 190
architektura *f* 300
architraw *m* 301
arena *f* 243
areszt *m* 94
Argentyna *f* 315
Armenia *f* 318
aromaterapia *f* 55
aromatyzowany *m* / -na *f* / -ne *n* 130
art deco *n* 301
artykuły dla niemowląt 107
artykuły elektryczne 105, 107
artykuły higieniczne dla kobiet 108
artykuły papiernicze 105
artykuły sportowe 105
artykuły spożywcze 106
artysta *m* / artystka *f* 274
arytmetyka *f* 165
as *m* 230, 273
asfalt *m* 187
asteroida *f* 280
astma *f* 44
astronauta *m* / astronautka *f* 281
astronomia *f* 281
astygmatyzm *m* 51
asystent *m* / asystentka *f* 24
asystent personalny *m* / asystentka personalna *f* 189
atak *m* 220
atak serca *m* 44
atlas *m* 250
atmosfera *f* 282, 286
atrakcja turystyczna *f* 260
atrakcje 261
atrium *n* 104
audioprzewodnik *m* 260
aula *f* 169
Australazja *f* 319
Austria *f* 316
aut *m* 225, 228
autobus *m* 196
autobus piętrowy *m* 196
autobus szkolny *m* 196
autobus turystyczny *m* 197
autobus wahadłowy *m* 197
autobus wycieczkowy *m* 260
autobusy 196
autokar *m* 196
automatyczna sekretarka *f* 99
automatyczny *m* / -na *f* / -ne *n* 200
autostrada *f* 194
awaria *f* 203
awokado *n* 128
Azerbejdżan *m* 318
Azja *f* 318

B

babcia *f* 22
babeczka *f* 140
badania kosmosu 281
badania naukowe 169
badanie *n* 49
badanie krwi *n* 48
badanie lekarskie *n* 45
badanie prenatalne *n* 52
badanie USG *n* 52
badanie wzroku *n* 51
badminton *m* 231
bagaż *m* 100, 198, 213
bagaż podręczny *m* 211, 213
bagażnik *m* 198, 204
bagażnik dachowy *m* 198
bagażowy *m* / bagażowa *f* 100
bagietka *f* 138
bagietka szklana *f* 167
bagno *n* 285
Bahamy 314
Bahrajn *m* 318
bajgiel *m* 139
bajty 176
bakłażan *m* 125
balast *m* 239
Baleary 316
balet *m* 255
balkon *m* 59, 254
balon napełniony ciepłym powietrzem *m* 211
balsam do ciała *m* 73
balsam po opalaniu *m* 108
balustrada *f* 59
bambus *m* 86, 122
banan *m* 39, 128
bandaż *m* 47
Bangladesz *m* 318
bank *m* 96
banknot *m* 97
bankomat *m* 97
bankowość internetowa *f* 97
bar *m* 150, 152
bar hamburgerowy *m* 154
bar kanapkowy *m* 143
bar micwa *f* 26
bar szybkiej obsługi *m* 148
Barbados *m* 314
bariera bezpieczeństwa *f* 195
barierka bezpieczeństwa *f* 246
bark *m* 13
barman *m* / barmanka *f* 150, 191
barok *m* 301
barwena *f* 120
barwy drużyny rugby 221
baseball *m* 228
basen *m* 101, 238, 250
basen nadmuchiwany *m* 263
baskinka *f* 35
batat *m* 125
bateria *f* 167
baterie 260
batonik *m* 113
batuta *f* 256
bawełna *f* 184, 277
baza *f* 99
baza domowa *f* 228
bazalt *m* 288
bazylia *f* 133
bażant *m* 119, 293
befsztyk z polędwicy *m* 119
bejca *f* 79
bekhend *m* 231
bekon *m* 118, 157
bela *f* 184
Belgia *f* 316
Belize *n* 314
belka *f* 186
bemol *m* 256
Benin *m* 317
benzyna *f* 199
betoniarka *f* 186
bez 320
bez ramiączek 34
bez rękawów 34
bez skóry 121
beza *f* 140
bezglutenowy *m* / -wa *f* / -we *n* 139
bezkręgowce 295
bezołowiowy 199
bezpestkowy *m* / -wa *f* / -we *n* 127
bezpieczeństwo *n* 75, 212, 240
bezpiecznik *m* 60
bezpłodny *m* / -na *f* / -ne *n* 20
bezsenność *f* 71
beztłuszczowy *m* / -wa *f* / -we *n* 137
bęben *m* 258
bęben do zwijania węża *m* 89
Bhutan *m* 318
biała porzeczka *f* 127
biała tablica *f* 162
białe mięso *n* 118
białko *n* 137, 157
Białoruś *f* 316
biały *m* / -ła *f* / -łe *n* 39, 145, 272, 274, 321
biatlon *m* 247
biblioteka *f* 168, 299
bibliotekarz *m* / bibliotekarka *f* 168
bibuła filtracyjna *f* 167
bidet *m* 72
bidon *m* 206
biec 228
biedronka *f* 295
bieg sztafetowy *m* 235
biegać w miejscu 251
biegun *m* 282
biegun północny *m* 283
biegunka *f* 44
bielizna *f* 32, 35, 105
bielizna nocna *f* 31
bielizna pościelowa i stołowa *f* 105
bieżnia *f* 234, 250
bieżnik *m* 207
bikini *n* 264
bilard *m* 249
bilet *m* 209
bilet autobusowy *m* 197
bileter *m* / bileterka *f* 255
biodro *n* 12
biologia *f* 162
bis *m* 255
biszkopt *m* 140
biszkopt z owocami i bitą śmietaną *m* 141
biszkopty 141
bita śmietana *f* 137
biurko *n* 100, 172
biurko bibliotekarzy *n* 168
biuro *n* 24, 172, 174
biuro informacji turystycznej *n* 261
biuro kierownika *n* 266
biuro podróży *n* 114
biuro rekrutacji *n* 168
biurowiec *m* 299
biustonosz *m* 35
biustonosz dla karmiących piersią *m* 53
biznes *m* 175
biznesmen *m* 175
bizneswoman *f* 175
biżuteria *f* 36
blacha do pieczenia *f* 69
blacha do pieczenia babeczek *f* 69
blat *m* 66
blisko 320
bliźniak *m* 58
bliźniaki *m* / bliźniaczki *f* / bliźnięta *n* 23
blok *m* 237
blok betonowy *m* 187

blok mieszkalny *m* 59, 298
blok startowy *m* 238
bloki startowe 234
blokować 220, 223, 227
blond *m / f* 39
blues *m* 259
bluza sportowa *f* 33
bluzka *f* 34
błąd serwisowy *m* 230
błędny *m / -na f / -ne n* 321
błonnik *m* 127
błotnik *m* 205
błyskawica *f* 287
błystka *f* 244
błyszczący *m / -ca f / -ce n* 271
błyszczyk do ust *m* 40
bobslej *m* 247
bochenek *m* 138
bocian *m* 292
boczna granica boiska *f* 229
boczna uliczka *f* 299
boćwina *f* 123
body *n* 33
boisko *n* 168, 220, 226, 228, 234
boisko do gry w piłkę nożną *n* 222
boisko do rugby *n* 221
boja *f* 217
bok *m* 164
boks *m* 236
bokserki 33
bolec *m* 60
Boliwia *f* 315
bom *m* 240
bombonierka *f* 113
bombowiec *m* 211
bongosy 257
Bośnia i Hercegowina *f* 316
Botswana *f* 317
boxercise *m* 251
Boże Narodzenie *n* 27
bób *m* 122, 131
ból głowy *m* 44
ból zęba *m* 50
ból żołądka *m* 44
brać (o rybie) 245
brać kąpiel 72
brać prysznic 72
brama *f* 85, 182, 247
bramka *f* 209, 221, 222, 223, 224, 225, 247
bramka elektroniczna *f* 213
bramka na schodach *f* 75
bramkarz *m* / bramkarka *f* 222, 224
brandy *f* 145
bransoletka *f* 36
brat *m* 22
Brazylia *f* 315
brąz *m* 235
brązowy 274
brew *f* 14, 51
broda *f* 14, 39
brokuł *m* 123
bronić 223
broń palna *f* 94
broszka *f* 36
broszura turystyczna *f* 212
brudny *m / -na f / -ne n* 321
bruk *m* 85
brukiew *f* 125
brukselka *f* 122
Brunei *n* 319
bruzda *f* 183
bryczesy 242
brydż *m* 273
bryły 164
brzeg *m* 284
brzoskwinia *f* 126, 128
brzoza *f* 296
brzuch *m* 12
brzuszek *m* 251
brzydki *m / -ka f / -kie n* 321
buciki 30
budka *f* 75
budować 186
budrysówka *f* 31
budynek gospodarczy *m* 182
budynek klubowy *m* 232
budynek mieszkalny *m* 182
budynki 299
budzik *m* 70
bufet *m* 152
bufet śniadaniowy *m* 156
buk *m* 296
bukiet *m* 35, 111
bulion *m* 158
bulwa kolokazji *f* 124
bułeczka *f* 140
Bułgaria *f* 316
bułka *f* 139, 143, 155
bułka tarta *f* 139
bułka z owocami *f* 139
bunkier *m* 232
burak *m* 125
Burkina Faso *f* 317
Burundi *n* 317
burza *f* 287
but *m* 220, 223
but do jazdy konnej *m* 242
but golfowy *m* 233
but na wysokim obcasie *m* 37
but narciarski *m* 246
but skórzany *m* 37
but sportowy *m* 37
but sznurowany *m* 37
but turystyczny *m* 37
butelka *f* 61, 75, 135, 311
butelka szklana *f* 166
butik *m* 115
butla ze sprężonym powietrzem *f* 239
buty 34, 37
buty skórzane 32
buty sportowe 31, 251
buty tenisowe 231
buty turystyczne 267
być obecnym 174
byk *m* 185
bystrza (rzeki) 240, 284

C

cal *m* 310
cały *m / -ła f / -łe n* 129, 132
camembert *m* 142
capoeira *f* 237
cappuccino *n* 148
cążki do paznokci 41
cebula *f* 124
cedr *m* 296
cegła *f* 187
cela *f* 181
cela na posterunku policji *f* 94
cement *m* 186
cena *f* 152, 199
cena akcji *f* 97
cennik *m* 154
centrum handlowe *n* 104
centrum miasta *n* 299
centrum ogrodnicze *n* 115
centymetr *m* 276, 310
cera *f* 41
cerować 277
cesarskie cięcie *n* 52
cewka moczowa *f* 20
cewnik *m* 53
cheerleader *m* / cheerleaderka *f* 220
chemia *f* 162
chemia gospodarcza *f* 107
Chile *n* 315
chilli *n* 132
Chiny 318
chiropraktyka *f* 54
chirurg *m* / chirurżka *f* 48
chirurgia *f* 49
chirurgia plastyczna *f* 49
chleb biały *m* 139
chleb ciemny *m* 139
chleb na zakwasie *m* 139
chleb naan *m* 139
chleb pełnoziarnisty *m* 139
chleb pita *m* 139
chleb razowy *m* 139, 149
chleb sodowy *m* 139
chleb z mąki kukurydzianej *m* 139
chleb żytni *m* 138
chlebowiec *m* 129
chlew *m* 185
chłodnica *f* 202
chłodziarka *f* 67
chłopak *m* 24
chłopiec *m* 23
chłopiec do podawania piłek *m* / dziewczynka do podawania piłek *f* 231
chmura *f* 287
chodnik *m* 262, 298
chomik *m* 290
chorągiewka *f* 221, 232
chorągiewka narożnikowa *f* 223
choroba *f* 44
Chorwacja *f* 316
chory *m / -ra f / -re n* 321
chrapać 71
chryzantema *f* 110
chrzan *m* 125
chrząstka *f* 17
chrząszcz *m* 295
chrzest *m* 26
chude mięso *n* 118
chudy *m / -da f / -de n* 321
chusteczka antyseptyczna *f* 47
chusteczka do nosa *f* 36
chusteczka higieniczna *f* 108
chusteczki higieniczne 70
chustka *f* 36
chutney *m* 134
chwasty 86
chwycić w polu gry 225
chwyt *m* 237
chwytać w polu gry 229
ciabatta *f* 138
ciało *n* 12
ciasta 140
ciasta na specjalne okazje 141
ciastko *n* 140, 149
ciastko z kremem *n* 141
ciastko z owocami *n* 140
ciastko z polewą karmelową *n* 141
ciasto *n* 138
ciasto czekoladowe *n* 140
ciasto filo *n* 140
ciasto francuskie *n* 140
ciasto ptysiowe *n* 140
ciąć 79, 277
ciąża *f* 52
ciążenie *n* 280
cichy *m / -cha f / -che n* 321
ciecierzyca *f* 131
cielę *n* 185
cielęcina *f* 118
ciemny *m / -na f / -ne n* 41, 321
ciemnobrązowy *m / -wa f / -we n* 39
cienki *m / -ka f / -kie n* 321
cień do powiek *m* 40
ciepły 296
ciężarek *m* 166
ciężarki 250
ciężki *m / -ka f / -kie n* 321
cios *m* 237
cios pięścią *m* 237
ciotka *f* 22
ciśnienie krwi *n* 44
ciśnienie w oponach *n* 203
cofać 195
cola *f* 144
country *n* 259
córka *f* 22
croissant *m* 138, 156
cukier *m* 156
cukierek miętowy *m* 113
cukierki 113
cukierki lukrecjowe 113
cukiernia *f* 114
cukinia *f* 124, 125
cukrzyca *f* 44
cumować 217
curling *m* 247
curry *n* 132, 158
cwał *m* 243
cydr *m* 145
cyfrowy *m / -wa f / -we n* 269
cygaro *n* 112
cykoria *f* 122
cyna *f* 289
cynamon *m* 133
cynk *m* 289
Cypr *m* 316
cyrkiel *m* 165
cytryna *f* 126, 151
Czad *m* 317
czajnik *m* 66
czapka *f* 36
czapka kucharska *f* 190
czarna dziura *f* 280
czarna herbata *f* 149
czarna oliwka *f* 143
czarna porzeczka *f* 127
Czarnogóra *f* 316
czarny *m / -na f / -ne n* 39, 272, 274, 321
czarny pas *m* 237
czas *m* 234, 304
czas wolny *m* 253
czasopisma 107
czasopismo *n* 112, 168
czaszka *f* 17
cząstka *f* 126
czcionka *f* 177
Czechy *f* 316
czekolada biała *f* 113
czekolada deserowa *f* 113
czekolada mleczna *f* 113
czekoladka *f* 113
czepek *m* 238
czerwiec *m* 306
czerwona kartka *f* 223
czerwona porzeczka *f* 127
czerwone mięso *n* 118
czerwone oko *n* 271
czerwony *m / -na f / -ne n* 145, 274
czesać (grzebieniem) 38
czesać (szczotką) 38
często 320
częstotliwość *f* 179
czipsy 113, 151
czoło *n* 14
czopek *m* 109
czosnek *m* 125, 132
czterdziesty *m / -ta f / -te n* 309
czterdzieści 308
czterdzieści minut 304
czternasty *m / -ta f / -te n* 309
czternaście 308
czterodrzwiowy 200
cztery 308
czterysta 308
czubek *m* 122
czujnik dymu *m* 95
czułek *m* 295
czwartek *m* 306
czwarty *m / -ta f / -te n* 309
czynności 77, 162, 227, 229, 233, 237, 245
czynsz *m* 58
czysty *m / -ta f / -te n* 321

czyścić 77
czytać 162
czytelnia *f* 168
czytnik *m* 106
czytnik kart *m* 96

Ć

ćma *f* 295
ćwiczenia 251
ćwiczenia siłowe 251
ćwiczenia wolne 235
ćwiczenie rozciągające *n* 251
cyfrowy *m* / -wa *f* / -we *n* 179, 268

D

do 320
dach *m* 58, 203
dachówka *f* 58, 187
daktyl *m* 129
daleko 320
dama *f* 273
dance *m* 259
dane komórkowe *n* 99
Dania *f* 316
dania 153
dania dnia 152
dania gotowe 107
danie główne *n* 153
data *f* 306
data ważności *f* 109
data zwrotu *f* 168
dawkowanie *n* 109
dąb *m* 296
debel *m* 230
debet *m* 96
dekada *f* 307
dekiel *m* 202
dekoder *m* 268
dekolt halter *m* 35
dekolt okrągły *m* 33
dekolt w szpic *m* 33
dekoracja *f* 141
dekoracje 254
delfin *m* 290
delikatesy 107, 115, 142
Demokratyczna Republika Konga *f* 317
dentysta *m* / dentystka *f* 50, 189
dermatologia *f* 49
deser *m* 153
desery 140
deska *f* 241
deska do krojenia *f* 68
deska do nauki pływania *f* 238
deska do prasowania *f* 76
deska rozdzielcza *f* 201
deska sedesowa *f* 61, 72
deska surfingowa *f* 241
deska z klipsem *f* 173
deskorolka *f* 249
deszcz *m* 287
detergent *m* 77
dezodorant *m* 73
dezodoranty 108
dętka *f* 207
diament *m* 288
didżej *m* / didżejka *f* 179
dioptria *f* 51
Diwali *n* 27
dla 320
dłoń *f* 15
długi *m* / -ga *f* / -gie *n* 32
długopis *m* 163
długość *f* 165, 310
długość fali *f* 179
długość geograficzna *f* 283
długowzroczność *f* 51
długoziarnisty *m* / -ta *f* / -te *n* 130
dłuto *n* 81, 275
do 320
do kolan 34
do kostek 34
dobry *m* / -ra *f* / -re *n* 321
dochodzeniowiec *m* 94
dodatek *m* 155
dodatek do dania głównego *m* 153
dodatki 36
dodawać 165
dogrywka *f* 223
doić 183
dojrzały *m* / -ła *f* / -łe *n* 129
dok *m* 214, 216
dokładnie 320
doktorant *m* / doktorantka *f* 169
doktorat *m* 169
dolina *f* 284
dolna warstwa *f* 141
dołek *m* 15, 232
dom *m* 58
dom jednorodzinny (w zabudowie szeregowej) *m* 58
dom parterowy *m* 58
dom towarowy *m* 105
dom wolnostojący *m* 58
domek dla lalek *m* 75
domek do zabawy *m* 75
Dominika *f* 314
Dominikana *f* 314
domino *n* 273
domofon *m* 59
doniczka *f* 89
dopasowany *m* / -na *f* / -ne *n* 35
doradca finansowy *m* / doradczyni finansowa *f* 97
doręczanie *n* 98
dorosły *m* / dorosła *f* / dorosłe *n* 23
dorsz *m* 120
dostać pracę 26
dostawa do domu *f* 154
dostawca usług *m* 177
doświadczenie *n* 166
dowody 181
dozownik *m* 150
drabina *f* 83, 95, 186
drabinki 263
drapacz chmur *m* 299, 300
drążek *m* 235
drenaż *m* 91
dres *m* 31, 32
drewniany taras *m* 85
drewno *n* 79, 187, 275
drewno miękkie *n* 79
drewno twarde *n* 79
droga szybkiego ruchu (dwujezdniowa) *f* 195
drogi 194
drogi *m* / -ga *f* / -gie *n* 321
drożdże 138
drób *m* 107, 119
druciki do przywiązywania roślin 89
druga 304
drugi *m* / -ga *f* / -gie *n* 309
drugi balkon *m* 254
drugi pilot *m* 211
drugie piętro *n* 104
drukarka *f* 172, 176
druki wpłat 96
drukować 172
drut *m* 79, 277
drużyna *f* 220, 229
dryblować 223
drzazga *f* 46
drzewo *n* 86, 296
drzewo iglaste *n* 86
drzewo liściaste 86
drzwi 196, 199, 209
drzwi główne 58
drzwi otwierane automatycznie 196
drzwi prysznica 72
dumny *m* / -na *f* / -ne *n* 25
durszlak *m* 68
dusić się 47
dużo 320
duży *m* / -ża *f* / -że *n* 321
duży palec u nogi *m* 15
dwa 308
dwa tygodnie 307
dwa tysiące pierwszy 307
dwadzieścia 308
dwadzieścia dwa 308
dwadzieścia jeden 308
dwadzieścia minut 304
dwadzieścia tysięcy 309
dwanaście 308
dwieście 308
dworzec autobusowy *m* 197
dworzec kolejowy *m* 208
dwudrzwiowy *m* / -wa *f* / -we *n* 200
dwudziesty *m* / -ta *f* / -te *n* 309
dwudziesty *m* / -ta *f* / -te *n* drugi *m* / -ga *f* / -gie *n* 309
dwudziesty *m* / -ta *f* / -te *n* pierwszy *m* / -za *f* / -ze *n* 309
dwudziesty *m* / -ta *f* / -te *n* trzeci *m* / -cia *f* / -cie *n* 309
dwunastnica *f* 18
dwunasty *m* / -ta *f* / -te *n* 309
dwuogniskowy *m* / -wa *f* / -we *n* 51
dwupłat *m* 211
dwutysięczny *m* 307
dym *m* 95
dynamo *n* 207
dynia piżmowa *f* 125
dynia zwyczajna *f* 125
dyplom *m* 169
dyrektor *m* / dyrektorka *f* ds. marketingu 189
dyrektor *m* / dyrektorka *f* ds. public relations 189
dyrektor naczelny *m* / dyrektorka naczelna *f* 175
dyrektor szkoły *m* / dyrektorka szkoły *f* 163
dyrygent *m* / dyrygentka *f* 256
dyscypliny 247
dystrybutor paliwa *m* 199
dysza rozpylająca *f* 89
dywan *m* 71
dywanik *m* 63
dywidendy 97
dzban *m* 151
dzbanek *m* 65
dzbanek do herbaty *m* 65
dzbanek z miarką *m* 69
dziadek *m* 22
dziadkowie 23
dział dziecięcy *m* 104
dział kadr *m* 175
dział księgowości *m* 175
dział marketingu *m* 175
dział obsługi klienta *m* 104, 175
dział obuwniczy *m* 104
dział prawny *m* 175
dział spożywczy *m* 105
dział sprzedaży *m* 175
dział z torbami podróżnymi *m* 104
dziąsło *n* 50
dziczyzna *f* 118
dzieci 23
dziecko *n* 23, 31
dziedziniec *m* 84
dzielić 165
dzielnica podmiejska *f* 299
dzielone przez 165
dziennikarz *m* / dziennikarka *f* 190
dziennikarz przeprowadzający wywiad *m* / dziennikarka przeprowadzająca wywiad *f* 179
dzień *m* 305, 306
dzień pracy *m* 306
dziesiąty *m* / -ta *f* / -te *n* 309
dziesięć 308
dziesięć tysięcy 309
dziewczyna *f* 24
dziewczynka *f* 23
dziewiąty *m* / -ta *f* / -te *n* 309
dziewięć 308
dziewięćdziesiąt 308
dziewięćdziesiąty *m* / -ta *f* / -te *n* 309
dziewięćset 308
dziewiętnasty *m* / -ta *f* / -te *n* 309
dziewiętnaście 308
dzięcioł *m* 292
dziób *m* 210, 215, 240, 246, 293
dzisiaj 306
dziurka *f* 37
dziurka od guzika *f* 32
dziurkacz *m* 173
dzwonek *m* 197
dzwonek u drzwi *m* 59
dzwonki 297
dźwig *m* 187, 216
dźwigar *m* 186
dźwignia *f* 150
dźwignia zmiany biegów *f* 201
dżem *m* 134, 156
dżem malinowy *m* 134
dżem z owoców cytrusowych *m* 134, 156
dzwignia hamulca *f* 207
Dżibuti *n* 317
dżinsy 31, 33
dżoker *m* 273

E

Egipt *m* 317
egzamin *m* 163
egzema *f* 44
egzosfera *f* 286
ekierka *f* 165
ekler *m* 140
ekonomia *f* 169
ekran *m* 97, 176, 255, 269
eksponat *m* 261
ekspres do kawy *m* 148, 150
Ekwador *m* 315
elektroda dodatnia *f* 167
elektroda ujemna *f* 167
elektroniczna niania *f* 75
elektryczna maszynka do golenia *f* 73
elektryczność *f* 60
elektryczny aparat do mierzenia ciśnienia *m* 45
elektryk *m* 188
element grzejny *m* 61
elementy architektury ogrodowej *m* 84
elementy zewnętrzne 198
e-mail *m* 177
embrion *m* 52
emulsja *f* 83
emulsja do opalania *f* 265
encyklopedia *f* 163
endokrynologia *f* 49
endywia *f* 123
energia *f* 60
e-papieros *m* 112
Erytrea *f* 317
Estonia *f* 316
estragon *m* 133
Eswatini *n* 317
etapy rozwoju 23
Etiopia *f* 317
etui *n* 51, 269
etykiety 89
eukaliptus *m* 296
Europa *f* 316

F

fabryka *f* 299
fagot *m* 257
fajka *f* 112

fala *f* 241, 264
fale przyboju 241
Falklandy 315
fani 258
farba *f* 83
farba akrylowa *f* 274
farba do włosów *f* 40
farba olejna *f* 274
farba plakatowa *f* 274
farbowany *m* / -na *f* / -ne *n* 39
farby 274
farmaceuta *m* / farmaceutka *f* 189
fartuch *m* 69
fartuch ochronny *m* 50
fartuszek *m* 30
fasola *f* 131
fasola adzuki *f* 131
fasola biała *f* 131
fasola czarne oczko *f* 131
fasola czerwona *f* 131
fasola flażoletka *f* 131
fasola limeńska *f* 131
fasola mung *f* 131
fasola pinto *f* 131
fasola wielokwiatowa *f* 122
fasola zwykła *f* 122
fast food *m* 154
fastrygować 277
faul *m* 222, 226
Federacja Rosyjska *f* 318
feijoa sellowiana (akka) *f* 128
feng shui *n* 55
ferma drobiu *f* 183
Fidżi *n* 319
figa *f* 129
figi 35
figury geometryczne 164
filar *m* 300
filet *m* 119, 121
filetowany *m* / -na *f* / -ne *n* 121
Filipiny 319
filiżanka do herbaty *f* 65
filiżanka do kawy *f* 65
film *m* 271
film animowany *m* 255
film fabularny pełnometrażowy *m* 269
film przygodowy *m* 255
film rysunkowy *m* 178
film science fiction *m* 255
filozofia *f* 169
filtr *m* 270
filtr powietrza *m* 202, 204
finanse 97
Finlandia *f* 316
fioletowy *m* / -wa *f* / -we 274
firanka *f* 63
firma *f* 175
fitness *m* 250
fizjoterapeuta *m* / fizjoterapeutka *f* 189
fizjoterapia *f* 49
fizyka *f* 162, 169
flaming *m* 292
flan karmelowy *m* 140
flesz *m* 270
flet *m* 257
florentynka *f* 141
floret *m* 249
foka *f* 290
fontanna *f* 85
forhend *m* 231
forma do ciasta *f* 69
forma do placków / kruchych ciast *f* 69
forma do tarty *f* 69
formalny *m* / -na *f* / -ne *n* 34
fortepian *m* 256
fosa *f* 300
fotel *m* 63
fotel dentystyczny *m* 50
fotel kierowcy *m* 196
fotelik dziecięcy *m* 198, 207
fotograf *m* / fotografka *f* 191
fotografia *f* 271
fotografika *f* 270
fotografować 271
frachtowiec *m* 215
Francja *f* 316
frezarka pionowa *f* 78
frezja *f* 110
fronton *m* 301
frytki 154
fryz *m* 300
fryzjer *m* / fryzjerka *f* 38, 188
fryzjer męski *m* / fryzjerka męska *f* 39, 188
fryzury 39
fuga *f* 83
funkcjonariusz policji drogowej *m* / funkcjonariuszka policji drogowej *f* 195
funt *m* 310
futbol amerykański *m* 220
futerał na aparat fotograficzny *m* 271

G

gabinet *m* 45, 63
Gabon *m* 317
gady 293
gagat *m* 288
galaktyka *f* 280
Galapagos *n* 315
galeria sztuki *f* 261
galon *m* 311
galop *m* 243
gałązka *f* 296
gałąź *f* 296
gałka *f* 149
gałka muszkatołowa *f* 132
gama *f* 256
Gambia *f* 317
ganek *m* 58
garaż *m* 58, 199
garb *m* 291
gardło *n* 19
garncarstwo *n* 275
garnitur *m* 32
gaśnica *f* 95
gaz *m* 204
gaza *f* 47
gazeta *f* 112, 168
gazowany *m* / -na *f* / -ne *n* 144
gąbka *f* 73, 74, 83
gąsienica *f* 295
gejzer *m* 285
gem *m* 230
generator *m* 60
genitalia 12
geodeta *m* 188
geografia *f* 162
geometria *f* 165
gerbera *f* 110
gęś *f* 119, 293
Ghana *f* 317
giełda papierów wartościowych *f* 97
gimnastyk *m* / gimnastyka *f* 235
gimnastyka artystyczna *f* 235
gin *m* 145
gin z tonikiem *m* 151
ginekolog *m* / ginekolożka *f* 52
ginekologia *f* 49
gips *m* 83
girlanda *f* 111
gitara basowa *f* 258
gitara elektryczna *f* 258
gitarzysta *m* / gitarzystka *f* 258
gleba *f* 85
glina *f* 85, 275
głębokość *f* 165
głodny *m* / -na *f* / -ne *n* 64
głośnik *m* 176, 258, 268
głośnik bluetooth *m* 269
głośność *f* 179
głowa *f* 12, 19
głowica cylindra *f* 202
główka *f* 230
gnejs *m* 288
gniazdko *n* 60
gniazdo nasienne *n* 127
godzina *f* 304
godzina szczytu *f* 209
godziny 261
godziny odwiedzin 48
gofry 157
gogle 247
golenie *n* 73
goleń *m* 12
golf *m* 232
golfista *m* / golfistka *f* 232
gołąb *m* 292
gong *m* 257
goniec *m* 272
gonitwa *f* 243
gonitwa z przeszkodami *f* 243
gorąca czekolada *f* 144, 156
gorący *m* / -ca *f* / -ce *n* 286, 321
gorący napój mleczny z dodatkiem słodu *m* 144
gorączka *f* 44
gorset *m* 35
gorszy *m* / -sza *f* / -sze *n* 321
goryl *m* 291
gorzki *m* / -ka *f* / -kie *n* 124
gospel *n* 259
gospodarstwo mleczne *n* 183
gospodarstwo rolne *n* 182, 183, 184
gospodarstwo rybne *n* 183
gospodarstwo sadownicze *n* 183
gospodarstwo uprawowe *n* 183
gospodarz *m* 64
gospodyni *f* 64
gość *m* / gościni *f* 64, 100
gotować 67
gotować na parze 67
gotować na wolnym ogniu 67
gotować we wrzątku 67
gotowane mięso *n* 118
gotowanie *n* 67
gotowany *m* / -na *f* / -ne *n* na parze 159
gotyk *m* 301
goździk *m* 110
goździki 133
góra *f* 284
górna warstwa *f* 141
Góry Skaliste 312
gra *f* 273
gra w rzutki *f* 273
gra wideo *f* 269
grabić 90
grabie 88
grabie do trawy 88
gracz *m* 231, 273
gracz *m* / graczka *f* na bazie 228
grać 229, 273
grad *m* 286
grafika *f* 275
grafit *m* 289
gram *m* 310
granat *m* 128, 288
granit *m* 288
Grecja *f* 316
green *m* 232
grejpfrut *m* 126
Grenada *f* 314
Grenlandia *f* 314
grill *m* 267
groch *m* 122, 131
groch łuskany *m* 131
groszek zielony *m* 131
grot *m* 240
gruby *m* / -ba *f* / -be *n* 321
gruczoł *m* 19
grudzień *m* 306
grunt *m* 83
gruszka *f* 127
Gruzja *f* 318
gry 272
gry planszowe 272
gryf *m* 250, 258
grypa *f* 44
grzanka francuska *f* 157
grzbietnica *f* 81
grzebień *m* 38
grzechotka *f* 74
grzejnik *m* 60
grzejnik konwektorowy *m* 60
grzyb *m* 125
grzywa *f* 242, 291
guajawa *f* 128
Gujana *f* 315
Gujana Francuska *f* 315
gulasz *m* 158
guma do żucia *f* 113
gumka *f* 173
gumka do ścierania *f* 163
gumka do włosów *f* 39
guzik *m* 32
Gwatemala *f* 314
gwiazda *f* 280
gwiazdozbiór *m* 281
Gwinea *f* 317
Gwinea Bissau *f* 317
Gwinea Równikowa *f* 317
gwóźdź *m* 80
gzyms *m* 63, 300

H

haczyk *m* 244
haft *m* 277
haft na kanwie *m* 277
haftka *f* 276
Haiti *n* 314
hak *m* 187
hak rzeźnicki *m* 118
hala *f* 209
hala odlotów *f* 213
halal *n* 118
halibut *m* 120
halka *f* 35
Halloween *n* 27
halsować 241
hałaśliwy *m* / -wa *f* / -we *n* 321
hamak *m* 266
hamburger *m* 154
hamburger wegetariański *m* 155
hamburger z kurczaka *m* 155
hamować 207
hamulec *m* 200, 204, 206
hamulec bezpieczeństwa *m* 209
hamulec ręczny *m* 203
handicap *m* 233
hantla *f* 251
harfa *f* 256
hasło *n* 177
hatchback *m* 199
Hawaje 314
heavy metal *m* 259
helikopter *m* 211
hematyt *m* 289
herbata *f* 144, 149, 184
herbata liściasta luzem *f* 144
herbata mrożona *f* 149
herbata z cytryną *f* 149
herbata z mięty *f* 149
herbata z mlekiem *f* 149
herbata ziołowa *f* 149
herbatka rumiankowa *f* 149
herbatnik *m* 113
herbatniki 141
herbicyd *m* 183
higiena jamy ustnej *f* 72, 108

Himalaje 313
hipnoterapia *f* 55
hipoalergiczny *m* / -na *f* / -ne *n* 41
hipopotam *m* 291
historia *f* 162
historia sztuki *f* 169
Hiszpania *f* 316
hodowla owiec *f* 183
hodowla świń *f* 183
hokeista *m* / hokeistka *f* 224
hokej *m* 224
hokej na lodzie *m* 224
hokej na trawie *m* 224
hol *m* 100, 255
Holandia *f* 316
holownik *m* 215
homar *m* 121, 295
homeopatia *f* 55
Honduras *m* 314
hormon *m* 20
horror *m* 255
hot dog *m* 155
hotel *m* 100, 264
huragan *m* 287
huśtawka *f* 263
hydrant *m* 95
hydraulik *m* 188
hydroplan *m* 211
hydroterapia *f* 55

I

Id al-Fitr *m* 26
identyfikator *m* 53, 173, 189
iglica *f* 300
igła *f* 109, 276
iguana *f* 293
ikona *f* 177
iluminator *m* 214
imadło *n* 78
imbir *m* 125, 133
impotent *m* 20
Indie 318
Indonezja *f* 319
indygo *m/n* 274
indyk *m* 119, 185, 293
infekcja *f* 44
infekcja przenoszona drogą płciową *f* 20
informacja *f* 168
informacje 261
inhalator *m* 44, 109
inkubator *m* 53
inspektor *m* / inspektorka *f* 94
instalacja wodno-kanalizacyjna *f* 61
instalacje wewnętrzne 60
instalować 177
instant 130
instruktor nauki jazdy *m* / instruktorka nauki jazdy *f* 188
instrumenty 256, 258
instrumenty dęte blaszane 256
instrumenty dęte drewniane 257
instrumenty perkusyjne 257
instrumenty strunowe 256
insulina *f* 109
inteligentny głośnik *m* 269
interesujący *m* / -ca *f* / -ce *n* 321
internet *m* 177
inwentarz żywy *m* 183, 185
inwestycja *f* 97
inżynieria *f* 169
Irak *m* 318
Iran *m* 318
Irlandia *f* 316
Irlandia Północna *f* 316
irys *m* 110
Islandia *f* 316
iść spać 71
izolacja *f* 61
Izrael *m* 318

J

jabłko *n* 126
jabłko Adama *n* 19
jacht *m* 215, 240
jadalnia *f* 64
jadeit *m* 288
jagnię *n* 185
jagnięcina *f* 118
jagoda *f* 127, 296
jaja 137
jajecznica *f* 157
jajko gotowane *n* 137, 157
jajko smażone *n* 157
jajnik *m* 20
jajo gęsie *n* 137
jajo kacze *n* 137
jajo kurze *n* 137
jajo przepiórcze *n* 137
jajowód *m* 20
Jamajka *f* 314
jams (ignam, pochrzyn) *m* 125
Japonia *f* 318
jard *m* 310
jarmuż *m* 123
jaskier *m* 297
jaskinia *f* 284
jaskółka *f* 292
jaskra *f* 51
jasny *m* / -na *f* / -ne *n* 41, 321
jaszczurka *f* 293
jazda konna *f* 242, 263
jazda na deskorolce *f* 249, 263
jazda na łyżworolkach *f* 249
jazda na rolkach *f* 263
jazda na rowerze *f* 263
jazda na sankach *f* 247
jazz *m* 259
jądro *n* 21, 129
jądro wewnętrzne *n* 282
jądro zewnętrzne *n* 282
jechać rowerem 207
jeden 308
jedenasty *m* / -ta *f* / -te *n* 309
jedenaście 308
jednorazowa maszynka do golenia *f* 73
jednorazowy *m* / -wa *f* / -we *n* 109
jedwab *m* 277
jedzenie *n* 75, 149
jeleń *m* 291
jelito cienkie *n* 18
jelito grube *n* 18
Jemen *m* 318
jesień *f* 31, 307
jeść 64
jezioro *n* 285
jeździć na łyżwach 224
jeździec *m* / jeźdźczyni *f* 242
jeż *m* 290
jeżyna *f* 127
jęczmień *m* 130, 184
jędrny *m* / -na *f* / -ne *n* 124
język *m* 19, 37
języki 162
joga *f* 54
jogging *m* 251, 263
jogurt *m* 137
jogurt mrożony *m* 137
jogurt owocowy *m* 157
jonosfera *f* 286
Jordania *f* 318
Jowisz *m* 280
jubiler *m* 114, 188
judo *n* 236
jutro 306, 320

K

kabel do ładowania *m* 176, 198
kabina *f* 95, 210
kabina maszynisty *f* 208
kabina pilota *f* 210
kabriolet *m* 199
kaczę *n* 185
kaczka *f* 119, 185
kadłub *m* 210, 214, 240
kajak *m* 214, 241
kajakarstwo *n* 241
kajdanki 94
kajuta *f* 214
kakadu *f* 293
kakao w proszku *n* 148
kaktus *m* 87
kalafior *m* 124
kalarepa *f* 123
kalcyt *m* 289
kalendarz *m* 306
kalendarz cyfrowy *m* 175
kalendarz terminarz *m* 173, 175
Kaliningrad *m* 316
kalkulator *m* 165
kalmar *m* 121
kaloryfer *m* 60
kalosze 31, 89
kałamarnica *f* 295
Kambodża *f* 318
kambuz (kuchnia) *m* 214
kamera *f* 178, 269
kamera internetowa *f* 176
Kamerun *m* 317
kamerzysta *m* / kamerzystka *f* 178
kamienie szlachetne 288
kamień *m* 36, 275
kamień księżycowy *m* 288
kamizelka *f* 33
kamizelka ratunkowa *f* 240
Kanada *f* 314
kanał *m* 178
kanał dla orkiestry *m* 254
kanapa *f* 62
kanapka *f* 155
kanapka zapiekana *f* 149
kanarek *m* 292
kancelaria prawnicza *f* 180
kangur *m* 291
kantar *m* 243
kantor wymiany walut *m* 97
kapary 143
kapcie 31
kapelusz *m* 36
kapelusz od słońca *m* 30, 265
kapitał własny *m* 97
kapitan *m* 214
kapitan portu *m* / kapitanka portu *f* 217
kapryfolium *n* 297
kapsułka *f* 109
kaptur *m* 31
kapturek maciczny *m* 21
kapusta *f* 123
karaluch *m* 295
karambola *f* 128
karaoke *n* 269
karate *n* 236
karczoch *m* 124
kardamon *m* 132
kardiologia *f* 49
karetka pogotowia ratunkowego *f* 94
karimata *f* 267
kark *m* 13
karmelek *m* 113
karmić 183
karmić butelką 52
karmić piersią 53
karmienie piersią *n* 53
karnawał *m* 27
karo *n* 273
karoseria *f* 202
karp koi *m* 294
karta *f* 48
karta biblioteczna *f* 168
karta debetowa *f* 96
karta grzecznościowa *f* 173
karta kredytowa *f* 96
karta pamięci USB *f* 176
karta pokładowa *f* 213
karta wędkarska *f* 245
karta wejściowa *f* 100
kartka *f* 27
kartka pocztowa *f* 112
karton *m* 311
karton na mleko *m* 136
karty 273
karuzela *f* 74
kasa *f* 106, 150
kasa biletowa *f* 209, 216, 255
kasjer *m* / kasjerka *f* 96, 106
kask *m* 95, 204, 206, 220, 228
kask jeździecki *m* 242
kask ochronny *m* 186, 236
kasownik *m* 256
kasy 106
kasyno *n* 261
kasza manna *f* 130
kaszanka *f* 157
kaszel *m* 44
kasztan *m* 129
kasztanowy *m* / -wa *f* / -we *n* 39
katalog *m* 168, 177
katamaran *m* 215
Katar *m* 318
katar sienny *m* 44
katedra *f* 300
kaucja *f* 181
kawa *f* 144, 148, 153, 156, 184
kawa czarna *f* 148
kawa espresso *f* 148
kawa mielona *f* 144
kawa mrożona *f* 148
kawa z ekspresu *f* 148
kawa z mlekiem *f* 148
kawałek *m* 140
kawałek czekolady *m* 141
kawałki 119
kawałki kurczaka 155
kawiarnia *f* 148, 262
kawiarnia z tarasem *f* 148
kawiarnia ze stolikami na zewnątrz *f* 148
Kazachstan *m* 318
każdy *m* / -da *f* / -de *n* 320
kąpiel *f* 74
kąpielówki 238, 264
kąt *m* 164
kątomierz *m* 165
kciuk *m* 15
kebab *m* 155, 158
keczup *m* 135, 154
keks *m* 140
kelner *m* / kelnerka *f* 152, 191
kemping *m* 266
kempingować 266
kendo *n* 236
Kenia *f* 317
keyboard *m* 258
kichnięcie *n* 44
kick boxing *m* 236
kielich *m* 297
kieliszek *m* 152
kieliszek do jajek *m* 65, 137
kieliszek do wina *m* 65
kieliszki 150
kielnia *f* 187
kieł *m* 50, 291
kiełbasa chorizo *f* 143
kiełbaska *f* 155, 157
kiełbaski 118
kiełek fasoli *m* 122
kier *m* 273
kierowca *m* / kierowczyni *f* 196
kierowca *m* / kierowczyni *f* autobusów 190
kierowca *m* / kierowczyni *f* samochodów ciężarowych 190

kierowca wyścigowy *m* / kierowczyni wyścigowa *f* 249
kierownica *f* 201, 207
kierownik *m* / kierowniczka *f* 24, 174
kierunkowskaz *m* 198, 204
kieszeń *f* 32
kij *m* 228, 249
kij drewniany *m* 233
kij hokejowy *m* 224
kij krykietowy *m* 225
kij metalowy *m* 233
kij z główką klinowatą *m* 233
kijanka *f* 294
kije golfowe 233
kijek narciarski *m* 246
kil *m* 214
kilogram *m* 310
kilometr *m* 310
kinkiet *m* 62
kino *n* 255, 299
kiosk *m* 215
kiosk z gazetami *m* 112
Kirgistan *m* 318
kiwi *n* 128
klakson *m* 201, 204
klamerka *f* 36
klamerka do bielizny *m* 76
klamka *f* 200
klapa *f* 32
klapek *m* 37
klaps *m* 179
klarnet *m* 257
klarnet basowy *m* 257
klasa *f* 162, 163
klasa biznesowa *f* 211
klasa ekonomiczna *f* 211
klatka piersiowa *f* 12, 17
klawiatura *f* 97, 99, 176
klawisz *m* 176
klej *m* 275
klej do drewna *m* 78
klej do tapet *m* 82
klementynka *f* 126
kleszcze 53, 167
klient *m* / klientka *f* 38, 96, 104, 106, 152, 175, 180
klif *m* 285
klimatyzacja *f* 200
klips do papieru *m* 173
klocek *m* 277
klocek hamulcowy *m* 207
klon *m* 296
klopsiki 158
klucz *m* 59, 80, 81, 203, 258
klucz basowy *m* 256
klucz imbusowy *m* 80
klucz maszynowy *m* 81
klucz nasadowy *m* 80
klucz nastawny *m* 80
klucz wiolinowy *m* 256
kluczyk *m* 207
kluski 158
kluski z podsmażonymi warzywami i/lub mięsem 158
kłaść płytki 82
kłąb *m* 15
kłus *m* 243
kminek *m* 131, 132
knaga *f* 240
koala *m* 291
kobieta *f* 12, 20, 23
koc *m* 71, 74
koc elektryczny *m* 71
kociak *m* 290
kocioł *m* 257
kocioł grzewczy *m* 61
kod dostępu *m* 99
kod paskowy *m* 106
kod pocztowy *m* 98
kogut *m* 185
kojec *m* 75
kok *m* 39
kokilka *f* 69
kokon *m* 295
kokos *m* 129
koktajl *m* 151
koktajl czekoladowy *m* 141
koktajl kawowy *m* 149
koktajl mleczny *m* 137
koktajl truskawkowy *m* 149
kolano *n* 12
kolaż *m* 275
kolba laboratoryjna *f* 166
kolce 233
kolczyki *m* 36
kolec jadowy *m* 295
kolej jednotorowa *f* 208
kolejka górska *f* 262
kolendra *f* 133
koliber *m* 292
kolonia *f* 315
kolor *m* 273
kolory 39, 274
Kolumbia *f* 315
kołatka *f* 59
kołczan *m* 249
kołdra *f* 71
kołeczek *m* 31
kołnierz ortopedyczny *m* 46
kołnierzyk *m* 32
koło *n* 199, 207
koło dmuchane *n* 265
koło garncarskie *n* 275
koło łańcuchowe *n* 207
koło podbiegunowe północne *n* 283
koło przednie (podwozia) *n* 210
koło ratunkowe *n* 240
koło środkowe *n* 222, 224, 226
koło wznowień *n* 224
koło zamachowe *n* 276
koło zębate *n* 206
kołowrotek *m* 244, 245
komar *m* 295
kombajn *m* 182
kombi *n* 199
kombinerki 80
kombinezon *m* 82
kombinezon narciarski *m* 246
kombinezon zimowy *m* 30
komedia *f* 255
kometa *f* 280
komiks *m* 112
komin *m* 58, 214, 283
kominek *m* 63
komoda *f* 70
komora celna *f* 216
komora wulkaniczna *f* 283
Komory 317
komosa ryżowa *f* 130
komórka jajowa *f* 20
kompas *m* 312, 240
kompost *m* 88
kompozycje 111
komputer *m* 176
koncert *m* 255, 258
koncert rockowy *m* 258
konewka *f* 89
Kongo *n* 317
koniczyna *f* 297
koniec *m* 321
konik morski *m* 294
konik polny *m* 295
konkurencje 243
konserwy 107
konsola *f* 269
kontener *m* 216
kontenerowiec *m* 215
kontrabas *m* 256
kontrafagot *m* 257
kontrola paszportowa *f* 212, 213
kontroler *m* 269
kontroler *m* / kontrolerka *f* biletów 209
kontuar *m* 96, 98
konturówka do ust *f* 40
kontynent *m* 282, 315
koń *m* 185, 242, 272
koń wyścigowy *m* 243
koń z łękami *m* 235
końcówka ochronna *f* 80
końcówki wkrętakowe 80
koński ogon *m* 39
kopać 90, 221, 223
koparka mechaniczna *f* 187
koper *m* 133
koper włoski *m* 122, 133
koperta *f* 98, 173
kopiować 172
kopnięcie *n* 237
kopuła *f* 300
kopyto *n* 242, 291
kora *f* 296
korba stolarska *f* 78
Korea Południowa *f* 318
Korea Północna *f* 318
korek *m* 134, 166, 195
korektor *m* 40
korkociąg *m* 150
korona *f* 50
koronka *f* 35
koronkarstwo *n* 277
Korsyka *f* 316
kort tenisowy *m* 230
koryntka *f* 129
koryto *n* 183
korzeń *m* 50, 124, 296
kosiarka do trawy *f* 88, 90
kosić 90
kosmetyki 41, 105, 107
Kosowo *m* 316
Kostaryka *f* 314
kostium *m* 255
kostium kąpielowy *m* 238, 265
kostka *f* 13, 15, 311
kostka lodu *f* 151
kostkarka do lodu *f* 67
kostki 272
kosz *m* 95, 177, 207, 226, 245, 263
kosz do noszenia dziecka *m* 74
kosz na brudną bieliznę *m* 76
kosz na przybory do szycia *m* 276
kosz na śmieci *m* 61, 67, 172
kosz na zabawki *m* 75
kosz owoców *m* 126
koszerny *m* / -na *f* / -ne *n* 118
koszula *f* 33, 54
koszula nocna *f* 31, 35
koszulka *f* 30, 33, 35
koszulka na ramiączkach *f* 35
koszyk *m* 88, 106
koszykarz *m* / koszykarka *f* 226
koszykówka *f* 226
kościół *m* 298, 300
kość *f* 17, 119
kość łokciowa *f* 17
kość ogonowa *f* 17
kość piszczelowa *f* 17
kość promieniowa *f* 17
kość ramienna *f* 17
kość strzałkowa *f* 17
kość śródręcza *f* 17
kość śródstopia *f* 17
kość udowa *f* 17
kot *m* 290
kotewka orzech wodny *f* 124
kotlet *m* 119
kotum *m* 37
kotwica *f* 214, 240
koza *f* 118, 185
kozak *m* 37
kozieradka *f* 132
kozioł *m* 235
koźlę *n* 185
kółka 235
kółko do serwetki *n* 65
krab *m* 121, 295
kraj *m* 315
krajalnica *f* 139
krajobraz *m* 284
kran *m* 61, 66
kran kamerowy *m* 178
kran z ciepłą wodą *m* 72
kran z zimną wodą *m* 72
krata ogrodowa *f* 84
krater *m* 283
kratka pod gorące naczynia *f* 69
kraul *m* 239
krawat *m* 32
krawcowa *f* 191
krawędź *f* 246
krawężnik *m* 298
krawiec *m* / krawcowa *f* 191
krążek *m* 224
krążek maciczny *m* 21
kreda *f* 85, 162, 288
kreda krawiecka *f* 276
kredka *f* 163
kredka do brwi *f* 40
kredka do oczu *f* 40
kredyt hipoteczny *m* 96
krem *m* 109, 140
krem budyniowy *m* 140
krem czekoladowy do smarowania *m* 135
krem do ciast *m* 140
krem do twarzy *m* 73
krem na odparzenia *m* 74
krem nawilżający *m* 41
krem z filtrem przeciwsłonecznym *m* 108
krem z wysokim filtrem przeciwsłonecznym *m* 108, 265
krewetka *f* 121
krewetka królewska *f* 121
krewni 23
kręcone (włosy) 39
kręgi lędźwiowe 17
kręgi piersiowe 17
kręgi szyjne 17
kręgiel *m* 249
kręgle 249
kręgosłup *m* 17
kroić w plasterki 67
krokiew *f* 186
krokodyl *m* 293
kromka *f* 139
krople 109
kroplomierz *m* 109, 167
kroplówka *f* 53
krosno *n* 277
krowa *f* 185
król *m* 272, 273
królik *m* 118, 290
królowa *f* 272
krótka fryzura *f* 39
krótki *m* / -ka *f* / -kie *n* 32
krótkowzroczność *f* 51
krótkoziarnisty *m* / -ta *f* / -te *n* 130
krtań *f* 19
kruchy *m* / -cha *f* / -che *n* 98, 127
krwawienie z nosa *n* 44
krwotok *m* 46
kryć 227
krykiecista *m* / krykiecistka *f* 225
krykiet *m* 225
krzemień *m* 288
krzesło *n* 64
krzesło obrotowe *n* 172
krzyczeć 25
krzywa *f* 165
krzyż *m* 13
krzyżyk *m* 256
książka *f* 168
księgarnia *f* 115
księgowy *m* / księgowa *f* 97, 190

księstwo n 315
Księżyc m 280
kształtować 91
Kuba f 314
kubeczek m 75
kubek m 65
kucharz m / kucharka f 190
kuchenka mikrofalowa f 66
kuchenka turystyczna f 267
kuchnia f 66, 152
kucyki 39
kukurydza f 122, 124, 130, 184
kula f 164
kula do kręgli f 249
kulisy 254
kumkwat m 126
kung-fu n 236
kupony loteryjne 112
kura f 185
kuracja lekami f 109
kurcz m 239
kurczak m 119
kurczak smażony m 155
kurczę n 185
kurek m 50
kurek do nalewania piwa beczkowego m 150
kurek spustowy m 61
kurier m / kurierka f 99
kurkuma f 132
kurnik m 185
kurs walutowy m 97
kurtka narciarska f 246
kurtyna f 254
kuskus m 130
Kuwejt m 318
kuweta malarska f 83
kuzyn m / kuzynka f 22
kwadrans m 304
kwadrat m 164
kwarc m 289
kwarta f 311
kwaśny m / -na f / -ne n 127
kwiaciarnia f 110
kwiaciarz m / kwiaciarka f 188
kwiat m 297
kwiaton m 300
kwiaty 110
kwiecień m 306
kwietnik m 85, 90
kwitnący krzew m 87
kwota f 96

L

lacrosse n 249
lać 67
lada f 142
lakier m 79, 83
lakier do paznokci m 41
lakier do włosów m 38
laktoza f 137
lalka f 75
lampa f 62, 217
lampa błyskowa f 270
lampka nocna f 70
langusta f 121
Laos m 318
laptop m 176
las m 285
las deszczowy m 285
laska do hokeja na trawie f 224
laski 133
latać 211
latarka f 267
latarnia morska f 217
latarnia uliczna f 298
lato n 31, 307
lawa f 283
lawina f 247
ląd m 282
lądować 211
lądownik księżycowy m 281
legginsy 31
lejek m 166
lek m 109
lek na biegunkę m 109
lekarstwo na kaszel n 108
lekarz m / lekarka f 45, 189
lekarz specjalista m / lekarka specjalistka f 49
lekcja f 163
leki ziołowe 108
lekki m / -ka f / -kie n 321
lekki samolot dwuosobowy m 211
lekko uderzyć piłkę w stronę dołka 233
lekkoatleta m / lekkoatletka f 234
lekkoatletyka f 234
lemoniada f 144
len m 184
lepszy m / -sza f / -sze n 321
Lesotho n 317
lew m 291
lew morski m 290
lewe pole n 228
lewkonie 110
leżak m 264, 265
Liban m 318
Liberia f 317
Libia f 317
licówka f 50
liczby 308
liczi chińskie n 128
licznik m 165
licznik elektryczny m 60
licznik kilometrów m 201
licznik zdjęć m 270
liczyć 165
lider m / liderka f 258
Liechtenstein m 316
liga f 223
likier m 145
lilia f 110
limonka f 126
limuzyna f 199
linia f 225
linia autowa f 221
linia boczna f 220, 226, 230
linia bramkowa f 223, 224
linia gry f 223
linia końcowa f 225, 226
linia końcowa główna f 230
linia piłki martwej f 221
linia punktowa f 220
linia rzutów wolnych f 226
linia rzutów za trzy punkty f 226
linia serwisowa f 230
linia startu f 234
linia środkowa f 226
linie 165
linijka f 163, 165
linka f 207
linka namiotowa f 266
lipa f 296
lipiec m 306
liquid do e-papierosów m 112
lis m 290
list m 98
lista lektur f 168
lista płac f 175
lista sklepów f 104
lista win f 152
listonosz m / listonoszka f 98, 190
listopad m 306
liście 110
liść m 122, 296
liść laurowy m 133
literatura f 162, 169
literować 162
litoterapia f 55
litr m 311
Litwa f 316
lizak m 113
lob m 230
lodowiec m 284
lodowisko do hokeja n 224
lodówka z zamrażarką f 67
lody 137, 149
logo n 31
lokomotywa f 208
lokówka f 38
lornetka f 281
lot krajowy m 212
lot międzynarodowy m 212
lotka f 231
lotnia f 248
lotniarstwo n 248
lotnisko n 212
lotniskowiec m 215
loża f 254
lód m 121, 151, 287
lucerna f 184
ludzie 12, 16
luk bagażowy m 196
luk towarowy m 215
lukier m 141
Luksemburg m 316
lunch m 64
lunch służbowy m 175
lusterko n 40, 167
lusterko boczne n 198
lusterko wsteczne n 198
lustro n 71
lut m 79, 80
lutować 79
lutownica f 81
luty m 306

Ł

łabędź m 293
ładunek m 216
łańcuch m 59, 206
łańcuch górski m 282
łańcuszek m 36
łapa laboratoryjna f 166
łapacz m / łapaczka f 225, 229
łapać 227, 229, 245
łata f 207
łatwy m / -wą f / -we f 321
ława przysięgłych f 180
ławka f 162, 262
ławka piknikowa f 266
ławka rezerwowych f 229
ławka treningowa f 250
łazienka f 72
łączność f 98
łączyć 176
łąka f 285
łeb m 80
łechtaczka f 20
łęk m 242
łodyga f 111, 122
łodzie n 215
łokieć m 13
łopata f 88
łopatka f 17, 60, 68, 265
łopatka do ryb f 68
łopatka śmigła f 211
łosoś m 120
Łotwa f 316
łowić w sieć 245
łowienie ryb z plaży n 245
łożysko n 52
łódź motorowa f 214
łódź ratunkowa f 214
łódź rybacka f 217
łódź wiosłowa f 214
łóżeczko dziecinne n 74
łóżko n 70
łóżko podwójne n 71
łóżko pojedyncze n 71
łóżko polowe n 266
łubiny 297
łucznictwo n 249
łuk m 85, 164, 249
łuk m 300
łupacz m 120
łupek m 288
łupież m 39
łupina f 129
łuska f 120, 130, 294
łuskany m / -na f / -ne n 129
łydka f 13, 16
łysy m / -sa f / -se n 39
łyszczec m 110
łyżeczka f 65
łyżeczka do kawy f 153
łyżka f 65
łyżka do nakładania potraw f 68
łyżka do opon f 207
łyżka do porcjowania f 68
łyżka do zupy f 65
łyżka drewniana f 68
łyżka durszlakowa f 68
łyżka wazowa f 68
łyżwa f 224, 247
łyżwiarstwo n 247
łyżwiarstwo figurowe n 247
łyżwiarstwo szybkie n 247
łza f 51

M

Macedonia Północna f 316
macica f 20, 52
macis m/f 132
macocha f 23
Madagaskar m 317
magazyn m 216
magisterium n 169
magma f 283
magmowe 288
magnes m 167
magnez m 109
maj m 306
majeranek m 133
majonez m 135
majtki ceratowe 30
mak m 297
makaron m 158
makieta f 190
makijaż m 40
makler giełdowy m / maklerka giełdowa f 97
makrama f 277
makrela f 120
malachit m 288
malarstwo n 274
malarz m / malarka f 191
Malawi n 317
Malediwy 318
Malezja f 318
Mali n 317
malina f 127
malinojeżyna f 127
malować 83
Malta f 316
małe dziecko n 30
małpa f 291
mały m / -ła f / -łe n 321
mały palec m 15
mały palec u nogi m 15
małż m 121, 295
mandarynka f 126
manekin krawiecki m 276
manetka przerzutki f 207
mango n 128
mangostan m 128
manierka f 267
manikiur m 41
mankiet m 32
mapa f 261
mapa świata f 312
marakasy 257
marakuja f 128
maraton m 234
marcepan m 141
marchew f 124
margaryna f 137
margerytka f 110, 297
marina f 217
markiza f 148

marmur *m* 288
Maroko *m* 317
Mars *m* 280
martini *n* 151
marynarka *f* 32, 33
marynarka sportowa *f* 33
marynarz *m* 189
marynowany *m* / -na *f* / -ne *n* 143, 159
marzec *m* 306
masa szpachlowa *f* 83
masa urodzeniowa *f* 53
masaż *m* 54
maseczka *f* 41
maska *f* 198, 228, 236, 239, 249
maska ochronna *f* 109, 189, 225
masło *n* 137, 156
masło kakaowe *n* 41
masło orzechowe *n* 135
maszt *m* 240
maszt namiotu *m* 266
maszyna do szycia *f* 276
maszynownia *f* 214
maszyny 187
maść *f* 47, 109
maślanka *f* 137
mata *f* 54, 235
mata do przewijania *f* 74
mata łazienkowa *f* 72
mata wodoodporna *f* 267
matematyka *f* 162, 164
materac *m* 70, 74
materac nadmuchiwany *m* 267
materiał *m* 276
materiały 79, 187
materiały biurowe 173
matka *f* 22
matowy *m* / -wa *f* / -we *n* 83, 71
Mauretania *f* 317
Mauritius *n* 317
mączka kostna *f* 88
mąka *f* 138
mąka biała *f* 138
mąka brązowa *f* 138
mąka chlebowa *f* 139
mąka razowa *f* 138
mąka z dodatkiem proszku do pieczenia *f* 139
mąka zwykła *f* 139
mątwa *f* 121
mąż *m* 22
mdłości 44
mechanik *m* / mechaniczka *f* 188, 203
mechanika *f* 202
mecz *m* 230
meczet *m* 300
medale 235
media 178
meduza *f* 295
medycyna *f* 169
medytacja *f* 54
Meksyk *m* 314
melodia *f* 259
melon *m* 127
menu *n* 148, 152, 153, 154
menu wieczorne *n* 152
Merkury *m* 280
meta *f* 234
metal *m* 79
metale 289
metamorficzne 288
meteor *m* 280
metody 159
metr *m* 310
metr kwadratowy *m* 310
metro *n* 209
metryka urodzenia *f* 26
mewa *f* 292
mezosfera *f* 286
mężczyzna *m* 12, 21, 23
mgła *f* 287
mgławica *f* 280
mianownik *m* 165
miarka *f* 109, 150, 151
miarka do cieczy *f* 311
miarka kuchenna *f* 311
miary 165
miasteczko *n* 299
miasteczko uniwersyteckie *n* 168
miasto *n* 298
miąższ *m* 124, 127, 129
miechunka peruwiańska *f* 128
miecznik *m* 120, 294
mieczyk *m* 110
mieć dziecko 26
miednica *f* 17
miedź *f* 289
miejsca 254
miejsce *n* 166, 209, 254
miejsce cumowania *n* 217
miejsce parkingowe dla niepełnosprawnych *n* 195
mielony *m* / -na *f* / -ne *n* 132
mierzyć 310
miesiąc *m* 306
miesiąc miodowy *m* 26
miesiączka *f* 20
(co)miesięczny *m* / -na *f* / -ne *n* 307
mieszać 67, 138
mieszadło *n* 150
mieszanka do wyboru *f* 113
mieszanka ziół *f* 132
mieszkanie *n* 59
miękka bułka *f* 139
miękki *m* / -ka *f* / -kie *n* 129, 321
mięsień czołowy *m* 16
mięsień czworoboczny *m* 16
mięsień czworogłowy *m* 16
mięsień dwugłowy *m* 16
mięsień międzyżebrowy *m* 16
mięsień najszerszy grzbietu *m* 16
mięsień naramienny *m* 16
mięsień piersiowy *m* 16
mięsień trójgłowy *m* 16
mięso *n* 107, 119
mięso mielone *n* 119
mięso na pieczeń *n* 119
mięśnie 16
mięśnie brzuszne 16
mięśnie pośladkowe 16
mięśnie tylne uda 16
mięta *f* 133
migdał *m* 129
migdały 151
migrena *f* 44
mika *f* 289
mikrobus *m* 197
mikrofon *m* 179, 258
mikroskop *m* 167
mikser *m* 66
mila *f* 310
miliard *m* 309
miligram *m* 310
mililitr *m* 311
milimetr *m* 310
milion *m* 309
minerały 289
minibar *m* 101
minivan *m* 199
minus *m* 165
minuta *f* 304
miotacz *m* / miotaczka *f* 229
miód płynny *m* 134
miód stały *m* 134
miseczka *f* 65
miska *f* 66, 69
miś *m* 75
mlecz *m* 123, 297
mleko *n* 136, 156
mleko kozie *n* 136
mleko krowie *n* 136
mleko migdałowe *n* 137
mleko modyfikowane *n* 52
mleko odtłuszczone *n* 136
mleko owsiane *n* 137
mleko pełne *n* 136
mleko półtłuste *n* 136
mleko skondensowane *n* 136
mleko w proszku *n* 137
młoda cebulka *f* 125
młoda kapusta *f* 123
młode *n* 290
młodszy kucharz *m* / młodsza kucharka *f* 152
młody *m* / -da *f* / -de *n* 321
młody ziemniak *m* 124
młot dwuręczny *m* 187
młot pneumatyczny *m* 187
młotek *m* 80
młyn *m* 221
młyn spontaniczny *m* 221
mnożyć 165
mocny *m* / -na *f* / -ne *n* 321
moczowód *m* 21
moczyć 130
moda *f* 277
model *m* / modelka *f* 169
modelarstwo *n* 275
modliszka *f* 295
modrzew *m* 296
moduł bateryjny *m* 176
mokasyn *m* 37
mokry *m* / -ra *f* / -re *n* 286, 321
molo *n* 217
Mołdawia *f* 316
Monako *n* 316
moneta *f* 97
Mongolia *f* 318
monitor *m* 53, 172
monopol *m* 272
monsun *m* 287
mop *m* 77
morela *f* 126
morlesz *m* 120
mors *m* 290
morze *n* 264, 282
Morze Arabskie *m* 313
Morze Arktyczne *m* 312
Morze Bałtyckie *m* 313
Morze Czarne *m* 313
Morze Czerwone *m* 313
Morze Karaibskie *m* 312
Morze Kaspijskie *m* 313
Morze Północne *m* 312
Morze Śródziemne *m* 313
moskitiera *f* 267
most *m* 301
mostek *m* 17, 258
mostek kapitański *m* 214
moszna *f* 21
motek *m* 277
motocross *m* 249
motocykl *m* 204
motocykl terenowy *m* 205
motocykl turystyczny *m* 205
motocykl wyścigowy *m* 205
motolotnia *f* 211
motyka *f* 88
motyl *m* 295
motylek *m* 239
mowa obrończa *f* 180
Mozambik *m* 317
moździerz *m* 68, 167
mówca *m* 174
mózg *m* 19
mrożonki 107
mrożony *m* / -na *f* / -ne *n* 121, 124
mrówka *f* 295
mróz *m* 287
mucha *f* 244, 295
multiwitaminy 109
muł *m* 85
mundur *m* 94, 189
mur *m* 222
mus *m* 141
musical *m* 255
muszka *f* 36
muszla *f* 265
muszla klozetowa *f* 61
musztarda *f* 155
musztarda angielska *f* 135
musztarda francuska *f* 135
musztarda ziarnista *f* 135
muzeum *n* 261
muzyk *m* / muzyczka *f* 191
muzyka *f* 162
muzyka folk *f* 259
muzyka klasyczna *f* 255, 259
Myanmar *m* (Birma *f*) 318
myć 77
mydelniczka *f* 73
mydło *n* 73
myjnia samochodowa *f* 198
mysz *f* 176, 290
myśliwiec *m* 211

N

na 320
na czas 305
na dole 320
na górze 320
na miejscu 154
na wynos 154
na zewnątrz 320
na żywo 178
nabrzeże *n* 216
nachrapnik *m* 242
naciąg *m* 230
nacięcie krocza *n* 52
naczółek *m* 242
naczynia 64, 65
naczynie do opiekania *n* 69
naczynie do sufletów *n* 69
naczynie do zapiekania *n* 69
naczynie żaroodporne *n* 69
nad 320
nadawać 178
nadgarstek *m* 13, 15
nadwyżka bagażu *f* 212
nadzienie *n* 140, 155
nadziewana oliwka *f* 143
nadziewany *m* / -na *f* / -ne *n* 159
nagłośnia *f* 19
nagły wypadek *m* 46
nagrany wcześniej 178
nagrywanie *n* 268
najedzony *m* / -na *f* / -ne *n* 64
najemca *m* / najemczyni *f* 58
najgłębsza część basenu *f* 239
nakaz *m* 180
nakaz sądowy *m* 180
naklejać 82
nakłuwać 90
nakolannik *m* 205
nakrętka *f* 80
nakrętki koła 203
nakrycie *n* 65
nakrywać do stołu 64
naleśniki 155, 157
Namibia *f* 317
namiot *m* 267
naparstek *m* 276
naparstnica *f* 297
napastnik *m* / napastniczka *f* 222
napaść *f* 94
napięcie *n* 60
napinać 251
napiwek *m* 152
napletek *m* 21
napoje 107, 144, 156
napoje alkoholowe 145
napoje gorące 144
napowietrzać 91
napój bezalkoholowy *m* 154

polski

napój w puszce *m* 154
naprzeciw 320
narciarstwo *n* 246
narciarstwo alpejskie *n* 247
narciarstwo biegowe *n* 247
narciarstwo wodne *n* 241
narciarstwo zjazdowe *n* 247
narciarz *m* / narciarka *f* 246
narodziny 52
naród *m* 315
narta *f* 241, 246
narządy rozrodcze 20
narzeczeni 24
narzeczona *f* 24
narzeczony *m* 24
narzędzia 187
narzędzia ogrodnicze 88
narzędzie do ceramiki *m* 275
narzuta *f* 70
nasadka *f* 80
nasieniowód *m* 21
nasiona 88, 130
nasiona kopru 133
nastawiać 179
nastawić budzik 71
nastolatek *m* nastolatka *f* 23
naszyjnik *m* 36
naświetlenie *n* 271
naturopatia *f* 55
nauczyciel *m* / nauczycielka *f* 162, 190
nauka *f* 161
naukowiec *m* / naukowczyni *f* 190
nawiew powietrza *m* 211
nawigacja satelitarna *f* 201
nawilżana chusteczka odświeżająca *f* 75, 108
nawlekać 277
nawozić 91
nawozić na powierzchni 90
nawóz *m* 91
negatoskop *m* 45
negatyw *m* 271
nektarynka *f* 126
neoklasyczny *m* 301
Nepal *m* 318
Neptun *m* 280
nerka *f* 18, 119
nerw *m* 19, 50
nerw wzrokowy *m* 51
net! 231
neurologia *f* 49
nić *f* 276
nić dentystyczna *f* 50, 72
nie zginać 98
niebezpieczeństwo *n* 195
niebieski *m* 274
niedoświetlony *m* 271
niedziela *f* 306
niedźwiedź *m* 291
niedźwiedź polarny *m* 291
niegazowany *m* / -na *f* / -ne *n* 144
Niemcy 316
niemowlę *n* 23, 30
nieostry *m* 271
niepasteryzowany *m* / -na *f* / -ne *n* 137
nieprzytomny *m* / -na *f* / -ne *n* 47
nieprzywierający *m* / -ca *f* / -ce *n* 69
niesolony *m* / -na *f* / -ne *n* 137
nieśmiały *m* / -ła *f* / -łe *n* 25
nietoperz *m* 290
nieudane odbicie przez pałkarza *n* 228
niewinny *m* / -na *f* / -ne *n* 181
nigdy 320
Niger *m* 317
Nigeria *f* 317
Nikaragua *f* 314
nikiel *m* 289
niski *m* / -ka *f* / -kie *n* 321
niszczarka *f* 172
nitkowanie *n* 41
noc *f* 305
nocnik *m* 74
noga *f* 12
nokaut *m* 237
nominał *m* 97
norma *f* 233
normalny *m* / -na *f* / -ne *n* 39
Norwegia *f* 316
nos *m* 14
nosek (przy pedale) *m* 207
nosidełko *n* 75
nosidełko-gondola *n* 75
nosorożec *m* 291
nosze 94
notacja *f* 256
notatki 191
notes *m* 172, 173
Nowa Zelandia *f* 319
noworodek *m* 53
nowy *m* / -wa *f* / -we *n* 321
Nowy Rok *m* 27
nozdrze *n* 14, 290
nożyce 82, 89, 276
nożyce na długich rączkach 88
nożyczki 38, 47
nożyczki do paznokci 41
nożyk do obierania warzyw i owoców *m* 68
nów księżyca *m* 280
nóż *m* 65, 80
nóż do chleba *m* 68
nóż kuchenny *m* 68
nóżka *f* 119
nudny *m* / -na *f* / -ne *n* 321
nugat *m* 113
numer *m* 226
numer lotu *m* 213
numer peronu *m* 208
numer pokoju *m* 100
numer rachunku *m* 96
numer trasy *m* 196
numer wyjścia *m* 213
nurkowanie z akwalungiem *n* 239
nuta *f* 256
nylon *m* 277

O

obca waluta *f* 97
obcas *m* 37
obciążenie *n* 244
obcinak do rur *m* 81
obiad *m* 64, 158
obiektyw *m* 167, 270
obierać 67
objazd *m* 195
objętość *f* 165, 311
obojczyk *m* 17
obok 320
obój *m* 257
obraz *m* 62, 261, 274
obręcz *f* 206, 226
obręcze do przywiązywania roślin 89
obrona *f* 181, 220
obrońca *m* / obrończyni *f* 223
obrotomierz *m* 201
obrót *m* 238
obrus *m* 64
obrywać zwiędnięte kwiaty 91
obsada *f* 254
obserwowanie ptaków *n* 263
obsługa nie wliczona 152
obsługa pokoi *f* 101
obsługa wliczona 152
obsydian *m* 288
obszar tee *m* 232
obszary 299
obudzić się 71
obwód *m* 164
ocean *m* 282
Ocean Atlantycki *m* 312
Ocean Indyjski *m* 312
Ocean Południowy *m* 313
Ocean Spokojny *m* 312
Oceania *f* 319
ocet *m* 135, 142
ocet balsamiczny *m* 135
ocet słodowy *m* 135
ocet winny *m* 135
ocet winny jabłkowy *m* 135
ochraniacz *m* 224
ochraniacz na nogę *m* 225
ochraniacz szczęki *m* 237
ochraniacze 220
ociekacz *m* 67
ocynkowany *m* / -na *f* / -ne *n* 79
oczko *n* 244, 276
oczyszczony *m* / -na *f* / -ne *n* 121
od 320
odbicie piłki poza linie boczne *n* 228
odbierać 177
odbijać 225, 227, 229
odbiór bagażu *m* 213
odbitka *f* 271
odbytnica *f* 21
odciągacz pokarmu *m* 53
odcień *m* 41
odcisk palca *m* 94
oddychanie *n* 47
oddział *m* 175
oddział położniczy *m* 48, 49
oddział dziecięcy *m* 48
oddział intensywnej opieki medycznej *m* 48
oddział pomocy w nagłych wypadkach *m* 48
oddziały 49
oddzielny pokój *m* 48
odebrać (telefon) 99
odejmować 165
odejście wód płodowych *n* 52
odgrzać 154
odholować 195
odkurzacz *m* 77, 188
odległość *f* 310
odloty 213
odnawianie wnętrz *n* 82
odnowa nawierzchni *f* 187
odnóżka *f* 91
odpady organiczne 61
odpływ *m* 61
odpowiadać 163
odpowiedź *f* 163
odprawa celna *f* 212
odra *f* 44
odrosty 39
odtwarzacz CD *m* 269
odtwarzacz DVD *m* 268
odzież *f* 205
odzież damska *f* 34, 105
odzież dziecięca *f* 30
odzież męska *f* 105
odzież nieprzemakalna *f* 267
odzież termoaktywna *f* 267
odznaka *f* 94
odżywka *f* 38
oferty specjalne 106
oglądać telewizję 269
ognisko *n* 266
ogniwo *n* 36
ogon *m* 120, 210, 242, 290, 294
ogonek *m* 297
ogórek *m* 125
ograniczenie prędkości *n* 195
ogrodniczki 30
ogrodnik *m* / ogrodniczka *f* 188
ogrodzenie *n* 85, 182
ogród *m* 84
ogród francuski *m* 84, 262
ogród na dachu *m* 84
ogród w stylu wiejskim *m* 84
ogród warzywny *m* 85
ogród wodny *m* 84
ogród ziołowy *m* 84
ogródek skalny *m* 84
ogródek warzywny *m* 182
ojciec *m* 22
ojczym *m* 23
okap *m* 58
okienko *n* 96, 98
okiennica *f* 58
oklaskiwać 255
okładzinka *f* 121
okno *n* 58, 177, 186, 197, 209, 210
okno mansardowe *n* 58
oko *n* 14, 51
około 320
okra *f* 122
okrąg *m* 164
okręt podwodny *m* 215
okryć mierzwą 91
okrywa roślinna *f* 87
okular *m* 167
okulary 51
okulary ochronne 81, 167
okulary pływackie 238
okulary przeciwsłoneczne 51, 265
okulistyka *f* 49
olej *m* 142, 199
olej arachidowy *m* 135
olej aromatyzowany *m* 134
olej kukurydziany *m* 135
olej migdałowy *m* 134
olej napędowy *m* 199
olej roślinny *m* 135
olej rzepakowy *m* 135
olej sezamowy *m* 134
olej słonecznikowy *m* 134
olej tłoczony na zimno *m* 13
olej z orzecha włoskiego *m* 134
olej z orzechów laskowych *m* 134
olej z pestek winogron *m* 13
oleje 134
olejki eteryczne 55
oliwa z oliwek *f* 134
oliwki 151
ołowiowy *m* 199
ołówek *m* 163, 275
Oman *m* 318
omawiać 163
omlet *m* 158
onkologia *f* 49
onyks *m* 289
opakowanie *n* 111
opal *m* 288
opalać się 264
opalenizna *f* 41
oparcie siedzenia *n* 210
oparzenie *n* 46
oparzenie słoneczne *n* 46
opaska elastyczna na kolano *f* 227
opaska na nadgarstek *f* 23
opaska na włosy *f* 38
opatrunek *m* 47
opera *f* 255
operacja *f* 48
opłata manipulacyjna *f* 96
opłata pocztowa *f* 98
opłata za przejazd *f* 197, 2
opłata za wstęp *f* 260
opona *f* 199, 205, 206
opóźnienie *n* 209
oprawka *f* 51
oprogramowanie *n* 176
optyk *m* / optyczka *f* 51, 1
orać 183
oranżada *f* 144
orbita *f* 280
orchidea *f* 111
oregano *n* 133
organiczny *m* / -na *f* / -ne *n* 91, 118, 122
origami *n* 275
orkiestra *f* 254, 256

ortopedia *f* 49
orzech brazylijski *m* 129
orzech laskowy *m* 129
orzech makadamii *m* 129
orzech nerkowca *m* 129
orzech włoski *m* 129
orzech ziemny *m* 129
orzechy 129
orzechy nerkowca 151
orzeł *m* 292
orzeszek piniowy *m* 129
orzeszek pistacjowy *m* 129
orzeszki 151
orzeszki ziemne 151
osa *f* 295
osadowe 288
osełka *f* 81
oset *m* 297
osiem 308
osiemdziesiąt 308
osiemdziesiąty *m* / -ta *f* / -te *n* 309
osiemnasty *m* / -ta *f* / -te *n* 309
osiemnaście 308
osiemset 308
osioł *m* 185
oskard *m* 187
oskarżenie *n* 94, 180
oskarżony *m* / oskarżona *f* 180, 181
oskarżyciel *m* / oskarżycielka *f* 180
oskrobany *m* / -na *f* / -ne *n* 121
osłona *f* 88
osłona obiektywu *f* 270
osłona oczu *f* 205
osłona okularu *f* 269
osoba dojeżdżająca *(do pracy)* *f* 208
osoba niewidoma *f* 51
osobna łazienka *f* 100
ospa wietrzna *f* 44
ostatni *m* / -nia *f* / -nie *n* 320
osteopatia *f* 54
ostrokrzew *m* 296
ostrosłup *m* 164
ostry (pikantny) *m* / -ra (-na) *f* / -re (-ne) *n* 124
ostryga *f* 121
ostrzałka do noży *f* 68, 118
ostrze *n* 66, 78, 89
oszczędności 96
oś *f* 205
ość *f* 121
ośmiokąt *m* 164
ośmiornica *f* 121, 295
ośrodek zdrowia *m* 168
oświetlenie ganku *n* 58
otolaryngologia *f* 49
otręby 130
otwarty *m* / -ta *f* / -te *n* 260, 321
otwieracz do butelek *m* 68, 150
otwieracz do konserw *m* 68
otwór na kartę *m* 97
otwór odpływowy *m* 72
otwór odpowietrzający *m* 210
owal *m* 164
owca *f* 185
owies *m* 130
owoc drzewa chlebowego *m* 124
owoc opuncji *m* 128
owoce 107, 126, 128
owoce cytrusowe 126
owoce egzotyczne 128
owoce kandyzowane 129
owoce konserwowane 134
owoce morza 121
owoce pestkowe 126
owoce suszone 129
owsianka *f* 156
owulacja *f* 20, 52
ozór *m* 118

Ó

ósmy *m* / -ma *f* / -me *n* 309

P

pacha *f* 13
pachołek *m* 187
pachołek cumowy *m* 214
pachwina *f* 12
pacjent *m* / pacjentka *f* 45
pacjent leczony ambulatoryjnie *m* / pacjentka leczona ambulatoryjnie *f* 48
paczka *f* 99, 311
paczka papierosów *f* 112
padaczka *f* 44
padok *m* 242
pajacyk *m* 30
pająk *m* 295
pak-choi *n* (kapusta chińska *f*) 123
Pakistan *m* 318
palcat *m* 242
palczatka cytrynowa *f* 133
palec serdeczny *m* 15
palec środkowy *m* 15
palec u nogi *m* 15
palec wskazujący *m* 15
pałeczki 158
palenie *n* 112
paleta *f* 186, 274
palik *m* 90, 91
palik (bramki) *m* 225
paliki 89
palma *f* 86, 296
palnik *m* 67
palnik Bunsena *m* 166
palnik gazowy *m* 61
paluch *m* 139
pałeczka *f* 235
pałka *f* 94
pałkarz *m* / pałkarka *f* 228
pamiątki 260
pamięć *f* 176
pamięć RAM *f* 176
pan *m* 23
Panama *f* 314
pancernik *m* 215
panda *f* 291
pani (zamężna) *f* 23
panna *f* 23
państwo *n* 315
Państwo Watykańskie *n* 316
papaja *f* 128
papier firmowy *m* 173
papier ścierny *m* 81, 83
papier toaletowy *m* 72
papier-mâché *m* 275
papierowa serwetka *f* 154
paproć *f* 86
papryczka chilli *f* 124, 143
papryka *f* 124, 132
Papua-Nowa Gwinea *f* 319
papuga *f* 293
para *f* 24
parada *f* 27
paragon *m* 152
Paragwaj *m* 315
paralotniarstwo *n* 248
parasol *m* 36
parasol plażowy *m* 264
parawan plażowy *m* 265
parecznik *m* 295
park *m* 262
park narodowy *m* 261
park safari *m* 262
parking *m* 298
parkomat *m* 195
parkować 195
parmezan *m* 142
parter *m* 104, 254
partner *m* / partnerka *f* 23
partner biznesowy *m* / partnerka biznesowa *f* 24
partytura *f* 255, 256
pas *m* 12, 236
pas (w spodniach, spódnicy) *m* 35
pas bezpieczeństwa *m* 198, 211
pas dzielący *m* 194
pas narzędziowy *m* 186
pas startowy *m* 212
pas środkowy *m* 194
pas wewnętrzny *m* 194
pas zewnętrzny *m* 194
pasażer *m* / pasażerka *f* 216
Pascha *f* 27
pasek *m* 32, 36, 37
pasek (przy pedale) *m* 206
pasek klinowy *m* 203
pasek menu *m* 177
pasek narzędzi *m* 177
pasek odblaskowy *m* 205
pasek rozrządu *m* 203
pasemka 39
pasierb *m* 23
pasierbica *f* 23
pasmanteria *f* 105
pasta *f* 77
pasta cytrynowa *f* 134
pasta do zębów *f* 72
pastele 274
pasternak *m* 125
pasteryzowany *m* / -na *f* / -ne *n* 137
pastować 77
pastwisko *n* 182
pastylka od bólu gardła *f* 109
paszport *m* 213
paszteciki 143
pasztet *m* 142, 156
patchwork *m* 277
patelnia *f* 69
patio *n* 85
patologia *f* 49
pauza *f* 256, 268
paw *m* 293
paznokieć *m* 15
paznokieć u nogi *m* 15
pazur *m* 291
paź *m* 39
październik *m* 306
pączek *m* 111
pąk *m* 297
pchnięcie kulą *n* 234
pedał *m* 61, 206
pedał gazu *m* 200
pedał hamulca *m* 205
pedał nożny *m* 257
pedałować 207
pediatria *f* 49
pedikiur *m* 41
pejzaż *m* 271
pekan *m* 129
peklowany *m* / -na *f* / -ne *n* 118, 143, 159
peleryna fryzjerska *f* 38
pelikan *m* 292
pełnia księżyca *f* 280
pełnoziarnisty *m* / -ta *f* / -te *n* 131
pełny *m* / -na *f* / -ne *n* 266, 321
penis *m* 21
pensja *f* 175
pensjonat *m* 101
peonia *f* 111
pepperoni *n* 142
perfumeria *f* 105
perfumy 41
pergola *f* 84
perkusista *m* / perkusistka *f* 258
perkusja *f* 258
peron *m* 208
personel *m* 175
persymona *f* 128
Peru *n* 315
peruka *f* 39
pestka *f* 127, 128
pestka dyni *f* 131
pestka słonecznika *f* 131
pestycyd *m* 89, 183
pewny *m* / -na *f* / -ne *n* siebie 25
pęcherz *m* 20, 46
pęcherzyk jajnikowy *m* 20
pęcherzyk nasienny *m* 21
pędzel *m* 40, 83, 274
pędzel do nakładania kleju *m* 82
pędzelek do smarowania ciasta *m* 69
pędzelek do ust *m* 40
pępek *m* 12
pępowina *f* 52
piana *f* 148
pianka *f* 113
pianka do golenia *f* 73
piasek *m* 85, 264
piaskowiec *m* 288
piaskownica *f* 263
piasta *f* 206
piątek *m* 306
piąty *m* / -ta *f* / -te *n* 309
pidżama *f* 33
piec 67, 138
piec (mięso, ziemniaki) 67
piec na grillu 67
pieczątka *f* 173
pieczenie ciast *n* 69
pieczeń *f* 158
pieczony *m* / -na *f* / -ne *n* 159
pieczywo *n* 107, 138, 157
pieczywo chrupkie *n* 139, 156
pieczywo z dodatkiem ziaren *n* 139
pieg *m* 15
piekarnia *f* 114, 138
piekarnik *m* 66
piekarz *m* / piekarka *f* 139
pielęgnacja niemowlęcia *f* 74
pielęgniarz *m* / pielęgniarka *f* 45, 48, 189
pielucha *f* 75
pielucha frotte *f* 30
pielucha jednorazowa *f* 30
pieniądze 97
pień *m* 296
pieprz *m* 64, 152
pieprzyk *m* 14
pieróg *m* 158
pierś *f* 12, 119
pierścionek *m* 36
pierwiosnek *m* 297
pierwsza pomoc *f* 47
pierwsze piętro *n* 104
pierwszy *m* / -sza *f* / -sze *n* 309, 320
pies *m* 290
piesze wędrówki 263
pietruszka *f* 133
pięciokąt *m* 164
pięciolinia *f* 256
pięć 308
pięćdziesiąt 308
pięćdziesiąt pięć tysięcy pięćset 309
pięćdziesiąt tysięcy 309
pięćdziesiąty *m* / -ta *f* / -te *n* 309
pięćset 308
piękny *m* / -na *f* / -ne *n* 321
pięść *f* 15, 237
pięta *f* 13, 15
piętnasty *m* / -ta *f* / -te *n* 309
piętnaście 308
pigułka antykoncepcyjna *f* 21
pigwa *f* 128
pik *m* 273
pikantna kiełbasa *f* 142
piknik *m* 263
pikolo *n* 257

pikowanie *n* 277
pilates *n* 251
pilnik *m* 81
pilnik do paznokci *m* 41
pilot *m* 268
pilot *m* / pilotka *f* 190, 211
piła do metalu *f* 81
piła ręczna *f* 80, 89
piła tarczowa *f* 78
piłka *f* 75, 221, 224, 226, 228, 230
piłka do krykieta *f* 225
piłka futbolowa *f* 220, 222
piłka golfowa *f* 233
piłka nożna *f* 222
piłka plażowa *f* 265
piłka ścięta *f* 230
piłka wodna *f* 239
piłkarz *m* / piłkarka *f* 222
piłować 79
PIN *m* 96
pinceta *f* 40, 47, 167
pinezka *f* 173
pingwin *m* 292
pion *m* 82
pionek *m* 272
piosenka *f* 259
piosenkarz *m* / piosenkarka *f* 191
piórnik *m* 163
pióro *n* 293
pipeta *f* 167
pisać 162
pistolet do klejenia *m* 78
pitch (centralna część boiska) *m* 225
piwo *n* 145, 151
piwo ciemne *n* 145
piwo gorzkie *n* 145
pizza *f* 155
pizzeria *f* 154
plac *m* 298
plac budowy *m* 186
plac zabaw *m* 263
plakat *m* 255
plan *m* 178
plan filmowy *m* 179
plan metra *m* 209
plan piętra *m* 261
planeta *f* 280, 282
plaster *m* 47, 119
plaster miodu *m* 135
plasterek *m* 119
plastyka *f* 162
platyna *f* 289
plaża *f* 264
plecak *m* 31, 37, 267
plecy 13
płeć 91
plemnik *m* 20
plik *m* 177
plus 165
pluszowa zabawka *f* 75
Pluton *m* 280
płachta malarska *f* 83
płacić 153
płakać 25
płaskowyż *m* 284
płaszcz *m* 32
płaszcz przeciwdeszczowy *m* 31, 32
płaszcz ziemski *m* 282
płaszczka *f* 120, 294
płatek *m* 297
płatki śniadaniowe 107, 156
płazy 294
płetwa *f* 120, 239, 290
płetwa grzbietowa *f* 294
płetwa piersiowa *f* 294
płotki 235
płód *m* 52
płodny *m* / -na *f* / -ne *n* 20
płótno *n* 274
płótno lniane *n* 277
płuco *n* 18
płukać 76
płyn *m* 77
płyn chłodnicowy *m* 199
płyn do czyszczenia *m* 51
płyn do kąpieli *m* 73
płyn do płukania tkanin *m* 76
płyn do płukania ust *m* 72
płyn do spryskiwacza *m* 199
płyn owodniowy *m* 52
płyn po goleniu *m* 73
płyta *f* 283
płyta chroniąca ścianę przed zachlapaniem *f* 66
płyta grzejna *f* 67
płyta grzejna ceramiczna *f* 66
płyta igłowa *f* 276
płyta lotniska *f* 212
płyta MDF *f* 79
płyta pilśniowa twarda *f* 79
płyta wiórowa *f* 79
płyta wyrzutni rakietowej *f* 281
płytka *f* 272
płytka część basenu *f* 239
płytka nazębna *f* 50
płytka Petriego *f* 166
pływać 238
pływać w miejscu 239
pływak *m* 61
pływak *m* / pływaczka *f* 238
pływanie *n* 238
pływanie łodzią motorową *n* 241
pływanie skuterem wodnym *n* 241
pływanie synchroniczne *n* 239
pnącze *n* 87
po 320
pobić rekord 234
pobierać 177
pobijak *m* 275
pochmurny *m* 286
pochwa *f* 20
pociąg *m* 208
pociąg elektryczny *m* 208
pociąg międzymiastowy *m* 209
pociąg szybkobieżny *m* 208
pociąg towarowy *m* 208
pociąg z lokomotywą parową *m* 208
pociąg z lokomotywą spalinowo-elektryczną *m* 208
pocisk *m* 211
począć 20
początek *m* 321
poczekalnia *f* 45
poczta *f* 98
pocztą lotniczą 98
pod 320
podajnik papieru *m* 172
podajnik taśmy klejącej *m* 173
podanie *n* 226
podatek *m* 96
podawać 64, 220, 223
podbicie *n* 15
podbić 227
podbierak *m* 244
podciągać 251
podejrzany *m* / podejrzana *f* 94, 181
podekscytowany *m* / -na *f* / -ne *n* 25
podeprzeć palikiem 91
podeszwa *f* 15, 37
podglebie *n* 91
podium *n* 235, 256
podjazd *m* 199
podkaszarka *f* 88
podkład *m* 40, 83
podkładka *f* 80, 233
podkładka pod nakrycie *f* 64
podkładka pod szklankę *f* 150
podkowa *f* 242
podkręcenie *n* 230
podlewać 90, 183
podlewanie *n* 89
podłączony do sieci *m* 177
podłoga *f* 58, 62, 71
podłokietnik *m* 200, 210
podniebienie *n* 19
podnośnik samochodowy *m* 203
podnóżek *m* 71
podpałka *f* 266
podpaska *f* 108
podpis *m* 98
podpłomyk *m* 139
podpora *f* 187
podpórka *f* 88, 205, 207
podręcznik *m* 163
podręczny zestaw narzędzi *m* 207
podroby 118
podróż służbowa *f* 175
podstawa *f* 164
podstawka pod głośnik *f* 268
podszewka *f* 32
poduszeczka do szpilek *f* 276
poduszka *f* 62, 70
poduszka (na ramieniu) *f* 35
poduszka do tuszu *f* 173
poduszka powietrzna *f* 201
poduszkowiec *m* 215
podwiązka *f* 35
podwiązki 35
podwozie *n* 203, 210
podwójny *m* 151
podwórze *n* 58, 182
podyplomowy *m* / -wa *f* / -we *n* 169
pogoda *f* 286
pogotowie ratunkowe *n* 94
pogrzeb *m* 26
pojazd obsługi lotniska *m* 212
pojedynczy *m* 151
pojemnik *m* 311
pojemnik na odpady do recyklingu *m* 61
pojemnik na owoce i warzywa *m* 67
pojemnik na soczewki *m* 51
pojemność *f* 311
pojutrze 307
pokarm dla zwierząt *m* 107
poker *m* 273
pokład *m* 214
pokład rufowy *m* 214
pokoje 100
pokolenie *n* 23
pokój *m* 58
pokój dwuosobowy *m* 100
pokój dziecięcy *m* 74
pokój jednoosobowy *m* 100
pokrywać darnią 90
pokrywka *f* 61, 66
pokrzywa *f* 297
pole *n* 165, 182, 272
pole bramkowe *n* 223
pole golfowe *n* 232
pole karne *n* 223
pole kempingowe *n* 266
pole wewnętrzne *n* 228
polecenie zapłaty *n* 96
polędwica *f* 121
policja *f* 94
policjant *m* / policjantka *f* 94, 189
policzek *m* 14
poliester *m* 277
polityka *f* 169
polo *n* 243
Polska *f* 316
połączenie *n* 212
położny *m* / położna *f* 53
położnik *m* / położniczka *f* 52
połów kuszą *m* 245
południe *n* 305, 312
pomadka *f* 40
pomarańcza *f* 126
pomarańczowy *m* 274
pomidor *m* 125, 157
pomidorek koktajlowy *m* 124
pomieszczenie do przewijania niemowląt *n* 104
pomieszczenie gospodarcze *n* 76
pomiędzy 320
pomnik *m* 261
pomoc w nagłych wypadkach *f* 94
pomocnik noszący kije za graczem *m* / pomocniczka nosząca kije za graczem *f* 233
pompka *f* 207, 251
(po)nad 320
poniedziałek *m* 306
poniżej normy 233
ponton *m* 215
pończocha *f* 35
pop *f* 259
popcorn *m* 255
popielniczka *f* 112, 150
popiół *m* 283
popołudnie *n* 305
poprawny *m* / -na *f* / -ne *n* 321
popręg *m* 242
poprzeczka *f* 222, 235
por *m* 15, 125
porada prawna *f* 180
poradnia *f* 48
poranek *m* 305
porażenie prądem *n* 46
porcelana *f* 105
porcja *f* 64
porcja dla dziecka *f* 153
poręcz *f* 59, 196
poręcze 235
poręcze asymetryczne 235
poronienie *n* 52
poroże *n* 291
poród *m* 52, 53
poród pośladkowy *m* 52
poród wspomagany *m* 53
port *m* 176, 214, 216
port docelowy *m* 213
port pasażerski *m* 216
port rybacki *m* 217
portfel *m* 37, 97
portmonetka *f* 37
porto *n* 145
Portoryko *n* 314
portret *m* 271
portret pamięciowy *m* 181
Portugalia *f* 316
pory roku 306
posadzić w doniczce 91
posąg *m* 261
posiłek *m* 64
posłać łóżko 71
posterunek policji *m* 94
posterunek straży pożarnej *m* 95
postój taksówek *m* 213
poszewka na poduszkę *f* 71
pościel *f* 71, 74
pośladek *m* 13
pot-pourri *n* 111
powalenie przeciwnika *n* 237
powieka *f* 51
powierzchnia *f* 310
powiększać 172
powiększenie *n* 271
powłoka nawierzchniowa *f* 83
(po)wolny *m* / -na *f* / -ne *n* 321
powódź *f* 287
powyżej normy 233
poza 320
poza boiskiem 226

poza wyznaczonymi trasami 247
poziomnica murarska *f* 80, 187
pozycja *f* 232
pozycja jogi *f* 54
pożar *m* 95
pożyczka *f* 96
pójść do szkoły 26
pół godziny 304
pół kwarty 311
pół litra 311
półka *f* 66, 106
półka bagażowa *f* 209
półkula południowa *f* 283
półkula północna *f* 283
północ *f* 305, 312
półpiętro *n* 59
półpokład *m* 240
półwysep *m* 282
później 304, 320
późno 305, 320
praca *f* 172
praca domowa *f* 163
praca dyplomowa *f* 169
praca magisterska / doktorska *f* 169
praca w ogrodzie *f* 90
prace 183
pracodawca *m* / pracodawczyni *f* 24
pracownia *f* 166
pracownik *m* / pracownica *f* 24
pracownik biura podróży *m* / pracownica biura podróży *f* 190
pracownik budowlany *m* / pracownica budowlana *f* 186, 188
pracownik poczty *m* / pracownica poczty *f* 98
pracownik szczebla kierowniczego *m* / pracownica szczebla kierowniczego *f* 174
pralka *f* 76
pralka z suszarką *f* 76
pralnia chemiczna *f* 115
pralnia samoobsługowa *f* 115
pranie *n* 76
prasa *f* 178
prasować 76
prawe pole *n* 229
prawnik *m* / prawniczka *f* 180, 190
prawo *n* 169, 180
prażony *m* / -na *f* / -ne *n* 129
prąd stały *m* 60
prąd zmienny *m* 60
premiera *f* 254
preparat do demakijażu *m* 41
prezbiterium *n* 301
prezent *m* 27
prezentacja *f* 174
prezenter *m* / prezenterka *f* 178
prezenter wiadomości *m* / prezenterka wiadomości *f* 179, 191
prezerwatywa *f* 21
pręcik *m* 297
prędkościomierz *m* 201, 204
prętowy wskaźnik poziomu oleju *m* 202
problemy 271
probówka *f* 166
procent *m* 165
procesor *m* 176
producent *m* / producentka *f* 254
produkty mleczne 107, 136
program *m* 176, 179, 254, 269
program dnia / zebrania *m* 174
program dokumentalny *m* 178
programista aplikacji *m* / programistka aplikacji *f* 189
projektant *m* / projektantka *f* 191, 277
projektor cyfrowy *m* 163
prom *m* 215, 216
prom kosmiczny *m* 281
promenada *f* 265
promienie ultrafioletowe 286
promień *m* 164
propozycja *f* 174
prosię *n* 185
proso *n* 130
prospekt *m* 254
prosta *f* 165
prostata *f* 21
proste (włosy) 39
prosto 260
prostokąt *m* 164
prostopadła *f* 165
prostować 39
prostownica do włosów *f* 38
proszek *m* 77, 109
proteza *f* 50
protokół *m* 174
prowadnik nici *m* 276
prowadzić 195
prowincja *f* 315
prowizja *f* 97
próchnica *f* 50
próg *m* 258
próżnociąg *m* 53
pruć 277
prysznic *m* 72
prysznice 266
prywatny odrzutowiec *m* 211
pryzma kompostowa *f* 85
przebicie (opony) *n* 203, 207
przechowywanie w chmurze *n* 177
przeciwnik *m* / przeciwniczka *f* 236
przeciwprostokątna *f* 164
przeciwzmarszczkowy *m* / -wa *f* / -we *n* 41
przed 320
przedłużacz *m* 78
przedłużać termin zwrotu 168
przedmioty ścisłe 162, 166
przednia szyba *f* 198
przednie koło *n* 196
przedpokój *m* 59
przedramię *n* 12
przedsiębiorca *m* / przedsiębiorczyni *f* 189
przedwczesny *m* / -na *f* / -ne *n* 52
przedwczoraj 307
przedział *m* 209
przedział sypialny *m* 209
przegląd *m* 50
przeglądać 177
przeglądarka *f* 177
przegrany *m* / przegrana *f* 273
przegrywać 273
przegrzebek *m* 121
przejazd dołem *m* 194
przejście *n* 106, 168, 210, 254
przejście dla pieszych *n* 195
przejść na emeryturę 26
przekąski barowe 151
przekątna *f* 164
przekładka *f* 173
przekrój *m* 282
przelew bankowy *m* 96
przelotny deszcz *m* 286
przełomowe wydarzenia 26
przełyk *m* 19
przepiórka *f* 119
przepona *f* 19
przepychacz *m* 81
przerwa *f* 220, 223
przerwa w dostawie energii elektrycznej *f* 60
przerzut bokiem *m* 235
przerzutka *f* 206
przesiadać się 209
przesiewać 91, 138
przestępca *m* / przestępczyni *f* 181
przestępstwo *n* 94
przestraszony *m* / -na *f* / -ne *n* 25
przestrzeń kosmiczna *f* 280
przesyłanie strumieniowe *n* 269
przesyłka polecona *f* 98
przeszkoda *f* 243
przeszkoda wodna *f* 232
przeszukiwać 177
prześcieradło *n* 71, 74
prześwietlenie zęba *n* 50
prześwietlony 271
przetwornik *m* 258
przewaga *f* 230
przewijak *m* 74
przewijanie do przodu *n* 268
przewijanie do tyłu *n* 268
przewodniczyć 174
przewodnik *m* 260
przewody 60
przewód fazowy *m* 60
przewód neutralny *m* 60
przewód wytryskowy *m* 21
przewód zasilający *m* 176
przez 320
przeziębienie *n* 44
przybić do portu 217
przybory 38, 165
przybudówka *f* 58
przyciąć 39
przycinać 90, 91
przycisk „stop" *m* 197
przyczepa do przewozu bagażu *f* 212
przyczepa kempingowa *f* 266
przyjaciel *m* / przyjaciółka *f* 24
przyjaciel korespondencyjny *m* / przyjaciółka korespondencyjna *f* 24
przyjęcie urodzinowe *n* 27
przyjęty *m* / -ta *f* / -te *n* 48
przyloty 213
przyłożenie *n* 221
przymierzalnie 104
przynęta *f* 244
przypora *f* 300
przyprawiony *m* / -na *f* / -ne *n* 159
przyprawy 132
przyprawy ziołowe 133
przysiad *m* 251
przystanek autobusowy *m* 197, 299
przystań *f* 217
przystawka *f* 153
psie zaprzęgi 247
pstrąg *m* 120
pstrąg tęczowy *m* 120
psychiatria *f* 49
psycholog *m* / psycholożka *f* 55
psychoterapeuta *m* / psychoterapeutka *f* 55
psychoterapia *f* 55
pszczoła *f* 295
pszenica *f* 130, 184
ptaki 292
publiczność *f* 254
pudding ryżowy *m* 140
pudełko *n* 311
pudełko archiwizacyjne *n* 173
pudełko na sprzęt wędkarski *n* 244
puder *m* 40
puderniczka *f* 40
pulpit *m* 177
pumeks *m* 73, 288
punkt *m* 228, 273
punkt ładowania samochodów elektrycznych *m* 198
punkt odprawy bagażowej *m* 212
punkt pobierania opłat *m* 195
punkt wydawania leków *m* 108
punktualnie 305
purée *n* 159
pusty *m* / -ta *f* / -te *n* 321
pustynia *f* 285
puszek do pudru *m* 40
puszka *f* 145, 311
puszka z farbą *f* 83
putter *m* 233
puzon *m* 257
puzzle *f* 273
pysk *m* 293
pytać 163
pytanie *n* 163

R

rabarbar *m* 127
rabata obsadzona roślinami wieloletnimi *f* 85
raca *f* 240
rachunek *m* 152
rachunek bieżący *m* 96
rachunek oszczędnościowy *m* 97
racquetball *m* 231
radar *m* 214, 281
radicchio (cykoria sałatowa) *n* 123
radio *n* 179, 268
radio z budzikiem *n* 70
radiologia *f* 49
rafa koralowa *f* 285
rafting *m* 241
raja *f* 294
rajdy samochodowe 249
rajstopy 35
rakieta *f* 230
rakieta nośna *f* 281
rakietka *f* 231
rama *f* 62, 206
ramiączko *n* 35
ramię *n* 13
ramka na zdjęcie *f* 271
ramówka *f* 178
rampers *m* 30
rana *f* 46
rap *m* 259
raport *m* 174
ratownik *m* / ratowniczka *f* 239, 265
ratownik medyczny *m* 94
ratusz *m* 299
razy 165
rąbek *m* 34
rączka *f* 36
rdzenie palmowe 122
reanimacja *f* 47
recepcja *f* 100
recepcjonista *m* / recepcjonistka *f* 100, 190
recepta *f* 45
redaktor *m* / redaktorka *f* 191
refleksologia *f* 54
reflektor *m* 50, 198, 205, 259
regał na książki *m* 63, 168
reggae *n* 259
region *m* 315
regulacja ogrzewania *f* 201
regulator *m* 239
regulator głosu *m* 268

polski

polski

regulator przysłony *m* 270
reiki *n* 55
rejestr karny *m* 181
rejon *m* 315
rekin *m* 294
reklama *f* 269
rekord *m* 234
rekord własny *m* 234
relaks *m* 55
remis *m* 223
renesans *m* 301
reporter *m* / reporterka *f* 179
Republika Południowej Afryki *f* 317
Republika Środkowoafrykańska *f* 317
restauracja *f* 101, 152
return *m* 231
rezerwować 168
rezerwowy *m* / rezerwowa *f* 223
reżyser *m* / reżyserka *f* 254
ręcznik do rąk *m* 73
ręcznik kąpielowy *m* 73
ręcznik plażowy *m* 265
ręczniki 73
ręczny *m* / -na *f* / -ne *n* 200
ręka *f* 13, 15
rękaw *m* 34, 45
rękaw lotniczy *m* 212
rękawek do pływania *m* 238
rękawica *f* 224, 228, 236, 246
rękawica kuchenna *f* 69
rękawice bokserskie 237
rękawice ogrodnicze 89
rękawiczka *f* 233
rękawiczki 30, 36
ring bokserski *m* 237
roaming danych *m* 99
robak *m* 295
robić notatki 163
robić peeling 41
robić rozgrzewkę 251
robienie na drutach *n* 277
robot kuchenny *m* 66
roboty drogowe 187, 195
rocznica *f* 26
(co)roczny *m* / -na *f* / -ne *n* 307
rodeo *n* 243
rodzaje aparatów fotograficznych 270
rodzaje autobusów 196
rodzaje gospodarstw rolnych 183
rodzaje wędkarstwa 245
rodzice 23
rodzina *f* 22
rodzynek *m* 129
rogówka *f* 51
rok *m* 306
rokoko *n* 301
roleta *f* 63
rolka *f* 311
rolnik *m* / rolniczka *f* 182, 189
romans *m* 255
romb *m* 164
rondel *m* 69
rondo *n* 195
ropucha *f* 294
rosnąć 139
roślina alpejska *f* 87
roślina cebulkowa *f* 86
roślina cieniolubna *f* 87
roślina doniczkowa *f* 110
roślina dwuletnia *f* 86
roślina gruboszowata *f* 87
roślina jednoroczna *f* 86
roślina kwitnąca *f* 297
roślina ozdobna *f* 187
roślina płożąca *f* 87
roślina w doniczce *f* 87
roślina wiecznie zielona *f* 86
roślina wieloletnia *f* 86
roślina wodna *f* 86
rośliny 86, 296
rośliny formowane 87
rośliny ogrodowe 86
rośliny strączkowe 130
rośliny uprawne 184
rośliny zbożowe 130
rough *m* 232
router *m* 176
rower *m* 206
rower dla niepełnosprawnych *m* 206
rower elektryczny *m* 207
rower górski *m* 206
rower składak *m* 206
rower treningowy *m* 250
rower wyścigowy *m* 206
rozbić namiot 266
rozdawać 273
rozdrabniacz odpadków *m* 61
rozdwojone końce 39
rozdzielacz *m* 203
rozgwiazda *f* 295
rozkład jazdy *m* 197, 209, 261
rozkładana kanapa *f* 63
rozkruszony *m* / -na *f* / -ne *n* 132
rozłączony *m* / -na *f* / -ne *n* 99
rozmaryn *m* 133
rozmnażać 91
rozmnażanie *n* 20
rozmrozić 67
rozpalić ogień 266
rozpuszczalnik *m* 83
rozpuszczalny *m* / -na *f* / -ne *n* 109
rozpylacz *m* 311
rozrywka domowa *f* 268
roztwór dezynfekujący *m* 51
rozwarcie *n* 52
rozwiertak *m* 80
rozwód *m* 26
rożek angielski *m* 257
róg *m* 291
róg ulicy *m* 298
równa się 165
równanie *n* 165
równik *m* 283
równina *f* 285
równoległa *f* 165
równoległobok *m* 164
równowaga *f* 230
równoważnia *f* 235
róż *m* 40
róża *f* 110
różowy 145, 274
różyczka *f* 122
rtęć *f* 289
rubin *m* 288
ruch *m* 239, 273
ruch jednokierunkowy *m* 298
ruch uliczny *m* 194
rudy *m* / -da *f* / -de *n* 39
rufa *f* 240
rugby *n* 221
rukiew wodna *f* 123
rukola *f* 123
rum *m* 145
rum z colą *m* 151
rumpel *m* 240
rumsztyk *m* 119
Rumunia *f* 316
runda *f* 228, 237
rura *f* 202
rura doprowadzająca *f* 61
rura górna ramy *f* 207
rura odprowadzająca *f* 61
rura przelewowa *f* 61
rura ściekowa *f* 61
rura wydechowa *f* 203, 204
rurka *f* 239
rusztowanie *n* 186
Rwanda *f* 317
ryba wędzona *f* 143
ryba z frytkami *f* 155
rybak *m* / rybaczka *f* 188
ryby 107, 120, 294
rycina *f* 275
rydel ogrodniczy *m* 89
rynek *m* 115
rynna *f* 58
rynsztok *m* 299
rysować 162
rysunek *m* 275
rytm *m* 259
ryż *m* 130, 158, 184
ryż biały *m* 130
ryż brązowy (niełuskany) *m* 130
ryż dziki *m* 130
ryż okrągłoziarnisty *m* 130
rzadko 320
rząd *m* 210, 254
rzeczy do prania 76
rzeka *f* 284
rzemiosło artystyczne *n* 274, 276
rzepa *f* 124
rzepak *m* 184
rzepka *f* 17
rzeźbiarstwo *n* 275
rzeźbiarz *m* / rzeźbiarka *f* 191
rzeźbić 79
rzeźnik *m* / rzeźniczka *f* 118, 188
rzęsa *f* 14, 51
rzodkiewka *f* 124
rzucać 221, 225, 227, 229
rzucić kotwicę 217
rzut *m* 237
rzut dyskiem *m* 234
rzut karny *f* 222
rzut na łopatki *m* 237
rzut oszczepem *m* 234
rzut rożny *m* 223
rzut sędziowski *m* 226
rzut wolny *m* 222

S

sadzić 183
Sahara *f* 313
Sahara Zachodnia *f* 317
Saint Kitts i Nevis *m* 314
Saint Lucia *f* 314
Saint Vincent i Grenadyny 314
sake *n* 145
saksofon *m* 257
sala *f* 48
sala konferencyjna *f* 174
sala operacyjna *f* 48
sala sądowa *f* 180
salamandra *f* 294
salami *n* 142
salon *m* 62
salto *n* 235
Salwador *m* 314
sałata *f* 123
sałatka *f* 149, 158
samochodowy zestaw audio *m* 201
samochód *m* 198, 200, 202
samochód ciężarowy *m* 195
samochód elektryczny *m* 199
samochód policyjny *m* 94
samochód sportowy *m* 198
samochód z częścią mieszkalną *m* 266
samochód z kierownicą po lewej stronie *m* 201
samochód z kierownicą po prawej stronie *m* 201
samochód z napędem na cztery koła *m* 199
samochód z wózkiem holowniczym *m* 203
samolot *m* 210
samolot lekki *m* 211
samolot pasażerski *m* 210, 212
samoobrona *f* 237
samoopalacz *m* 41
San Marino *n* 316
sandał *m* 37
sandały 31
sandwicz klubowy *m* 155
saneczkarstwo *n* 247
Sardynia *f* 316
sardynka *f* 120
sarnina *f* 118
satelita *m* 281
Saturn *m* 280
sauna *f* 250
sąd przysięgłych *m* 180
sąsiad *m* / sąsiadka *f* 24
scena *f* 254
scenariusz *m* 254
schody 59
schody ruchome 104
schodzenie po linie *n* 248
schowek bagażowy *m* 210
scrabble *m* 272
secesja *f* 301
sedan *m* 199
sedes *m* 72
segment (w zabudowie szeregowej) *m* 58
segregator z mechanizmem *m* 173
sekator *m* 89
sekunda *f* 304
sekundnik *m* 304
selektor ściegów *m* 276
seler *m* 122
seler korzeniowy *m* 124
selfie *n* 271
Senegal *m* 317
ser *m* 136, 156
ser brie *m* 142
ser cheddar *m* 142
ser edam *m* 142
ser kozi *m* 142
ser manchego *m* 142
ser miękki *m* 136
ser mozzarella *m* 142
ser niebieski *m* 136
ser półmiękki *m* 136
ser półtwardy *m* 136
ser twardy *m* 136
Serbia *f* 316
serce *n* 18, 119
sercówka *f* 121
serek śmietankowy *m* 136
serial telewizyjny *m* 178
serw *m* 231
serwer *m* 176
serwetka *f* 65
serwować 231
set *m* 230
setny *m* / -na *f* / -ne *n* 309
sezonowy *m* / -wa *f* / -we *n* 129
sędzia *m* 180, 222, 225, 226 229, 230
sędzia liniowy *m* 220, 223, 230
shaker *m* 150
sherry *n* 145
siać 90, 183
siano *n* 184
siarka *f* 289
siatka *f* 222, 236, 227, 231
siatka do przetrzymywania ryb *f* 244
siatkówka *f* 51, 227
siatsu *n* 54
sieć *f* 176, 217
sieć kolejowa *f* 209
siedem 308
siedemdziesiąt 308
siedemdziesiąty *m* / -ta *f* / -te *n* 309
siedemnasty *m* / -ta *f* / -te *n* 309
siedemnaście 308
siedemset 308
siedzenie *n* 210

siedziba główna *f* 175
siedzisko *n* 242
siekacz *m* 50
sierp księżyca *m* 280
sierpień *m* 306
Sierra Leone *n* 317
silnik *m* 88, 202, 204, 210
silnik przyczepny *m* 215
silnik sterujący *m* 281
silny *m* / -na *f* / -ne *n* 321
silos *m* 182
siłownia *f* 101
Singapur *m* 319
singel *m* 230
siniak *m* 46
siodełko *n* 204, 206
siodło *n* 242
siodło damskie *n* 242
siostra *f* 22
siostrzenica *f* 23
siostrzeniec *m* 23
siódmy *m* / -ma *f* / -me *n* 309
sitko *n* 68, 89
sito *n* 89
sitowie *n* 86
siwy *m* / -wa *f* / -we *n* 39
skafander kosmiczny *m* 281
skakać 227
skakać do wody 238
skakanie przez skakankę *n* 251
skaleczenie *n* 46
skalpel *m* 81, 167
skały 284, 288
skan *m* 48
skaner *m* 176
skarga *f* 94
skarpetki 33
skierowanie *n* 49
sklejka *f* 79
sklep *m* 298
sklep meblowy *m* 115
sklep mięsny *m* 114
sklep monopolowy *m* 115
sklep obuwniczy *m* 114
sklep owocowo-warzywny *m* 114
sklep rybny *m* 114
sklep spożywczy *m* 114
sklep wolnocłowy *m* 213
sklep z antykami *m* 114
sklep z artykułami plastycznymi *m* 115
sklep z rzeczami używanymi *m* 115
sklep z telefonami *m* 115
sklep z upominkami *m* 114
sklep ze zdrową żywnością *m* 115
sklep zoologiczny *m* 115
sklep żelazny *m* 114
sklepienie *n* 300
sklepienie stopy *n* 15
sklepy 114
skoczek *m* 238
skok *m* 235, 237, 243
skok do wody *m* 239
skok do wody z trampoliny *m* 239
skok narciarski *m* 247
skok o tyczce *m* 234
skok startowy *m* 239
skok w dal *m* 235
skok wzwyż *m* 235
skoki na bungee 248
skoki przez przeszkody 243
skończyć studia 26
skorpion *m* 295
skorupa *f* 293
skorupa ziemska *f* 282
skorupka *f* 137
skóra *f* 14, 119, 205
skóra barania *m* 74
skóra głowy *f* 39
skórka *f* 15, 119, 126, 127, 128, 136, 139, 142
skręcenie *n* 46
skrobać 77
skroń *f* 14
skrzele *n* 294
skrzydełko *n* 119
skrzydło *n* 210, 293
skrzynia biegów *f* 202, 204
skrzynia przekładniowa *f* 202
skrzynka bezpiecznikowa *f* 60, 203
skrzynka do wysiewu nasion *f* 89
skrzynka na listy *f* 58, 99
skrzynka odbiorcza *f* 177
skrzynka pocztowa *f* 99
skrzynka uciosowa *f* 81
skrzynka z narzędziami *f* 80
skrzypce 256
skrzyżowanie *n* 195
skurcz *m* 52
skurcze 44
skuter *m* 205
skuter śnieżny *m* 247
skutki uboczne 109
slalom *m* 247
slalom gigant *m* 247
slipy 33
słaby *m* / -ba *f* / -be *n* 321
słodka bułka *f* 157
słodki *m* / -ka *f* / -kie *n* 124, 127, 155
słodkie produkty do smarowania 134
słodycze 107, 113
słoik *m* 134, 311
słoik szczelnie zamknięty *m* 135
słomka *f* 144, 154
słonecznik *m* 184, 297
słonecznik bulwiasty *m* 125
słoneczny *m* / -na *f* / -ne *n* 286
słony *m* / -na *f* / -ne *n* 155
słoń *m* 291
Słońce *n* 280
słońce *n* 286
Słowacja *f* 316
Słowenia *f* 316
słownik *m* 163
słuchawka prysznicowa *f* 72
słuchawki 269
słuchawki bezprzewodowe 269
słuchawki bluetooth 176
słupek *m* 298
słupek bramki *m* 220, 222
słynne ruiny 261
smartfon *m* 99, 176
smażony m / -na f / -ne *n* 159
smażony *m* / -na f / -ne *n* na patelni 159
smażony *m* / -na f / -ne *n* w głębokim tłuszczu 159
smażyć 67
smażyć w małej ilości tłuszczu 67
smecz *m* 231
smoczek *m* 75
SMS *m* 99
smutny *m* / -na *f* / -ne *n* 25
snooker *m* 249
snowboarding *m* 247
sobota *f* 306
soczewica brązowa *f* 131
soczewica czerwona *f* 131
soczewka *f* 51
soczewki kontaktowe 51
soczysty *m* / -ta *f* / -te *f* 127
soja *f* 131
sok ananasowy *m* 149
sok jabłkowy *m* 149
sok owocowy *m* 144, 156
sok pomarańczowy *m* 148
sok pomidorowy *m* 144, 149
soki i koktajle mleczne 149
sokół *m* 292
sola dover *f* 120
sola lemon (złocica) *f* 120
solony *m* / -na *f* / -ne *n* 121, 129, 137, 143
Somalia *f* 317
sonata *f* 256
sonda *f* 50
sopel *m* 287
sorbet *m* 141
sortownik *m* 61
sos *m* 134, 143, 155, 158
sos pomidorowy *m* 154
sos sojowy *m* 135
sosna *f* 296
soundbar *m* 269
sowa *f* 292
sól *f* 64, 152
spadochron *m* 248
spadochroniarstwo *n* 248
spalony *m* 223
spanie *n* 74
sparing *m* 237
spinacz *m* 173
spinki do mankietu 36
spinning *m* 251
spisać testament 26
spławik *m* 244
spłuczka *f* 61
spłukać 38
spodnie 32, 34
sporty 236, 248
sporty rakietowe 231
sporty walki 236
sporty wodne 241
sporty zimowe 247
sposób użycia *m* 109
spódnica *f* 30, 34
sprawa sądowa *f* 180
sprawiony kurczak *m* 119
spray *m* 109
sprężyna łóżkowa *f* 71
sprinter *m* / sprinterka *f* 234
spryskiwać 91
sprzątacz *m* / sprzątaczka *f* 188
sprzątanie pokoi *n* 101
sprzedawca *m* / sprzedawczyni *f* 104, 188
sprzęgło *n* 200, 204
sprzęt *m* 233, 238
sprzęt do sprzątania *m* 77
sprzęt komputerowy *m* 176
sprzęt kuchenny *m* 68, 105
sprzęt oświetleniowy *m* 105
sprzęt wędkarski *m* 245
spryskiwacz *m* 89
squash *m* 231
srebro *n* 235, 289
Sri Lanka *f* 318
ssaki 290
stabilizatory 207
stacja benzynowa *f* 199
stacja dokująca *f* 268
stacja kosmiczna *f* 281
stacja radiowa *f* 179
stadion *m* 223
stado *n* 183
stajenny *m* / stajenna *f* 243
stajnia *f* 185, 243
stal nierdzewna *f* 79
stalówka *f* 163
stanowisko odprawy *n* 213
stanowisko miotacza *n* 228
Stany Zjednoczone Ameryki 314
start *m* 268
startować 211
stary *m* / -ra *f* / -re *n* 321
stary model *m* 199
statecznik pionowy *m* 210
statecznik poziomy *m* 210
statek *m* 214
statki 215
statuetka *f* 260
statyw *m* 270, 281
statyw laboratoryjny *m* 166
staw *m* 17, 85
stek *m* 121
stelaż *m* 267
stempel pocztowy *m* 98
stenograf *m* / stenografka *f* 181
step *m* 285
stepper *m* 250
ster *m* 210, 241
stereo *n* 269
sterować 240
sterylny *m* / -na *f* / -ne *n* 47
stetoskop *m* 45
steward *m* / stewardesa *f* 190, 210
stęp *m* 243
sto 308
sto dziesięć 308
sto tysięcy 309
stocznia *f* 217
stodoła *f* 182
stoisko uliczne *n* 154
stojak *m* 166
stojak do tablicy *m* 174
stojak na rowery *m* 207
stok *m* 284
stok narciarski *m* 246
stolarstwo *n* 275
stolarz *m* 188
stolica *f* 315
stolik *m* 62, 148, 210
stolik nocny *m* 70
stolik przedmiotowy *m* 167
stolik śniadaniowy *m* 156
stołek barowy *m* 150
stołówka *f* 168
stop *m* 268
stopa *f* 12, 15, 310
stopa kwadratowa *f* 310
stopa procentowa *f* 96
stoper *m* 166, 234
stopień *m* 163
stopień naukowy *m* 169
stopka *f* 276
stosunek płciowy *m* 20
stożek *m* 164
stół *m* 64
stół do nakładania kleju *m* 82
stół mikserski *m* 179
stół warsztatowy *m* 78
strach na wróble *m* 184
stratosfera *f* 286
straż pożarna *f* 95
straż przybrzeżna *f* 217
strażacy *m* / strażaczki *f* 95
strażak *m* / strażaczka *f* 189
strażnik *m* / strażniczka *f* 189
strażnik więzienny *m* / strażniczka więzienna *f* 181
strąk *m* 122
strefa *f* 315
strefa ataku *f* 224
strefa końcowa *f* 220, 221
strefa neutralna *f* 224
strefa obrony *f* 224
strefa piesza *f* 299
strefa przemysłowa *f* 299
strefy 283
stres *m* 55
strona internetowa *f* 177
strug *m* 81
strugać 79
strumień *m* 285
strumień wody *m* 95
struna *f* 258

struny głosowe 19
struś m 292
strych m 58
strzała f 249
strzelać 223, 227
strzelectwo n 249
strzelić gola 223
strzemię n 242
strzępiel m 120
strzykawka f 109, 167
student m / studentka f 169
studio nagraniowe n 179
studio telewizyjne n 178
studzienka f 299
studzienka włazowa f 299
styczeń m 306
styk ochronny n 60
styl grzbietowy m 239
style 239, 301
style muzyczne 259
style ogrodów 84
stypendium n 169
suche kwiaty 111
suchy m / -cha f / -che n 39, 41, 130, 286, 321
suchy dok m 217
Sudan m 317
Sudan Południowy m 317
sufit m 62
suflet m 158
sukienka f 31, 34
suknia ślubna f 35
suknia wieczorowa f 34
sułtanka f 129
sumo n 237
supermarket m 106
suplement m 55
surfer m / surferka f 241
surfing m 241
Surinam m 315
surowe mięso n 142
surowy m / -wa f / -we n 124, 129
surówka f 158
suszarka bębnowa f 76
suszarka do włosów f 38
suszona śliwka f 129
suszone owoce 156
suszony m / -na f / -ne n 129
suszyć 76
sutek m 12
suterena f 58
sweter m 33, 34
sweter rozpinany m 32
swobodny m / -na f / -ne n 33, 34
Syberia f 313
Sycylia f 316
sygnał m 209
symfonia f 256
syn m 22
synagoga f 300
synowa f 22
syntetyczny m / -na f / -ne n 31
sypialnia f 70
syrena f 94
Syria f 318
syrop m 109
syrop klonowy m 134
system m 176
szabla f 236, 241
szablon m 83
szachownica f 272
szachy 272
szafa f 70
szafir m 288
szafka f 66
szafka na dokumenty f 172
szafki 239
szafran m 132
szalik m 31
szalka f 310
szalotka f 125
szałwia f 133
szampan m 145
szampon m 38
szary m 274
szczaw m 123
szczebelki 74
szczenię n 290
szczepić 91
szczepienie n 45
szczęka f 14, 17
szczęśliwy m / -wa f / -we n 25
szczotkować 50
szczoteczka do brwi f 40
szczoteczka do zębów f 72
szczoteczka międzyzębowa f 50
szczotka f 38, 77
szczotka do mycia pleców f 73
szczotka do nakładania kleju f 82
szczotka do tapet f 82
szczotka do WC f 72
szczupły m / -ła f / -łe n 321
szczur m 290
szczypce 150, 167
szczypce długie 80
szczypce do cięcia drutu 80
szczypce do ściągania izolacji 81
szczypiorek m 133
szczyt m 300
szef kuchni m / szefowa kuchni f 152
szermierka f 249
szeroki m / -ka f / -kie n 321
szerokość f 165
szerokość geograficzna f 283
szesnasty m / -ta f / -te n 309
szesnaście 308
sześcian m 164
sześciokąt m 164
sześć 308
sześćdziesiąt 308
sześćdziesiąty m / -ta f / -te n 309
sześćset 308
szew m 34
szkatułka na biżuterię f 36
szkic m 275
szkicownik m 275
szkielet m 17
szkiełko n 167
szklanka f 65
szklarnia f 85
szkliwo n 50
szkła 51
szkło n 64, 69
Szkocja f 316
szkocka z wodą f 151
szkoła f 162, 299
szkoła muzyczna f 169
szkoła tańca f 169
szkoły 169
szlafrok m 31, 32, 35, 73
szlifierka f 78
szlifować (papierem ściernym) 82
szmaragd m 288
sznur do bielizny m 76
sznur pereł m 36
sznurówka f 37
szop pracz m 290
szopa f 84
szorować 77
szorty 30, 33
szot m 241
szósty m / -ta f / -te n 309
szpachelka f 82
szpagat m 89
szparagi 124
szpatułka f 167
szpic m 36
szpikulec m 68
szpilka f 276
szpilka do krawata f 36
szpilka do włosów f 38
szpinak m 123
szpital m 48
szpon m 293
szprycha f 207
szpulka f 276
szpulka nici f 276
szron m 287
sztaluga f 274
sztanga f 251
sztućce 64, 65
sztuka f 254
sztuki 275
sztuki walki 237
sztyca podsiodłowa f 206
szufelka f 77
szufla f 187
szuflada f 66, 70, 172
szukaj 177
szwagier m 23
szwagierka f 23
Szwajcaria f 316
Szwecja f 316
szwy 52
szyba ochronna f 205
szyberdach m 202
szybki m / -ka f / -kie n 321
szybowiec m 211, 248
szybownictwo n 248
szyć 277
szydełko n 277
szydełkowanie n 277
szyja f 12
szyjka macicy f 20, 52
szyna f 47, 208
szyna napięciowa f 209
szynka f 119, 143, 156
szynka prosciutto f 143

Ś

ściana f 58, 186
ściąć 38
ścieg m 277
ścierać kurz 77
ścierka do kurzu f 77
ścieżka f 58, 85
ścieżka do jazdy konnej f 263
ścieżka dźwiękowa f 255
ścieżka rowerowa f 206
ścięgno n 17
ścięgno Achillesa n 16
śledzie wędzone 157
śledziona f 18
śledztwo n 94
ślimak m 295
ślimak nagi m 295
śliniaczek m 30
śliwka f 126
ślub m 26, 35
śmiać się 25
śmietana f 137, 157
śmietana kremowa f 137
śmietana kwaśna f 137
śmietnik m 266
śmigło n 211
śniadanie n 64, 156
śniadanie angielskie n 157
śnieg m 287
śnieg z deszczem m 286
śpioszki 30
śpiwór m 267
średnica f 164
środa f 306
środek m 122, 164
środek antyseptyczny m 47
środek chwastobójczy m 91
środek konserwujący m 83
środek odstraszający owady m 108, 267
środek przeciwbólowy m 109
środek przeciwzapalny m 109
środek przeczyszczający m 109
środek tarczy m 273
środek uspokajający m 109
środek wybielający m 77
środki do pielęgnacji skóry 108
środki przeciwbólowe 47
środkowe pole n 228
środowisko n 280
śruba f 80
śruba napędowa f 214
śruba ogniskowania f 167
śrubokręt krzyżowy m 80
śruta pszenna f 130
świadek m 180
światła 94
światła awaryjne 201
światło n 178, 207
światło do czytania n 210
światło odblaskowe n 204, 207
światło sygnalizatora n 194
światło tylne n 204, 207
światłomierz m 270
świątynia f 300
świeca zapłonowa f 203
świeczki urodzinowe 141
świerszcz m 295
świeże owoce 157
świeży m / -ża f / -że n 121, 127, 130
świeży ser m 136
święta 27
Święto Dziękczynienia n 27
świnia f 185
świnka f 44
świt m 305

T

tablet m 176
tabletka f 109
tabletka na sen f 109
tabletki przeciw chorobie lokomocyjnej 109
tablica f 226
tablica flipchart f 174
tablica lotów f 213
tablica narzędziowa f 78
tablica ogłoszeń f 173
tablica rejestracyjna f 198
tablica wyników f 225
tabliczka czekolady f 113
taca f 152, 154
taca ze śniadaniem f 101
tacka na korespondencję przychodzącą f 172
tacka na korespondencję wychodzącą f 172
taczka f 88
tadżin m 69
Tadżykistan m 318
taekwondo n 236
tai chi n 236
Tajlandia f 318
Tajwan m 319
takielunek m 240
taksówkarz m / taksówkarka f 190
takt m 256
talerz m 65
talerz głęboki m 65
talerz płytki m 65
talerze 257
talerzyk m 65
talia kart f 273
talk m 73
tam 320
tamburyn m 257
tampon m 108
tancerz m / tancerka f 191
tandem m 206
tangelo n 126
tani m / -nia f / -nie n 321
tankowiec m 215
Tanzania f 317

tapeciarz *m* / tapeciarka *f* 82
tapeta *f* 82
tapeta do malowania *f* 83
tapeta wytłaczana *f* 83
tapetować 82
tapioka *f* 124
tarcza *f* 249
tarcza do gry w rzutki *f* 273
tarcze rogowe 293
tarczyca *f* 18
tarka *f* 68
tarta *f* 142
tarty ser *m* 136
tasak *m* 68
Tasmania *f* 319
tasować 273
taśma *f* 106
taśma izolacyjna *f* 81
taśma klejąca *f* 47, 173
taśma maskująca *f* 83
taśma miernicza *f* 80
taśmociąg bagażowy *m* 212
tatuaż *m* 41
tą stroną do góry 98
tchawica *f* 18
teatr *m* 254, 299
technik dźwięku *m* 179
techniki 79
teczka *f* 37
teczka harmonijkowa *f* 173
teczka szkolna *f* 162
teczka zawieszana *f* 173
tekst *m* 259
tektura *f* 275
telefon *m* 99
telefon alarmowy *m* 195
telefon bezprzewodowy *m* 99
telefon komórkowy *m* 99
telefon z aparatem 270
telenowela *f* 178
teleobiektyw *m* 270
teleprompter *m* 179
teleskop *m* 281
teleturniej *m* 178
telewizja kablowa *f* 269
telewizor płaskoekranowy *m* 268
telewizor smart TV *m* 269
tematyczny park rozrywki *m* 262
temblak *m* 46
temperatura *f* 286
temperówka *f* 163
tenis *m* 230
tenisówka *f* 37
tenis stołowy *m* 231
tequila *f* 145
terapia grupowa *f* 55
teraz 304, 320
termin stawienia się w sądzie *m* 180
terminal *m* 212
terminal kontenerowy *m* 216
terminal promowy *m* 216
termit *m* 295
termofor *m* 70
termometr *m* 45, 167
termos *m* 267
termosfera *f* 286
termostat *m* 61
terpentyna *f* 83
terytorium *n* 315
test ciążowy *m* 52
teściowa *f* 23
teść *m* 23
tęcza *f* 287
tęczówka *f* 51
tętnica *f* 19
tętno *n* 47
thriller *m* 255
tie-break *m* 230
Timor Wschodni *m* 319
tkactwo *n* 277
tkanina *f* 277
tłuczek *m* 68, 167
tłuczek do mięsa *m* 68
tłuczek do ziemniaków *m* 68
tłumacz ustny *m* / tłumaczka ustna *f* 189
tłumik *m* 203, 204
tłusty *m* / -ta *f* / -te *n* 39, 41
tłuszcz *m* 119
toaleta *f* 61
toaletka *f* 71
toalety 104, 266
toczyć 79
toffi *n* 113
toga *f* 169
Togo *n* 317
ton *m* 256
tona (metryczna) *f* 310
tonąć 239
tonik *m* 41, 144
topaz *m* 288
topola *f* 296
topór *m* 95
tor *m* 208, 234, 238
tor gry *m* 232
tor wyścigowy *m* 243
torba *f* 291
torba golfowa *f* 233
torba na listy *f* 98, 190
torba na zakupy *f* 106
torba plażowa *f* 264
torba podróżna *f* 37
torba z przyborami do przewijania *f* 75
torby 37
torebka *f* 37
torebka herbaty ekspresowej *f* 144
torebka na ramię *f* 37
torebki 37
tornado *n* 287
tort urodzinowy *m* 141
tort weselny *m* 141
tortilla *f* 155
tost *m* 157
toster *m* 66
traktor *m* 182
trampolina *f* 235, 238
tramwaj *m* 196, 208
transakcja handlowa *f* 175
transatlantyk *m* 215
transformator *m* 60
transport *m* 194
trap *m* 214
trapez *m* 164
trasa *f* 260
trasa narciarska *f* 246
tratwa ratunkowa *f* 240
trawa *f* 86, 262
trawnik *m* 85, 90
trąba *f* 291
trąbka *f* 257
trefl *m* 273
trekking *m* 243
trenażer eliptyczny *m* 250
trener osobisty *m* / trenerka osobista *f* 191, 250
trening kondycyjny *m* 251
trenować 251
trochę 320
trochę, kilku *m* / kilka *f* 320
trolejbus *m* 196
tropik *m* 266
troposfera *f* 286
trójkąt *m* 164, 257
trójnóg *m* 166
trudny *m* / -na *f* / -ne *f* 321
trufla *f* 113, 125
truskawka *f* 127
trwała *f* 39
tryktrak *m* 272
trymestr *m* 52
Trynidad i Tobago *m* 314
trzcina cukrowa *f* 184
trzeci *m* / -cia *f* / -cie *n* 309
trzeć 67
trzepaczka *f* 68
trzęsienie ziemi *n* 283
trzonek *m* 187
trzustka *f* 18
trzy 308
trzydrzwiowy *m* / -wa *f* / -we *n* 200
trzydziesty *m* / -ta *f* / -te *n* 309
trzydzieści 308
trzynasty *m* / -ta *f* / -te *n* 309
trzynaście 308
trzysta 308
tuba *f* 257
tubka *f* 311
tulipan *m* 111
Tunezja *f* 317
tuńczyk *m* 120
turbosprężarka *f* 203
Turcja *f* 316
Turkmenistan *m* 318
turkus *m* 289
turmalin *m* 288
turniej *m* 230, 233
turysta *m* / turystka *f* 260
tusz *m* 275
tusz do rzęs *m* 40
tutaj 320
tutu *n* 191
twardy *m* / -da *f* / -de *n* 129, 321
twarożek *m* 136
twarz *f* 14
tydzień *m* 306
tygiel *m* 166
(co)tygodniowy *m* / -wa *f* / -we *n* 307
tygrys *m* 291
tylne koło *n* 197
tylne siedzenie *n* 200
tylne siodełko *n* 204
tymianek *m* 133
typy 199, 205
typy pociągów 208
typy roślin 86
tysiąc 309
tysiąc dziewięćset dziesiąty 307
tysiąc dziewięćset pierwszy 307
tysiąc dziewięćsetny 307
tysiąclecie *n* 307
tytoń *m* 112, 184
tytuł *m* 168
tytuły grzecznościowe 23

U

ubezpieczenie *n* 203
ubijać 67
ubrania 32, 34
ubranie nieprzemakalne *n* 245
ucho *n* 14
uchwyt *m* 78, 88, 106, 230
uchwyty 37
uchwyt na stopę *m* 241
uczelnia wyższa *f* 168
uczeń *m* / uczennica *f* 162
uczucia 25
uczyć się 163
udar *m* 44
uderzenia 231
uderzenie *n* 233, 237
uderzenie nogami *n* 239
uderzenie z boku *n* 230
uderzyć 224
uderzyć piłkę na greenie 233
uderzyć piłkę z obszaru tee 233
uderzyć piłkę z podkładki 233
udko *n* 119
udo *n* 12
udziały 97
Uganda *f* 317
uginanie przedramion *n* 251
ugryzienie *n* 46
ujeżdżanie *n* 243
ujście rzeki *n* 285
układ hormonalny *m* 19
układ krążenia *m* 19
układ limfatyczny *m* 19
układ moczowy *m* 19
układ nerwowy *m* 19
układ oddechowy *m* 19
układ pokarmowy *m* 19
układ rozrodczy *m* 19
Układ Słoneczny *m* 280
układ sterowania *m* 201, 204
układy narządów 19
Ukraina *f* 316
ulica *f* 298
uliczka *f* 298
ułamek *m* 165
ulica jednokierunkowa *f* 195
ułożyć 38
umówione spotkanie *n* 175
umrzeć 26
umyć 38
umywalka *f* 38, 50, 72
uncja *f* 310
uniewinniony *m* / -na *f* / -ne *n* 181
uniwersytet *m* 299
uprawa *f* 183
uprawiać 91
Uran *m* 280
uraz głowy *m* 46
uraz kręgosłupa szyjnego spowodowany szarpnięciem *m* 46
urazy 46
urlop *m* 212
uroczystości 27
uroczystość *f* 140
uroczystość wręczenia dyplomów *f* 169
uroda *f* 40
urodzić się 26
urodziny 27
urologia *f* 49
Urugwaj *m* 315
urządzenia 66
urządzenia nagłaśniające 209
urządzić (ogród) 91
urzędnik sądowy *m* / urzędniczka sądowa *f* 180
USG *n* 52
usługi pralnicze 101
usta 14
ustawiać ostrość 271
ustawienie zapłonu *n* 203
usunięcie *n* 50
usunięcie z boiska *n* 223
usuwanie odpadów *n* 61
uszczelka *f* 61
uszczelniacz *m* 83
uśmiech *m* 25
utwardzone pobocze *n* 194
uwertura *f* 256
Uzbekistan *m* 318
uzda *f* 242
uzupełniające metody leczenia 54
użądlenie *n* 46

V

Vanuatu *n* 319

W

w 320
w ciąży 52
w kierunku 320
w koszulce (jajko) 159
w lewo 260
w oleju 143
w prawo 260
w przyszłym tygodniu 306

w sosie 159
w syropie 159
w środku 320
w tym tygodniu 307
w zalewie solnej 143
w zeszłym tygodniu 307
waciki 41
waga *f* 45, 69, 98, 118, 166, 310
waga sprężynowa *f* 166
wagon *m* 208
wagon restauracyjny *m* 209
wagonik kolejki linowej *m* 246
walec *m* 164, 187
walet *m* 273
Walia *f* 316
walka *f* 237
waltornia *f* 257
waluta cyfrowa *f* 97
wał napędowy *m* 202
wałek *m* 69, 83
wałkować 67
wanilia *f* 132
wanna *f* 72
wapień *m* 288
wapń *m* 109
warcaby 272
warga *f* 14
wargi sromowe 20
warkocz *m* 39, 280
warstwa górna / uprawna *f* 85
warstwa ozonowa *f* 286
warsztat *m* 78
warzywa 107, 122, 124
wazon *m* 63, 111
ważka *f* 295
ważyć 310
wąski *m* / -ka *f* / -kie *n* 321
wąsy 39, 290
wątroba *f* 18
wątróbka *f* 118
wąwóz *m* 284
wąż *m* 293
wąż ogrodowy *m* 89
wąż ssący *m* 77
wąż strażacki *m* 95
wbicie piłki do dołka za jednym uderzeniem *n* 233
wbijać 79
wbudowana szafa *f* 71
wchodzić na pokład 217
wciągać 245
wcześnie 305, 320
wczoraj 306, 320
web designer *m* / web designerka *f* 189
weekend *m* 306
wejście *n* 59
wek *m* 135
welon *m* 35
wełna *f* 277
wełna stalowa *f* 81
Wenezuela *f* 315
wentyl *m* 207
wentylator *m* 60, 202
Wenus *f* 280
werbel *m* 257
werdykt *m* 181
wesele *n* 26
wesołe miasteczko *n* 262
westchnąć 25
western *m* 255
weterynarz *m* 189
wewnątrz 320
wezgłowie *n* 70
wezwanie do sądu *n* 180
wędka *f* 244
wędkarstwo *n* 244, 245
wędkarstwo dalekomorskie *n* 245
wędkarstwo morskie *n* 245
wędkarstwo muchowe *n* 245
wędkarstwo słodkowodne *n* 245
wędkarstwo sportowe *n* 245
wędkarz *m* / wędkarka *f* 244
wędliny 143
wędzidło *n* 242
wędzisko *n* 245
wędzony *m* / -na *f* / -ne *n* 118, 121, 143, 159
węgiel *m* 275, 288
węgiel drzewny *m* 266
węgorz *m* 294
Węgry 316
whisky *f* 145
wiaderko *n* 77, 265
wiaderko z lodem *n* 150
wiadomości 178
wiadomość głosowa *f* 99
wiadro *n* 82
wiadukt *m* 194
wiata na przystanku autobusowym *f* 197
wiatr *m* 241, 286
wiąz *m* 296
wiązadło *n* 17
wibrafon *m* 257
wichura *f* 286
widelec *m* 65, 153, 207
widelec do krojenia mięsa *m* 68
widełki ogrodnicze 89
widły 88
widzowie 233
wieczór *m* 305
wiek *m* 307
wielbłąd *m* 291
Wielka Brytania *f* 316
Wielkanoc *f* 27
wieloryb *m* 290
wieniec *m* 111
wieprzowina *f* 118
wiercić 79
wiertarka akumulatorowa *f* 78
wiertarka elektryczna *f* 78
wiertarka ręczna *f* 81
wiertła 80
wiertła do drewna 80
wiertło *n* 50, 78
wiertło do betonu *n* 80
wiertło do drewna piórowe *n* 80
wiertło do metalu *n* 80
wierzba *f* 296
wierzchołek *m* 165
wieszak *m* 70
wieszak na ręczniki *m* 72
Wietnam *m* 318
wietrzny *m* 286
wiewiórka *f* 290
wieża *f* 272, 300
wieża kontroli lotów *f* 212
wieża ratownika *f* 265
wieżyczka *f* 300
więzienie *n* 181
wi-fi *n* 99, 269
wilgotny *m* 286
wilk *m* 290
winda *f* 59, 100
winda kotwiczna *f* 214
windsurfer *m* / windsurferka *f* 241
windsurfing *m* 241
winnica *f* 183
winny *m* / -na *f* / -ne *n* 181
wino *n* 145, 151
winogrona 127
winorośl *f* 183
wiolonczela *f* 256
wiosło *n* 241
wiosłować 241
wiosna *f* 307
wioślarz *m* / wioślarka *f* 241
wioślarz treningowy *m* 250
wiórki 132
wióry 78
wirować 76
wirówka *f* 76
wirus *m* 44
wisiorek *m* 36
wiszący kosz kwiatów *m* 84
wiśnia *f* 126
witaminy 108
witlinek *m* 120
wiza *f* 213
wizjer *m* 271
wizyta *f* 45
wjazd *m* 194
wjazd dla wózków inwalidzkich *m* 197
wkładka domaciczna *f* 21
wkładka higieniczna *f* 108
wkładki 53
wkrętak *m* 80
wlot *m* 61
włamanie *n* 94
właz *m* 281
włącznik *m* 60
włącznik świateł *m* 201
włączyć telewizor 269
Włochy 316
włosy 14, 38
włożyć (brudną bieliznę do pralki) 76
włókno naturalne *n* 31
wnętrze *n* 200
wnuczka *f* 22
wnuk *m* 22
wnuki *m* / wnuczki *f* 23
woda *f* 144, 238
woda mineralna *f* 144
woda sodowa *f* 144
woda toaletowa *f* 41
woda w butelce *f* 144
woda z kranu *f* 144
wodery 244
wodolot *m* 215
wodospad *m* 285
wodze 242
wok *m* 69
wokół 320
wolej *m* 231
wolne miejsca 266
wolny *m* / -na *f* / -ne *f* 321
wołowina *f* 118
woreczek do dekorowania *m* 69
worek *m* 311
worek foliowy *m* 122
worek na ściętą trawę *m* 88
worek treningowy *m* 237
wosk *m* 41
woźny sądowy *m* / woźna sądowa *f* 180
wódka *f* 145, 150
wódka z sokiem pomarańczowym *f* 151
wóz strażacki *m* 95
wózek *m* 48, 100, 106, 213
wózek głęboki *m* 75
wózek golfowy *m* 232, 233
wózek inwalidzki *m* 48
wózek spacerowy *m* 75
wózek widłowy *m* 216
wózek z deserami *m* 152
wpłacać 96
wrażliwy *m* / -wa *f* / -we *n* 41
wrona *f* 292
wróbel *m* 292
wrzesień *m* 306
wrzos *m* 297
wrzut *m* 226
wrzut z autu 223
wschód *m* 312
wschód słońca *m* 305
wskazówka godzinowa *f* 304
wskazówka minutowa *f* 304
wskazówki 260
wskaźnik paliwa *m* 201
wskaźnik temperatury *m* 201
wspinaczka lodowa *f* 247
wspinaczka skalna *f* 248
współpracownik *m* / współpracownica *f* 24
wstać 71
wstążka *f* 27, 39, 111, 141, 235
wstrząs *m* 47, 283
wstrząs mózgu *m* 46
wstrząśnięty *m* / -ta *f* / -te *n* 25
wszechświat *m* 280
wtorek *m* 306
wtyczka *f* 60
wujek *m* 22
wulkan *m* 283
wybieranie poczty *n* 98
wybrać (numer) 99
wybrzeże *n* 285
Wybrzeże Kości Słoniowej *n* 317
wybuchnąć 283
wychowanie fizyczne *n* 162
wyciąg *m* 66
wyciąg krzesełkowy *m* 246
wyciągać 251
wycieraczka *f* 59, 198
wycierać 77
wyciskacz do czosnku *m* 68
wyciskanie na klatkę piersiową *n* 251
wyciskanie nogami *n* 251
wyczyścić zęby nicią dentystyczną 50
wydra *f* 290
wydrążacz do jabłek *m* 68
wydział *m* 169
wyeliminować z gry 229
wyemigrować 26
wygląd *m* 30
wygrywać 273
wyjście *n* 210
wyjście ewakuacyjne *n* 95
wyjście z domu *n* 75
wykładowca *m* 169
wykonać wsad 227
wykonać wślizg 229
wykonać zamach 232
wykrój *m* 276
wyłączyć telewizor 269
wymiana *f* 230
wymiary 165
wymiotować 44
wynająć 58
wynajem samochodów *m* 213
wynajmujący *m* / wynajmująca *f* 58
wynik *m* 49, 220, 273
wypad *m* 251
wypadek *m* 46
wypadek samochodowy *m* 203
wypełniać 82
wypełnienie *n* 50
wypiek chleba *m* 138
wypisany *m* / -na *f* / -ne *n* / 48
wypłynąć w morze 217
wyposażenie biura *n* 172
wyposażenie mieszkań *n* 105
wypożyczać 168
wypożyczenie *n* 168
wypracowanie *n* 163
wyprzedzać 195
wypuszczać 245
wypuszczenie piłki *n* 220
wyrok *m* 181
wyrostek robaczkowy *m* 18
wyrób biżuterii *m* 275
wyrzynarka *f* 78, 81
wysadzać 91
wysiadać 217
wysięgnik *m* 95
wysoka rozdzielczość *f* 269

wysoki *m* / -ka *f* / -kie *n* 321
wysokie krzesełko *n* 75
wysokość *f* 165
wysokość (nad poziomem morza) *f* 211
wyspa *f* 282
Wyspy Salomona 319
Wyspy Świętego Tomasza i Książęca 317
wystawa *f* 261
wystrzelenie *n* 281
wysuszyć suszarką 38
wysyłać 177
wysypka *f* 44
wyścig *m* 234
wyścig płaski *m* 243
wyścig powozów *m* 243
wyścig zaprzęgów *m* 243
wyścigi motocyklowe 249
wyścigi samochodowe 249
wytrawny 145
wywołać poród 53
wywoływać 271
wywrotka *f* 187
wywrócić się do góry dnem 241
wyzwalacz migawki *m* 270
wzdłuż 320
wzgórze *n* 284
wziąć ślub 26
wzmacniacz *m* 268
wzrok *m* 51

Z

z 320
z fiszbinami 35
z grilla 159
z hodowli naturalnej 118
z karty 152
z otwartym dachem 260
z polewą czekoladową 140
z połyskiem 83
z wody 159
za 320
zabawa *f* 75
zabawka *f* 75
zabawki 105
zabieg kosmetyczny twarzy *m* 41
zabiegi kosmetyczne 41
zabytkowy budynek *m* 261
zachód *m* 312
zachód słońca *m* 305
zacisk *m* 78
zacisk nosa *m* 238
zacisk szczękowy *m* 167
zaćma *f* 51
zaćmienie *n* 280
zadrapanie *n* 46
zadzior *m* 244
zagłówek *m* 200
zagniatać 138
zagrać główką 222
zagroda *f* 185
zajęcia 263
zajęcia na świeżym powietrzu 262
zajęty *m* / -ta *f* / -te *n* 99, 321
zajmować się (ogrodem) 91
zakaz skrętu w prawo *m* 195
zakaz wjazdu *m* 195
zakaz zatrzymywania się *m* 195
zakład *m* 273
zakład fryzjerski *m* 115
zakład krawiecki *m* 115
zakład szewski *m* 115
zakład ślusarski *m* 115
zakładać przynętę 245
zakłopotany *m* / -na *f* / -ne *n* 25
zakochać się 26
zakupy 104
zakwaterowanie z niepełnym wyżywieniem *n* 101
zakwaterowanie z pełnym wyżywieniem *n* 101
zalogować się 177
załącznik *m* 177
załoga *f* 241
zamach *m* 233
zamach próbny *m* 233
zamawiać 153
Zambia *f* 317
zamek *m* 59, 300
zamek błyskawiczny *m* 277
zamek drzwiowy *m* 200
zamek rowerowy *m* 207
zamek z piasku *m* 265
zamiatać 77
zamknięcie zabezpieczające *n* 75
zamknięty *m* / -ta *f* / -te *n* 260, 321
zamrażarka *f* 67
zamrozić 67
zapalniczka *f* 112
zaparzacz do kawy *m* 65
zapasowa opona *f* 203
zapasy 236
zapięcie *n* 36, 37
zapis wideo finiszu *m* 234
zapisz 177
zapłata *f* 96
zapłodnienie *n* 20, 52
zapłon *m* 200
zapole *n* 229
zapora *f* 301
zaprawa murarska *f* 187
zaprzyjaźnić się 26
zarezerwować lot 212
zarzucać 245
zasilanie sieciowe *n* 60
zaskoczony *m* / -na *f* / -ne *n* 25
zasłabnąć 44
zasłona *f* 63
zasłona prysznicowa *f* 72
zastrzyk *m* 48
zasuwka *f* 59
zatoka *f* 19
zatrucie *n* 46
zatrzask *m* 30
zatyczka *f* 72
zawieszenie *n* 203, 205
zawodnik *m* / zawodniczka *f* 221
zawodnik drużyny futbolowej *m* / zawodniczka drużyny futbolowej *f* 220
zawodnik odbijający *m* / zawodniczka odbijająca *m* 225
zawodnik serwujący *m* / zawodniczka serwująca *f* 225
zawody 188, 190
zawór bezpieczeństwa *m* 61
zawór zamykający *m* 61
zawsze 320
ząb *m* 50
ząb przedtrzonowy *m* 50
ząb trzonowy *m* 50
ząbek *m* 125
zbierać 91
zbierać plony 183
zbiornik *m* 61
zbiornik na płyn do chłodnicy *m* 202
zbiornik na płyn do spryskiwacza *m* 202
zbiornik na płyn hamulcowy *m* 202
zbiornik oleju *m* 204
zbiornik paliwa *m* 203, 204
zbiornik wody *m* 61
zboża przetworzone 130
zboże *n* 130
zdenerwowany *m* / -na *f* / -ne *n* 25
zderzak *m* 198
zdezorientowany *m* / -na *f* / -ne *n* 25
zdjęcie rentgenowskie *n* 48, 50
zdmuchnąć 141
zdobycie bazy *n* 228
zdrowie *n* 44
zdrowy *m* / -wa *f* / -we *n* 321
zdzierać 82
zebra *f* 291
zebranie *n* 174
zegarek *m* 36
zemdleć 25
zero 230, 308
zestaw z hamburgerem *m* 154
zeszyt *m* 163
zewnętrzny dysk twardy *m* 176
zeznanie *n* 180
zgłosić się do odprawy 212
zgniły *m* / -ła *f* / -łe *n* 127
ziarna 131, 144
ziarnko *n* 122
ziarnko pieprzu *n* 132
ziarno *n* 122, 130
ziarno gorczycy *n* 131
ziarno sezamowe *n* 131
ziele angielskie *n* 132
zielona herbata *f* 149
zielona oliwka *f* 143
zielony 274
zielony *m* / -na *f* / -ne *n* 129
Ziemia *f* 280, 282
ziemniak *m* 124
ziewnąć 25
zięć *m* 22
zima *f* 31, 307
Zimbabwe *n* 317
zimne napoje bezalkoholowe 144
zimny 286
zimny *m* / -na *f* / -ne *n* 321
zioła 134
zioła i przyprawy 132
zioło *n* 86
ziołolecznictwo *n* 55
ziołowy *m* / -wa *f* / -we *n* 55
zjazd *m* 194
Zjednoczone Emiraty Arabskie 318
zjeżdżalnia *f* 263
zlecenie wypłaty *n* 96
zlepieniec *m* 288
zlewka *f* 167
zlewozmywak *m* 61, 66
złamanie *n* 46
złapać 220
złota rybka *f* 294
złoto *n* 235, 289
zły *m* / zła *f* / złe *n* 25, 321
zmarszczenie brwi *n* 25
zmarszczka *f* 15
zmartwiony *m* / -na *f* / -ne *n* 25
zmiana *f* 223
zmieniać koło 203
zmieniać przełożenie 207
zmienić kanał 269
zmierzch *m* 305
zmiotka *f* 77
zmniejszać 172
zmywacz do paznokci *m* 41
zmywarka do naczyń *f* 66
znaczek *m* 98
znaczki 112
znajomy *m* / znajoma *f* 24
znak wolnej burty *m* 214
znaki drogowe 195
znaki drogowe poziome 194
znieczulenie zewnątrzoponowe *n* 52
znudzony *m* / -na *f* / -ne *n* 25
zoo *n* 262
zoologia *f* 169
zorza *f* 286
zraszacz *m* 89
zrealizować (czek) 97
zszywacz *m* 173
zszywki 173
zupa *f* 153, 158
związki 24
zwiedzanie *n* 260
zwiedzanie z przewodnikiem *n* 260
zwierzęta 290, 292, 294
zwolnienie warunkowe *n* 181
zwolnienie za kaucją/ poręczeniem *n* 181
Zwrotnik Koziorożca *m* 283
Zwrotnik Raka *m* 283
zwrotniki 283
zwycięzca *m* / zwyciężczyni *f* 273

Ź

źrebię *n* 185
źrenica *f* 51

Ż

żaba *f* 294
żabka *f* 239
żabnica *f* 120
żagiel *m* 215, 241
żagiel przedni *m* 240
żaglówka *f* 215
żakiet *m* 34
żaluzja *f* 63
żarnik *m* 60
żaroodporny *m* / -na *f* / -ne *n* 69
żarówka energooszczędna *f* 60
żeberka 155
żeberko *n* 119
żebro *n* 17
żeglarstwo *n* 240
żel *m* 38, 109
żel pod prysznic *m* 73
żelazko *n* 76
żelazo *n* 109, 289
żelek *m* 113
żelka owocowa *f* 113
żołądek *m* 18
żołnierz *m* / żołnierka *f* 189
żona *f* 22
żonkil *m* 111
żółta kartka *f* 223
żółtko *n* 137, 157
żółty *m* 274
żółw lądowy *m* 293
żółw wodny *m* 293
żuraw *m* 292
żuraw mikrofonowy *m* 179
żurawina *f* 127
żwir *m* 88
żyletka *f* 73
żyła *f* 19
żyłka *f* 244
żyrafa *f* 291
żywność *f* 117
żywność w butelkach i słoikach *f* 134
żywopłot *m* 85, 90, 183

polski

Indeks angielski • **English index**

A

a little 320
a lot 320
abdomen 12
abdominals 16
about 320
above 320
acacia 110
accelerator 200
accessories 36, 38
accident 46
accountant 97, 190
accounting department 175
account number 96
accomodations 323
accused 180
ace 230, 273
Achilles tendon 16
acorn squash 125
acquaintance 24
acquitted 181
across 320
acrylic paint 274
activities 77, 162, 245, 263
actor 191, 254
actors 179
acupressure 55
acupuncture 55
Adam's apple 19
add *v* 165
addition 58
address 98
adhesive bandage 47
adhesive tape 47
adjustable wrench 80
admissions office 168
admitted 48
adult 23
advantage 230
adventure movie 255
advertisement 269
adzuki beans 131
aerate *v* 91
Afghanistan 318
Africa 317
after 320
afternoon 305
aftershave 73
aftersun lotion 108
agate 289
agenda 174
aikido 236
air bag 201
air-conditioning 200
aircraft 210
aircraft carrier 215
air filter 202, 204
airliner 210, 212
air mattress 267
airport 212
air tank 239
air vent 210
aisle 106, 168, 210, 254
à la carte 152
alarm clock 70
Albania 316
alcoholic drinks 145
alfalfa 184
Algeria 317
Allen wrench 80
allergy 44
alley 298
alligator 293
alligator clip 167
all meals included 101
all-purpose flour 139
allspice 132
almond 129
almonds 151
almond milk 137
almond oil 134
along 320
alpine 87
alpine skiing 247
alternating current 60
alternator 203
altitude 211
aluminum 289
always 320
Amazon 312
amber ale 145
ambulance 94
amethyst 288
amniocentesis 52
amniotic fluid 52
amount 96
amp 60
amphibians 294
amplifier 268
analog 179
anchor 179, 191, 214, 240
Andes 312
Andorra 316
anesthesiologist 48
angle 164
angler 244
Angola 317
angry 25
animals 290, 292, 294
animated movie 255
ankle 13, 15
ankle-length 34
anniversary 26
annual 86, 307
answer 163
answer *v* 99, 163
answering machine 99
ant 295
antenna 295
antifreeze 199
Antigua and Barbuda 314
anti-inflammatory 109
antiques store 114
antiseptic 47
antiseptic wipe 47
antiwrinkle 41
antler 291
apartment 59
apartment building 59, 298
apéritif 153
aperture dial 270
apex 164
app 99
app developer 189
appeal 181
appearance 30
appendix 18
appetizer 153
applaud *v* 255
apple 126
apple corer 68
apple juice 149
appliances 66
application 176
appointment 45, 175
apricot 126
April 306
apron 30, 50, 69, 212
aquamarine 288
Arabian Sea 313
arbor 84
arborio rice 130
arc 164
arch 15, 85, 300
archery 249
architect 190
architecture 300
architrave 301
Arctic Circle 283
Arctic Ocean 312
area 165, 310
areas 299
arena 243
Argentina 315
arithmetic 165
arm 13
armchair 63
Armenia 318
armpit 13
armrest 200, 210
aromatherapy 55
around 320
arrest 94
arrivals 213
arrow 249
art 162
Art Deco 301
artery 19
art history 169
art gallery 261
artichoke 124
artist 274
Art Nouveau 301
arts and crafts 274, 276
art school 169
art supply store 115
arugula 123
ash 283
ashtray 112, 150
Asia 318
asparagus 124
asphalt 187
assault 94
assistant 24
assisted delivery 53
asteroid 280
asthma 44
astigmatism 51
astronaut 281
astronomy 281
asymmetric bars 235
at 320
athlete 234
athletic shoes 31
Atlantic Ocean 312
ATM 97
atmosphere 282, 286
atrium 104
attachment 177
attack 220
attack zone 224
attend *v* 174
attic 58
attractions 261
auburn 39
audience 254
audioguide 260
August 306
aunt 22
aurora 286
Australia 319
Austria 316
automatic 200
automatic door 196
automatic payment 96
auto racing 249
avalanche 247
avenue 299
avocado 128
awning 148
ax 95
axle 205
ayurveda 55
Azerbaijan 318

B

baby 23, 30
baby bath 74
baby care 74
baby carriage 75
baby changing room 104
baby formula 52
baby monitor 75
baby products 107
baby's breath 110
baby sling 75
back 13, 64
backboard 226
back brush 73
backdrop 254
backgammon 272
backhand 231
backpack 31, 37, 267
backseat 200
backsplash 66
backstroke 239
backswing 233
bacon 118, 157
bacon strip 119
bad 321
badge 94, 189
badminton 231
bag 311
bag cart 233
bagel 139
baggage carousel 212
baggage claim 213
baggage drop 212
baggage trailer 212
bags 37
baguette 138
Bahamas 314
Bahrain 318
bail 181
bailiff 180
bait 244
bait *v* 245
bake *v* 67, 138
baked 159
baker 139
bakery 107, 114, 138
baking 69
balance beam 235
balance wheel 276
balcony 59, 254
balcony seats 254
bald 39
bale 184
Balearic Islands 316
ball 15, 75, 221, 224, 226, 228, 230

ball boy 231
ballet 255
ball girl 231
balsamic vinegar 135
Baltic Sea 313
bamboo 86, 122
banana 128
bandage 47
Bangladesh 318
banister 59
bank 96, 284
bank charge 96
banking app 97
bank transfer 96
bar 150, 152, 250, 256, 311
barb 244
Barbados 314
barbecue grill 267
barber 39, 188
bar code 106
bar counter 150
bark 296
barley 130, 184
bar mitzvah 26
barn 182
Baroque 301
barrier 298
bars 74
bar snacks 151
bar stool 150
bartender 150, 191
basalt 288
base 164
baseball 228
baseline 230
baseman 228
basement 58
base station 99
basil 133
basket 95, 106, 207, 226
basketball 226
basketball player 226
basket of fruit 126
bass clarinet 257
bass clef 256
bass guitar 258
bassinet 74
bassoon 257
bat 225, 228, 290
bat *v* 225, 229
bath mat 72
bathrobe 31, 73
bathroom 72
bath towel 73
bathtub 72
baton 235, 256
batter 228
battery 167, 202
battery pack 78, 176
battleship 215
bay leaf 133
beach 264
beach bag 264
beach ball 265
beach towel 265
beach umbrella 264
beak 293
beaker 167
beam 186
beans 144
bean sprout 122
bear 291
beard 39
beat 259
beautiful 321
beauty 105
beauty treatments 41
be born *v* 26
bed 70
bed and breakfast 101
bedding 74
bed linen 71
bedroom 70
bedside lamp 70
bedspread 70
bedspring 71
bee 295
beech 296
beef 118
beer 145, 151
beer tap 150
beet 125
beetle 295
before 320
beginning 321
behind 320
Belarus 316
Belgium 316
Belize 314
bell 197
bell pepper 124
below 320
belt 32, 36, 236
bench 250, 262
Benin 317
berry 296
beside 320
bet 273
better 321
between 320
beyond 320
Bhutan 318
biathlon 247
bib 30
bicep curl 251
biceps 16
bicycle 206
bidet 72
biennial 86
bifocal 51
big toe 15
bike lane 206
bike rack 207
bikini 264
bill 97
binder 173
binoculars 281
biology 162
biplane 211
birch 296
birds 292
bird-watching 263
birth 52
birth certificate 26
birthday 27
birthday cake 141
birthday candles 141
birthday party 27
birth weight 53
bishop 272
bit 242
bit brace 78
bite 46
bite *v* 245
bitter 124
black 39, 272, 274, 321
black belt 237
blackberry 127
black coffee 148
black currant 127
black-eyed peas 131
black hole 280
black olive 143
black pudding 157
Black Sea 313
black tea 149
bladder 20
blade 60, 66, 78, 89
blanket 71, 74
blazer 33
bleach 77
blind 51
blender 66
blister 46
block 237
block *v* 227
block of flats 59
blond 39
blonde 39
blood pressure 44
blood test 48
blouse 34
blow-dry *v* 38
blow-dryer 38
blowhole 290
blow out *v* 141
blue 274
bluebells 297
blueberry 127
blue cheese 136
blues 259
Bluetooth headset 176
Bluetooth speaker 269
blush 40
board 241
board *v* 217
board games 272
boarding pass 213
boardwalk 265
bob 39
bobbin 276
bobby pins 38
bobsled 247
body 12, 202
body lotion 73
bodysuit 30
boil *v* 67
bok choy 123
Bolivia 315
bollard 214
bolt 59
bomber 211
bone 17, 119, 121
boned 121
bone meal 88
bongos 257
book 168
book a flight *v* 212
bookshelf 63, 168
bookstore 115
boom 95, 240
booster 281
boot 37
booties 30
bored 25
boring 321
borrow *v* 168
Bosnia and Herzegovina 316
Botswana 317
bottle 61, 75, 135, 311
bottled water 144
bottle-feed (v) 52
bottle opener 68, 150
bottom tier 141
boundary line 225
bouquet 35, 111
bouquet garni 132
bout 237
boutique 115
bow 240, 249
bowl 61, 65
bowl *v* 225
bowler 225
bowling 249
bowling ball 249
bow tie 36
box 254
boxercise 251
boxer shorts 33
box file 173
boxing 236
boxing gloves 237
boxing ring 237
box of chocolates 113
box office 255
box of tissues 70
boy 23
boyfriend 24
bra 35
bracelet 36
braces 50
braid 39
brain 19
brake 200, 204, 206
brake *v* 207
brake block 207
brake fluid reservoir 202
brake lever 207
brake pedal 205
bran 130
branch 296
branch manager 96
brandy 145
brass 257
Brazil 315
Brazil nut 129
bread 157
breadcrumbs 139
bread flour 139
breadfruit 124
bread knife 68
break a record *v* 234
breakdown 203
breakfast 64, 156
breakfast buffet 156
breakfast cereals 107
breakfast table 156
breakfast tray 101
breast 12, 119
breastbone 17
breastfeed *v* 53
breast pump 53
breaststroke 239
breathing 47
breech birth 52
brick 187
bridge 214, 258, 273, 301
bridle 242
bridle path 263
Brie 142
briefcase 37
briefs 33
brioche 157
broad beans 131
broadcast 179
broadcast *v* 178
broccoli 123
brochures 96
broil *v* 67
bronze 235
brooch 36
broom 77
broth 158
brother 22
brother-in-law 23
browband 242
brown 274
brown bread 139
brown flour 138
brown lentils 131
brown rice 130
browse *v* 177
browser 177

english

bruise 46
Brunei 319
brunette 39
brush 38, 40, 77, 83, 274
brush *v* 38, 50
Brussels sprout 123
bubble bath 73
bucket 77, 82
buckle 36
bud 111, 297
buffet 152
build *v* 186
buildings 299
bulb 86
Bulgaria 316
bull 185
bulldog clip 173
bulletin board 173
bull-nose pliers 80
bullseye 273
bumper 198
bun 39, 139, 140, 155
bunch 111
bungalow 58
bungee jumping 248
bunker 232
Bunsen burner 166
buoy 217
burger 154
burger bar 154
burger meal 154
burglar alarm 58
burglary 94
Burkina Faso 317
burn 46
burner 61, 67
Burundi 317
bus 196
bus driver 190
business 175
business class 211
business deal 175
business lunch 175
businessman 175
business partner 24
business suit 32
business trip 175
businesswoman 175
bus shelter 197
bus station 197
bus stop 197, 299
bus ticket 197
bustier 35
busy 99
butcher 118, 188
butcher shop 114
butter 137, 156
butter beans 131
buttercup 297
butterfly 239, 295
buttermilk 137
butternut squash 125
buttock 13
button 32
buttonhole 32
buttress 301
by 320
by airmail 98
bytes 176

C

cab 95
cabbage 123
cabin 210, 214
cabinet 66
cable 79, 207
cable car 246
cable television 269
cactus 87
caddy 233
café 148, 262
cafeteria 168
cake pan 69
cakes 140
calcite 289
calcium 109
calculator 165
calendar 306
calf 13, 16, 185
calyx 297
Cambodia 319
camcorder 269
camel 291
Camembert 142
camera 178, 260
camera case 271
camera crane 178
camera operator 178
camera phone 270
Cameroon 317
camisole 35
camp *v* 266
camp bed 266
camper 266
camper van 266
campfire 266
campground 266
camping 266
camping stove 267
campus 168
can 145, 311
Canada 314
canary 292
candied fruit 129
candy 107
candy store 113
cane 91
canes 89
canine 50
canned drink 154
canned food 107
canning jar 135
canoe 214
canola oil 135
can opener 68
canter 243
canvas 274
cap 36
capacity 311
Cape gooseberry 128
capers 143
capital 315
capoeira 237
cappuccino 148
capsize *v* 241
capsule 109
captain 94, 214
car 198, 200, 202
car accident 203
caramel 113
caraway seed 131
card 27
cardamom 132
cardboard 275
cardigan 32
cardiology 49
cardiovascular 19
card reader 97
cards 273
cargo 216
Caribbean Sea 312
carnation 110
carnival 27
carpenter 188
carpentry bits 80
carpet 71
car rental 213
carriage race 243
carrier 75, 204
carrot 124
carry-on luggage 211, 213
car seat 198
car stereo 201
cart 100, 208, 213
cartilage 17
carton 311
cartoon 178
cartwheel 235
carve *v* 79
carving fork 68
car wash 199
case 51, 269
cash *v* 97
cashew 129, 151
cash register 106, 150
casino 261
Caspian Sea 313
cassava 124
casserole dish 69
cast 254
cast *v* 245
castle 300
casual wear 33
cat 290
catamaran 215
cataract 51
catch *v* 220, 227, 229, 245
catcher 229
caterpillar 295
cathedral 300
catheter 53
cattail 86
cauliflower 124
cave 284
CD player 268
cedar 296
ceiling 62
celebration 140
celebration cakes 141
celebrations 27
celeriac 124
celery 122
cell 94, 181
cello 256
cell phone 99
cement 186
cement mixer 186
center 164
centerboard 241
center circle 222, 224, 226
center field 228
centimeter 310
centipede 295
Central America 314
Central African Republic 317
century 307
CEO 175
ceramic stovetop 66
cereal 130, 156
cervical cap 21
cervical vertebrae 17
cervix 20, 52
cesarean section 52
chain 36, 206
chair 64
chair *v* 174
chairlift 246
chalk 85, 288
chamber 283
chamomile tea 149
champagne 145
championship 230
change a tire *v* 203
change channel *v* 269
change gears *v* 207
change purse 37
changing mat 74
changing table 74
channel 178
charcoal 266, 275
charge 94, 180
charging cable 176, 198
chart 48
chassis 203
cheap 321
check 152
checker 106
checkers 272
check in *v* 212
check-in desk 213
checking account 96
checkout 106
checkup 50
cheddar 142
cheek 14
cheerleader 220
cheese 136, 156
chef 152, 190
chef's hat 190
chemistry 162
cherry 126
cherry tomato 124
chess 272
chessboard 272
chest 12
chestnut 129
chest of drawers 70
chest press 251
chewing gum 113
chick 185
chicken 119, 185
chicken coop 185
chicken nuggets 155
chicken pox 44
chicken sandwich 155
chickpeas 131
chicory 122
child 23, 31
childbirth 53
child lock 75
children 23
children's clothing 30
children's department 104
children's ward 48
child seat 207
child's meal 153
Chile 315
chill 44
chili pepper 124, 143
chili powder 132, 143
chimney 58
chin 14
china 105
China 318
chip *v* 233
chiropractic 54
chisel 81, 275
chives 133
chocolate 113
chocolate bar 113
chocolate cake 140
chocolate chip 141
chocolate-covered 140
chocolate milkshake 149
chocolate spread 135
choir 301
choke *v* 47

english

chop 119, 237
chopsticks 158
chorizo 143
choux pastry 140
christening 26
Christmas 27
chrysanthemum 110
chuck 78
church 299, 300
chutney 135
ciabatta 138
cider vinegar 135
cigar 112
cilantro 133
cinder block 187
cinnamon 133
circle 164
circuit training 251
circular saw 78
circulation desk 168
circumference 164
citrus fruit 126
city 298
clam 121
clamp 78, 166
clapper board 179
clarinet 257
clasp 37
classical music 255, 259
classroom 162
claw 291, 293
clay 85, 275
clean 321
clean *v* 77
cleaned 121
cleaner 188
cleaning equipment 77
cleaning fluid 51
cleanser 41
clear honey 134
cleat 220, 223, 240
cleaver 68
clementine 126
client 38, 175, 180
cliff 285
climber 87
climbing frame 263
clinic 48
clipboard 173
clitoris 20
clock 304
clock radio 70
closed 260, 321
closet 70
cloth diaper 30
clothes 32, 34
clothesline 76
clothespin 76
clothing 205
cloud 287
cloud storage 177
cloudy 286
clove 125
clover 297
cloves 133
club 273
clubhouse 232
club sandwich 155
clutch 200, 204
coal 288
coast 285
coaster 150
coast guard 217
coat 32
coat hanger 70
cockatoo 293
cockle 121
cockpit 210
cockroach 295
cocktail 151
cocktail shaker 150
cocoa butter 41
cocoa powder 148
coconut 129
cocoon 295
cod 120
coffee 144, 148, 153, 156, 184
coffee cup 65
coffee machine 148, 150
coffee milkshake 149
coffee table 62
coffee with milk 148
cog 206
coin 97
cola 144
colander 68
cold 44, 286, 321
cold faucet 72
cold-pressed oil 135
collage 275
collar 32
collarbone 17
colleague 24
collect call 99
college 168
Colombia 315
colony 315
colored pencil 163
colors 39, 274
comb 38
comb *v* 38
combat sports 236
combine 182
comedy 255
comet 280
comforter 71
comic book 112
commission 97
communications 98
commuter 208
Comoros 317
compact 40
company 175
compartment 209
compass 165, 240, 312
complaint 94
complementary therapies 54
complexion 41
compliments slip 173
composite sketch 181
compost 88
compost pile 85
computer 176
concealer 40
conceive 20
conception 52
concert 255, 258
concourse 209
concussion 46
condensed milk 136
condiments 135
conditioner 38
condom 21
conductor 256
cone 164, 187
confectionery 113
confident 25
confused 25
conglomerate 288
Congo 317
conifer 86
connect *v* 176
connection 212
conning tower 215
console 269
constellation 281
construction 186
construction site 186
construction worker 186, 188
consultation 45
contact lenses 51
container 216, 311
container port 216
container ship 215
continent 282, 315
contraception 21
contraction 52
controller 269
controls 201, 204
control tower 212
convection heater 60
convertible 199
conveyor belt 106
cooked meat 118, 143
cookie 113
cookies 141
cookie sheet 69
cooking 67
coolant reservoir 202
cooling rack 69
copilot 211
copper 289
copy *v* 172
coral reef 285
cordless drill 78
cordless phone 99
core 127
cork 134
corkscrew 150
corn 122, 124, 130, 184
corn bread 139
cornea 51
corner 223
corner flag 223
cornice 300
corn oil 135
correct 321
corset 35
Corsica 316
cosmetics 105
Costa Rica 314
costume 255
cottage cheese 136
cottage garden 84
cotton 184, 277
cotton balls 41
cough 44
cough medicine 108
counselor 55
count *v* 165
counter 96, 98, 100, 272
countertop 66
country 259, 315
couple 24
courier 99
courses 153
court 226, 227
court case 180
court clerk 180
court date 180
courtroom 180
courtyard 58, 84
couscous 130
cousin 22
coveralls 83
cow 185
cow's milk 136
crab 121, 295
cracked wheat 130
craft knife 81
cramp 239
cramps 44
cranberry 127
crane 187, 216, 292
crater 283
crayfish 121
cream 109, 137, 140
cream cheese 136
cream pie 141
crease 225
credit card 96
creel 245
creeper 87
crème caramel 141
crème pâtissière 140
crepes 155, 157
crescent moon 280
crew 241
crew hatch 281
crew neck 33
crib 74
cricket 225, 295
cricket ball 225
cricket player 225
crime 94
criminal 181
criminal record 181
crisp 127
crispbread 139, 156
crisper 67
Croatia 316
crochet 277
crochet hook 277
crockery 64
crocodile 293
croissant 138, 156
crop 183
crop farm 183
crops 183
crossbar 206, 222, 235
cross-country skiing 247
crosswalk 195
crow 292
crown 50
crucible 166
crushed 132
crust 139, 282
cry *v* 25
crystal healing 55
Cuba 314
cube 164
cucumber 125
cuff 32, 45
cuff links 36
cultivate *v* 91
cumin 132
curb 298
cured 118, 143, 159
curling 247
curling iron 38
curly 39
currant 129
currency exchange 97
curry 158
curry powder 132
curtain 63, 254
curved 165
custard 140
customer 96, 104, 106, 152
customer service department 175
customer services 104
customs 212
customs house 216
cut 46
cut *v* 38, 79, 277
cuticle 15
cutlery 64
cuts 119
cutting 91

english

cutting board 68
cuttlefish 121
cycle *v* 207
cycling 263
cylinder 164
cylinder head 202
cymbals 257
Cyprus 316
Czech Republic 316

D

daffodil 111
dairy 107
dairy farm 183
dairy products 136
daisy 110, 297
dam 301
dance music 259
dancer 191
dance school 169
dandelion 123, 297
dandruff 39
danger 322
dark 41, 321
dark chocolate 113
darn *v* 277
dartboard 273
darts 273
dashboard 201
data analyst 190
data roaming 99
date 129, 306
daughter 22
daughter-in-law 22
dawn 305
day 306
after tomorrow, the 307
before yesterday, the 307
day planner 175
dead-ball line 221
dead end 323
deadhead *v* 91
deal *v* 273
debit card 96
decade 307
decay 50
December 306
deciduous 86
deck 85, 214
deck chair 265
deck of cards 273
decorating 82
decoration 141
decorator 82
deep end 239
deep-fried 159
deep-sea fishing 245
deer 291
defendant 181
defender 223
defending zone 224
defense 181, 220
defrost *v* 67
degree 169
delay 209
deli 107, 115
delicatessen 142
delivery 52, 98
deltoid 16
Democratic Republic of the Congo 317
Denmark 316
denomination 97
denominator 165
dental care 108
dental floss 50, 72
dental hygiene 72
dental X-ray 50
dentist 50, 189
dentist's chair 50
dentures 50
deodorant 73
deodorants 108
department 169
departments 49
department store 105
departure lounge 213
departures 213
deposit *v* 96
deposit slips 96
depth 165
dermatology 49
desert 285
desiccated 129
designer 191, 277
desk 162, 172
desktop 177
desktop organizer 172
dessert 153
dessert cart 152
destination 213
detective 94
detergent 77
detour 195
deuce 230
develop *v* 271
diabetes 44
diagonal 164
dial *v* 99
diameter 164
diamond 273, 288
diaper 75
diaper bag 75
diaper rash cream 74
diaphragm 19, 21
diarrhea 44
diarrhea medication 109
dice 272
dictionary 163
die *v* 26
diesel 199
diesel train 208
difficult 321
dig *v* 90, 227
digestive 19
digital 179, 269
digital calendar 175
digital camera 270
digital currency 97
digital projector 163
digital radio 268
Dijon mustard 135
dilation 52
dill 133
dimensions 165
dimple 15
dining car 209
dining room 64
dinner 64, 158
dinner menu 152
dinner plate 65
diopter 51
diploma 169
dipstick 202
direct current 60
directions 260
director 254
directory assistance 99
dirt bike 205
dirty 321
dirty laundry 76
disabled parking 195
discharged 48
disconnected 99
discus 234
discuss *v* 163
disembark *v* 217
dishwasher 66
disinfectant solution 51
dispenser 150
disposable 109
disposable camera 270
disposable diaper 30
disposable razor 73
dissertation 169
distance 310
distributor 203
district 315
dive 239
dive *v* 238
diver 238
divide *v* 165
divided by 165
divided highway 195
dividends 97
divider 173
diving board 238
divorce 26
Diwali 27
DJ 179
Djibouti 317
dock 214, 216, 268
dock *v* 217
doctor 45, 189
doctorate 169
doctor's office 45
documentary 178
dog 290
dogsledding 247
doll 75
dollhouse 75
dolphin 290
domestic flight 212
Dominica 314
Dominican Republic 314
dominoes 273
donkey 185
don't 322
door 196, 198, 209
doorbell 59
door chain 59
door knocker 59
door lock 200
doormat 59
dormer window 58
dorsal fin 294
dosage 109
double 151
double bass 256
double bassoon 257
double-decker bus 196
double room 100
doubles 230
dough 138
Dover sole 120
down 320
downhill skiing 247
download *v* 177
downtown 299
dragonfly 295
drain 61, 72, 299
drainage 91
draining board 67
drain valve 61
draw *v* 162
drawer 66, 70, 172
drawing 275
dress 31, 34
dressage 243
dressed 159
dressed chicken 119
dressing 47, 158
dressing gown 32
dressing table 71
dressmaker 191
dress shoe 37
dribble *v* 222, 227
dried flowers 111
dried fruit 129, 156
drill 50
drill *v* 79
drill bit 78
drill bits 80
drinks 107, 144, 156
drip 53
drive *v* 195, 233
driver 196
driver's seat 196
driveshaft 202
driving instructor 188
driving lane 194
drop anchor *v* 217
drop cloth 83
dropper 109, 167
drops 109
dropshot 230
drown *v* 239
drugstore 108
drum 258
drum kit 258
drummer 258
dry 39, 41, 130, 145, 286, 321
dry *v* 76
dry cleaner 115
dry dock 217
dryer 76
DTV converter box 268
duck 119, 185
duck egg 137
duckling 185
due date 168
duffel bag 37
duffel coat 31
dugout 229
dumbbell 251
dump truck 187
dunk *v* 227
duodenum 18
duplex 58
dusk 305
dust *v* 77
dust cloth 77
dustpan 77
dust ruffle 71
duty-free shop 213
DVD player 268
dyed 39
dynamo 207

E

eagle 292
ear 14
early 305, 320
earrings 36
Earth 280, 282
earthquake 283
easel 174, 274
east 312
Easter 27
East Timor 319
easy 321
eat *v* 64
eat-in 154
eating 75
eating out 148
eau de toilette 41
eaves 58
éclair 140
eclipse 280
economics 169
economy class 211
Ecuador 315
eczema 44
Edam 142
edge 246
editor 191
eel 294

english

e-gate 212
egg 20
eggcup 65, 137
eggplant 125
eggs 137
egg white 137, 157
egg yolk 137, 157
Egypt 317
Eid 27
eight 308
eighteen 308
eighteenth 309
eighth 309
eight hundred 308
eightieth 309
eighty 308
ejaculatory duct 21
elbow 13
electrical goods 107
electrical tape 81
electric bike 207
electric blanket 71
electric blood pressure monitor 45
electric car 199
electric drill 78
electric guitar 258
electric hookup 266
electrician 188
electricity 60
electric kettle 66
electric meter 60
electric razor 73
electric shock 46
electric train 208
electronics 105
elephant 291
elevator 59, 100, 104
eleven 308
eleventh 309
elliptical trainer 250
elm 296
El Salvador 314
email 177
email address 177
embarrassed 25
embossed paper 83
embroidery 277
embryo 52
emerald 288
emergency 46
emergency lever 209
emergency phone 195
emergency room 48
emergency services 94
emigrate *v* 26
emotions 25
employee 24
employer 24
empty 321
enamel 50
encore 255
encyclopedia 163
end 321
endive 123
endline 226
endocrine 19
endocrinology 49
end zone 220
energy-saving bulb 60
engaged couple 24
engine 202, 204, 208, 210
engineering 169
engineer's cab 208
engine room 214
England 316
English breakfast 157
English horn 257
English mustard 135
engraving 275
enlarge *v* 172
enlargement 271
ENT 49
entrance 59, 322
entrance fee 260
entrée 153
entryway 199
envelope 98, 173
environment 280
epidural 52
epiglottis 19
epilepsy 44
episiotomy 52
equals 165
equation 165
equator 283
Equatorial Guinea 317
equipment 165, 233, 238
equity 97
eraser 163
Eritrea 317
erupt *v* 283
escalator 104
esophagus 19
essay 163
essential oils 55
Estonia 316
estuary 285
Eswatini 317
Ethiopia 317
eucalyptus 296
Europe 316
EV charging point 198
evening 305
evening dress 34
evergreen 86
every 320
evidence 181
exactly 320
excavator 187
excess baggage 212
exchange rate 97
excited 25
excuse me 322
executive 174
exercise bike 250
exercises 251
exfoliate *v* 41
exhaust pipe 203, 204
exhibit 261
exhibition 261
exit 210, 322
exosphere 286
expanding file 173
expecting 52
expensive 321
experiment 166
expiration date 109
exposure 271
express train 209
extend *v* 251
extension cord 78
exterior 198
external hard drive 176
extraction 50
extra time 223
eye 14, 51, 244, 276
eyebrow 14, 51
eyebrow brush 40
eyebrow pencil 40
eyecup 269
eyelash 14, 51
eyelet 37
eyelid 51
eyeliner 40
eyepiece 167
eye shadow 40
eye test 51

F

fabric 277
fabric softener 76
face 14
face cream 73
face mask 41, 109, 225
face-off circle 224
face powder 40
facial 41
factory 299
faint *v* 25, 44
fair 41
fairground 262
fairway 232
falcon 292
Falkland Islands 315
fall 31, 237, 307
fall in love *v* 26
fallopian tube 20
family 22
famous ruin 261
fan 60, 202
fan belt 203
fans 258
far 320
fare 197, 209
farm 182, 184
farmer 182
farmhouse 182
farmyard 182
farsighted 51
fashion 277
fast 321
fast food 154
fast-forward 268
fat 119, 321
fat-free 137
father 22
father-in-law 23
faucet 61, 66
fault 230
fava bean 122
fava beans 131
feather 293
feature film 269
February 306
feed *v* 183
feijoa 128
female 12, 13, 20
feminine hygiene 108
femur 17
fence 85, 182, 243
fencing 249
fender 205
feng shui 55
fennel 122, 133
fennel seeds 133
fenugreek 132
fern 86
ferry 215, 216
ferry terminal 216
fertile 20
fertilization 20
fertilize *v* 91
fertilizer 91
festivals 27
fetus 52
fever 44
fiancé 24
fiancée 24
fiber 127
fibula 17
field 182, 228, 234
field *v* 225, 229
field hockey 224
fifteen 308
fifteenth 309
fifth 309
fiftieth 309
fifty 308
fifty thousand 309
fig 129
fighter plane 211
figure skating 247
figurine 260
Fiji 319
file 81, 177
filing cabinet 172
fill *v* 82
filler 83
fillet 119, 121
filleted 121
filling 50, 140, 155
film 271
filter 270
filter coffee 148
filter paper 167
fin 120, 210, 239
financial advisor 97
fingerprint 94
finial 300
finish line 234
Finland 316
fire 95
fire alarm 95
fire department 95
fire engine 95
fire escape 95
fire extinguisher 95
firefighter 189
firefighters 95
firelighter 266
fireplace 62
fire station 95
firm 124
first 309, 320
first aid 47
first-aid kit 47
fish 107, 120, 294
fish and chips 155
fish counter 114, 120
fisherman 188
fisherwoman 188
fish farm 183
fishhook 244
fishing 244
fishing boat 217
fishing license 245
fishing port 217
fishing rod 244
fish seller 188
fist 15, 237
fitness 250
fitting rooms 104
five 308
five hundred 308
flag 221, 232
flageolet beans 131
flakes 132
flamingo 292
flare 240
flash 270
flash gun 270
flashlight 267
flask 166
flat 37, 256
flat bread 139
flat race 243
flat tire 203, 207
flat wood bit 80
flavored oil 134
flax 184
fleece 74
flesh 124, 127, 129

english

flex *v* 251
flight attendant 190, 210
flight number 212
flint 288
flip chart 174
flip-flop 37
flipper 290
float 244
float ball 61
flock 183
flood 287
floor 58, 62, 71
floor exercises 235
floor plan 261
Florentine 141
floret 122
florist 110, 188
floss *v* 50
flower 297
flower arrangements 111
flowerbed 85, 90
flowering plant 297
flowering shrub 87
flowers 110
flu 44
flute 139, 257
fly 244, 295
fly *v* 211
fly-fishing 245
foal 185
focus *v* 271
focusing knob 167
fog 287
foil 249
folder 177
folding bike 206
foliage 110
folk music 259
follicle 20
font 177
food 118, 149
food processor 66
foot 12, 15, 310
football 220
football field 220
football player 220
football strip 222
footboard 71
footpath 262
foot pedal 257
footstrap 241
for 320
forceps 53, 167
forearm 12
forehand 231
forehead 14
foreign currency 97
foreskin 21
forest 285
fork 65, 207
fork-lift truck 216
formal 34
formal garden 84
formal gardens 262
fortieth 309
forty 308
forty minutes 304
forward 222
foul 223, 226
foul ball 228
foul line 229
foundation 40
fountain 85
four 308
four-door 200
four hundred 308
fourteen 308
fourteenth 309
fourth 309
four-wheel drive 199
fox 290
foxglove 297
foyer 59
fraction 165
fracture 46
fragile 98
fragranced 130
frame 51, 63, 206, 267
France 316
freckle 15
free 321
free kick 222
free range 118
freesia 110
free-throw line 226
freeway 194
free weights 250
freeze 287
freeze *v* 67
freezer 67
freighter 215
freight train 208
French fries 154
French Guiana 315
French horn 257
French press 65
French toast 157
French twist 39
frequency 179
fresh 121, 127, 130
fresh cheese 136
fresh fruit 157
freshwater fishing 245
fret 258
fretsaw 81
Friday 306
fried 159
fried chicken 155
fried egg 157
friend 24
frieze 301
frog 294
from 320
frontalis 16
front crawl 239
front door 58
front wheel 196
frost 287
frosting 141
froth 148
frown 25
frozen 121, 124
frozen food 107
frozen yogurt 137
fruit 107, 126, 128
fruit bread 139
fruitcake 140
fruit farm 183
fruit juice 144, 156
fruit tart 140
fruit yogurt 157
fry *v* 67
frying pan 69
fuel gauge 201
fuel tank 204
full 64, 266, 321
full bed 71
full moon 280
fumble 220
funeral 26
funnel 166, 214
furniture store 115
furrow 183
fuse 60
fuse box 60, 203
fuselage 210

G

gable 300
Gabon 317
Galápagos Islands 315
galaxy 280
gale 286
galley 214
gallon 311
gallop 243
galvanized 79
Gambia 317
game 118, 230, 273
games 272
game show 178
gangway 214
garage 58, 199
garbage can 67
garden 84
garden center 115
gardener 188
garden features 84
garden fork 88
gardening 90
gardening basket 88
gardening gloves 89
garden plants 86
gardens 261
garden styles 84
garden tools 88
garland 111
garlic 125, 132
garlic press 68
garnet 288
garter 35
garter straps 35
gasoline 199
gas pump 199
gas station 199
gas tank 203
gasket 61
gate 85, 182, 247
gate number 213
gauze 47
gearbox 202, 204
gear lever 207
gears 206
gearshift 201
gel 38, 109
gems 288
generation 23
generator 60
genitals 12
geography 162
geometry 165
Georgia 318
gerbera 110
Germany 316
get a job *v* 26
get married *v* 26
get up *v* 71
geyser 285
Ghana 317
giant slalom 247
gift shop 114
gill 294
gin 145
gin and tonic 151
ginger 125, 133
giraffe 291
girder 186
girl 23
girlfriend 24
girth 242
glacier 284
gladiolus 110
gland 19
glass 69, 152
glass bottle 166
glasses 51
glass stirring rod 167
glassware 65
glaucoma 51
glider 211, 248
gliding 248
gloss 83, 271
glove 224, 229, 233, 236, 246
gloves 36
glue 275
glue gun 78
gluteal muscles 16
gluten-free 139
gneiss 288
goal 221, 222, 223, 224
goal area 223
goalkeeper 222, 224
goal line 220, 223, 224
goalpost 220, 222
goat 118, 185
goat cheese 142
goat's milk 136
goggles 238, 247
gold 235, 289
goldfish 294
golf 232
golf bag 233
golf ball 233
golf cart 232
golf clubs 233
golf course 232
golfer 232
golf shoe 233
gong 257
good 321
good afternoon 322
goodbye 322
good evening 322
good morning 322
good night 322
goose 119, 293
gooseberry 127
goose egg 137
gorge 284
gorilla 291
gospel 259
Gothic 301
go to bed *v* 71
go to sleep *v* 71
gown 169
GPS 195, 201
grade 163
graduate 169
graduate *v* 26
graduation ceremony 169
graft *v* 91
grains 130
gram 310
grandchildren 23
granddaughter 22
grandfather 22
grandmother 22
grandparents 23
grandson 22
granite 288
grapefruit 126
grapes 127
grapeseed oil 134
graphite 289
grass 87, 262
grass bag 88
grasshopper 295
grassland 285
grate *v* 67
grated cheese 136
grater 68
gratin dish 69
gravel 88
gravity 280
gray 39, 274

english

graze 46
greasy 39
Greece 316
green 129, 232, 274
green bean 122
greenhouse 85
Greenland 314
green olive 143
green peas 131
green salad 158
green tea 149
Grenada 314
grilled 159
grill pan 69
groceries 105, 106
grocery cart 106
grocery store 114
groin 12
groom 243
ground 60, 132
ground coffee 144
ground cover 87
ground floor 104
ground meat 119
ground pin 60
ground sheet 267
group therapy 55
grout 83
guard 236
guardrail 195
Guatemala 314
guava 128
guest 64, 100
guidebook 260
guided tour 260
guilty 181
Guinea 317
Guinea-Bissau 317
guitarist 258
gull 292
gum 50
gumdrop 113
gun 94
gurney 48
gutter 58, 299
Guyana 315
guy rope 266
gym 101, 250
gym machine 250
gymnast 235
gymnastics 235
gynecologist 52
gynecology 49

H

hacksaw 81
haddock 120
hail 286
hair 14, 38
hairband 39
hairdresser 38, 188
hair dye 40
hairspray 38
hair straightener 38
Haiti 314
halal 118
half an hour 304
half-and-half 137
half-liter 311
halftime 223
halibut 120
Halloween 27
halter 243
halter neck 35
ham 119, 143, 156
hamburger 155
hammer 80
hammer *v* 79
hammock 266
hamster 290
hamstring 16
hand 13, 15
handbag 37
handcuffs 94
hand drill 81
hand fork 89
handicap 233
handkerchief 36
handle 36, 88, 106, 187, 200, 230
handlebar 207
handles 37
hand rail 59
handrail 196
handsaw 81, 89
handset 99
hand towel 73
hang *v* 82
hang-glider 248
hang-gliding 248
hanging basket 84
hanging file 173
happy 25
harbor 217
harbor master 217
hard 129, 321
hardboard 79
hard candy 113
hard cheese 136
hard cider 145
hard hat 186
hardware 176
hardware store 114
hardwood 79
haricot beans 131
harness race 243
harp 256
harvest *v* 91, 183
hat 36
hatchback 199, 200
have a baby *v* 26
Hawaii 314
hay 184
hay fever 44
hazard 195
hazard lights 201
hazelnut 129
hazelnut oil 134
head 12, 19, 80, 230
head *v* 222
headache 44
headband 38
headboard 70
head injury 46
headlight 198, 205, 207
head office 175
headrest 200
headsail 240
health 44
health center 168
health food store 115
hearing aid 45
heart 18, 119, 122, 273
heart attack 44
heater controls 201
heather 297
heating element 61
heavy 321
heavy cream 137
heavy metal 259
hedge 85, 90, 183
hedgehog 290
heel 13, 15, 37
height 165
helicopter 211
Hello 322
helmet 95, 204, 206, 220, 228
help 322
help desk 168
hem 34
hematite 289
hemorrhage 46
hen's egg 137
herb 86
herbaceous border 85
herbal 55
herbal remedies 108
herbal tea 149
herb garden 84
herbicide 183
herbs 133, 134
herd 183
here 320
hexagon 164
high 321
high chair 75
high definition 269
high dive 239
high-heeled shoe 37
high jump 235
highlights 39
high-speed train 208
hiking 263
hiking boot 37
hiking boots 267
hill 284
Himalayas 313
hip 12
hippopotamus 291
historic building 261
history 162
hit *v* 224
hockey 224
hockey stick 224
hoe 88
hold 215, 237
hole 232
hole in one 233
hole punch 173
holly 296
home 58
home delivery 154
home entertainment 268
home furnishings 105
homeopathy 55
home plate 228
homework 163
Honduras 314
honeycomb 134
honeymoon 26
honeysuckle 297
hood 31, 75, 198
hoof 242, 291
hook 187, 276
hoop 226
horizontal bar 235
hormone 20
horn 201, 204, 291
horror movie 255
horse 185, 235, 242
horseback riding 242, 263
horse race 243
horseradish 125
horseshoe 242
hose 89, 95
hose reel 89
hospital 48
host 64, 178
hostess 64
hot 286, 321
hot (spicy) 124
hot-air balloon 211
hot chocolate 144, 156
hot dog 155
hot drinks 144
hotel 100, 264
hot faucet 72
hot-water bottle 70
hour 304
hour hand 304
house 58
household current 60
household products 107
hovercraft 215
hub 206
hubcap 202
hull 214, 240
human resources department 175
humerus 17
humid 286
hummingbird 292
hump 291
hundredth 309
Hungary 316
hungry 64
hurdles 235
hurricane 287
husband 22
husk 130
hydrant 95
hydrofoil 215
hydrotherapy 55
hypnotherapy 55
hypoallergenic 41
hypotenuse 164

I

ice 120, 287
ice and lemon 151
ice bucket 150
ice climbing 247
ice cream 137, 149
ice-cream scoop 68
ice cube 151
iced coffee 148
iced tea 149
ice hockey 224
ice hockey player 224
ice hockey rink 224
Iceland 316
ice maker 67
ice skate 224
ice-skating 247
icicle 287
icon 177
identity tag 53
igneous 288
ignition 200
iguana 293
illness 44
immigration 212
impotent 20
in 320
  brine 143
  front of 320
  oil 143
  sauce 159
  syrup 159
inbox 177
inch 310
incisor 50
incubator 53
index finger 15
India 318
Indian Ocean 313
indigo 274
Indonesia 319
induce labor *v* 53
industrial park 299
infection 44
infertile 20
infield 228
inflatable dinghy 215
inflatable ring 265

english

information 261
information screen 213
in-goal area 221
inhaler 44, 109
injection 48
injury 46
ink 275
ink pad 173
inlet 61
inline skating 249
inner core 282
inner tube 207
inning 228
innocent 181
insect repellent 108, 267
inside 320
insomnia 71
install *v* 177
instep 15
instructions 109
instruments 256, 258
insulation 61
insulin 109
insurance 203
intensive care unit 48
interchange 195
intercom 59
intercostal 16
intercourse 20
interdental brush 50
interesting 321
interest rate 96
interior 200
intermission 254
internal organs 18, 60
international flight 212
internet 177
interpreter 189
interviewer 179
into 320
in-tray 172
invertebrates 295
investigation 94
investment 97
ionosphere 286
Iran 318
Iraq 318
Ireland 316
iris 51, 110
iron 76, 109, 233, 289
iron *v* 76
ironing board 76
island 282
Israel 318
Italy 316
itinerary 260
IUD 21
Ivory Coast 317

J

jack 203, 273
jacket 32, 34
jackfruit 129
jackhammer 187
jade 288
jam 156
Jamaica 314
January 306
Japan 318
jar 134, 311
javelin 234
jaw 14, 17
jazz 259
jeans 31, 33
jellybean 113
jellyfish 295
Jerusalem artichoke 125
jet 288
jet skiing 241
jetty 217
jetway 212
jeweler 188
jewelry 36
jewelry box 36
jewelry-making 275
jewelry store 114
jigsaw 78
jigsaw puzzle 273
jodhpurs 242
jogging 251, 263
jog in place *v* 251
joint 17, 119
joker 273
Jordan 318
journal 168
journalist 191
judge 180
judo 236
juice 127
juicy 127
July 306
jumbo shrimp 121
jump 237, 243
jump *v* 227
jump ball 226
jumping rope 251
June 306
Jupiter 280
jury 180
jury box 180

K

kale 123
Kaliningrad 316
kangaroo 291
karaoke 269
karate 236
kayak 241
kayaking 241
Kazakhstan 318
kebab 155, 158
keel 214
keep net 244
kendo 236
Kenya 317
kernel 122, 129, 130
ketchup 135, 154
kettledrum 257
key 59, 176, 207
keyboard 176, 258
key card 100
keypad 97, 99
kick 237, 239
kick *v* 221, 223
kickboard 238
kickboxing 236
kickstand 207
kid 185
kidney 18, 119
kilogram 310
kilometer 310
king 272, 273
kippers 157
kitchen 66, 152
kitchen knife 68
kitchenware 68, 105
kitten 290
kiwifruit 128
knead *v* 138
knee 12
kneecap 17
knee-length 34
knee pad 205
knee support 227
knife 65
knife sharpener 68, 118
knight 272
knitting 277
knitting needle 277
knockout 237
knuckle 15
koala 291
kohlrabi 123
koi 294
Kosovo 316
kosher 118
kumquat 126
kung fu 236
Kuwait 318
Kyrgyzstan 318

L

labels 89
labia 20
laboratory 166
lace 35, 37
lace bobbin 277
lace-making 277
lace-up 37
lacrosse 249
lactose 137
ladder 95, 186
ladle 68
ladybug 295
ladyfinger 141
lake 285
lamb 118, 185
lamp 62, 217
land 282
land *v* 211
landing 59
landing gear 210
landing net 244
landlord 58
landscape 271, 284
landscape *v* 91
lane 234, 238
languages 162
Laos 318
lapel 32
laptop 172, 176
larch 296
large 321
large intestine 18
larynx 19
last 320
last week 307
late 305, 320
later 304, 320
latex paint 83
latissimus dorsi 16
latitude 283
Latvia 316
laugh *v* 25
launch 281
launch pad 281
laundromat 115
laundry 76
laundry basket 76
laundry service 101
lava 283
law 169, 180
lawn 85, 90
lawnmower 88, 90
lawn rake 88
lawyer 180, 190
lawyer's office 180
laxative 109
leaded 199
lead singer 258
leaf 122, 296
league 223
lean meat 118
learn *v* 163
leathers 205
leather shoes 32
Lebanon 318
lecture hall 169
leek 125
left 260
left field 228
left-hand drive 201
leg 12, 64, 119
legal advice 180
legal department 175
leggings 31
leg pad 225
leg press 251
legumes 131
leisure 254
lemon 126
lemonade 144
lemon curd 134
lemongrass 133
lemon sole 120
length 165, 310
lens 51, 270
lens cap 270
lens case 51
Lesotho 317
lesson 163
let! 230
letter 98
letterhead 173
letter slot 99
lettuce 123
level 80, 187
lever 61, 150
Liberia 317
librarian 168
library 168, 299
library card 168
Libya 317
license plate 198
licorice 113
lid 61, 66, 69
Liechtenstein 316
lifeboat 214
life buoy 240
life events 26
lifeguard 239, 265
lifeguard tower 265
life jacket 240
life raft 240
ligament 17
light 178, 321
light a fire *v* 266
light aircraft 211
lighter 112
lighthouse 217
lighting 105
light meter 270
lightning 287
lights 94
light switch 201
lily 110
lime 126, 296
limestone 288
limousine 199
line 244
linens 105, 277
line of play 233
lines 165
linesman 223, 230
lingerie 35, 105
lining 32
lining paper 83
link 36
lion 291
lion's mane 291
lip 14
lip brush 40
lip gloss 40
lip liner 40
lipstick 40
liqueur 145
liquid 77

english

liquid measure 311
liquor store 115
liter 311
literature 162, 169
Lithuania 316
little, a 320
little finger 15
little toe 15
live 60, 178
liver 18, 118
live rail 209
livestock 182, 185
living room 62
lizard 293
load *v* 76
loaf 139
loan 96, 168
lob 231
lobby 100, 255
lobster 121, 295
lock 59, 207
lockers 239
locksmith 115
loganberry 127
logo 31
log on *v* 177
loin 121
lollipop 113
long 32
long-distance bus 196
long-grain 130
long-handled shears 88
longitude 283
long jump 235
loom 277
loose-leaf tea 144
lose *v* 273
loser 273
lot, a 320
love 230
low 321
luge 247
luggage 100, 198, 213
luggage department 104
luggage hold 196
luggage rack 209
lug nuts 203
lumbar vertebrae 17
lumber 187
lunar module 281
lunch 64
lunch menu 152
lung 18
lunge 251
lupines 297
lure 244
Luxembourg 316
lychee 128
lymphatic 19
lyrics 259

M

macadamia 129
mace 132
machinery 187
macramé 277
Madagascar 317
magazine 112
magazines 107
magma 283
magnesium 109
magnet 167
maid service 101
mailbag 98, 190
mailbox 58
mail carrier 98, 190
main course 153
mainsail 240
make a will *v* 26
make friends *v* 26
make the bed *v* 71
makeup 40
making bread 138
malachite 289
Malawi 317
Malaysia 319
Maldives 318
male 12, 13, 21
Mali 317
mallet 275
Malta 316
malted milk 144
malt vinegar 135
mammals 290
man 23
manager 24, 174
Manchego 142
mane 242
mango 128
manhole 299
manicure 41
mantle 282
manual 200
map 261
maple 296
maple syrup 134
maracas 257
marathon 234
marble 288
March 306
margarine 137
marina 217
marinated 143, 159
marine fishing 245
marjoram 133
mark *v* 227
market 115
marketing department 175
marketing executive 189
marmalade 134, 156
Mars 280
marshmallow 113
martial arts 237
martini 151
marzipan 141
mascara 40
mashed 159
masher 68
mask 189, 228, 236, 239, 249
masking tape 83
masonry bit 80
massage 54
mast 240
master's 169
mat 54, 235
match 230
material 276
materials 79, 187
maternity 49
maternity ward 48
math 162, 164
matte 83, 271
mattress 70, 74
Mauritania 317
Mauritius 317
May 306
maybe 322
mayonnaise 135
MDF 79
meadow 285
meal 64
measles 44
measure 150, 151
measure *v* 310
measurements 165
measuring cup 69, 311
measuring spoon 109
meat 107, 118
meatballs 158
meat hook 118
meat pies 143
meat tenderizer 68
mechanic 188, 203
mechanics 202
medals 235
media 178
median strip 194
medical examination 45
medication 109
medicine 109, 169
medicine cabinet 72
meditation 54
Mediterranean Sea 313
meeting 174
meeting room 174
melody 259
melon 127
memory 176
memory stick 176
menstruation 20
menswear 105
menu 148, 153, 154
menubar 177
mercury 289
Mercury 280
meringue 140
mesosphere 286
metacarpal 17
metal 79
metal bit 80
metals 289
metamorphic 288
metatarsal 17
meteor 280
meter 310
Mexico 314
mezzanine 254
mica 289
microphone 179, 258
microscope 167
microwave oven 66
middle finger 15
middle lane 194
midnight 305
midpoint line 226
midwife 53
migraine 44
mile 310
milk 136, 156
milk *v* 183
milk carton 136
milk chocolate 113
milk shake 137, 149
millennium 307
millet 130
milligram 310
milliliter 311
millimeter 310
minerals 289
mineral water 144
minibar 101
minibus 197
minivan 199
mint 113, 133
mint tea 149
minus 165
minute 304
minute hand 304
minutes 174
mirror 40, 71, 167
miscarriage 52
missile 211
Miss 23
mist 287
miter block 81
mittens 30
mix *v* 67, 138
mixing bowl 66, 69
mixing desk 179
moat 300
mobile 74
mobile data 99
model 169, 190
modeling tool 275
model-making 275
moisturizer 41
molar 50
molding 63
Moldova 316
mole 14
Monaco 316
Monday 306
money 97
Mongolia 318
monitor 53, 172
monkey 291
Monopoly 272
monorail 208
monsoon 287
Montenegro 316
month 306
monthly 307
monument 261
moon 280
moonstone 288
moor *v* 217
mooring 217
mop 77
morning 305
Morocco 317
mortar 68, 167, 187
mortgage 96
mosque 300
mosquito 295
mosquito net 267
moth 295
mother 22
mother-in-law 23
motion-sickness pills 109
motor 88
motorcycle 204
motorcycle racing 249
motocross 249
mountain 284
mountain bike 206
mountain range 282
mouse 176, 290
mousse 141
mouth 14
mouth guard 237
mouthwash 72
move 273
movies 255
movie set 179
movie theater 255, 299
mow *v* 90
Mozambique 317
mozzarella 142
Mr. 23
Mrs. 23
Ms. 23
muffin 140
muffin pan 69
muffler 203, 204
mug 65
mulch *v* 91
multigrain bread 139
multiply *v* 165
multivitamins 109
mumps 44
mung beans 131
muscles 16
museum 261
mushroom 125

english

music 162
musical 255
musical score 255
musical styles 259
musician 191
music school 169
mussel 121, 295
mustache 39
mustard 155
mustard seed 131
Myanmar (Burma) 318

N

naan bread 139
nail 15, 80
nail clippers 41
nail file 41
nail polish 41
nail polish remover 41
nail scissors 41
Namibia 317
nape 13
napkin 65
napkin ring 65
narrow 321
nation 315
national park 261
natural 256
natural fiber 31
naturopathy 55
nausea 44
navel 12
navigate *v* 240
near 320
nearsighted 51
nebula 280
neck 12, 258
neck brace 46
necklace 36
nectarine 126
needle 109, 276
needle-nose pliers 80
needle plate 276
needlepoint 277
negative 271
negative electrode 167
neighbor 24
Neoclassical 301
Nepal 318
nephew 23
Neptune 280
nerve 19, 50
nervous 19, 25
net 217, 222, 226, 227, 231
net *v* 245
Netherlands 316
nettle 297
network 176
neurology 49
neutral 60
neutral zone 224
never 320
new 321
newborn baby 53
new moon 280
new potato 124
news 178
newspaper 112
newsstand 112
New Year 27
New Zealand 319
next week 307
nib 163
Nicaragua 314
nickel 289
niece 23
Niger 317
Nigeria 317
night 305
nightgown 31, 35
nightstand 70
nightstick 94
nightwear 31
nine 308
nine hundred 308
nineteen 308
nineteen hundred 307
nineteenth 309
ninetieth 309
ninety 308
ninth 309
nipple 12, 75
no 322
  right turn 195
  stopping 195
noisy 321
nonstick 69
noodles 158
noon 305
normal 39
north 312
North America 314
Northern Hemisphere 283
North Korea 318
North Macedonia 316
North Pole 283
North Sea 312
Northern Ireland 316
Norway 316
nose 14, 210
noseband 242
nosebleed 44
nose clip 238
nosewheel 210
nostril 14
notation 256
note 97, 256
notebook 163, 172
notepad 173
notes 191
notions 105
nougat 113
November 306
now 304, 320
nozzle 89
number 226
numbers 308
numerator 165
nurse 45, 48, 189
nursery 74
nursing 53
nursing bra 53
nursing pads 53
nut 80
nutmeg 132
nuts 129, 151
nylon 277

O

oak 296
oar 241
oatmeal 157
oat milk 137
oats 130
objective lens 167
oboe 257
obsidian 288
obstetrician 52
occupations 188, 190
occupied 321
ocean 282
Oceania 319
ocean liner 214
octagon 164
October 306
octopus 121, 295
odometer 201
office 24, 172, 174
office block 298
office equipment 172
office supplies 172
off-piste 247
off-ramp 194
offside 223
often 320
oil 142, 199
oil paint 274
oils 134
oil tank 204
oil tanker 215
oily 41
ointment 47, 109
OK 322
okra 122
old 321
olive oil 134
olives 151
Oman 318
omelet 158
oncology 49
one 308
one billion 309
(one) hundredth 309
one hundred thousand 309
one million 309
onesie 30
one thirty 304
one thousand 309
one-way street 195
one-way system 298
onion 124
online 177
online banking 97
on-ramp 194
on time 305
onto 320
on top of 320
onyx 289
opal 288
open 260, 321
open-faced sandwich 155
opening night 254
open-top 260
opera 255
operating room 48
operation 48
ophthalmology 49
opponent 236
opposite 320
optic nerve 51
optometrist 51, 189
orange 126, 274
orangeade 144
orange juice 149
orbit 280
orchestra 254, 256
orchestra pit 254
orchestra seats 254
orchid 111
order *v* 153
oregano 133
organic 91, 118
organic waste 61
origami 275
ornamental 87
orthopedics 49
osteopathy 54
ostrich 292
otter 290
ounce 310
out 225, 228, 320
outboard motor 215
outbuilding 182
outdoor activities 262
outer core 282
outfield 229
outlet 60, 61
out of bounds 226
out of focus 271
outpatient 48
outside 320
out-tray 172
oval 164
ovary 20
oven 66
oven mitt 69
ovenproof 69
over 320
overalls 30
overdraft 96
overexposed 271
overflow pipe 61
overhead bin 210
over par 233
overpass 194
overture 256
ovulation 20, 52
owl 292
oyster 121
ozone layer 286

P

Pacific Ocean 312
package 99
packet 311
pack of cigarettes 112
pad 224
paddle 231, 241
paddock 243
pads 220
pail 265
painkiller 109
painkillers 47
paint 83
paint *v* 83
paint can 83
painter 191
painting 261, 274
paints 274
paint thinner 83
paint tray 83
pajamas 33
Pakistan 318
palate 19
Palestine 318
palette 274
pallet 186
palm 15, 86, 296
palm hearts 122
pan 310
Panama 314
pancreas 18
panda 291
pan-fried 159
panties 35
pants 32, 34
panty hose 35
panty liner 108
papaya 128
paper clip 173
paper napkin 154
paper tray 172
papier-mâché 275
paprika 132
Papua New Guinea 319
par 233
parachute 248
parachuting 248
paracycle 206
paragliding 248
Paraguay 315
parallel 165
parallel bars 235
parallelogram 164
paramedic 94

parents 23
park 262
park *v* 195
parking brake 203
parking lot 298
parking meter 195
parka 31, 33
Parmesan 142
parole 181
parrot 293
parsley 133
parsnip 125
particle board 79
partner 23
pass 226
pass *v* 195, 220, 221, 223
passcode 99
passenger 216
passenger port 216
passenger seat 204
passing lane 194
passion fruit 128
Passover 27
passport 213
passport control 213
password 177
pasta 158
pastels 274
pasteurized 137
pasting brush 82
pasting table 82
pastry 140, 149
pastry shop 114
pastry brush 69
pasture 182
patch 207
patchwork 277
pâté 142, 156
path 58, 85
pathology 49
patient 45
patio café 148
patio garden 84
pattern 276
pause 268
paving 85
pawn 272
pay *v* 153
payment 96
payroll 175
pea 122
peach 126, 128
peacock 293
peanut 129
peanut butter 135
peanut oil 135
peanuts 151
pear 126
pecan 129
pectoral 16
pectoral fin 294
pedal 61, 206
pedal *v* 207
pedestrian zone 299
pediatrics 49
pedicure 41
pediment 301
peel 128
peel *v* 67
peeler 68
pelican 292
pelvis 17
pen 163, 185
penalty 223
penalty area 223
pencil 163, 275
pencil case 163
pencil sharpener 163
pendant 36
pen pal 24
penguin 292
peninsula 282
penis 21
pentagon 164
peony 111
people 12
pepper 64, 152
peppercorn 132
pepperoni 142
percentage 165
percussion 257
perennial 86
perfume 41
perfumes 105
periodical 168
perm 39
perpendicular 165
persimmon 128
personal assistant (PA) 189
personal best 234
personal organizer 173
personal trainer 191, 250
Peru 315
pesticide 89, 183
pestle 68, 167
petal 297
pet food 107
petri dish 166
pet supplies store 115
pharmacist 108, 189
pharmacy 108
pharynx 19
pheasant 119, 293
Philippines 319
Phillips screwdriver 80
philosophy 169
phone store 115
photo album 271
photo finish 234
photograph 271
photograph *v* 271
photographer 191
photography 270
phyllo dough 140
physical education 162
physical therapist 189
physics 162, 169
physiotherapy 49
piano 256
piccolo 257
pick *v* 91
pick and mix 113
pickax 187
pickled 159
pickup 98, 258
picnic 263
picnic basket 263
picture 63
picnic bench 266
picture frame 271
piece 272
pie pan 69
pier 217
pig 185
pigeon 292
pig farm 183
piglet 185
pigsty 185
pigtails 39
Pilates 251
pill 21, 109
pillar 300
pillow 62, 70
pillowcase 71
pilot 190, 211
pin 60, 237, 249, 276
PIN 96
pincushion 276
pine 296
pineapple 128
pineapple juice 149
pine nut 129
pink 274
pint 311
pinto beans 131
pipe 202
pipe cutter 81
pipette 167
piping bag 69
pistachio 129
pitch 225, 256
pitch *v* 229
pitch a tent *v* 266
pitcher 65, 151, 229
pitcher's mound 228
pita bread 139
pith 126
pizza 155
pizzeria 154
placemat 64
placenta 52
place setting 65
plain 285
plane 81
plane *v* 79
planet 280, 282
plant *v* 183
plant pot 89
plants 296
plaque 50
plaster 83
plaster *v* 82
plastic bag 122
plastic pants 30
plastic surgery 49
plate 65, 283
plateau 284
platform 208
platform number 208
platinum 289
play 254, 268
play *v* 229, 273
player 221, 231, 273
playground 263
playhouse 75
playing 75
playing field 168
playpen 75
plea 180
please 322
Plimsoll mark 214
plow *v* 183
plug 60, 72
plum 126
plumber 188
plumbing 61
plumb line 82
plunger 81
plus 165
Pluto 280
plywood 79
poach *v* 67
poached 159
pocket 32
pod 122
podium 235, 256
point 273
poisoning 46
poker 273
Poland 316
polar bear 291
Polaroid camera 270
pole 245, 282
pole vault 234
police 94
police car 94
police officer 94, 189
police station 94
polish 77
polish *v* 77
political science 169
polo 243
polyester 277
pomegranate 128
pommel 242
pommel horse 235
pond 85
ponytail 39
pool 249
pop 259
popcorn 255
poplar 296
poppy 297
porch 58
porch light 58
pore 15
pork 118
port 145, 176, 214, 216
porter 100
portfolio 97
porthole 214
portion 64
portrait 271
Portugal 316
positive electrode 167
postage 98
postcard 112
poster 255
poster paint 274
postgraduate 169
postmark 98
post office 98
pot *v* 91
potato 124
potato chips 113, 151
potpie 143, 158
potpourri 111
potted plant 87, 110
potter's wheel 275
pottery 275
potty 74
pouch 291
poultry 107, 119
poultry farm 183
pound 310
pour *v* 67
powder 77, 109
powdered milk 137
powder puff 40
power 60
power cable 176
power outage 60
practice swing 233
praying mantis 295
pregnancy 52
pregnancy test 52
pregnant 52
premature 52
premolar 50
prenatal 52
prepared food 107
prerecorded 178
prescription 45
present 27
presentation 174
preservative 83
preserved fruit 135
press 178
presser foot 276
pressure valve 61
price 152, 199
price list 154
prickly pear 128
primer 83
primrose 297
principal 163
principality 315
print 271

english

print *v* 172
printer 172, 176
printing 275
prison 181
prison guard 181
private bathroom 100
private jet 211
private room 48
probe 50
processed grains 130
procession 27
processor 176
producer 254
produce stand 114
professor 169
program 176, 254, 269
programming 178
propagate *v* 91
propeller 211, 214
proposal 174
prosciutto 143
prosecution 180
prostate 21
protractor 165
proud 25
prove *v* 139
province 315
prow 214
prune 129
prune *v* 91
pruners 89
psychiatry 49
psychotherapy 55
public address system 209
public relations (PR) executive 189
puck 224
Puerto Rico 314
puff pastry 140
pull up *v* 251
pulp 127
pulse 47
pumice 288
pumice stone 73
pump 207
pumpkin 125
pumpkin seed 131
punch 237
punching bag 237
pup 290
pupil 51
puppy 290
purple 274
push-up 251
putt *v* 233
putter 233
putty knife 82
pyramid 164

Q

Qatar 318
quadriceps 16
quail 119
quail egg 137
quart 311
quarterdeck 214
quarter past one 304
quarter to two 304
quartz 289
quay 216
queen 272, 273
question 163
question *v* 163
quiche 142
quiche pan 69
quick cooking 130
quiet 321
quilt 71
quilting 277
quince 128
quinoa 130
quiver 249

R

rabbit 118, 290
raccoon 290
race 234
race-car driver 249
racecourse 243
racehorse 243
racing bike 205, 206
racing dive 239
rack 166
racket 230
racket games 231
racquetball 231
radar 214, 281
radiator 60, 202
radicchio 123
radio 177, 268
radio antenna 214
radiology 49
radio station 179
radish 124
radius 17, 164
rafter 186
rafting 241
rail 208
railcar 208
railroad network 209
rain 287
rain boots 31
rainbow 287
rainbow trout 120
raincoat 31, 32
rain fly 266
rain forest 285
rain gear 245, 267
raisin 129
rake 88
rake *v* 90
rally 230
rally driving 249
RAM 176
ramekin 69
rap 259
rapeseed 184
rapids 241, 284
rappelling 248
rarely 320
rash 44
raspberry 127
raspberry jam 134
rat 290
rattle 74
raw 124, 129
raw honey 134
ray 294
razor blade 73
razorshell clam 121
read *v* 162
reading light 210
reading list 168
reading room 168
real estate agent 190
real estate office 115
reamer 80
rear light 207
rearview mirror 198
rebound 226
receipt 152
receive *v* 177
reception 100
receptionist 100, 190
record 234, 268
recording studio 179
rectangle 164
rectum 21
recycling bin 61
red 39, 145, 274
red card 223
red currant 127
red eye 271
red kidney beans 131
red lentils 131
red meat 118
red mullet 120
Red Sea 313
reduce *v* 172
reduced-fat milk 136
reel 244
reel in *v* 245
referee 220, 222, 226, 227
reference 304
referral 49
reflector 50, 204, 207
reflector strap 205
reflexology 54
refrigerator 67
reggae 259
region 315
regional office 175
registered mail 98
regulator 239
reheat *v* 154
reiki 55
reins 242
relationships 24
relatives 23
relaxation 55
relay race 235
release *v* 245
remote control 268
Renaissance 301
renew *v* 168
rent 58
rent *v* 58
repair kit 207
report 174
reporter 179
reproduction 20
reproductive 19
reproductive organs 20
reptiles 293
research 169
reserve *v* 168
residence hall 168
respiratory 19
rest 256
restaurant 101, 152
restroom 104
restrooms 266
result 49
resurfacing 187
resuscitation 47
retina 51
retire *v* 26
return 231
return address 98
reverse *v* 195
rewind 268
rhinoceros 291
rhombus 164
rhubarb 127
rhythmic gymnastics 235
rib 17, 119
ribbon 27, 111, 141, 235
rib cage 17
ribs 155
rice 130, 158, 184
rice pudding 140
rider 242
riding boot 242
riding crop 242
riding hat 242
rigging 240
right 260
right field 229
right-hand drive 201
rim 206
rind 119, 127, 136, 142
ring 36
ring finger 15
rings 235
ring ties 89
rinse *v* 38, 76
ripe 129
rise *v* 139
river 284
road markings 194
road roller 187
roads 194
road signs 195
roadwork 187, 195, 323
roast 158
roast *v* 67
roasted 129
robe 35, 38
rock climbing 248
rock concert 258
rock garden 84
rocks 284, 288
Rocky Mountains 312
Rococo 301
rodeo 243
roll 139, 311
roll *v* 67
roller 83
rollerblading 263
roller blind 63
roller coaster 262
rolling pin 69
romance 255
Romania 316
romper 30
roof 58, 203
roof garden 84
roof rack 198
roof tile 187
rook 272
room 58
room number 100
rooms 100
room service 101
rooster 185
root 50, 124, 296
roots 39
rope 248
rose 110
rosé 145
rosemary 133
rotor blade 211
rotten 127
rough 232
round 237
roundabout 195
route number 196
router 78, 176
row 210, 254
row *v* 241
rowboat 214
rower 241
row house 58
rowing machine 250
rubber band 173
rubber boots 89
rubber stamp 173
ruby 288
ruck 221
rudder 210, 241
rug 63
rugby 221
rugby field 221
rugby uniform 221
ruler 163, 165

rum 145
rum and cola 151
rump steak 119
run 228
run *v* 229
runner bean 122
runway 212
rush hour 209
Russian Federation 316
rutabaga 125
Rwanda 317
rye bread 138

S

sad 25
saddle 206, 242
safari park 262
safe 228
safety 75, 240
safety barrier 246
safety goggles 81, 167
safety pin 47
saffron 132
sage 133
Sahara Desert 313
sail 215, 241
sailboat 215
sailing 240
sailor 189
saké 145
salad 149
salamander 294
salami 142
salary 175
salesclerk 104
sales department 175
salesperson 188
salmon 120
salon 115
salt 64, 152
salted 121, 129, 137, 143
sand 85, 264
sand *v* 82
sandal 37
sandals 31
sandbox 263
sandcastle 265
sander 78
sandpaper 81, 83
sandstone 288
sandwich 155
sandwich counter 143
sanitary napkin 108
San Marino 316
São Tomé and Principe 317
sapphire 288
sardine 120
Sardinia 316
satellite 281
satellite dish 268
satsuma 126
Saturday 306
Saturn 280
sauce 143, 155
saucepan 69
sauces 135
Saudi Arabia 318
sauna 250
sausage 155, 157
sausages 118
sauté *v* 67
save *v* 177, 223
savings 96
savings account 96
savory 155
saw *v* 79
saxophone 257
scaffolding 186
scale 45, 69, 98, 118, 121, 166, 256, 294, 310
scaled 121
scales 293
scallion 125
scallop 121
scalp 39
scalpel 167
scan 48, 52
scanner 106, 176
scarecrow 184
scared 25
scarf 31, 36
schedule 197, 209, 261
schist 288
scholarship 169
school 162, 299
school backpack 162
school bus 196
schools 169
science 162, 166
science fiction movie 255
scientist 190
scissors 38, 47, 82, 276
scoop 149
scooter 205
score 220, 256, 273
score a goal *v* 223
scoreboard 225
scorpion 295
scotch and water 151
Scotland 316
Scrabble 272
scrambled eggs 157
scrape *v* 77
screen 97, 176, 255, 269
screw 80
screwdriver 80, 151
screwdriver bits 80
script 254
scrotum 21
scrub *v* 7
scuba diving 239
seahorse 294
seat 61
seat belt 211
seafood 121
seaplane 211
second floor 104
secondhand store 115
sedan 199
seed 128, 127
seeds 131
self-defense 237
selfie 271
self-rising flour 139
self-tanning lotion 41
server 152, 191
service charge included 152
service charge not included 152
services 101
sesame seed 131
sesame seed oil 134
set 178, 230, 254
set *v* 38
set sail *v* 217
set the alarm *v* 71
set the table *v* 64
seven 308
seven hundred 308
seventeen 308
seventeenth 309
seventh 309
seventieth 309
seventy 308
sew *v* 277
sewing basket 276
sewing machine 276
sexually transmitted infection 20
shade 41
shade plant 87
shallot 125
shallow end 239
shampoo 38
shapes 164
share price 97
shares 97
shark 294
sharp 256
shaving 73
shaving foam 73
shears 89
shed 85
sheep 185
sheep farm 183
sheer curtain 63
sheet 71, 74, 241
shelf 66, 106
shell 129, 137, 265, 293
shelled 129
sherbet 141
sherry 145
shiatsu 54
shield 88
shin 12
shingle 58
ship 214
shipyard 217
shirt 33
shock 47
shocked 25
shoe department 104
shoes 34, 37
shoe store 114
shoot *v* 223, 227
shopping 104
shopping bag 106
shopping center 104
short 32, 321
short-grain 130
short haircut 39
shorts 30, 33
shot 151
shotput 234
shoulder 13, 194
shoulder bag 37
shoulder blade 17
shoulder pad 35
shoulder strap 37
shout *v* 25
shovel 88, 187, 265
shower 72, 286
shower block 266
shower curtain 72
shower door 72
shower gel 73
shower head 72
showjumping 243
shredder 172
shrimp 121
shuffle *v* 273
shutter 58
shut-off valve 61
shutter release 270
shuttle bus 197
shuttlecock 231
shy 25
Siberia 313
Sicily 316
sick 321
side 164
side-by-side refrigerator 67
side deck 240
side dish 153
side effects 109
sideline 220, 226, 230
side mirror 198
side plate 65
sidesaddle 242
side street 299
sidewalk 298
sidewalk café 148
Sierra Leone 317
sieve 68, 89
sift *v* 91, 138
sigh *v* 25
sightseeing 260
signal 209
signature 98
silk 277
silo 182
silt 85
silver 235, 289
simmer *v* 67
Singapore 319
singer 191
single 151
single-family 58
single room 100
singles 230
sink 38, 50, 61, 66, 72
sinker 244
sinus 19
sippy cup 74
siren 94
sirloin steak 119
sister 22
sister-in-law 23
site 266
sites available 266
site manager's office 266
sit-up 251
six 308
six hundred 308
sixteen 308
sixteenth 309
sixth 309
sixtieth 309
sixty 308
skate 120, 247, 294
skate *v* 224
skateboard 249
skateboarding 249, 263
skein 277
skeleton 17
sketch 275
sketch pad 275
skewer 68
ski 241, 246
ski boot 246
skier 246
skiing 246
ski jacket 246
ski jump 247
skim milk 136
skin 14, 119
skin care 108
skinned 121
ski pole 246
skipping 251
skirt 30, 34
ski run 246
ski slope 246

skull 17
skydiving 248
skyscraper 299, 300
slalom 247
slate 288
sledding 247
sledgehammer 187
sleeper 30
sleeping 74
sleeping bag 267
sleeping compartment 209
sleeping mat 267
sleeping pill 109
sleet 286
sleeve 34
sleeveless 34
slice 119, 139, 140, 230
slice *v* 67
slicer 139
slide 167, 263
slide *v* 229
sling 46
slip 35
slip-on 37
slippers 31
slope 284
slotted spatula 68
slotted spoon 68
Slovakia 316
Slovenia 316
slow 321
SLR camera 270
slug 295
small 321
small intestine 18
small of the back 13
smartphone 99, 176
smart speaker 269
smart TV 269
smash 231
smile 25
smoke 95
smoke alarm 95
smoked 118, 121, 143, 159
smoked fish 143
smoking 112
SMS 99
snack bar 113, 148
snail 295
snake 293
snap 30
snare drum 257
sneaker 37
sneakers 251
sneeze 44
snooker 249
snore *v* 71
snorkel 239
snout 293
snow 287
snowboarding 247
snowmobile 247
snowsuit 30
soak *v* 130
soap 73
soap dish 73
soap opera 178
soccer 222
soccer ball 222
soccer field 222
soccer player 222
soccer uniform 31, 222
socket 80
socket wrench 80
socks 33
sod *v* 90
soda bread 139
soda water 144
sofa 62
sofa bed 63
soft 129, 321
soft-boiled egg 137, 157
soft cheese 136
soft drink 154
soft drinks 144
software 176
softwood 79
soil 85
solar system 280
solder 79, 81
solder *v* 79
soldering iron 81
soldier 189
sole 15, 37
solids 164
Solomon Islands 319
soluble 109
solvent 83
Somalia 317
some 320
some meals included 101
somersault 235
son 22
sonata 256
song 259
son-in-law 22
sorrel 123
sorting bin 61
soufflé 158
soufflé dish 69
soundbar 269
sound boom 179
sound technician 179
soundtrack 255
soup 153, 158
soup bowl 65
soup spoon 65
sour 127
sour cream 137
sourdough bread 139
sous chef 152
south 312
South Africa 317
South America 315
Southern Hemisphere 283
Southern Ocean 313
South Korea 318
South Sudan 317
souvenirs 260
sow *v* 90, 183
soybeans 131
soy sauce 135
space 280
space exploration 281
space heater 60
space shuttle 281
space station 281
space suit 281
spade 273
Spain 316
spare tire 203
sparkling 144
spark plug 203
sparring 237
sparrow 292
spatula 68, 167
speaker 174, 258, 268
speaker stand 268
spearfishing 245
specialist 49
specials 106, 152
spectators 233
speedboat 214
speedboating 241
speed limit 195
speedometer 201, 204
speed skating 247
spell *v* 162
sperm 20
sphere 164
spices 132
spicy sausage 142
spider 295
spike *v* 90
spikes 233
spin 230
spin *v* 76
spinach 123
spin class 251
spin-dryer 76
spine 17
spire 300
spleen 18
splint 47
splinter 46
split ends 39
split peas 131
spoke 207
sponge 73, 74, 83
sponge cake 140
spool 245
spool of thread 276
spoon 65
sport coat 33
sportfishing 245
sports 220
sports car 199
sportswear 105
spotlight 259
sprain 46
spray 89, 109
spray *v* 91
spray bottle 89, 311
spray can 311
spring 307
spring balance 166
springboard 235
spring greens 123
sprinkler 89
sprinter 234
sprocket 207
square 164, 272, 299
square foot 310
square meter 310
squash 124, 231
squat 251
squid 121, 295
squirrel 290
Sri Lanka 318
stable 185, 243
stadium 223
staff 175, 256
stage 167, 254
stages 23
stainless steel 79
staircase 59
stair gate 75
stair machine 250
stake 90
stake *v* 91
stalk 122, 297
stamen 297
stamp 98
stamps 112
stance 232
stand 88, 205
stapler 173
staples 173
star 280
star anise 133
starfish 295
star fruit 128
starting block 238
starting blocks 234
starting line 234
start school *v* 26
state 315
statement 180
stationery 105
station wagon 199
statue 261
steak 121
steam *v* 67
steamed 159
steam train 208
steel wool 81
steeplechase 243
steering wheel 201
stem 111, 297
stencil 83
stenographer 181
stepdaughter 23
stepfather 23
stepladder 83
stepmother 23
stepson 23
stereo 269
sterile 47
stern 240
stew 158
stick 224, 249
sticks 133
still 144
sting 46, 295
stir *v* 67
stir-fry 158
stirrer 150
stirrup 242
stitch 277
stitches 52
stitch selector 276
St. Kitts and Nevis 314
St. Lucia 314
stock 110
stockbroker 97
stock exchange 97
stocking 35
stocks 97,
stomach 18
stomachache 44
stone 36, 275
stone fruit 126
stop 268
stop button 197
stopper 166
stopwatch 234
store 298
store directory 104
stork 292
storm 287
stout 145
stovetop 67
straight 39, 165
straight ahead 260
straighten *v* 39
strand of pearls 36
strap 35
strapless 34
stratosphere 286
straw 144, 154
strawberry 127
strawberry milkshake 149
stream 285
streaming 269

street 298
streetcar 196
street corner 298
streetlight 298
street vendor 154
stress 55
stretch 251
stretcher 94
strike 228, 237
string 230, 258
strings 256
strip *v* 82
stroke 44, 233, 239
strokes 231
stroller 75
strong 321
student 162
study 63, 162
stuffed 159
stuffed olive 143
stuffed toy 75
stump 225
St. Vincent and the Grenadines 314
styles 39, 239, 301
submarine 215
subsoil 91
substitute 223
substitution 223
subtract *v* 165
suburb 299
subway 208
subway map 209
succulent 87
suction cup 53
suction hose 77
Sudan 317
sugar 156
sugarcane 184
suit 273
sulfur 289
sultana 129
summer 31, 307
summons 180
sumo wrestling 237
sun 280
sunbathe *v* 264
sunburn 46
Sunday 306
sundial 262
sunflower 184, 297
sunflower oil 134
sunflower seed 131
sunglasses 51, 265
sun hat 30, 265
sun lounger 264
sunny 286
sunrise 305
sunroof 202
sunscreen 108, 265
sunset 305
sunshine 286
suntan lotion 265
supermarket 106
supplement 55
supply pipe 61
support 187
suppository 109
surf 241
surfcasting 245
surfer 241
surfing 241
surgeon 48
surgery 49
Suriname 315
surprised 25
surveyor 188
suspect 94, 181
suspension 203, 205
swallow 292
swamp 285
swan 293
sweater 33, 34
sweatshirt 33
Sweden 316
sweep *v* 77
sweet 124, 127, 155
sweet potato 125
sweet spreads 134
swim *v* 238
swimmer 238
swimming 238
swimming briefs 238, 264
swimming cap 238
swimming pool 101, 238, 250
swimsuit 238, 265
swing 263
swing *v* 232
Swiss chard 123
switch 60
Switzerland 316
swivel chair 172
sword 236
swordfish 120, 294
symphony 256
synagogue 300
synchronized swimming 239
synthetic 31
Syria 318
syringe 109, 167
syrup 109
system 176

T

tab 173
table 64, 148
tablecloth 64
table setting 152
tablet 176
table tennis 231
tachometer 201
tack *v* 241, 277
tackle 245
tackle *v* 220, 221, 223
tackle box 244
tadpole 294
tae kwon do 236
tag *v* 229
tagine 69
tai chi 237
tail 121, 210, 242, 280, 290, 292, 294
tailbone 17
taillight 204
tailor 191
tailored 35
tailor shop 115
tailor's chalk 276
tailor's form 276
tailplane 210
Tajikistan 318
take a bath *v* 72
take a shower *v* 72
take notes *v* 163
take off *v* 211
talcum powder 73
tall 321
tamarillo 128
tambourine 257
tampon 108
tan 41
tandem 206
tangerine 126
tank 61
Tanzania 317
tape 173
tape dispenser 173
tape measure 80, 276
tap water 144
target 249
target shooting 249
taro root 124
tarragon 133
Tasmania 319
tattoo 41
tax 96
taxi driver 190
taxi stand 213
tea 144, 149, 156, 184
with lemon 149
with milk 149
teabag 144
teacher 162, 190
teacup 65
team 220, 229
teapot 65
tear 51
teaspoon 65
techniques 79, 159
teddy bear 75
tee 233
teeing ground 232
teenager 23
tee-off *v* 233
teleprompter 179
telescope 281
television series 178
television studio 178
teller 96
temperature 286
temperature gauge 201
temple 14, 300
ten 308
tenant 58
tend *v* 91
tendon 17
tennis 230
tennis court 230
tennis shoes 231
tenon saw 81
tent 267
tenth 309
ten thousand 309
tent peg 266
tent pole 266
tequila 145
termite 295
terraced 58
territory 315
test 49, 163
testicle 21
test tube 166
text 99
textbook 163
text me 99
Thailand 318
thank you 322
Thanksgiving 27
theater 254, 299
theme park 262
therapist 55
there 320
thermal underwear 267
thermometer 45, 167
thermosphere 286
thermostat 61
thesis 169
thick 321
thigh 12, 119
thimble 276
thin 321
third 309
third floor 104
thirteen 308
thirteenth 309
thirtieth 309
thirty 308
thistle 297
this way up 98
this week 307
thoracic vertebrae 17
thread 276
thread *v* 277
thread guide 276
threading 41
three 308
three hundred 308
three-point line 226
thriller 255
throat 19
throat lozenge 109
throttle 204
through 320
throw 237
throw *v* 221, 227, 229
throw-in 223, 226
thruster 281
thumb 15
thumbtack 173
thunder 286
Thursday 306
thyme 133
thyroid gland 18
tibia 17
ticket 209
ticket gates 209
ticket inspector 209
ticket office 209, 216
tie 32, 223
tiebreaker 230
tiepin 36
tiger 291
tile 272
tile *v* 82
tiller 240
time 234, 304
timing belt 203
time out 220
timer 166
times 165, 261
timing 203
tin 289, 311
tip 36, 122, 152, 246
tire 198, 205, 206
tire iron 203
tire lever 207
tire pressure 203
tissue 108
title 168
titles 23
to 320
toad 294
toast 157
toasted sandwich 149
toaster 66
tobacco 112, 184
today 306
toddler 30
toe 15
toe clip 207
toenail 15
toe strap 206
toffee 113
toggle 31
to go 154
Togo 317

english

toilet 61, 72
toilet brush 72
toilet paper 72
toiletries 41, 107
toilet seat 72
tollbooth 195
tomato 125, 157
tomato juice 144, 149
tomorrow 306, 320
ton 310
toner 41
tongs 150, 167
tongue 19, 37, 118
tonic water 144
toolbar 177
toolbelt 186
toolbox 80
tool rack 78
tools 187
tooth 50
toothache 50
toothbrush 72
toothpaste 72
topaz 288
topcoat 83
top-dress *v* 90
topiary 87
topping 155
topsoil 85
top tier 141
tornado 287
tortoise 293
tossed salad 158
touchdown 220
touchline 221
tour bus 197, 260
tourer 205
tour guide 260
tourist 260
tourist attraction 260
tourist information 261
tourmaline 288
tournament 233
toward 320
tow away *v* 195
towel rack 72
towels 73
tower 300
town hall 299
townhouse 58
tow truck 203
toy 75
toy basket 75
toys 105
track 208, 234
track and field 234
tracksuit 31
tractor 182
traffic 194
traffic jam 195
traffic light 194
traffic police officer 195
trailer 266
trail riding 243
train 208
train *v* 91, 251
training wheels 207
train station 208
tram 196, 208
transfer *v* 209
transformer 60
transmission 202
transplant *v* 91
transportation 193
trapezius 16
trapezoid 164
trash 177
trash can 61
travel agency 114
travel agent 190
travel brochure 212
tray 152, 154
tray table 210
tread 207
treadmill 250
tread water *v* 239
treble clef 256
tree 86, 296
trellis 84
tremor 283
triangle 164, 165, 257
triceps 16
trifle 141
trim *v* 39, 90
trimester 52
trimmer 88
Trinidad and Tobago 314
tripod 166, 270, 281
trombone 257
tropical fruit 129
Tropic of Cancer 283
Tropic of Capricorn 283
tropics 283
troposphere 286
trot 243
trough 183
trowel 89, 187
truck 195
truck driver 190
truffle 113, 125
trumpet 257
trunk 198, 291, 296
try 221
T-shirt 30, 33
tub 311
tuba 257
tube 311
Tuesday 306
tugboat 215
tumbler 65
tuna 120
tune *v* 179
tuning peg 258
Tunisia 317
turbocharger 203
turkey 119, 185, 293
Türkiye (Turkey) 318
Turkmenistan 318
turmeric 132
turn 238
turn *v* 79
turnip 124
turn off the television *v* 269
turn on the television *v* 269
turn signal 198, 204
turpentine 83
turquoise 289
turret 300
turtle 293
tusk 291
tutu 191
tweezers 40, 47, 167
twelfth 309
twelve 308
twentieth 309
twenty 308
twenty-first 309
twenty minutes 304
twenty-one 308
twenty past one 304
twenty thousand 309
twig 296
twin bed 71
twine 89
twin room 100
twins 23
twist ties 89
two 308
two-door 200
two hundred 308
two thousand 307
two weeks 307

U

Uganda 317
ugli fruit 126
ugly 321
Ukraine 316
ulna 17
ultralight 211
ultrasound 52
ultraviolet rays 286
umbilical cord 52
umbrella 36, 148
umpire 225, 229, 230
uncle 22
unconscious 47
under 320
undercoat 83
underexposed 271
undergraduate 169
under par 233
underpass 194
undershirt 33
underwear 32
underwire 35
uniform 94, 189
United Arab Emirates 318
United Kingdom 316
universe 280
university 299
unleaded 199
unpasteurized 137
unpick *v* 277
unsalted 137
until 320
up 320
upset 25
Uranus 280
ureter 21
urethra 20
urinary 19
urology 49
Uruguay 315
usher 255
uterus 20, 52
utility knife 80, 82
utility room 76
Uzbekistan 318

V

vacation 212
vaccination 45
vacuum cleaner 77, 188
vacuum flask 267
vagina 20
valley 284
valve 207
vanilla 132
Vanuatu 319
variety meat 118
varnish 79, 83
vas deferens 21
vase 62, 111
Vatican City 316
vault 235, 300
veal 118
vegetable garden 85, 182
vegetable oil 135
vegetables 107, 122, 124
veggie burger 155
veil 35
vein 19
veneer 50
Venetian blind 63
Venezuela 315
venison 118
vent 283
ventilation hood 66
Venus 280
vape 112
vape liquid 112
verdict 181
vest 33
veterinarian 189
vibraphone 257
video game 269
Vietnam 318
viewfinder 271
village 299
vine 183
vinegar 135, 142
vineyard 183
vintage 199
viola 256
violin 256
virus 44
visa 213
vise 78
vision 51
visiting hours 48
visor 205
vitamins 108
V neck 33
vocal cords 19
vodka 145
voice message 99
volcano 283
volley 231
volleyball 227
voltage 60
volume 165, 179, 268, 311
vomit *v* 44

W

waders 244
wading pool 263
waffles 157
waist 12
waistband 35
waiting room 45
waitress 191
wake up *v* 71
Wales 316
walk 243
wall 58, 186, 222
wallet 37
wall light 62
wallpaper 82
wallpaper *v* 82
wallpaper brush 82
wallpaper paste 82
walnut 129
walnut oil 134
walrus 290
ward 48
warehouse 216
warm 286
warm up *v* 251
warrant 180

wash *v* 38, 77
washer 76, 80
washer-dryer 76
washer fluid reservoir 202
wasp 295
wastebasket 172
waste disposal 61, 266
waste pipe 61
watch 36
watch television *v* 269
water 144, 238
water *v* 90, 183
water bottle 206, 267
water chamber 61
water chestnut 124
watercolor paint 274
watercress 123
water disposal unit 61
waterfall 285
water garden 84
water hazard 232
water heater 61
watering 89
watering can 89
water jet 95
watermelon 127
water plant 86
water polo 239
water-skiing 241
watersports 241
water wings 238
wave 241, 264
wavelength 179
wax 41
weak 321
weather 286
weaving 277
webcam 176
web designer 189
website 177
wedding 26, 35
wedding cake 141
wedding dress 35
wedding reception 26
wedge 37, 233
Wednesday 306
weed *v* 91
weedkiller 91
weeds 86
week 306
weekend 306
weekly 307
weigh *v* 310
weight 166
weight bar 251
weight belt 239
weights and measures 310
weight training 251
welcome 322
well 321
west 312
Western 255
Western Sahara 317
wet 286, 321
wetsuit 239
wet wipe 74, 108
whale 290
wheat 130, 184
wheel 198, 207
wheelbarrow 88
wheelchair 48
Wheelchair access 197, 322
whetstone 81
whiplash 46
whipped cream 137, 157
whisk 68
whisk *v* 67
whiskers 290
whiskey 145
white 39, 145, 272, 274, 321
whiteboard 162
white bread 139
white chocolate 113
white currant 127
white flour 138
white meat 118
white rice 130
whiting 120
whole 129, 132
whole-grain 130
whole-grain mustard 135
whole milk 136
whole-wheat bread 139, 149
whole-wheat flour 138
wicket 225
wicket-keeper 225
wide 321
width 165
wife 22
Wi-Fi 99, 269
wig 39
wild rice 130
willow 296
win *v* 273
wind 241, 286
windbreak 265
windlass 214
window 58, 96, 98, 177, 186, 209, 210
windpipe 18
windshield washer fluid 199
windshield wiper 198
windshield 198, 205
windsurfer 241
windsurfing 241
windy 286
wine 145, 151
wine glass 65
wine list 152
wine vinegar 135
wing 119, 210, 293
wings 254
winner 273
winter 31, 307
winter sports 247
wipe *v* 77
wire 79
wire cutters 81
wireless earphones 269
wires 60
wire strippers 81
with 320
withdrawal slip 96
with ice 151
without 320
without ice 151
witness 180
wok 69
wolf 290
woman 23
womb 52
womens wear 105
wood 79, 233, 275, 285
wooden spoon 68
wood glue 78
woodpecker 292
wood shavings 78
wood stain 79
woodwind 257
woodworking 275
work 172
workbench 78
workday 306
workshop 78
world map 312
worm 295
worried 25
worse 321
wound 46
wrap 155
wrapping 111
wreath 80, 111
wrench 80
wrestling 236
wrinkle 15
wrist 13, 15
wristband 230
writ 180
write *v* 162
wrong 321

X

X-ray 48
X-ray film 50
X-ray machine 212
X-ray viewer 45

Y

yacht 215, 240
yam 125
yard 310
yarn 277
yawn *v* 25
year 163, 306
years 307
yeast 138
yellow 274
yellow card 223
Yemen 318
yes 322
yesterday 306, 320
yield 323
yoga 54
yoga pose 54
yogurt 137
young 321

Z

Zambia 317
zebra 291
zero 308
zest 126
Zimbabwe 317
zinc 289
zip code 98
zipper 277
zone 315
zones 283
zoo 262
zoology 169
zoom lens 270
zucchini 125

english

podziękowania • acknowledgments

DORLING KINDERSLEY would like to thank senior picture researchers Deepak Negi and Sumedha Chopra, assistant picture researcher Samrajkumar S, DTP Designer Raman Panwar, senior editor Janashree Singha, and proofreaders Diana Vowles, Heather Wilcox, Catharine Robertson, Chuck Hutchinson, Sam Cooke, Ruth Raisenberger, Manju Gupta and Mika Jin.

The publisher would like to thank the following for their kind permission to reproduce their photographs:
Abbreviations key: (a-above; b-below/bottom; c-centre; f-far; l-left; r-right; t-top)

123RF.com: Aicandy 188fbr; Andriy Popov 34tl; Arthousestudio 265fcla; Astemmer 208c; avigatorphotographer 216bl; Brad Wynnyk 172bc; Cladanifer 25fclb; Daniel Ernst 179tc; Hongqi Zhang 24cla; 175cr; Ingvar Bjork 60c; Koonsiri 5cla, 92-93; Kobby Dagan 259c; Kritchanut 25ftl; Lightfieldstudios 35tr; Liubov Vadimovna (Luba) Nel 39cla; Ljupco Smokovski 75crb; Olegtroino 176fcl; Olga Popova 33c; Peopleimages12 41tl; Robert Churchill 94c; Roman Gorielov 33bc; Ruslan Kudrin 35bc, 35br; Subbotina 39cra; Sutichak Yachaingkham 39tc; Tarzhanova 37tc; Vitaly Valua 39tl; Wilawan Khasawong 75cb; **Action Plus:** 224bc; **Alamy Images:** 154t; Alex Segre 150t; A.T. Willett 287bcl; Alex Segre 105ca; Andrew Barker 195fcl; Ambrophoto 24cra; Art Directors & TRIP / Helene Rogers 115bl; artpartner-images.com 181tc; Ben Queenborough 231crb; Boaz Rottem 209cr; Cultura RM 33r; Bernhard Classen 97bc; David Burton 177clb; Carl DeAbreu 264t; Cavan Images 247fcla; Chicken Strip 112fbr; Chris George 271bc; Destina 176crb; Dorling Kindersley Ltd 266t; Dorling Kindersley Ltd / Vanessa Davies 74ftr; dpa picture alliance 112t; Doug Houghton 107fbr; Doug Houghton 213fclb; Gianni Muratore 195ftr; Henri Martin 182ca; Hideo Kurihara 212t; Hugh Threlfall 35tl; Hugh Threlfall 268bl; Ian Townsley 260cr; Ifeelstock 96cr; Incamerastock / ICP-UK 112fcrb; Issac Rose 54fcr; Jeff Gilbert 213fcrb; keith morris 178c; Majestic Media Ltd / Duncan Thomas 221br, 223crb; Nikreates 268crb; Nathaniel Noir 114bl; MBI 175tl; Michael Foyle 184bl; Olaf Doering 213br; Oleksiy Maksymenko 105tc; Paul Maguire 186t; Pally 294bl; Paul Weston 168br; Prisma Bildagentur AG 246b; Simone Hogan 241cla; Radharc Images 197tr; Ruslan Kudrin 176tl; Sasa Huzjak 258t; Sergey Kravchenko 37ca; Sergio Azenha 270bc; Stock Connection 287bcr; tarczas 35cr; Ton Koene 213cra; Transport Infrastructures / Paul White 216t; Trekandshoot 194c; Robert Stainforth 98tl; vitaly suprun 176cl; Wavebreak Media Ltd 39cl, 174b, 175tr; Wavebreakmedia Ltd IP-200810 234fcl; **Allsport/Getty Images:** 238cl; **Arcaid:** John Edward Linden 301bl; Martine Hamilton Knight, Architects: Richard Bryant 301br; **Bosch:** 76tc, 76tcl; **Camera Press:** 38tr, 257cr; Barry J. Holmes 148tr; Jane Hanger 159cr; Mary Germanou 259bc; **Corbis:** 78b; Anna Clopet 247tr; Ariel Skelley / Blend Images 52l; Bettmann 181tr; Bo Zauders 156t; Bob Winsett 247cbl; Brian Bailey 247br; Craig Aurness 215bl; David H.Wells 249cbr; Dennis Marsico 274bl; Dimitri Lundt 236bc; Duomo 211tl; Gail Mooney 277ctcr; George Lepp 248c; Gerald Nowak 239b; Gunter Marx 248cr; Jack Hollingsworth 231bl; James L. Amos 247bl, 191ctr, 220bcr; Jan Butchofsky 277cbc; Johnathan Blair 243cr; Jose F. Poblete 191br; Jose Luis Pelaez.Inc 153tc; Karl Weatherly 220bl, 247tcr; Kelly Mooney Photography 259tl; Kevin Fleming 249bc; Kevin R. Morris 105tr, 243tl, 243tc; Kim Sayer 249tcr; Lynn Goldsmith 258t; Macduff Everton 231bcl; Mark Gibson 249bl; Mark L. Stephenson 249tcl; Mike King 247cbl; Pablo Corral 115bc; 249ctcl; Paul J. Sutton 224c, 224br; Phil Schermeister 227b, 248tr; R. W Jones 309; Rick Doyle 241ctr; Robert Holmes 97br, 277ctc; Roger Ressmeyer 169tr; Russ Schleipman 229; The Purcell Team 211ctr; Wally McNamee 220br, 220bcl, 224bl; Wavebreak Media Ltd 191bc; Yann Arhus-Bertrand 249tl; **Depositphotos Inc**: Londondeposit 262br; **Demetrio Carrasco / Dorling Kindersley (c) Herge / Les Editions Casterman:** 112ccl; **Dixons:** 270cl, 270cr, 270bl, 270bcl, 270bcr, 270ccr; **Dorling Kindersley:** Banbury Museum 35c; Five Napkin Burger 152t; **Dreamstime.com:** Adempercem 197cb; Akesin 191tl; 191cr; Aleksandar Todorovic 300bl; Anan Budtviengpunth 299cra; Andersastphoto 176tc; Andrey Popov 191bl, 55fcra, 190ftr; Anna Eremeeva 82crb; Anna Griessel 25cra; Anna Tolipova 277ftr; Anatoliy Samara 311tc; Anton Matveev 2bl; Arenaphotouk 209tr; Arne9001 190tl; Arnel Manalang 195fbr; Artzzz 201b; Avagyanlevon 269cla; Birgit Reitz Hofmann 144ca; Bonandbon Dw 154bc; Bright 199tr; Chaoss 26c; Chernetskaya 60tc, 240tc; Christian Offenberg 99ftl; Colicaranica 210t; Dimaberkut 240cr; Dmitry Markov 5fcla, 56-57; Dvmsimages 196bc; Dzmitry Rishchuk 152t; Eakkachai Halang 101ftl; Ekostsov 198fbl; Elena Masiutkina 105fcrb; Ellesi 197br; Evgeny Karandaev 145br; Exiledphoto 1ca (Golf Balls), 5fcrb, 218-219; Gradts 76ftr; Grigor Ivanov 82bl; Gutaper 176br; Hasan Can Balcioglu 261c; Hxdbzxy 5cra, 102-103; Hywit Dimyadi 184clb; Iakov Filimonov 115tr; Ivan Danik 4fcrb, 146-147; Ivan Katsarov 201t; Ilfede 215clb; Inmicco 269tc; Isselee 292fcrb; Jamesteohart 290br; Jiri Hera 269c; Joe Sohm 259tr; Johncox1958 243ca; Kaspars Grinvalds 177crb; Kenny Tong 5tr, 10-11; Kineticimagery 5bl, 302-303; Konstantinos Moraitis 199tl; Lah 249crb; Larry Gevert 1ca (peppers), 5fcra, 116-117; Leonid Andronov 208clb; Leo Daphne 145cb; Leen Beunens 299tl; Iuliia Diakova 15tr; Natalia Bratslavsky 101cl; Natvishenka 269tr; Njnightsky 70bl; Nuwan Fernandez 177tr; Maciej Bledowski 95c, 206br; Madrugadaverde 298; Maksim Toome 199ftr; Maniapixel 215tr; Matthias Ziegler 191ftl; Mholod 4fcra, 42-43; Micha Rojek 177tc; Miff32 197bl; Mike_Kiev 199cr; Mikeal Keal 269cra; Mohamed Osama 75fbl; Monkey Business Images 26clb, 100t, 169tl; Monticelllo 145ftl; Olena Turovtseva 216br; Olga Plugatar 271clb (X2), 271fcla; Pac 268clb; Paolo De Santis 261ftr; Patricia Hofmeester 233cra; Paul Michael Hughes 162tr; Petro Perutskyy 199bl; Phanuwatn 269cl; Photka 213fcra; Ponomarencko 152cr; Roza 300tc; Ryzhov Sergey 138t; Schamie 176cl; Seanlockephotography 189clb; Sean Pavone 301tl; Shariff Che\' Sjors737 277cb; Serghei Starus 190bc; Sergey Galushko 77ftl; Sergey Tolmachyov 270br; Serezniy 48crb; Steafpong 97bl; Sutsaiy 66bl; Takcrane3 198t; Tatiana3337 1ca (multicolor), Theerasak Tammachuen 269cr, 5fclb, 160-161; Trak 256t;Tyler Olson 168crb; Vetkit 189fclb; Volodymyr Melnyk 231ca, 235fcrb; Wang Song 250br, 261cr; Wirestock 169c; Zerbor 296tr; **Education Photos:** John Walmsley 26tl; **Getty Images:** 287tr; 94tr; Corbis Historical / Christopher Pillitz 169cr; George Doyle & Ciaran Griffin 22cr; David Leahy 162tl; DigitalVision / David Leahy 162cla; DigitalVision / We Are 227cra; Don Farrall / Digital Vision 176c; Ethan Miller 270bl; Inti St Clair 179bl; Jeff Bottari 236br; LightRocket / SOPA Images 227ftl; Sean Justice / Digital Vision 24br; The Image Bank / Michael Dunning 235cra; **Getty Images / iStock**: ake1150sb 154bl, AndyOman 304 (Digital Clock X3), Archideaphoto 268t, Babayev 76fcrb, Bluesky85 213tl, Bluestocking 268cb, Bonetta 66fbr, Svetlana Borisova 286cr, Bulgnn 112br, Hadzhi Hristo Chorbadzhi 260tl, DigitalVision Vectors / youngID 96cl, E+ / Adamkaz 206bl, E+ / Aldomurillo 189cra, E+ / AnVr 144bl, E+ / BraunS 231br, E+ / Dean Mitchell 55ftr, E+ / FG Trade 179ftl, E+ / Fly View Productions 96t, E+ / Ivan Pantic 206bc, E+ / Joel Carillet 215br, E+ / JohnnyGreig 104t, E+ / Jondpatton 196br, E+ / Kali9 186bl, 190clb, E+ / Lorado 115bc, E+ / Mbbirdy 66fclb, E+ / Pagadesign 97tr, E+ / Petko Ninov 198fbr, E+ / Satoshi-K 259crb, E+ / SDI Productions 55fbl, E+ / SolStock 221clb, E+ / South_agency 114br, E+ / Studiocasper 270tc, E+ / Sturti 186bc, E+ / Tashi-Delek 179ftr, E+ / Tempura 48clb, E+ / Tolgart 34br, FamVeld 246tr, Farakos 176cr, FG Trade 188fbl, Gannet77 96c, Grinvalds 99cr, Gumpanat 97cl, Kckate16 188fcla, Kommercialize 208cb, Leedsn 241cra, Sompong Lekhawattana 97tl, LeventKonuk 76cr, Liz Leyden 115tc, LightFieldStudios 169cl, Andrii Lysenko 114tl, Karan Mathur 191cra, MicroStockHub 96clb, Mladn61 196cla, 196-197ca, Moumita Mondal 27fcr, Monkeybusinessimages 49crb, Yaman Mutart 105bl, Nojman 276t, OfirPeretz 195ftl, Prostock-Studio 5clb, 170-171, 188crb, RuslanDashinsky 83tl, Scaliger 208t, Kazuma Seki 188bl, Deepak Sethi 271ftr, SimonSkafar 1ca (Cornflowers), 5fbl, 278-279, Stocktrek Images 215bl, TACrafts 199cra, Teamtime 210b, The Image Bank / Ryan McVay 247cra, Tilo 69ftr, Toxitz 99cl, Alla Tsyganova 148tl, Tunatura 287tc, Universal Images Group / Andia 106t, Andik Tri Witanto 209cra, Chunyip Wong 5crb, 192-193, YakubovAlim 55crb, Zdenkam 23bl, Drazen Zigic 49ftr; Sofia Zhuravets 40l; **Hulsta:** 70t; **Ideal Standard Ltd:** 72r; **The Image Bank/Getty Images:** 58; **iStockphoto.com:** asterix0597 163tl; EdStock 190br; RichLegg 26bc; **MP Visual.com:** Mark Swallow 202t; **NASA:** 280cr, 280ccl, 281tl; **P A Photos:** 181br; **Plain and Simple Kitchens:** 66t; **Red Consultancy:** Odeon cinemas 257br; **Rex Features:** 106br, 259tc, 259bl, 280b; Charles Ommaney 114tcr; J.F.F Whitehead 243cl; Scott Wiseman 287bl; **Science & Society Picture Library:** Science Museum 202b; **Science Photo Library:** IBM Research 190cla; NASA 281cr; **Shutterstock.com**: Africa Studio 198bl, Akkalak Aiempradit 26cla, BearFotos 245clb, BearFotos 246t, Radu Bercan 213fbl, Comeback Images 24bl, Creative Lab 115ca, Odin Daniel 214bl, Diamant24 60fclb, Early Spring 100br, Dmytro Falkowskyi 196-197cb, freevideophotoagency 241cr, Giuseppe_R 4fbr, 252-253, Kaspars Grinvalds 1ca (Shirts), 5ftr, 28-29, 175clb, Michal Karpinski 114cl, Ground Picture 26ftr, 100fbr, Haveseen 264b, HelloRF Zcool 168t, Joseph Hendrickson 59tl, Nigel Jarvis 214bc, Mkfilm 287br, New Africa 71tr, 75ftr, 77cra, Eline Oostingh 215cb, SeventyFour 232bl, Ilya Sviridenko 185fbr, Alla Tsyganova 114fbl, zcw 77ca; **SuperStock:** Ingram Publishing 62; Juanma Aparicio / age fotostock 172t; **Sony:** 268bc; **Neil Sutherland:** 82tr, 90t, 118, 188ctr, 196tr, 299cl, 299bl; **Vauxhall:** 199cl, 200.

DK PICTURE LIBRARY:
Akhil Bahkshi; Patrick Baldwin; Geoff Brightling; British Museum; John Bulmer; Andrew Butler; Joe Cornish; Brian Cosgrove; Andy Crawford and Kit Hougton; Philip Dowell; Alistair Duncan; Gables; Bob Gathany; Norman Hollands; Kew Gardens; Peter James Kindersley; Vladimir Kozlik; Sam Lloyd; London Northern Bus Company Ltd; Tracy Morgan; David Murray and Jules Selmes; Musée Vivant du Cheval, France; Museum of Broadcast Communications; Museum of Natural History; NASA; National History Museum; Norfolk Rural Life Museum; Stephen Oliver; RNLI; Royal Ballet School; Guy Ryecart; Science Museum; Neil Setchfield; Ross Simms and the Winchcombe Folk Police Museum; Singapore Symphony Orchestra; Smart Museum of Art; Tony Souter; Erik Svensson and Jeppe Wikstrom; Sam Tree of Keygrove Marketing Ltd; Barrie Watts; Alan Williams; Jerry Young.

Additional photography by Colin Walton.

Colin Walton would like to thank:
A&A News, Uckfield; Abbey Music, Tunbridge Wells; Arena Mens Clothing, Tunbridge Wells; Burrells of Tunbridge Wells; Gary at Di Marco's; Jeremy's Home Store, Tunbridge Wells; Noakes of Tunbridge Wells; Ottakar's, Tunbridge Wells; Selby's of Uckfield; Sevenoaks Sound and Vision; Westfield, Royal Victoria Place, Tunbridge Wells.